참된 자신을 찾아 나서는
치유적 굿 마당

생명굿

Saeng Mung Gut

| 최헌진 저 |

학지사

축하의 글

백발소년 이야기

최세희(행위예술가)

뛰어난 화가는 그리지 않고도 다 그립니다. 군더더기가 없습니다. 사이코 드라마에서 생명굿으로 넘어가면서 붓끝이 겸손해졌습니다. 붓질을 아낍니다. 그래서 그런지 흑백의 단순함과 여백으로 가득 찬 굿판이 열립니다. 그의 생명굿은 빼고 뺀 담백한 '큰 울림마당'이라고나 할까요?

잔잔한 바다에 스스로 파도가 되어 소용돌이 치고, 바닥을 기어 다니며 짐 승처럼 포효하듯 춤을 추게 만드는 생명굿, 이것이 알님의 고통을 아름다운 훈장으로 변화시키는 과정에서 생겨나는 일들입니다. 격하게, 때론 거칠고 투박하게 다가가지만 그 밑은 섬세함과 따뜻함이 녹아 있기에 수많은 사연이 상처에서 흔적으로 이름을 바꾼다고 생각됩니다.

그는 고등학교 시절부터 네카강을 바라보는 도스토예프스키 자화상 그림 을 일기장에 붙여놓고 평생을 그리워합니다. 그리고 생각합니다. "욕망이 남 아 있는 한 죽을 수는 없다. 내 온몸에서 한 방울도 남김없이 다 짜내고 죽으 리라."고 스스로 다짐했던 그였기에, 알님들의 욕망을 온 천하에 알리며 자신 만의 특이성에 집중하도록 그곳에 불을 붙일 수 있는 것이겠지요. 자신의 온 몸을 던져 생명력을 끌어올리는 그의 굿판은 그래서 해맑습니다. 자기가 자 신을 구조한다는 믿음과 서로의 교감으로, 그들의 온갖 서사가 서로의 감각 을 건드리면서 굿 형식의 치유 의례가 치러지는 것입니다. 그 사이에 의미 있는 체험과 더불어 존재 전체를 찌르는 격렬한 자극이 일어납니다. 우리의 존재 자체가 통으로 건드려집니다.

사랑과 고통을 주고받는 새로운 경험은 알님으로 하여금 자신의 삶에서 가장 중요한 것에 집중하게 만들고, 스스로를 돌보는 기쁨은 긍정의 에너지와 연결되기도 합니다. 그동안의 삶과의 괴리가 의미 부여를 통해 메워지는 순간입니다. 마침내 스스로를 끌어올리는 두레박이 되는 것이지요. 이것은 치유를 넘어야 닿는 세계입니다. 이 순간, 꽤 노련한 백발소년이 달을 지고 서 있듯 그들을 바치고 서 있기에 가능한 일이라고 믿습니다.

세상을 향해 호통을 치듯 천장을 뚫는 기이한 목소리는 주변의 것들을 흔들어 일깨웁니다. 그러나 좀 더 자세히 보면 그는 수줍고 외롭고 상처입고 방황하는 영혼임을 금방 알 수 있습니다. 거기에 장난기 많은 아이의 순수함까지 재미나지요. 그의 똘끼는 천진난만하고 어쩔 때는 우묵합니다. 이름 앞에 한 단어를 붙인다면 울보입니다. 거기다 앞뒤 안 가리는 거침없는 열정, 마치 원시동물의 본능들이 들끓고 있다고 할까요? 도무지 종잡을 수 없는 어른 소년입니다. 상생을 이야기하지만 때론 문제를 혼자 풀어내야 하는 고독함 때문에 그 고집이 만만치 않다고 느낍니다. 그러나 이것이 모든 것을 가능케 하기도 하고, 견딜 수 있을 만큼 나쁘기도 합니다. 과감 없이 내다꼽기 때문입니다. 하지만 안전하지요. 그가 다니는 발자국마다 꽃이 핍니다. 그는 저마다에게 각자 다르게 꽃을 피게 하는 재주를 가졌습니다. 사랑 때문입니다. 굽은 등이 말해 줍니다. '몰두하는 자'라고.

그는 다음 생에는 춤꾼으로 태어나고 싶다고 말합니다. "앞으로 신이 온다면 언어를 모르는 춤꾼일 거야."라고 말한 니체가 생각납니다. 모레노도 대학 때 알몸으로 춤을 추며 길을 걸었고, 그 역시 김복희 선생의 영향으로 한국 춤을 열심히 보러 다녔고, 한때 수련의 시절 나이트클럽에서 단 한 번도 음악에 맞춰서 추지 않고 항상 제멋대로 몸의 느낌만으로 막춤을 추던 기억이 그에게 있습니다. 온몸으로 관계를 만들고 싶은 것입니다. 몸적 긴장과 이성의 지혜라는 틀을 버리고 몸의 감각과 섬세함으로 창조적 표현을 통해 또 다른 영역에서 몸의 목소리에 귀 기울이며 자신을 만나기를 원하는 것입니다. 진정한 움직임은 내면의 목소리이며 존재와 연결시켜 주는 통로가 됨을 아는 까닭이지요. 삶은 몸이라는 것을. 움직임이 변해야 삶이 변하고 우리의 움직임이 솔직해질 때 변화가 시작됨을 아는 그가 어떤 춤꾼으로 세상에 다시 나타날지 기대해 봅니다.

토머스 루이스는 『사랑을 위한 과학』에서 포유류의 변연계 공명을 말합니다. 포유류에게 변연계 공명(마음을 나누고 따뜻함을 소통하는 것)이 우리의 일상에 얼마나 필요한 것인지를. 그 감정의 교류, 나와 너의 연결로 공명을 만들어 내는 일은 큰 여백 백발 소년 최헌진이 걸어온 길이고, 앞으로의 시간을 함께할 길이기도 합니다. 우리 모두는 서로의 운명입니다.

그는 이 책을 통해 솔직한 자기 고백을 하는 것만 같습니다. 그러자 갑자기 헤르만 헤세의 황야의 늑대가 떠오릅니다. 모든 게 순간이고 이제 살아남아 한바탕 웃을 일 외엔 그 무엇이 있을까요. 『생명굿』 출간을 진심으로 축하합니다.

머리말

　어느 분야든 하나의 새로운 형식을 창조하는 일은 쉽지 않다. 그 어떤 형식도 그 이전의 것을 밑거름으로 탄생하기 마련이다. 중요한 건 새로운 형식이 수미일관된 완벽한 틀에 갇혀 버리지 않는 일이다. 특히 인간의 몸과 마음을 다루는 분야에서 그것은 끔찍하다. 인간의 의식을 과학이라는 이름으로, 학문이라는 이름으로 마치 토지 정리하듯이 자로 잰 듯 규격화할 수 있는 것인가? 과거의 대부분의 심리 이론이 바로 그러했다. 거의 조건 반사적으로 인간의 마음을 측정, 정의하고 기계적으로 논리화했다. 그 결과 시대의 흐름, 인간 의식의 변화에 뒤처졌다.

　생명굿은 사이코드라마에서 탄생했다. 그 둘은 근본적으로 이론적 토대와 형식이 많이 다름에도 생명굿은 상당 부분에서 사이코드라마의 여운을 간직하고 있다. 그 이유는 사이코드라마 자체를 완벽하게 체계화시키고자 했던 내 젊은 날의 열정 때문이 아닌가 싶다. 왜냐하면 모레노가 사이코드라마를 빈틈 많은 형식으로 놔두었다고 생각해서 내 자신이 그것을 완성시켜야 한다고 믿었기 때문이다.

　생명굿은 완성된 형식이 아니다. 생명이며 굿 형식 자체가 완성이라는 개념이 어울리지 않는 열린 개념이기도 하거니와 무엇보다도 시대의 흐름에 따라, 활용하는 수행자의 기질에 따라 수많은 변형이 다양하게 가능한 불완전한 형식이다. 이 책이 생명굿의 중심 맥락만을 기술하고 보다 세밀한 심리적 요소들에 대한 내용은 교육 훈련 과정에서 구두로만 전달되는 이유도 그 때문이다. 그렇기에 이 책에는 시대에 뒤떨어진, 지금 이곳의 삶과 어긋나는 것은 지우고 새로 고쳐 쓸 수 있는 잠재력과 여백이 많이 있다. 과거에는 북극이나 남극, 얼음 바다 밑에서 혹은 심해에서 고기를 잡는 방법을 몰랐지만 오늘날에는 음파 탐지기 등을 이용하거나 잠수 시설이 발전하여 새로운 고기잡이가 가능한 것처럼 생명굿도 시대가 흘러가면서 새로운 관점을 지닌 뛰어난 수행자들에 의해 더 깊이, 더 참된 생명력을 길어 올릴 방식을 찾아내기를 바라는 마음이다. 생명굿이 하나의 학문으로 자리 잡고 발전해 나가려면 후학들의 정진이 필요하다. 무엇보다도 먼저, 토속적인, 무교적인, 우리의 굿 냄새가, 흙냄새가 짙게 풍기는 생명굿이 되어 나갔으면 좋겠다.

무교, 동학사상, 기 철학 공부도 더 깊어져서 구체적으로 생명굿에 활용되기 바란다. 이 세상 어디에서도 경험하기 힘든 참된 만남이 매 생명굿 마당에서 소박하게 꽃피우기를 바라며 수행자들은 사람들이 진심으로 변화되는 모습이 가장 큰 보상이라는 것을 이해하고 굿마당에 오시는 한 분 한 분이 소중한 알님임을 잊지 않길 바란다. 아쉬운 점 하나는 사례가 없다는 점이다. 우리를 믿고 알님이 되어 준 분들의 이야기를 노출하는 일이 생각만큼 쉽지 않아서다. 그래서 간접적이나마 생명굿 형식의 희곡을 몇 편 썼다. 생명굿을 이미지화하는 데 도움이 되리라 생각한다.

히말라야라는 산의 환경을 모르고 고산 식물을 이해할 수는 없다. 부디 우리가 살아가는 이 현대라는 환경을 그 누구보다도 깊숙이 꿰뚫어 볼 수 있기를 바란다. 가능한 한 시대 가치에 영합하지 말라는 뜻이다. 왜 사람들이 받지 않아도 좋을 고통을 느껴야 하는지를 한순간도 잊어서는 안 된다는 말이기도 하다.

생명굿 마당이 현재보다 더 많이 활기차게 노래하고 춤추는 곳이 되었으면 좋겠다. 장구와 북과 꽹과리 소리가 더 울려 퍼졌으면 좋겠다. 여러분은 나보다 더 신명 나게 각자의 방식을 창조해 나가기를 빈다. 생명굿은 생생하게 살아 움직여야 하지 않겠는가?

워드를 치고 편집하는 일에 제자 최세희의 도움이 컸다. 이 자리를 빌려 진심으로 감사한 마음을 전한다. 생명굿 연구원이 개원한 이후 매달 2, 4주 주말이면 열리는 생명굿을 찾아와 주신 여러분께도 심신의 고마움을 전한다.

여러분이 없었으면 이 책은 나올 수 없었을 것이다. 마지막으로 그 어려운 과정을 함께 해 온 제자 여러분, 그리고 흔쾌히 출판을 허락해 주신 학지사 김진환 사장님과 꼼꼼한 편집으로 수고가 많으셨던 편집부에게도 진심으로 감사의 인사를 올린다.

2020년
대전에서 최헌진

차례

• 제1장 •
생명론의 뿌리

1. 들어가는 글

시간이 거침없이 흐른다. 1초의 실수도, 찰나의 쉼도 없다. 한 치의 오차도 없이 자신만의 질서 속으로 세상 만물을 가두어 넣는다. 그 무엇이 시간을 거스르거나 벗어날 수 있는가? 없다. 지구상의 모든 생명체 또한 한순간도 멈추지 않고 노화와 사멸을 향한다. 인간도 예외는 아니다. 탄생과 더불어 시간의 돛단배에 올라탄 인간은 생명이 다하는 날까지 배에서 내릴 수 없다. 그게 사실인가? 물결 위의 낙엽처럼 마냥 흘러만 가는 존재란 말인가? 단 한 조각이라도 시간을 베어 내서 자신만의 고유한 시간으로 만들 수 있지 않을까? 무조건 시간에 순응하기보다는 때론 저항하는 존재가 인간 아니던가?

시간뿐만 아니다. 시간보다 더 무섭게 인간을 정신없이 몰아치는 것이 있다. 문명이라는 이름의 거대한 흐름이다. 시간은 공평무사하기라도 하지, 이것은 온갖 화려함과 감언이설, 현란한 유혹으로 인간의 혼을 마비시킨다. 한평생 벗어날 수 없다. 인간이 시간에 속수무책인 것처럼 인간은 태어난 순간부터 맹목적으로 문명(언어, 관습, 가치관 등)에 길들여지고 복종한다. 자연스럽게 가장 인간적이라는 방식으로 문명의 노예가 된다. 문명은 결코 우리에게 참된 인간의 삶이 무엇인지 보여 주지 않는다. 오히려 검소하고 소박한 삶을 천시하도록 가르친다. 착한 마음, 소심한 사람이 존중되기보다는 늘 큰 소리치는 사람, 남을 짓밟고서라도 잘나가는 사람을 승자로 내세운다. 엄청난 가치의 전도 현상이다.

문명이 제시하는 이상적인 인간의 모델은 일개미요, 꿀벌이다. 열심히, 부지런히 일하고 그리고 쉬고(쾌락을 즐기고) 다시 일어나 죽는 날까지 일만 하는 인간. 생존 경쟁이고 적자생존의 게임이다. 이겨라, 앞서라, 일한 만큼 부를 쌓아라, 승자 독식이다. 낙오자, 자살자는 이 시대의 필요악이 된 지 오래이다. 부익부, 빈익빈이다. 많이 가진 자가 지배자가 된다. 온갖 미사여구로 문명을 찬양하는 자, 문명의 앞잡이가 되어 인간을 세뇌시키는 자들은 사이비 언론, 사이비 교수, 허영 가득한 광고물을 범람시키는 자들, 엉터리 엘리트, 지식인들이다. 마치 전염병과도 같이 그러한 문명의 소용돌이를 발전이라고 찬양하는 자들! 사이비 맹신자들!

우리는 시간과 문명의 흐름을 멈추고 잠시만이라도 그 강력한 회오리바람을 피할 수 있을까? 똑같은 사고방식, 똑같은 가치관을 가진 사람들에게서 벗어날 수 있을까? 다시 되돌아갈지언정 한순간의 일탈은 가능하지 않을까? 우리는 때때로 시간을 파편 내듯이 문명의 흐름도 비틀고 뒤집어 봐야 한다. 안일한 일상의 울타리를 뛰어넘어 문명의 바깥에서 문명을 회의하고 의심해 봐야 한다. 샛길로 빠져나갈 수 없는 정해진 운명을 뒤틀어서 때로는 철조망을 뚫고 시골길을 달리거나, 아예 차를 내버리고 내 발로 자갈길이나 풀밭 길을 걸어야 한다. 왜냐하면 우리는 바로 그러한 순간을 통해 내 몸, 내 마음 깊숙한 곳의 참된 생명의 소리를 들을 수 있기 때문이다.

내 삶의 주인은 내가 되어야 하는 게 아니던가? 호랑이에게 물려가도 정신 똑바로 차리랬다고, 시간과 문명의 쓰나미에 함몰되지 않고 내 의지를 발휘하는 삶이어야 하지 않는가? 그런데 아니다. 어렵다. 거의 불가능해 보인다. 문명은 곧 돈이기 때문이다. 문명이라는 그럴듯한 명칭과 포장이 감싸고 있는 것은 인간의 끝없는 탐욕과 돈이기 때문이다. 우리 모두는 자본에 얽매인 존재다. 우리가 무슨 일을 하고 무슨 길을 걷든 우리는 속속들이 자본에, 문명에, 자본주의에 물들어 있다. 자본주의는 극도의 소수, 다국적 기업, 국가, 개인에 의해 조종되고 통제된다. 민주주의도 평등주의도 아니다. 신자유주의, 자본만능주의가 현대 문명이다.

그들의 오만과 횡포는 치밀하고 교활하다. 평화를 부르짖으며 대량살상무기를 만들어 팔고 있다. 자기들의 이익을 위해서는 전쟁도 불사한다. 석유 전쟁, 식량과 물 전쟁, 희귀 금속 전쟁, 약소국가들에 대한 교묘한 식민지화. 최소한의 예의도 없는 힘의 논리다. 자기 멋대로다. 누구도 말리지 못한다. 자본의 폭력이 온 세계의 폭력의 근원이다. 대다수의 인류가 그 아래에서 신음

한다. 밤낮으로 사랑과 자비를 외쳐대는 종교도 무용지물이다. 인간은 서서히 생명력을 고갈당하고 있다. 그들의 횡포 아래서 소위 좀비로 변해 가고 있다. 일견 겉으로 보기에는 아무 문제도 없어 보이지만, 아니다. 이건 결코 제대로 사는 길이 아니다.

겉껍질뿐이다. 무늬만 삶이다. 겉과 속이 너무도 다르다. 겉은 멀쩡해 보이는데 속은 뒤끓는다. 혼돈이다. 하루도 편한 날이 없다. 경쟁과 상호불신이 협력과 상생을 짓밟는다. 서로 이해하고 양보하고 용서하기보다는 각자가 자기주장만 내세우며 한 치도 손해 보지 않으려고 눈을 부릅뜬다. 총 없는 전쟁터와 유사하다. 고소, 고발 사건이 산더미를 이룬다. 거짓말, 모함, 헛소문, 그로 인해 상처받고 고통스러워하는 사람들, 이 시대 우리 삶의 모습이다. 어쩌다 이 지경까지 왔는가? 해법이 안 보인다. 제1야당의 국회의원들, 국민의 민복이라는 사람들의 천박하기 짝이 없는 막말과 몽니, 막가파식 투쟁 일변도의 정책을 보고 있으면 저 사람들이 오랫동안 이 나라를 이끌어 왔다는 사실이 믿기지 않는다. 민간인, 아니 소위 깡패 조직도 그 정도로 저질스럽지는 않다.

이 세상에는 시대를 잘못 만나서 받지 않아도 될 고통을 겪는 사람들이 있다. 이 사회가 정직하고 순리에 따른 사회라면 나와 너, 모두가 불필요한 고통을 겪지 않아도 된다. 그렇지만 아니다. 사람이 우선시되는 사회가 아니라 돈이 더 우선시되는 시대에는 사람의 가치는 돈의 가치로 환산된다. 사회적 하층민이라는 사람들, 비정규 직종에 종사하는 사람들, 가난한 사람들이 양산된다. 돈이 없어 병원에도 가 보지 못하고 죽어 가야 하는 사람들, 굶주려 죽는 사람들, 어쩔 수 없이 자살을 선택한 사람들. 뿐만 아니다. 시대의 허황된 가식에 물들지 않으려는 사람들, 문명의 파도에 휘말려들지 않고 자신만의 삶을 살고자 하는 사람들, 참된 삶, 의미 있는 삶을 꿈꾸는 사람들 또한 이 시대를 살아 내기가 쉽지 않다. 소수자이기 때문이다. 소수이기 때문에 다수에 의해 별종, 또라이, 특이한 사람, 가까이 하기 어려운 사람이 된다. 그들은 소외되고 왕따당한다. 그들의 순수하고 착한 마음, 인간적인 아름다움은 철저히 무시되거나 멸시당한다.

　마음이 아픈 사람은 어떻게 해야 하나? 누구를 만나서 도움을 받아야 하나? 옛날 같으면 부모나 형제자매, 가족이나 친구가 도움을 줄 수 있었다. 마음을 위로하고 아픔을 나누고 해결 방안을 찾아 주었다. 그래도 문제해결이 어려우면 동네에 사는 만신을 찾아 상담을 하거나 굿을 하였다. 오늘날에는 가족이나 친구는 역부족이다. 무엇보다도 각자의 삶의 무게가 예전에 비해 무겁고 버거울 뿐만 아니라 다른 사람을 돌볼 정신적 여력이 부족하기 때문이다. 만신도 거의 사라지고 없다. 상담사나 정신과 의사가 그 자리를 대신한다. 문제는 보통 사람들이 심리상담연구소나 정신과를 찾아가는 일이 쉽지 않다는 사실이다. 치유에 대한 확신이 없어 오랫동안 망설이는가 하면, 한 번이 아니라 연속해서 여러 번, 10~20회 이상을 다녀야 하고, 그에 따른 비용도 만만치 않다. 외국처럼 비슷한 고통을 가진 사람들끼리 만든 자조 집단도 많지 않다.

　삶이 힘든 사람이 언제든지 쉽게 찾아갈 수 있는 곳이 필요하다. 찻집보다 더 많다는 교회, 성당, 사찰은 종교적 위로 이상은 주지 못한다. 그렇다고 빈 공간을 누구나 활용할 수 있도록 대여하지도 않는다. 무료 혹은 저렴한 비용으로 찾아갈 수 있는 마음 치유소가 필요하다. 지속적으로 계속 가지 않아도 좋은, 그 어떤 의무나 부담이 없는 곳, 자기다운 삶을 살아가길 원하는 사람, 삶의 변화를 갈구하는 사람, 정신적 고통에서 벗어나고자 하는 사람은 누구나 찾아가서 문제를 해결할 수 있는 곳이 필요하다.

　그것은 굿판이다. 굿이다. 마을에 어려운 사람이 있으면 모두 모여들어 그 사람을 위해 굿을 했던 우리의 오랜 전통, 굿을 오늘에 되살려야 한다. 굿은 우리 민족의 근원적인 삶의 양식이었다(굿을 떠나서는 이 나라 민중의 삶을 생각할 수 없다). 그런데 삼국시대 불교가 이 땅에 들어온 이후, 지금까지 유교, 천주교, 기독교, 그리고 일본, 유신독재는 자신의 정당성을 내세우기 위해 굿을 희생양으로 민족의 삶을 미신화하고 억압하고 통제하였다. 통탄할 일이 아닐 수 없다. 5천 년 대한민국 역사, 민족의 혼을 짓밟는 처사였다. 그 결과 우리는 우리 것을 잃어버리고 서양화되었다. 민속 예술은 서양 예술에 앞자리를 내주고 우리말은 영어에 잠식당하고 있다. 한 나라가 남북으로 쪼개지고 나서 경제, 문화, 군사, 사회가 미국의 영향력에서 벗어날 수 없게 되었다. 한마디로 우리는 우리 고유의 백의정신을 내던져 버리고 그곳에 미국식 자본주의를 채워 넣었다. 굿과 함께 우리 각자의 생명력도 제대로 힘을 발휘하지 못하고 있다. 죽어 가고 있다.

　깨어나야 한다. 이대로 시대의 흐름에 넋을 놓고 흘러갈 수는 없다. 우리의 굿과 생명은 함께 손잡고 일어나야 한다. 생명의 굿판이 필요하다. 북과 장구를 치고 꽹과리를 울리자. 자본의 횡포와 사회적 차별, 빈부 격차와 도농 격차, 소수자의 서러움을 넘어서서 함께 모이자. 진정 나답고 우리답게 살기 위해서 우리는 우리 내면의 생명 정신을 일깨워 굿이라는 형식을 통해 새롭게 태어나야 한다. 흐르는 시간을 잠시 멈추고 굿판을 차리자. 시대의 흐름에서 빠져나와 이방인, 광인이 되어 보자. 살판이고 생명의 판이다. 우리 모두 무녀, 만신이 되자. 신명의 춤을 추자. 몇 사람이라도 좋다. 문명은 다수이지만 생명굿은 소수만으로도 충분하다. 이름 모를 잡초들이 아스팔트에 균열을 일으키고 곳곳에서 생명의 약동을 뿜어내듯이 우리도 문명의 판을 흔들어 보자.

　굿은 생명과 공통성이 많다. 굿의 뿌리 또한 근본적으로는 생명이 아니었을까 싶다. 그러니 빈혈에 시달리는 우리의 굿에 생명력이라는 응급 수혈이 제대로 이루어질 수 있도록 해 보자. 이 시대에 다시 환하게 되살려서 축제를 벌이자. 그래서 찢겨진 우리 몸과 마음을 추슬러 보자. 황폐화되어 가는 자연, 무뎌진 감각과 정서에 파릇한 생명의 기운을 되돌려 주자. 생명굿, 그것은 지금 우리의 운명과 같은 처지다. 굿의 운명, 인간 생존의 운명이다. 이 시대를 사유할 줄 알고 아파할 줄 아는 사람들의 운명이다.

2. 생명력

생명, 생명의 기운, 생명의 힘, 중요한 것은 생명력이다. 생명력은 때로 힘의 의지, 약동하는 에너지, 생존력 등으로 불리며, 진화력, 성장력, 생성력, 창조력을 포함한다. 그러나 여기서는 생명력이 지향하는 양태에 따라 자생력, 상생력, 공생력 세 가지로 나누어 논한다. 물론 세 가지 힘을 명료하게 구분하기는 어렵다. 서로 얽혀 있기 때문이다. 자생력 안에 상생력, 공생력이 숨겨져 있고, 공생력은 자생력과 상생력 없이는 작용이 불가능하다. 상생력은 자생력을 토대로 공생력을 지향한다.

예컨대, 한 그루 나무의 성장 과정을 생명력의 시각에서 요약해 볼 수 있다. 하나의 씨앗[생명(체)=알]은 어미에 의해서 생성된다. 그리고 때가 되면 어미를 벗어나(홀로서기) 땅에 묻힌다. 이제부터 씨앗은 홀로 자생해야 한다. 그러기 위해서 씨앗은 흙과 흙 속의 제반 요소들과 상생관계를 맺지 않으면 안 된다. 씨앗은 자신의 일부를 내어 주고 습기와 일정 온도를 받아들여 싹을 틔우고 뿌리를 뻗는다. 더욱 왕성해진 뿌리의 활동 결과, 씨앗은 마침내 땅 위로 줄기와 떡잎을 내민다. 어떻게든 살아 내고자 하는 자생의 힘이다. 이제 뚜렷한 모습을 갖춘 나무는 뿌리, 줄기, 잎들을 통해 주변의 꽃, 바람, 미생물 혹은 벌레들과 주거니 받거니 하면서 커다란 나무로 성장해 갈 것이다. 상생력이다. 나아가서 나무는 자기 이외의 다른 나무며 꽃들, 온갖 동식물과 공생하면서 살아갈 것이다. 궁극에는 한 줌의 흙으로 돌아가겠지만.

칠레의 과학자 마투라나는 인간과 인간 이외의 객관 세계를 이분화해 온 주체와 대상이라는 오래된 믿음에 도전하고 나선다(강신주, 2011). 세계란 생명체의 감각 구성물이요, 나와 네가 분리되지 않은, 일종의 공생체로서 각각의 생명체는 탄생과 함께 스스로 하나의 세계를 만들어 가는(자생력) 자기 생성(오토 포이에시스)의 주체라는 것이다. 찰스 다윈 또한 진화의 세계에서는 그 어떤 방향도 지향점도 없다고 말한다(박성관, 2010). 오직 개체들의 차이,

변화에 따르는 무제한의 다양하고 끝없이 진화해 나가는 장엄함만이 있다는 것이다. 그래서 부모로부터 가장 멀리 벗어난 것들(자생력이 뛰어난 것)이 가장 번성하고 마침내 종의 한계를 벗어나(상생과 공생을 통해서) 새로운 종으로 창조된다.

자생력은 생명체가 살아가는 데 필수적인 힘이다. 자생할 수 있어야 생존이 가능하며 상생, 공생도 할 수 있다. 인간의 경우, 자생을 통해 어엿한 한 독립된 주체가 된 후에야 타인과의 제대로 된 만남, 곧 사랑과 상생이 빛을 발한다. 그렇지 못한, 아직 충분히 홀로서기를 못한 사람은 다른 사람과의 만남이 의존적이 되거나 자신을 상대에게 예속시키는 미숙한 관계를 맺음으로써 기생(충)적 위치로 전락한다. 오늘날 현대인의 인간관계에서 참된 만남을 찾아보기 힘든 이유도 제대로 된 자생력을 갖춘 사람이 드물기 때문이다. 이 시대의 교육이 정신적으로 독립적인 삶을 우선시하고 장려하는 듯 보이지만 실상은 아니다. 태어날 때부터 효도 개념을 강조하여 부모와 자식은 상호의존 관계로 얽혀서 살아갈 수밖에 없게 만든다. 좋은 부모, 바람직한 부모가 못 되는, 나쁜 부모, 자식을 학대하는 부모라 할지라도 자식은 효도, 혈연, 인류이라는 틀에 갇혀서 평생을 부모의 해악을 견디며 살아갈 수밖에 없다.

스피노자(Deleuze, 2003)는 삶을 천시하고 폄하하고 부끄러워하는 자들이 바로 그러한 쓸모없는 관념의 틀을 만들어 생생한 삶을 짓누른다고 생각하였다. 선악이며 정의가 어떻고, 인간은 이러저러 해야만 한다는 온갖 이상론적인 관념 혹은 환경에 만족하는 자들을 자기 파괴적인 인간이라고 말했다. 그들은 온갖 법칙이며 규율, 소유, 의무(죄의식, 양심의 가책 등)라는 지배적 이론으로 삶을 뒤덮고 삶을 질식시켜 왔다는 것이다.

사람은 서로 돕고 살아야 한다는 말은 누구나 잘 알고 있다. 서로 믿고 나누고 상생한다는 것은 얼마나 바람직한 일인가. 하지만 실상은 그렇지 못하다. 우리는 어려서부터 남을 돕는 일에 서투르다. 인간을 소중히 여기고 존중하라고 가르치지만 실제로는 낯설고 어렵다. 사람을 경계하고 의심한다. 친구도 끼리끼리 가려서 사귀고 네 편 내 편 편을 가르는 데 익숙하다. 그래서 조건 없는 진정한 협력이 무엇인지도 모른다. 모든 관계가 주는 것만큼 받아야 하는 관계가 된다. 매우 합리적인 것 같아도 사실은 이기적이고 계산적이다. 조금도 손해를 보지 않으려는 탓이다. 그것은 상생이 아니다. 어쩔 수 없는 주고받기다.

니체는 인간의 삶을 뒤덮고 있는 모든 껍데기, 형이상학적 개념, 추상 관념을 망치로 두들겨 부수는 철학자다(Deleuze, 2007). 알맹이로서 생을 사유한다. 생에 있어서 중요한 것은 자연스럽게 우러나오는 작용·반작용하는 하나의 흐름, 곧 힘의 의지다. 그러한 힘이 서로 싸우고 변화하고 창조해 나가는 연속적인 과정이 생명이고, 그 결과가 삶이다. 손해를 보건 안 보건 간에 자연스러운 상생이 아니라 인위적이고 목적 지향적인 상생은 이미 상생이 아니라는 의미다. 베르그송도 인간이란 효율적인 양식에 길들여지고 갇혀 버린 존재라고 생각한다(황주영, 2005). 그에게 생명은 문제해결의 과정이기 때문에 생이란 생의 약동에 의해 끊임없이 창조적으로 진화해 나갈 수 있다. 그러나 인간만이 다른 생명체들과는 달리, 유일하게 문제해결이 끝나 버린 존재다. 말하자면 더 이상의 성장 발달이 안 되고 멈춰 서 버렸다는 의미다.

공생도 마찬가지다. 자연을 보호하고 자연과 함께 살아가야 한다고 말하지만 그것은 어디까지나 그럴듯한 미사여구에 불과하다. 대부분 자연을 이용하고 착취할 뿐이다. 인간의 구미에 맞게 더 많은 수익을 창출하기 위해서 온갖 약물로 동식물의 자연스러운 생의 리듬을 파괴하고 사육하는 일, 산업화라는 이름의 엄청난 오염 물질 배출, 유전자 조작 등이 어떻게 참된 공생이 되겠는가? 식물은 스스로 자연사하거나 동물에게 흡수된다. 동물은 자연사하거나 다른 동물이나 인간에게 흡수된다. 인간은? 과거에는 그래도 사후에 자신을 흙으로 되돌려 보냈다. 오늘날에는 그마저도 인색해서 화장을 해서 단지에 넣어 소위 가족묘라는 대리석 묘 안에 안치한다. 흙 속 미생물에게는 그림의 떡이 된 것이다. 자연과는 가장 동떨어진 매장 풍습이 과연 가장 문명화된 방식인가?

생명력은 자연에 가까울수록 거칠고 다듬어지지 않을수록 생생하다. 생명력이 인위적으로 억압되고 문명에 길들여질수록 쇠퇴하고 고체화된다. 마치 탄광촌에 핀 모든 풀이며 꽃, 나무들이 석탄 가루를 뒤집어쓰며 고사해 가듯이 인간 또한 타고난 생기발랄함을 상실해 간다. 들뢰즈에게 인간의 생명력은 끝없이 되어 가고자 하는 무의식적 흐름으로써, 욕망을 일컫는다(Deleuze, 1995). 하지만 욕망은 오랜 기간 문명에 의해 교묘하게 통제당하고 규율화되고 관습화 교육을 받아와서 고착화되고 노예화되었다. 그 결과, 인간은 가족, 지역, 종교, 학교, 국가에 의해 영토화당한다. 사회적 계급, 신분, 성별, 선후배 등으로 체계화된다. 그리고 그에 따라 일정한 규율이 주어진다(코드화). 몸과 심리를 조직화해서 지배하고 착취한다. 인간을 각각 주체로 내세워서 인간을 인간 아래에 예속화시킨다. 가치, 도덕, 행복 등의 의미를 만들어 내서 그 또한 자유로운 욕망을 통제하고 지배한다.

이것이 오늘날 생명굿이 생명력을 지향할 수밖에 없는 이유다. 생명력이라는 인간의 근원적인 힘 말고 무엇이 더 큰 문제가 되겠는가? 자생의 힘을 무시한 채 인간의 마음의 문제를 다룬다? 가능한 일인가? 상생력을 돌보지 않고서, 참된 만남, 사랑의 의미를 뒤로 하고 어떻게 무엇으로 인간관계를 논할 수 있겠는가? 참된 만남이 무엇인지도 모르고 경험조차도 없는 사람이 어떻게 다른 사람을 도울 수 있다는 말인가. 70~80년, 평생을 살아오면서 공생의 의미를 단 한 번도 느껴 보지 못한 삶은 얼마나 삭막한 삶일 수밖에 없겠는가?

3. 생명굿의 뿌리

생명굿의 뿌리는 무교(巫敎)다. 생명굿의 '굿'은 무교, 곧 굿에서 차용했다. 그러나 전통굿과 생명굿은 다르다. 무엇보다도 전통굿은 다신론적인 천신사상을 근거로 하는 제의 형식이라면 생명굿은 무신론적인 생명사상을 근거로 하는 현대적 치유 양식이다(제5장 실제편에서 전통굿과 생명굿의 차이점 도표

참조).

무교가 생명굿의 주 뿌리라면 사상적으로 부족한 부분을 메워 주는 보조 뿌리는 동학사상과 최한기의 기 철학이다. 이 논의에서는 생명 및 생명력(자생력, 상생력, 공생력)을 중심으로 각각을 논하고, 굿에 대해서는 각론에서 다시 한번 자세히 다루었다(무교와 굿은 같은 의미로 사용하였다. 차이가 있다면 형식적인 면을 강조할 때는 무교, 실천적인 면을 강조할 때는 굿이라고 하였다).

1) 무교

우리 전통 무교에서는 삼라만상에 생명이 깃들어 있다고 믿었다(양종승, 2013). 생물이건 무생물이건 인간, 하늘, 바다, 땅, 동식물 모두 살아 있다고 믿었다는 것은 공생과 공존의식의 발로였다. 그것은 마치 어린아이가 주변의 모든 사물을 차별하지 않고 자기와 같이 살아 있는 것처럼 대하는, 그래서 아끼고 보존하려는 마음과 유사하다. 나와 너, 주체와 대상으로 차갑게 구분하기 이전, 인간이 만물의 영장이라고 세뇌되고 교육되기 이전, 그래서 인간 중심주의, 인본사상에 물들기 이전, 우리 선조들은 지상 만물과 더불어 상생과 공생의 정신으로 삶을 살았다.

무교의 핵심 사상은 조화다. 궁극적으로는 천지인의 조화를 추구하였다. 만물에 대해 포용적이고 평화주의적 입장을 추구하는 무교적 유토피아는 온 세상이 평화를 유지하며 조화롭게 공존하는 삶이었다. 이러한 정신은 대동의 안녕을 기원하는 대동굿에서 잘 드러난다(김덕묵, 2014).

최초의 만신, 단군 이래로 5000년 역사를 지탱해 온 무교의 자생력은 어떤가? 놀랍지 아니한가? 온갖 탄압과 멸시에도 아직도 생생하게 살아 있다는 것이 대단하지 않은가? 많은 미풍양속이며 세시풍속이 거의 다 사라져 버리고만 오늘날에도 무교만은 명맥이 끊이지 않고, 비록 문명의 뒤안길, 음지일지라도 지속되고 있다는 것도 의미가 크지 않은가? 물론 그럴 만한 이유가 많겠지만 여기서는 세 가지 특징만을 살펴보기로 한다.

첫째, 굿, 그 의례가 열리는 주기성이다. 매년 때가 되면 정기적으로 굿마당이 펼쳐졌다. 그것은 비정기적인 행사와는 비교될 수 없는, 주기성 자체가 이미 장기적 지속성을 내포한다. 한민족에게는 고대로부터 하느님(환인)에 대한 신앙이 존재했다(양종승, 2017). 하느님은 아들 환웅을 태백산 꼭대기의 신단수(신성한 나무가 있는 곳)에 강림시키고 그로 하여금 하느님께 제(큰 굿)를 올리게 함으로써 그곳은 신성한 장소가 되었다[땅과 하늘을 연결하는 소통의 신목(神木)이다]. 그 후 환웅은 곰녀와 결합하여 천지(天地) 융합이 이루어지고 그 사이에서 인간 창조, 곧 단군이 탄생한다. 난곡이 쓴 『무당내력』에는 단군신앙이 매우 중요하게 거론된다.

> 태초에 10월 3일 신인이 태백산에 내려와 신교를 만들어 사람들을 가르쳤는데 그를 시조 단군*이라고 하였다. 그의 큰 아들 부루는 단을 쌓고 토기에 곡식을 넣고 짚을 엮어서 씌웠으니 이를 업주가리 혹은 부루단지라고 불렀다. 매년 10월이 되면 새로 나오는 곡식을 시루에 쪄서 떡을 만들어 제주와 과일과 함께 바치어 제를 지냈다. 그리고 가을의 이 제 행사는 동맹, 영고, 무천 등의 이름으로 주변 국가에 퍼지고 정기적인 의례(굿)로 자리 잡게 된다(양종승, 2017).

뿐만 아니다. 단군은 사후에 산으로 들어가서 산신이 되고 산악 신앙의 핵심이 된다. 신라시대에는 삼신산이라고 해서 금강산, 지리산, 한라산이 숭배되었고 그 후에도 사악산 혹은 오악산이라 하여 숭배되었다. 전국 500여 마을에서도 주산(主山)을 설정하여 정기적으로 산신제를 봉헌하였다. 그 외에도 마을을 수호하고 마을의 생명력을 유지하기 위한 서낭당제, 용왕제, 대동

---

* 단군은 오늘날에도 굿의 한 거리를 차지하고 '가망'으로 좌정된다. 가망은 단군왕검을 지칭하는 옛날 말 ㄱ(그ㅁ)에서 왔다. 그래서 굿에서 자주 듣게 되는 "거므나 땅에 희나 백성"이라는 말은 단군 나라의 단군 자손을 말한다.

굿, 별신굿 등이 해마다 정기적으로 열렸다. 만신 또한 자신의 신당에서 매일 매일 치성 드리기(작은 굿)를 하였다. 계절 따라 자신이 모시는 신을 위한 굿을 하였고 1년에 1~2회 혹은 격년으로 신을 찾아다니며 신을 대접하는 신사 맞이(진적굿)를 하였다. 이 역시 주기적이며 정기적이었다.

둘째, 상생 및 공생의식이다. 굿에서는 한 사람도 소외되는 법이 없다. 차별도 없다. 산 사람이건 죽은 사람이건 모두 초대되고 서로 만나고 어울린다. 함께 노래하고 춤추고 음식을 나누어 먹는다. 따뜻한 마음 씀이고 훈훈한 정이다. 지역마다 조금은 다르지만 굿에서 신들은 천지의 신, 자연신, 성주신 외에도 사후에 신격으로 부활한 조상신, 나라를 위해 피 흘려 죽은 사람, 이름 없이 죽어간 귀신, 잡귀까지도 함께 모신다. 가망신이나 제석신을 모셔다가 춤과 노래로 달래던 만신이 그와 똑같이 해코지를 할지도 모르는 잡신들을 모셔다가 어르고 달래는 모습을 상상해 보라. 만신의 도량과 내공의 크기가 느껴지지 않는가?

> "무교적 종교 의식과 종교 문화에는 신과 인간과 우주 만물이 함께 어울려서 살아가는 조화의 정신이 강하게 들어 있습니다. 무교 문화의 특성은 생명을 존중하고 사랑하는 정감이지요."라고 박일영은 말한다(김덕목, 2014).

다양한 신들 사이의 갈등 해소, 산 자와 죽은 자의 화해, 한을 풀고 갈등을 풀고 고통을 풀어헤치는 굿은 상생과 공생의 정신 없이는 불가능하다. 마을의 어느 한 집에서 굿이 열리면 온 동네 사람들은 먹거리를 싸들고 모여든다. 나눔이다. 함께 놀고 함께 일하고 함께 먹는다. 굿을 시작한 집안 사람들의 고통과 슬픔, 기쁨도 함께 나눈다. 내 일처럼 아파하고 내 일처럼 돌본다. 헤어질 때도 떡 한 조각이라도 모두 공평히 나누어 갖는다. 공평한 분배로 잔치가 끝난다. 그래서 만신과 관계를 맺는 단골은 일종의 종교적 공동체로서 서로 간의 신뢰가 평생을 이어져 내려온다.

신어미와 만신 간의 상생의식 또한 뚜렷하다. 신어미가 굿을 하면 신딸이 가서 도와주고 신딸이 굿을 하면 신어미가 가서 도와준다. 만약 신어미가 세상을 떠나더라도 신어미가 어미로 지정한 새로운 신어미와 관계가 연속된다. 혈연보다 더 단단한 이러한 어미, 딸의 관계는 면면히 이어져 오는 굿의 초석이 되었을 것이다. 이들의 끈끈한 연대가 지속되는 한 굿은 결코 사라질 수 없었을 것이다.

셋째, 만신이 하는 일 자체다. 그 누가 사람들의 몸과 마음의 고통을 어루만져줄 수 있었겠는가? 일찍이 불교가 있었지만 사람들의 아픔과 함께하지는 않았다. 고고했다. 뭇 중생을 도와주고 함께하기보다는 욕망 자체를 소멸시켜 고(苦)를 벗어나는, 깨달음 위주의 방식이었다. 나아가서는 아예 삶의 무상함을 깨닫고 마음에서 벗어나 해탈의 지경에 이름으로써 "나는 더 이상 생[생사윤회의 고(苦)]을 받지 않는다."고 말한다(붓다의 최초의 설법 『초전법륜』 중에서).

1000년 이상 유교와 성리학이 이 나라를 이끌었다. 그러나 "그것은 삶에 있어서 관혼상제를 잘 관장하는 정도였다. 그 외의 개인적 삶의 어려움이나 위기를 풀어 줄 다양한 장치를 가지고 있지 못했다. 민간인은 삶의 마디를 넘어서는 의례는 많았지만 신체장애, 질병, 이별, 기근, 자연재해, 재난과 같은 삶의 위기를 넘어설 수 있는 통과의례가 부족한 상태에서 무교가 오랫동안 존속할 수밖에 없었다(조정호, 2017)." 그래서 신 내림을 받은 만신은 온갖 고난과 신병을 극복함으로써 지역사회에서 인정을 받아 삶의 고난에 관한 한 토속 의식의 주관자 겸 상담가로서 혹은 심리치료자로 자리매김할 수 있었다. 한마디로 한국 사회 자체가 길러 낸 치유자라는 의미다.

2) 동학사상

1860년 최제우에 의해 등장한 동학은 제 나라 제 땅에서 제대로 된 생각을 가지고, 사람을 포함한 모든 생명체가 제 결대로, 제대로 사는, 제대로 된 세상과 나라를 만들려고 했던 이 땅의 자생적 생명사상(박맹수, 2014)이다. 지금까지의 선천 개벽 이후의 타락한 역사, 혼란과 억지의 문명사를 지우고 후천 개벽, 새 시대를 열자는 사상이다. 순수 생명과 자연에서 일탈된, 작위적인 유위(有爲)를 버리고 무위(無爲)로 돌아가서 진심으로 생명을 존중하고 인간의 평등을 이루자는 혁명적 사상이다.

역설적이지만 동학사상은 지금 이 시대, 2020년대 한국 사회에 꼭 필요한 사상이다. 하지만 안타깝게도 학교에서 가르치지 않는다. 대부분의 한국인은 동학사상을 한때 잠시 일어났던 동학운동 정도로 알고 있다. 그들에게는 이미 불필요한, 죽은 사상이다. 극히 소수만이 아직도 밝혀지지 않은 동학 역사의 발자취를 더듬으며 고군분투하고 있다. 왜 이런 지경까지 오게 되었을까? 물론 동학사상이 무교처럼 현대 문명의 불빛 아래 음지에서 신음하고 있지만 결코 사라진 건 아니다. 현대에도 '한살림'을 시작한 무위당 장일순, '생명의 글쓰기 운동'에 평생을 바친 이오덕, 동화작가 권정생 등이 동학사상을 이어 왔고, 3·1운동, 4·19혁명, 5·18광주민주화운동, 촛불혁명의 밑바탕에도 동학의 생명사상이 흐르고 있었다고 보아야 한다. 더욱 중요한 건, 다른 한쪽에서는 그러한 민족 자주정신을 폄훼하고 끊임없이 공격해 대는 세력이 상존한다는 사실이다. 무교가 그렇고 동학이 그렇다. 무교는 일본의 유신을 흉내 낸 박정희의 새마을운동에 의해 박해를 받아 밀려나고, 동학은 청나라, 일본, 미국의 세력을 등에 업은 자들에 의해 힘을 잃은 지 오래되었다. 이대로 계속 짓눌려 지낼 수만은 없다. 남북통일이 되고 자주 민족국가가 되는 날 무교나 동학사상은 다시 살아나지 않을까? 당연히 그래야만 하지 않을까?

(1) 동학이 발생했던 시대상

조선 23대 왕 순조, 그리고 헌종(8세 즉위, 22세 사망), 철종(19세 즉위, 33세 사망), 3대에 걸친 60여 년간의 안동 김씨의 세도정치는 한 나라를 거의 끝장 내다시피 했다. 5백 년간 통치 이데올로기로 기능했던 주자학은 경직되고 공허해지면서 매관매직이 판을 치고 지배층은 끝없이 농민을 수탈했다. 과거 제도는 형식일 뿐이었다. 대부분의 관직은 돈으로 사고파는 지경이었다. 3년마다 실시하는 정기 과거시험, 식년시는 세도가의 자제를 합격시키는 데 필요한 형식적 절차일 뿐 합격자는 내정되어 있었다. 세도정치를 뒷받침하던 돈 많은 지방의 토호 세력의 농민 착취는 결국 삼정문란을 곪아 터지게 하였고, 전국 곳곳에서 민란이 발생하였다(임술민란). 토지세(전정)는 지주가 내야 하는데도 농민에게서 세금을 걷었다. 병역을 면제하는 대가로 옷감(베)을 내야 했는데 돈 있는 사람들은 다 빠져 나가고 가난한 농민만 군포를 내야 했다(군정). 그것도 억지를 써서 죽은 사람이나 어린이까지도 내야만 했다. 환곡의 문란은 가장 심했다. 보릿고개 때 국가의 양곡을 빌려 쓰고 가을에 무이자로 갚으면 되었다. 그런데 감당키 어려운 높은 이자를 내야만 했다. 그러니 농민들이 어떻게 살 수 있었겠는가? 민란이 수없이 일어나고서야 삼정이정청을 세우고 암행어사며 권무사, 안핵사를 내려 보내 바로잡으려고 하지만 근본 대책은 될 수 없었다.

1860년(철종 11)은 최제우가 득도하던 해다. 청나라는 영국과 프랑스에게 북경을 함락당하고 천진조약을 맺었고, 일본, 러시아, 영국, 프랑스 등 열강은 우리의 문호를 계속해서 두드리던 때다. 서세동점이라는 서양의 침탈이 시작된 것이다. '척왜양창의(斥倭洋倡義).' 최제우가 한 말이다. 왜와 서양을 물리치기 위해 의로운 깃발을 든다는 뜻이다. 뿐만 아니다. 기근과 흉년, 자연재해가 자주 발생하고, 1800년대 이후 10년 주기로 장티푸스, 콜레라가 창궐했다. 한 해에 10만 명 이상이 병들고 죽어 갔다. 위생 관념과 치료가 절실한 때 최제우는 이를 실험으로 보여 주었다. 물은 반드시 끓여 먹고 대소변을 깨끗히 하고, 손을 잘 씻으며, 상한 음식을 조심하라고 하였다. 그 결과 조선

민중에게 최제우는 생명을 살려 준 구원자 이미지로 다가갈 수 있었다(김재형, 2018).

　국가가 오히려 백성을 억압하고 백성의 생업과 생명을 보장하지 못했던 때, 최제우는『포덕문』에서 이렇게 말한다. "우리나라는 나쁜 병이 가득차서 모든 백성이 한시 한때도 편안한 날이 없으니 이 또한 생명들이 상처를 입는다." "임금이 임금답지 않고 신하들이 신하답지 않다. 아비는 아비답지 않게 행동하고 자식은 자식 노릇을 안 하는 형편이다. 임란 이후의 피폐된 민생은 3년 괴질 및 12개 국가 괴질의 만연으로 도탄 내지 사지에 함몰된 지경이다. 수천 년 내려오던 유불도의 전통사상은 운수가 다 되었는지 효능을 발휘하지 못하고, 천주학은 오륜을 지키지 않고 부모 제사조차 지내지 않으면서 천당행만을 소망한다(윤사순, 1997)."

(2) 동학사상의 중심

　양반과 상놈이라는 사회 계급이 엄격하게 구분되던 왕권 국가이자 남녀유별, 남존여비의 폐쇄 사회에서 동학사상은 경천동지라고 말할 만한 혁명적 사상이었다. 그 중심은 생명존중이라고 하는 인즉천(人卽天), 즉 사람이 곧 하늘이라는 세 글자다.

- 사인여천(事人如天): 사람 섬기기를 하늘처럼 하라.
- 인내천(人乃天): 사람은 이에 하늘이다('이에'는 노력하고 갈고 닦는 의미가 들어 있다).
- 시천주(侍天主): 내 몸에 한울님을 모셨다.

　여기서 한울의 원리가 귀천, 빈부, 반상, 적서 등의 경계는 말할 것도 없고 생물과 무생물의 경계마저도 폐기시키는 것은 삼라만상이 모두 혼원일기(混元一氣)의 역동적인 나타남으로, 무수한 것 같지만 기실 하나의 기(氣)밖에 없음을 의미한다(최민자, 2005). 수운 최제우는 일기(一氣)를 인정한다(기 일원론자다). 그 일기의 생성인 천지음양의 시초가 그에게서는 개벽으로 나타난다.

따라서 시천주는 우주 만물이 지극한 일기, 기운 혹은 지기(至氣)라고 하였을 때, 지기는 모든 것에 내재함으로 나는 "내 몸에 한울님을 모셨다."고 말할 수 있다. 따라서 '모심'을 정점으로 해서 당시에는 꿈만 같고 기적과도 같은 실천 윤리가 쏟아져 나온다. 형이상학도, 이론도 결코 아니다. 공허한 담론도 아니다. 누구나 쉽게 이해할 수 있는 인간평등사상이다. 너무나 당연한 사실인데도 너무나도 오랫동안 눈먼 장님처럼 보지 못하고 살았던 인간 존중, 생명 사랑 정신이다. 얼마나 많은 사람이 환호하며 박수치며 환영했을까 싶다.

최제우가 득도 후 처음 한 일은 바로 집에 있던 어린 여자 종 두 명의 노비 문서를 없애고 해방시켜서 각각 며느리와 수양딸로 삼은 일이었다. 자신이 먼저 신분의 평등 공동체를 솔선수범한 것이다. 어제 저녁까지도 '영감마님' 하던 종(하인)이, 주인이 서 있는 마루에도 오르지 못하고 댓돌 아래에 서서 올려다보고 명령을 받아야 했던 머슴이 오늘 갑자기 주인과 마주 앉아 이야기를 한다. 말이라도 제대로 할 수 있었을까? 꿈인지 생시인지 모를 혼돈을 겪지 않았을까? 고려 때부터 조선까지 최소 1000년을 지탱해 온 반상 제도가 한순간 무너지는 충격. 물론 시간이 지나면 익숙해지겠지만 변혁은 그렇게 한순간에 일어났다.

- 남녀평등: 서로 알지 못하는 남자와 여자가 마주 앉아 함께 밥을 먹는다. 과연 밥이 넘어갔을까? 그 둘을 바라보는 주위 사람들의 시선은 어땠을까? 이것이 참된 인간 존중 아니었을까?
- 어린이: "때리지 마라, 하느님을 때리는 짓이다. 하느님은 생명의 기가 꺾이는 것, 상하는 것을 제일 싫어하신다." 해월 최시형의 말이다.
- 유무상자(有無相資): 부자가 가난한 사람을 돕고 가난한 사람은 자기가 할 수 있는 일로 부자를 돕는 일, 지식이 많은 사람과 없는 사람이 서로 돕

고 아끼는 일이다. 그러니 서로 간에 얼마나 끈끈한 관계가 되겠는가? 한 사람이 사형을 당해도 지하 조직을 통해 다른 사람이 그 가족을 돌보았으니 동학교도들 중에는 단 한 명도 굶어 죽는 사람이 나오지 않았다고 한다.

이 모든 것이 인내천에서 시작된, 접화군생이며 보국안민의 정신이었다.

- 접화군생(接化群生): 모든 생명은 만나서 관계를 맺고 변화해 나간다는 의미다. 다시 말해, 가혹한 수탈과 신분제의 질곡에 시달리고 있는 뭇 생명을 살려 내고자 하는 강한 의지의 표출이다.
- 보국안민(輔國安民): 부족한 나라, 모자란 나라, 잘못되어 가는 나라를 바로잡고 도탄에서 헤매는 민초들을 건져내어 편안하게 만든다는 의미다.

(3) 보충 자료

주마간산식으로 동학사상을 간추려 보았다. 물론 이것이 전부는 아니다. 개벽사상이며 검가와 검무, 21자 주문, 수심정기, 동경대전, 포교 활동, 그리고 농민운동과 농민혁명 등이 빠져 있다. 이제 마지막으로 동학사상의 발자취를 간략하게 그려 보고 오늘날 동학사상의 현주소라고나 할 몇 가지 내용을 더 소개한다.

1861년부터 1863년까지 수운에 의한 동학의 가르침은 2대 교주 최시형 등에 의해 1880~1881년에 집성된 한문 경전『동경대전』과 한글 경전『용담유사』에 잘 드러나 있다. 1894년 고부농민봉기(1월), 음력 4월의 제1차, 음력 6월의 제2차 동학농민혁명이 일어나기까지 동학의 기세는 전국화되어 있었다. 1895년 동학농민군 최고 지도자 전봉준의 처형 이후에도 1900년에 이르기까지 농민봉기는 지속적으로 일어났고 이러한 움직임은 동학이란 이름이 사라지고 천도교로 바뀌는 1905년까지도 변함이 없었다(박맹수, 2014). 한마디로 동학농민혁명은 1894년 1월부터 1895년 3월, 전봉준의 처형으로 종결된 단

조로운 사건으로 보아서는 안 된다. 19세기 전 시기를 두고 준비되고 전개된 일대 사건으로서 조선왕조 5백 년의 종결을 예고하는 동시에 동아시아 3국을 뒤흔들었던 파천황적인 대사건이었다[김대중 전 대통령은 일본 국회 연설(1998)에서 아시아의 3대 민주주의 사상으로 불교, 무교, 그리고 동학을 꼽았다고 한다].

2020년에 동학농민혁명은 126주년을 맞는다. 그러나 일반인의 관심이나 전문가들의 연구 열기는 매우 낮았다. 2005년 「동학농민혁명 참가자 명예회복에 관한 특별법」이 제정되고 같은 해 전북 정읍에 국비를 투입한 '동학혁명 기념관'이 개관되고, 이후 공익재단 '동학농민혁명기념재단'이 설립되었다. 동학에 대한 설명을 마무리하는 의미에서 소감을 말한다면 "동학사상은 현대에 새로운 생명력을 얻어 다시 일어서야" 한다는 것이다. 특히, 동학의 상생 정신은 그 어디에서도 찾아보기 힘든 구체적이고 실천적이며 참된 생명존중사상이다. 생명굿을 하는 사람은 모름지기 동학의 인간존중과 상생정신을 결코 잊어서는 안 될 것이다.

3) 기(氣) 철학

기 철학은 혜강 최한기의 『기학(氣學)』을 일컫는다. 책의 서문을 쓴 김용옥에 의하면 『기학』은 우리의 미래를 구현하고자 했던 범인류적 비전을 보여준 책이 된다. 수운의 『동경대전』의 모든 사유의 바탕을 『기학』에서 발견할 수 있다. 한문으로 쓰인 기학을 한글로 번역한 손병욱에 의하면 "기학에서는 개인에게 적용되는 수신의 원리와 사회에 적용되는 치국의 원리가 천지자연의 원리에 종속되어야 한다. 천리(天理)나 물리(物理)가 사리(事理)나 윤리(倫理)보다 우위에 있다. 특히 존재와 당위를 일치시키면서도 당위(윤리)를 절대시하던 성리학적 사고로부터 윤리의 성립 기반 근거를 존재(물리)에 종속시키는 기학적 사고로의 전환을 의미한다."

(1) 시대 상황

『기학』은 1857년, 철종 8년에 나온 책이다. 최제우가 득도한 해는 그로부터 3년 후, 1860년이다. 시대 배경이 거의 똑같다. 두 사람 모두 조선의 역사와 미래를 걱정해서였을까? 한 사람은 그 이전까지의 유교를 넘어서는 '기학'으로, 또 한 사람은 그 이전의 사회 자체를 뛰어넘는 개벽정신의 '동학'으로 자신이 온몸으로 보고 들은 백성의 고통을 극복하고자 노력했을 것이다. 공교롭게도 두 학문 모두 오늘날 우리를 이끌어 줄 만큼 빛을 발하지 못하고 있다. 무교처럼 외래 종교와 외세 학문에 짓눌려 왔기 때문이다.

번역자가 쓴 시대 상황을 보자. "조선조 사회는 커다란 위기에 봉착하고 있었다. 오랫동안 누적된 구질서의 모순과 세도정치의 폐해가 극에 달해 민생이 도탄에 빠지고 이에 인내심이 한계에 이른 민중의 분노가 폭발하여 전국 도처에서 민란이 연이어 발생했다. 이런 혼란을 틈타 서구 열강은 천주교와 기술 문명의 이기를 앞세워 본격적으로 세력을 확장해 들어왔다."

우리 역사에는 틈만 보이면 외세를 등에 업고 나라를 통째로 갖다 바치는 자들이 있어 왔다. 일본이나 청나라, 러시아나 미국 편을 드는 자들, 이제 40~50년 후면 일본의 식민지로 전락할 나라. 그들에게 만약 내세울 만한 자질이 있다면 우리 것을 천시하고 남의 것을 부러워하는, 우리는 틀렸고 남의 나라가 옳다고 믿는, 유치하기 짝이 없는 허세와 위선일 것이다.

최한기는 벼슬이 없었다. 학통이며 당파도 없었다. 그러니 스승도, 선후배도 없었다. 독학을 하고 쓴 책이니 누가 알아주었겠는가? 김용옥의 말로는 시대를 너무 앞질렀다. 21세기에나 겨우 알아들을 이야기를 19세기 중엽의 고루한 선비들에게 이야기했다. 그럼 21세기인 지금은 누가 그 맥을 잇고 있는가? 소수의 전문가에 의해 연구는 되고 있지만 일반인은 거의 알지 못하는, 여전히 학계의 고준담론으로 머물 것 같은 염려가 크다. 그래서는 안 된다. 『기학』은 이 시대에 걸맞게 새롭게 다시 태어나야 한다.

(2) 『기학』에서의 생명

하늘은 기다. 대기다. 기가 곧 하늘이다. 하늘, 기는 생명, 생(生), 생명체, 생명 에너지다. 명료한 하나의 개념이 아니다. 『기학』이 오직 기를 알고자 하는 학문이기 때문이기도 하거니와 실제로 생명을 규정하거나 정의하는 일은 어렵기 때문이다.

- 하늘은 곧 대기다. 대기가 사람 몸 가운데를 뚫고 피부 사이에 스며들어 두루 퍼지고 한서조습이 안팎으로 교감하며 생(生)을 이루니 비록 잠시라도 막혀 끊어지면 생을 얻지 못한다. 이것이 곧 기로써 생명을 삼는 것이다.
- 기는 일종의 생명 에너지다. 기가 뭉쳐서 형체를 이룬 것을 가리켜서 형질이라 부른다. 이처럼 기와 질이 결합하여 개물(個物)을 이룬다. 개물은 기질에 따라 크게 하늘, 인간, 만물로 구분될 수 있다. 개물의 기질은 생명력이 다하면 흩어져서 본래의 기, 대기로 돌아가므로 이것을 일컬어서 기 불멸론이라고 한다. 그러면 영혼은 소멸되고 만다. 이런 면에서 영혼 불멸론은 부정된다.

번역자 손병욱은 말한다. "하늘은 그 자체가 하나의 거대한 생명체다. 따라서 최한기의 천관은 한마디로 '자연적인 생명천관'이라고 할 수 있다." 말하자면 최한기는 하늘을 흔히 이야기하듯 전지전능하다든가 하느님이라든가 숭배의 대상으로서 혹은 하늘의 뜻이라는 의인화된 인위성을 걷어 내고 현대 과학적 시각에서도 수긍될 수 있는 생명의 근원지로서의 우주, 하늘을 논한 것이다. 생명에 관한 한 그 외에도 생명 기운, 생기, 생명력이라는 용어가 드물게 등장하지만 그 역시 어떤 구체성을 갖거나 정의되지는 않는다. 저자가 생명력의 관점에서 『기학』을 보았을 때 자생력과 상생력은 공생력에 의해 제 능력을 제대로 발휘할 수 있는 힘이었다. 왜냐하면 인간과 하늘과의 관계는 곧 공생정신을 표현한 것이기에 우리의 생명을 낳고 기른 하늘, 그래서

기를 승순(承順)하는, 받들고 따른다는 일 자체가 생명력이 이미 잠재되어 있
는 공생력이 펼쳐진다는 의미이기 때문이다.

(3) 운화(運化)론

운화는 『기학』의 중추요, 모든 것이다. 운화를 알면 기(학)를 아는 것이다.
먼저 수없이 반복되어 나오는 한자의 의미부터 살펴보자.

- 활(活): 생명성(생명, 삶)
- 동(動): 운동성(운동, 예컨대 지구의 자전운동 같은 것)
- 운(運): 순환성, 반복성 혹은 지향성(반복하는, 예컨대 지구의 태양을 향한
  공전)
- 화(化): 변환성(차이, 변하게 하고 융화시키는 것)

활동운화란 생명의 기운(하늘의 기)이 항상 움직여 두루 운행하면서 크게
바꾸는 것을 의미한다. 다시 말해, 생명을 낳는 하늘(천기, 대기)의 본성이란
대기(大氣)의 활동운화를 일컫는다. 그리고 하늘과 하늘의 활동운화는 다양
한 이름으로 논해진다.

- '하늘'을 나타내는 용어: 천기, 대기, 기, 운화지기
- '운화'를 나타내는 용어: 대기활동운화, 기화, 운화 유형의 기, 활동운화,
  대기운화

사람의 운화는 급하고 빠르며, 작고 미세하다. 하늘의 운화는 느리고 더디
며, 크고 멀다. 그래서 사람이 하는 일과 하늘의 작용이 다를 수밖에 없다. 하
늘의 운화를 알면 사람의 운화는 저절로 알게 되지만 사람의 운화를 안다고
하늘의 운화(천기운화)를 안다고 할 수는 없다. 그래서 사람의 운화(인기운화)
는 천기운화를 승순(본받고 따르다)해야 한다. 즉, 하늘의 본성(성질)인 운화는

인간 내면에도 들어 있으므로 인간이 스스로 노력하여 운화를 인식하기만 하면 인간 역시 이러한 본성을 회복하여 가장 이상적인 삶을 영위할 수 있게 된다는 말이다.

운화를 왜 인식해야 하는가? 그것은 살아가는 도리, 정치와 교육, 학술의 무한한 효과가 운화에 있기 때문이다. 만사만물의 근원이 운화이기 때문이다. 그러나 사람마다 이것을 아는 능력이 다르다. 그러면 어떻게 아는가? 운화 중에서 앎, 곧 인식의 대상이 되는 운화는 '천인운화'라고 한다. 그것은 나의 내면에도, 외부 세계에도 똑같이 들어 있는데 내면에 들어 있는 것은 신기운화, 외부에 있는 것은 대기운화라고 한다(둘은 본질상 동일하다).

천인운화를 아는 방법은 활동운화를 우등하게 하는 방법과 기질을 변화시키는 방법이 있다. 활동운화를 우등하게 하는 방법은 교인접물(交人接物)의 경험을 쌓는 것이다. 무엇보다 공부를 할 때 다른 인물의 도움을 의뢰하는 것이 중요하다(그 비중이 8, 9할이다). 그 외에도 자신의 기를 음식과 의복으로 보호하고 기력과 기화를 잘 배양하는 방법이 있다. 기력만을 배양하면 정혈은 보충되지만(물질적인 측면) 기화를 배양하는 데 오히려 해가 된다(정신적 측면). 기질을 바꾸는 방법은 먼저 외부 인물을 보고 듣고 습관을 길들여서 심기를 단련시키거나 아니면 대기운화를 먼저 인식한 후, 나의 내면의 운화를 인식해서 서로 합일하게 하는 방법이 있다.

요약하면, 우리가 인식해야 할 대상의 대부분이 외부 세계에 존재하기에 인간의 내면세계(심기운화)는 외부 세계를 제대로 알아야 하며 그 방법은 구체적인 인물을 공부하는 일이 된다. "평생의 공부가 나에게 있는 것은 1~2할이고 인물에 있는 것은 8, 9할이다."

운화는 대기의 본성이다. 인간의 정신적・물질적인 삶과 총체적인 연관성을 갖고 있다. 인간이 이것을 모르거나 어기고는 절대 인간적인 삶을 영위할 수 없다. 인간의 최대 과제는 따라서 운화를 승순하는 것이며, 그 효과는 엄청나다. 인식과 사회적 실현인 정치, 교육이 순조롭게 이루어지며 자아실현과 나와 남 사이의 간격을 없애고 대동이상(大同理想)의 실현도 가능해진다.

말이나 이야기로 하늘을 섬기는 것은 담천(談天)이고 예배로 섬기는 것은 제천(祭天)이다. 이것들은 진정으로 신실하게 하늘을 섬기는 도리가 아니다. 항상 운화(기)의 마음을 보존하고 오랫동안 운화기의 본성을 길러서 거스르거나 해치지 않고 그것을 따라가고 받들어 이어가는 것이 곧 진짜로 하늘을 섬기는 일이다.

4.『기학』의 특징

저자가 생각하는, 기존의 학문과 차이나는『기학』의 특징 몇 가지를 정리하였다. 최한기만의 독특한 관점이라고 말할 수 있다.

1) 실천적 학문으로서의『기학』

최한기의『기학』은 확고하다.『기학』은 실학이고 유형의 학이다. 허(虛)를 버리고 실(實)을 취하며 현재를 중심으로 과거나 미래를 살핀다. 따라서 옛날 학문, 곧 무형의 리와 무형의 신을 심원하고 고매한 것으로 여기는 음양오행설, 성리학의 이기론, 심성론, 태극설, 미루어 헤아려 상상하고 억측하는 음양학, 양명학과 성리학, 화니 복이니 상서로움이니 하여 해롭기만 하고 보탬이 없는 낭유학(불교, 도교, 천주교 등)과 방술학 등은 기(氣)를 모르는 학문이라고 보았다. 단학(丹學)과 의학도 말을 억지로 끌어다 붙여 이치를 만들어 냈고, 노자의 무(無)와 불교의 공(空) 모두 무형으로 도와 학을 삼은 것으로 보았다. 한마디로 무형의 저울과 척도로 유형의 장단과 경중을 저울질하고 유형의 모나고 둥근 그릇들을 제작하라면 얼마나 큰 잘못이 되겠느냐는 뜻이다.

반면에 지구의 운행을 이해하는 천문학과 수학, 곡식과 채소, 초목, 금수, 물고기와 곤충, 금석 등을 구분, 분류, 연구하는 물류학(物類學), 정치학, 경제학 등을 옹호한다. 한마디로 최한기의 철학 세계는 기존의 어떤 기학(북송의 장재로부터 한국의 서경덕의 기론)과도 다른 매우 독창적이고 독특하다. 예컨대, 그는 당시의 불안정한 시대 상황을 초래한 원인을 주자학적 성리학에 기반을 둔 구질서에 있다고 보고 이를 실질적으로 개편하려면 새로운 사유체계가 제시되어야 한다고 생각한 것이다. 그래서 민생에 보탬이 되고 허를 버리고 실을 취하며 증험할 수 있는 학문으로서의 『기학』을 탄생시킨다.

2) 관점의 대비

『기학』에서는 몸[身]을 마음보다 더 큰 개념으로 본다. 몸이 마음을 품고 있다는 것이다. "몸의 성함과 쇠함은 시간에 따른 변화가 있으며, 마음 또한 이에 따라 진퇴한다." 운화는 운화하는 주체에 따라 대기운화, 인기운화, 만물운화 세 가지가 있고, 인기(人氣)운화는 다시 일신(一身)운화, 교접운화, 통민운화가 있다. 심기(心氣)운화는 없다. 내가 있고(一身) 그다음에 타인과 교접하는 삶, 나아가서 사람을 이끌고 통솔하는 삶이 중요하다.

두 번째 특별한 관점은 교접이다. "이목구비는 교접에 의해서 만물의 기를 통할 수 있다." "사람과 교유하기를 좋아하지 않으며 일을 싫어하고 피하며, 다른 사람에게 힘을 빌리지도 않고 갚지도 않는 사람은 단지 자신의 운화만 지키는 것으로 생(生)을 마감한다." "스승이나 친구의 인도하는 바를 따르면 스스로 자립하는 경지는 어려워도 어긋나 어지러움에 빠지지 않는다." "미치지 못한 힘이 있으면 다른 사람에게서 구하고 이미 받은 힘이 있으면 다른 사람에게 보답해야 한다." "인품을 논할 때는 동서고금의 모든 사람을 통합하여 그 언행과 일의 공적이 남에게 미치고 감동시킨 바의 규모를 살펴서 우열을 정해야 한다."

3) 성리학 비판

『기학』이 가장 큰 주안점을 두고 비판, 극복하려 하는 것은 심학, 리학으로 불리는 성리학이었다. 주기(主氣)의 입장에서 주리(主理)를 비판하는 것이다. 한마디로,『기학』과 성리학의 차이는『기학』이 하늘을 추측해서 달력을 만들었다면 성리학은 달력을 먼저 만들어 놓고 하늘을 증험했다고 본다.

〈표 1–1〉 기학과 성리학

기학의 입장	성리학의 입장
일원론	이원론
유형	무형
실용	비실용(虛)
실재론	관념론
현실 중시	과거 중시
동적	정적
추측	궁리
심(心)과 물(物)을 통합한 합내외(合內外)	주심론(主心論)
형이학적 구체성	형이상적 추상성
천인일체	천인합일
사회 윤리 중시	개인 윤리 중시
욕구 긍정	욕구 부정
자연적 생명천	윤리적 이법천
과학적 사실 우선	당위 우선

4) 수신의 독특한 의미

유교의 수신(修身)은 몸과 마음을 갈고 닦는다는 의미로써 주로 마음을 중심으로 하는 윤리, 도덕적 경향이 강하다. 그러나『기학』에서의 수신은 말 그대로 몸의 생명력을 고양시키기 위한 물질문명과 관계가 깊다. 이것이 곧 인사 내지 재예(才藝)다. 예컨대, 각종 저술 활동, 도구 제작 등으로 인간의 삶을 풍요롭게 하는 일, 또는 기를 의식(衣食)으로 보호하는 일, 이용후생(利用厚生), 자연과 사람, 사물을 대하는 절차를 학습하는 일 등보다 실용적인 내용이다.

이상으로, 생명굿의 근원인 무교, 동학,『기학』을 간단히 논했다. 무교와 동학의 생명정신을 생명굿에서 다시 꽃피워 나가겠지만『기학』은 난해성으로 인해 앞으로 더 많은 공부가 필요할 것으로 생각된다. 누구나 쉽게 이해할 수 있도록 요약해서 정리했는데도 생명굿에 실제로 적용하기에는 부족함이 많다. 그러나 기의 의미, 특히 운화를 끊임없이 움직이고 순환하면서 변화해 나아가는 기라고 보았을 때, 비록 160년 전의 철학이지만 현대 철학이나 양자역학적 시각에서 새롭게 재해석될 가능성을 가지고 있다(예: 들뢰즈의 내재성혹은 생명철학). 또한『기학』이 현대에 부활하기 위해서는 현대적 언어로 누구나 쉽게 접근할 수 있도록『기학』전문가들이 노력해 주길 바란다.

• 제 2 장 •

생명

1. 생명이란 무엇인가

생명(生命)은 우리를 살아가게 한다. 생명은 사람들로 하여금 말하고 생각하고 기뻐하거나 울게 하는 어떤 힘이다. 그냥 힘이 아니라 우리 몸을 움직이게 하는 힘이다. 자연에서 흐르지 않는 물, 움직이지 않는 구름을 생각할 수 없듯이 생명의 힘은 멈춰 있거나 붙박이 힘이 아니다. 생명을 품고 있는 몸으로 하여금 힘이 다할 때까지 끊임없이 무언가를 하게 하는 힘이다. 그래서 힘이 움직임을 멈추면 생명은 사라지고 우리 또한 사라진다. 이 땅 위의 모든 살아 있는 것도 마찬가지다. 사람, 동식물, 모든 생명체, 그러한 존재의 죽음이라는 말은 생명의 힘이 있느냐 없느냐에 따라 달리 말해진다.

생명을 정의하고 규정하는 일은 쉽지 않다. 도(道)를 말하는 순간 그것은 이미 도가 아니라는 말처럼 생명 또한 말로써 그 본모습을 다 드러낼 수는 없다. 우리는 기껏해야 생명의 느낌 혹은 그 낌새 아니면 그것이 드러나는 현상만을 기술할 수 있을 뿐이다. 예컨대, 우리는 "생명은 곧 숨(공기)이다."라는 말에 익숙하다. 사람이건 생물이건 숨을 쉬지 못하면 죽으니까 일리가 있는 말이다. 하지만 과연 그럴까? 그럼 숨을 몸 안으로 들여보내고 내보내는 일을 하는 것은 무엇인가? 그것 또한 생명이 하는 일이지 않은가? 그렇다면 스스로 자동으로 하는 일 그 자체 또는 그 일을 하게 하는 힘의 움직임이 생명이라는 말이 더 적절하지 않을까? 숨이 생명인가 아니면 숨을 쉬는 일이 생명인가? 생명은 이름씨인가 움직씨인가?

생명은 움직임이고 움직씨다. 우리의 삶 또한 움직임이다. 살아 있다는 것은 끝없이 움직일 수 있고 움직이고 있다는 말이다. 오고 가고, 앉고 서고, 먹고 싸고 만나고 사랑하고……. 그 모든 일이 생명의 일이다. 보고 듣고 말하고 생각하는 일 또한 생명의 일이다. 나아가서 자고 쉬는 일도 생명의 일이다. 겉으로는 아무 일 안 하는 것 같이 보이는 식물이 안으로는 왕성한 생명

활동을 하는 것처럼 사람이 쉰다는 것 또한 식물 상태로 들어가는 일이다. 그것은 일하고 움직일 때보다 더 깊이 생명에 다가가는 짓으로 보인다. 왜냐하면 그러한 쉼의 상태란 현실에 익숙한, 습관화된 생각과 행동을 멈추고 보다 생명에 더 가까운, 더 깨끗하고 순수한 생각을 길러 낼 가능성이 높기 때문이다. 예컨대, 문명 생활로부터 잠시 벗어나 우리 안에 숨 쉬고 있는 태고의 생명의 소리에 귀를 기울이는 일, 꿈을 꾸는 일, 백일몽에 취하는 일, 명상의 시간을 갖는 일 등이다.

하지만 우리에겐 시간이 없다. 마음의 여유도 없다. 그런 의미 있는 삶의 방식에 대한 정보는 마음만 먹으면 언제든 찾아낼 수 있다고 생각한다. 삶 자체가 아닌 삶에 관한 지식을 삶으로 착각하기 때문이다. 마치 사회적 역할을 자기 자신으로 착각하는 사람들과 같은 종류의 사고방식이다. 시간이 없다는 것은 별도의 자기만의 시간을 내야만 하는 의미를 모른다는 뜻이다. 먹고사는 일이 워낙 중요하기 때문이다. 평생 한 가지 일에만 전념해 살게끔 젊어서부터 철저하게 구조화된 문명 속에서 모두가 무언가를 스스로 생각하는 일 자체가 낯설거나 사치스러운 일이다. 오히려 생각하는 일, 더 깊이 알아보는 일 자체가 무의미한 시간 낭비가 된다. 예컨대, 맛있게 잘 먹는 일이 중요하지 쌀이며 채소가 어떻게 생산되고 어떤 과정으로 우리 손에 들어오는지를 생각해 보라고? 매일 물이나 공기의 중요성을 음미하라고? 대기 오염이 어떻고 지구 온난화가 어떻다고? 그건 전문가가 다 알아서 하는 일 아닌가? 아, 머리 아파. 그만 하자고. 잠시 쉬면서 생명의 소리를 들어 보라고? TV에 자주 나오잖아? 아기 울음, 송아지, 병아리 울음소리. 그건 생명의 소리 아닌가?

현대인은 마음의 여유가 없다는 건 맞는 말이다. 마음속이 너무 많은 것으로 꽉 차 있기 때문이다. 무언가 새로운 생각이 들어갈 여지도, 그런 의지가 비집고 들어갈 틈도 없다. 자본주의와 경쟁에 철저히 세뇌된 사람들의 공화국, 생존 경쟁과 적자생존의 원칙만이 있는 나라, 오직 생산성, 효율성, 경제성, 이용 가치와 파벌성, 사대주의와 노예근성이 판치는 이 나라에서 잠시만이라도 정신을 차리고 생각하는 일이 어디 그리 쉬운 일이겠는가. 강대국 틈에 끼어서 마치 꼭두각시인 양 자기 나라의 반쪽을 최악의 원수로 여기는 나라, 자기 나라의 민속과 역사와 전통을 홀대하고 천시하는 나라에서 제정신을 갖는 일이 어디 그리 마음대로 되는 일이던가? 이게 다 눈먼 자들의 도시에서 눈 뜬 자가 오히려 비정상이 되어 버리는 그 지독한 폭력의 시대를 일컫는 것 아니겠는가?

그 때문이기도 하다. 사람들의 생각이 거의 엇비슷한 까닭 말이다. 마치 전염병처럼 똑같은 이유로 힘들어 하고 화내고 지친다. 모두 나는 옳은데 너는 틀렸다 한다. 무리 짓지 않으면 아무 일도 못 한다. 말도 안 되는 이야기로 사람들을 선동한다. 책임은 없다. 법도 원칙도 없어 보인다. 아, 정말이지 이 땅에 태어나는 아이들이 너무 불쌍하다. 가진 아이든 가난한 아이든 평생을 경주마처럼 앞만 보고 달려야 할 인생, 그 길만이 유일한 길이라고 믿는 외길 인생의 아이들. 한반도라는 거대한 격투기장에 아이들을 내모는 우리는 누구인가? 갓 태어난 아이들을 20년 이상 오직 좋은 대학과 좋은 직장을 향해 수단과 방법을 가리지 않고 싸우게 만드는 우리 어른은 누구인가? 우리 또한 그렇게 살았으니 그러는 게 당연한가?

생명의 힘이 고갈되어 가고 있다. 자연의 유전자들이 과학이라는 뻔뻔한 이름으로 조작되고 있다. 더욱 무서운 일은 인간 또한 더 지독하게 조작되어 가고 있다는 사실이다. 발전이라는 이름으로 선진화라는 이름으로, 온갖 전자 기계에 자신을 내어 주고 있다. 내가 내 자신을 기계에 더 많이 내어 줄수록 나는 성공한 사람이 된다. 성공은 생명력에 반비례한다. 이 시대 문명의 제1법칙이다.

2. 생의 의미

1) 살아 있음

생(生)은 무엇보다도 살아 있음을 뜻한다. 죽음[死]의 반대, 살아 꿈틀거리는, 움직이는, 스스로 변화해 나가는, 달라지는, 단 한순간도 멈춤이 없는 삶(살아 있음)을 의미한다. 오늘날에는 지구조차도 하나의 살아 있는 생명체로 간주할 만큼 이 지상의 모든 생명체는 그래서 역동적이고 다양하다. 무한의 요소, 대상과의 만남, 힘의 부딪침과 생성(becoming)은 곧 개인과 사회, 자연과 사회, 세계, 우주에 무한의 역동성을 불러일으킨다. 다양성의 충돌이며 생성이다. 그래서 생은 불확정적이며 예측 불가능성이다. 그곳에는 그 어떤 오류도, 잘못도, 실패도, 비정상도 없다. 지금의 양이 내일은 음으로, 음은 양으로 변할 것이기 때문이다. 그것은 필연성이다. 생 자체의 속성이다.

한마디로 살아 있음은 곧 '차이 남*'이다. 차이다. 시·공상의 차이다. 어제와 오늘의 차이뿐만 아니라 나와 너의 차이다. 같은 것은 없다. 같다고 볼 뿐이다. 동일성, 유사성의 원리를 적용하기 때문이다. 눈[雪]은 겉으로는 육각형이지만 내부 구조가 다 다른 것은 물 분자들의 거의 무한대적인 조합 때문이며, 모래알 하나에 우주의 역사가 잠겨 있다는 것은 그만큼 모든 모래알이 서로 차이 남을 상징한다. 예컨대, 지금 이 순간 수레를 끄는 말과 수레를 끌고 있는 소가 동시에 길을 지나고 있다고 하자. 같은 동물인가? 우리는 결코 같다고 생각하지 않는다. 지금 이 순간을 보는 것이 아니기 때문이다. 이미 내 머릿속에 입력된 소, 말의 이미지로 인해 오히려 수레를 끄는 말은 승마장의 말과 더 가깝지 수레를 끄는 소와 가깝게 생각하지는 않는다(인간 또한 마찬가지다. 각 개인의 능력, 힘, 기질, 차이가 아니라 그보다는 외견상, 고향, 출신 고등학교, 대학교, 다니는 교회 등에 습관적으로 눈이 멀어 같은 종류의 사람으로 치부한다).

＊차이남

많은 전문가(정신치료, 상담, 예술치료 등)가 기본적으로 어려움을 겪는 곳이 바로 여기다. 생명체, 인간의 그 무한의 차이 남, 각자의 특이성, 다양성을 일반화, 보편화한 것이 제반 치료 이론이 아니겠는가? 그러한 기초적 사실을 잊고 실제로 만나는 각 개인을 이론에 비추어(꿰

맞추어) 보려니 맞아떨어질 리가 없다. 단 한 명도 이론에 맞추어 완전하게 설명이 안 되는 것이다. 혼란뿐이다. 이론이 틀렸나? 내가 잘못한 것인가? 아니다. 이론은 어디까지나 이론일 뿐 살아 있는(生) 인간을, 서로 차이나는 다양성의 존재를 획일적으로 규정지으려는 이론 자체에 한계가 있을 뿐이다. 모든 전문가는 이 점을 분명히 알아야 한다.

전문가로서의 어려움은 또 있다. 전문 치료자로서 내가 중심으로 삼고 있는 이론과 나의 성격, 기질, 인생관 등과의 조화와 일치 여부다. 이론이 완벽하게 나의 기질과 맞지 않아도 어느 정도 내가 진실로 믿고 받아들이며, 최소한 그 이론과 나의 삶과의 모순은 없어야 하지 않겠는가?

앞의 첫 번째와 두 번째 관문을 통과했다 해도 남은 어려움이 또 있다. 그것은 지금-여기다. 예측 불가능성, 지금 이곳에서의 너와 나의 만남의 상황이 어떠하냐에 따라 그 모든 이론이 뒤집어지고 틀릴 수도 있다는 가능성이다. 그것이 바로 '생(生)'이며 살아 있음의 의미다.

2) 생생함

살아 있음이 쌍으로 있다. 반복이다. 이때는 발음 또한 '쌩쌩'이다. 생생(生生)하다. 살아 있음의 기운이 넘친다. 싱싱하고 생기가 있다. 활기로 가득 차 있다. 그 어떤 것도 그것을 가두어 둘 수 없다. 명칭, 이름조차도 무의미하다. 단풍, 노랑이라고 하는 순간 그것은 갈색으로 나가고 있다. 그래서 진실이란 바로 이 순간만의 진실을 말한다. 다음 순간은 바로 직전과는 차이가 나는, 다른 상황과 다른 이야기가 펼쳐질 것이다. 한마디로 생생함은 그 어떤 상징, 기호, 내지는 시간으로도 묶어 둘 수 없는 생동성이며 팔팔함, 당당함이다.

쌩쌩함, 당당함은 곧 모든 대상에 대한, 상황에 대한 무조건적 수용을 의미한다. 생생함을 잠시 멈추고 재고 판단하거나 부정하지 않는다. 수동적으로 기다리거나 반응을 위해 대상의 눈치를 살피지도 않는다. 살아 있음은 있는 그대로의 수용성, 긍정성, 능동성이다. 그러한 생생함은 스피노자식으로 말하면 기쁜 정동(기쁨, affect)을 발생한다(그렇지 못하는, 수동적·반응적 생명체는 슬픈 정동, 우울을 동반한다).

　문제는 오늘날 현실이다. 인간과 자연 모두가 생생함을 상실해 가고 있다. 쌩쌩함과 기쁨을 잃어버린지도 오래다. 잘못 가고 있는 문명 때문이다. 여전히 자연보다는 인간이 우위라고 하는, 전근대적인 소수 위정자들의 오만과 아집, 폭력적 정책 및 국가 경영 때문이다. 한마디로 발전이라는 미명하에 우리의 생은 수동적으로, 끌려가는, 복종적이고 습관화된 삶으로 변질되어 가고 있다.

3) 생존

　오늘날 생존(生存)한다는 것은 어려운 일이다. 우리는 제대로 된, 생명력 충만한 생존은 꿈꾸기조차 어려운 시대에 살아가고 있다. 한마디로 문명이란 이름의 화장품으로 예쁘게 치장한 괴물에게 잡혀 먹히지 않고 어떻게 당당하게 자기답게 자신의 삶을 이끌어 가느냐 하는 문제다. 생존은 결코 쉽지 않다. 왜냐하면 현대인은 거의 대부분 다음과 같은 특성을 지니기 때문이다.

- 태어날 때부터(아니 태교 때부터) 철저하게 현대사회에 걸맞은 상품 구매자 및 소비자로 훈육되기 때문이다(안정과 안락에 길들여지는 길이 곧 정상인이 되는 길이다).
- 더불어 함께가 아니다. 나만 잘 먹고 잘 사는, 돈 많이 버는 것이 성공이라는 오직 유일의 가치관과 목표에 따라 세뇌당한 지 오래되었기 때문이다(로봇이 아니라면 모두가 어떻게 그렇게 똑같은 목표를 지향할 수 있을까?).
- 질문하는 의식, 회의 정신은 사라졌다. 아무도 사회 현상(교육, 종교, 정치, 문화 등)을 의심하지 않는다. 언론, 매스컴에서 떠드는 소리 그대로를 믿는다. 먹고 살기도 바쁜 세상에 뭘 시시콜콜 따지냐는 식이다.

　수피즘(Boorstein, 1997)에서도 현대인의 모습을 매우 비관적으로 본다.

- 모든 인생의 가치관이 스스로 선택하기보다는 주입되었다(자신의 의식 세계가 에어리언화, 로봇화되어 있음에도 본인은 꿈에도 그런 줄 모르고 있다. 의심조차도 없다).
- 모든 사유며 연상 작용이 통제되어 있다. 세상을 지각하고 보고 느끼며 수용하는 능력이 제한되어 있어서 대부분의 사람이 동일한 반응을 보인다. 한마디로 생각과 반응이 뻔하다. 깊이도 개성도 없다.
- 깊이 사유할 줄을 모른다. 배운 적도, 해 본 적도 없다. 그냥 자동적으로 습관화된 사고만이 존재한다. 거의 반사적이다. 그리고 그러한 생각을 자기 생각이라고 믿는다. 마치 자동(사고) 기계 같다.
- 결국 그래서 모든 사고가 자기중심적이다. 타인(他人)은 존재하지 않는다. 내 생각, 내 삶에만 몰입되어 있다. 이기적이고 폐쇄적이다.

"오호, 애재라! 그 단단한 쇳덩어리가 용광로의 오랜 열기에 결국은 흐느적 거리며 녹아내리듯, 우리 또한 그 오랜 물질문명의 유혹에 녹아 버려서 우리 의 영혼은 생존은커녕 갈 길마저 잃어버린 지 오래되었네."

3. 생명 현상

생명 현상은 무수히 많다. 태어나고 성장하고 열매 맺으며 재생산하는 일, 혹은 변화, 발달, 진화해 나가는 일만 세밀하게 기록해 나간다고 해도 어마어 마한 일이 될 것이다. 넓게는 우주의 탄생에서부터, 좁게는 지구상의 생명체 의 죽음까지, 생명의 기준을 어떻게 잡느냐에 따라 생명 현상은 무한대일 것 이다. 여기서는 만남, 반응, 공생, 차이 생성, 그리고 저항, 다섯 가지 현상을 논했다(굵은 글자는 생명 현상들이다).

1) 만남

생명이란 만남 혹은 관계 그 자체라고 말할 수 있다. 그 어떤 생명도 그것이 생명인 한에서 혼자 존재할 수 없다. 생명체는 일정 기간 홀로 있을 수 있다. 그러나 생명은 연결, 결합 없이 생성될 수도, 살아갈 수도 없다. 공기, 물, 영양분의 섭취만을 의미하는 것이 아니다. 그것을 필요로 하는 생명 자체의 생성을 말한다.

만들어 봄으로써 연구하는 구성적 접근의 생물학에서 생명(생물)의 구성요소를 기계처럼 부품이라고 말할 수 없다고 말한다. 왜냐하면 그러한 구성요소들의 성질은 고정 불변적 요소가 아니라 주위의 요소나 시스템 전체와의 상호관계에 의해 변화하기 때문이다. 하나의 단백질이 다른 단백질과 결합하면서 변화하고, 하나의 **세포** 또한 주위의 세포에 의해 변화할 수 있다는 말이다(Dyson, 2010).

넓게는 우주 만물이, 먼지 하나도, 보이지 않는 입자 하나도 홀로 존재하지 않는다. 그들은 끝없이 만나고 헤어지고 다시 다르게 만난다(사라지는 것은 없다. 형태만 달리할 뿐이라고도 말한다). 생명이 있느냐 생명이 사라졌느냐(죽음)의 차이만 있을 뿐 그 근본은 만나고 헤어짐이며 참/빔, 펼침/접음, 연결/단절 등 모든 존재란 관계 그 자체를 일컫는 말이다.

생명체도 마찬가지다. 생물학자 마투라나(강신주, 2011)에 의하면 생명은 우연의 결합에 의해 다양한 생명종으로 진화해 왔다. 생명체 역시 세포들이 어떤 특징을 구성하고 어떤 결정을 하느냐는 문제는 그들이 서로 간에 어떻게 상호작용하느냐에 달려 있다.

주체 성립 과정도 그렇게 미시적으로 보면, 끝없이 많은 만남, 연결, 접속을 통해 새롭게 변화, 변신, 창조되듯이 어느 정도 주체가 성립된 후에도 주체가 무엇을 만나느냐에 따라 다르게 변신한다. 예컨대, 밥상 앞에서 수저와 젓가락을 들고 있는 순간은 밥 먹는 사람이지만 식사 후 연필을 들면 글을 쓰는 사람으로 순간 변신한다. 밥 먹는 사람도 실제로는 더 다양한 만남의 순간으로 세분화되며 글 쓰는 사람 또한 어디에, 무엇을, 어떻게 쓰느냐에 따라 한 사람일지라도(한 명의 주체성일지라도) 많은 다양한 글 쓰는 사람으로 바뀔 수 있다.

항상 잘된, 의미 있는 만남만 있는 것은 아니다. 잘못된 만남, 그릇된 연결/접속은 생명 자체를 위험에 빠뜨리거나 **죽음**으로 몰아가기도 한다. 세포 내적으로 **암세포**나 **변형된 유전자**와의 만남, **잘못된 면역체계**와의 연결은 죽음을 초래할 것이다. **과도한 술**, **마약과의 만남**, **고문**, **정신적 공허**, **과로와 소진**은 몸을 **마비**시키고 생명의 기능을 약화시킨다. 물론, 생명은 단 한 번의 잘못된 만남으로도 완전히 망가질 수도 있고, 여러 번의 왜곡된 만남도, 생명 자체의 **회복 과정**(또는 정화작용)을 통해 원 상태로의 자연스러운 흐름을 다시 찾을 수도 있다. 문제는 인간이 일단 잘못된 만남 속에 빠져들면 자의건 타의건 각고의 노력 없이는 쉽사리 벗어날 수 없다는 점이다.

반면에 연결과 만남이 새로울수록, 새로운 관계가 형성될수록 생명은 보다 창조적인 방향으로 나아간다. 단 한 번의 외국 여행, 새로운 세계에 눈뜨기, 새롭고 낯선 경험과 그 충격, 단 한 사람과의 참된 만남, 우주―밤하늘―별에 대한 새로운 인식 등 나와는 다른 세계와의 새로운 만남은 내 자신뿐만 아니라 나의 가치관, 인생관이 새롭게 창조된다고 말할 수 있다.

2) 반응

생명은 모든 내외적 조건에 즉각적이고 직접적으로 반응한다. 반응하지 않는다는 것은 죽었다는 것을 뜻한다. 그것은 거의 태생적이고 본능적이고 단순 명료하다. 느리고 빠름의 차이는 있다. 반응의 강약, 도전/회피/우회 등 반응 방식의 차이도 있다. 그러나 무생물처럼 무반응의 생명은 존재하지 않는다.

자연은 민감하다. 생명체도 비생명체도 모두 민감하게 반응한다. 빛과 어둠, 기온과 습도, 사계절의 변화 등에 따른 자연의 반응은 얼마나 경이로운

가? 탄생에서 소멸까지 생명종의 변화는 얼마나 다양하고 무궁무진한가? 나비 효과에서 보듯 아주 작은 초기 값이 얼마나 거대한 반응의 결과를 초래하는가?

생명 현상은 모든 자극에 대한 끊임없는 반응 과정이라고 볼 수 있다. 그렇게 자극하고 반응하는 동인(動因)을 우리는 힘, 에너지, 기, 욕망 등 다양한 명칭으로 개념화하고 있다. 아니, 생명 자체가 바로 그러한 힘, 에너지[불(火)로 상징되는]의 장(場)이라고 말할 수 있다. 그렇기 때문에 자극과 반응(특히 내적 자극에 대한 내적 반응)은 반드시 원인과 결과로써 볼 것이 아니라 서로 동시에 얽혀서 일어나는 현상을 기술해 놓은 것으로 보는 것이 옳다.

세상 만물이 기(氣)의 운행, 조화에 의해서 이루어진다는 기 철학자 최한기, 일종의 창조적 도약의 힘으로써의 생명의 힘을 이야기하는 베르그송, 무한 잠재성의 역동적 세계로 생명을 설명하는 들뢰즈 등 서로 다르면서도 유사한 생명의 세계는 공통적으로 다음과 같은 특성을 보여 준다. 예측 불가능성, 우발성, 복잡성, 실험성이 그것이다.

- **예측 불가능성**: 거시적으로는 생명의 흐름을 종합적으로 판단해 예측해 볼 수 있을지 몰라도 미시 세계, 생명 자체의 세계에서는 그 어떤 한순간도 예측이 불가능하다. 왜냐하면 힘의 흐름이 어떻게 자극, 반응, 조화, 운행될지를 모르기 때문이다. 지렁이가 어떤 방향으로 꿈틀거리며 나아갈지, 나비가 어디로 날아다니는가를 아는 것이 불가능한 이치와 같다. 그래서 참된 생명의 창조적 특성은 사전에 예측이 전혀 안 되는 **변종**, **독특한 생명체** 등에서 찾아볼 수 있다. 규범적이고 예측 가능한(예: 온실에서 자라는 식물) 생명 현상은 오히려 인위적이고 생명다운 생명이라고는 말할 수 없다.

  아이들 또한 예측 불가능한 존재다. 매 순간, 일반적인, 아이들이라고 하는 상식의 선, 규정된 개념과 성질을 벗어나기 때문이다(하지만 오늘날엔 모든 아이가 획일적인 교육으로 똑같아져 가고 있다). **새싹**이 돋는 것만으로 결코 소나무가 될지 자작나무가 될지 모를 터인데, 우리는 아이들을 보는 순간 벌써 미래의 모습을 투영시켜 순수 생명체인 아이들(무한 가능성을 담지한)을 통제, 억압해서 예측 가능한 어른, 생명력을 상실한 존재로 만들어 가고 있다.

- **우발성**: **기형, 돌연변이**와 같이 우연한 힘들의 결합에 의한 다양한 생명 종의 진화 특성을 우발성이라고 한다. 종마다, 개체마다 우발성 자체가 생명의 특성이기에 매 순간마다 새로운 생명 현상이 일어난다. 그것은 인간의 삶이 우연이냐 필연이냐의 문제와도 관련된다. 한 남자와 한 여자가 만나 사랑하는 일이 우연인가? 필연인가? 인간의 탄생과 죽음은? 답은 없다. 종교적으로는 필연이지만 우주적 시각에선 모든 것이 우연이다. '아이들' '꽃들' '동물들'이라고 집단화, 일반화해서 말해서는 안 된다. 아이 한 명 한 명, 꽃 한 송이마다, 동물들 제각각 다 다르고 특이하다. 똑같이 보는 것은 아직 삶을 깊이 들여다보지 않고 상투적으로 '척'하는 피상적 삶을 살아가는 사람들이다. 조금만 귀 기울이고 세심하게 본다면 똑같은 아이, 똑같은 꽃은 결코 없다는 것을 알 것이다. 그것이 우발성, 생명의 우연성이다.
- **복잡성**: 생명은 단순 명료하지 않다. 지극히 복잡하다. 복잡하게 얽히고 설켜서 오히려 혼돈스럽다. 어둡고 **카오스**다. 모든 나뭇잎이며 풀잎이 녹색이라고 하자. 과연 그런가? 똑같은 녹색이 있는가? 그 녹색은 어떻게 나타나고, 인간의 눈은 과연 믿을 만한가? 태양이 없다면, 밖의 환경이 붉은색이라면 잎들은 어떻게 보일 것인가? 색채 하나, 형태 하나, 제대로 설명하기가 쉽지 않다. 생명 자체의 복잡성, 미시성 때문이다. 모든 아이는 섬세하다. 예민하고 나름의 세계를 가지고 있다. 어른들이 쉽게 이해하고 접근하기 어려운 이유도 바로 그들의 우발성, 예측 불가능성, 복잡성 때문이다. 상투적인 간단명료한 아이는 이미 어른화된, 명령에 복종하는 것이 습관화된 아이일 것이다. 아이들이 놀이에 열중하는 것을 보라. 그들만의 **독특성**이 엿보일 것이다. 그들만의 사유, 감각의

복잡한 세계가 어렴풋하게 느껴질 것이다.

- **실험성**: 생명은 자극과 반응, 도전, 실험의 연속이다. 새로운 자극, 환경에 대한 새로운 반응과 도전이 없었다면, 생명의 진화는 없었을지 모른다. 돌멩이 사이를 비집고 나오는 **잡초**, 화산재 속에서 살아가는 **생명체**, **바랭이**와 같이 옆으로 가지를 뻗는 잡초의 여왕, **민들레 홀씨**처럼 바람에 의한 이동 등. 그래서 생명굿은 일종의 실험실이라고 말할 수 있다. 죄의식, 절망, 원한, 무기력증이 뒤집히고 깨뜨려진다. 이 시대에 숨 막혀 질식해 가는 현대인을 위해 생존 가능한 새로운 대안을 실험한다. 나 아닌 것 되기, 나에게 충실하지 않기, 시대에 거스르기 등이 수시로 발생한다. 아이들이 노는 걸 보라. 장난감에 길들여지지 않은 아이들, 모래사장에서 끊임없이 새로운 걸 만들고 있는 **아이들**, 막대기 하나로 온갖 것을 **창조하는 아이들**, 그들이야말로 천재요, **발명가요, 실험 연구가**가 아닌가? 인류 문명 또한, 바로 그러한 끊임없는 실험의 연속에서 태어난 게 아닌가?

3) 공생

모든 생명은 서로 공생한다. 함께 어울려 살아간다. 서로 돕는가 하면 보다 힘 있는 생명체에 잡아먹힌다. 공존이다. 자연의 대부분 생명체는 같은 종끼리는 공생, 공존한다. 먹이나 번식을 위해서 사소한 경쟁이나 다툼은 있어도 인간처럼 철저한 억압, 살육, 전쟁은 없다. 그래서 인간종이 가장 잔인하다고 말한다. 생명체끼리 공생관계를 유지하면서 변화하는 예는 다음과 같은 실험이 잘 보여 준다(Dyson, 2010).

실험 I에서 남조류(시아노박테리아)와 원생동물(테트라히메바)을 함께 배양하는 경우, 산소가 많을 때는 원생동물이 남조류를 포식해 버리지만 산소가 부족하거나 없는 경우에는 남조류가 원생동물 속에 들어가 함께 공생한다. 실험 II의 대장균 실험에서, 밀도가 작은 경우, 상호작용이 적어 적자생존과

같은 기능의 최적화가 일어나지만 밀도가 점점 높아지게 되면 그에 따라 상
호작용도 많아진다. 그러나 이때는 적자생존보다는 대장균들의 다양화가 발
생한다.

　생명 진화상 최고의 단계에 와 있다는 인간 세계에서 가장 무식하고 무능
한 일은 정치-경제 구조와 제도일 것이다. 생명의 공생, 공존의 의미가 완전
히 증발해 버렸을 뿐만 아니라 오히려 공생, 공존이 소수자들의 착취와 지배
구조를 합리화하는 위장막으로 작용하고 있기 때문이다. 전제군주제는 말할
것도 없고, 민주주의건 공산주의건 상관이 없다. 인류 문명이 시작된 이래로
최초의 순수한 생명의 의지는 사라지고 태양중심사상과 유일신사상이 지금
도 여전히 맹위를 떨치고 있다. 인간중심사상도 마찬가지다. 하나주의, 대장
(두목)주의, 인본주의 말이다. 국가마다 대통령이나 수상이 최고고 집안에선
가장이 최고다. 학교장이, 회장이, 의장이며 원장이 최고다. 나머지 사람들
은 그럼 뭐가 되는가? 억울하면 너도 장(長)이 되라고? 피라미드 구조의 영원
히 끝나지 않을 것 같은 차별화와 계급의 체계, 그것이 곧 모든 인간의 고통
의 씨앗 아니겠는가?

　태양이야 은하계 안에서만, 그것도 태양계 내에서만 유일한 것이지 은하계
에만 수천, 수억 개의 태양이 있다고 하지 않는가? 도대체 언제까지 인간중심
주의만으로 자연을 가차 없이 파괴하고 동식물계를 훼손할 것인가? 그것은
공존, 공생이 아닌 공멸로 가는 지름길 아닌가? 지진조차도 인간에 의해서 일
어나고 있다는 것이 밝혀졌다면, 이제 좀 성숙해져야 할 때가 되지 않았는가?
모두가 서로를 존중하고 공생하는 사회는 영원히 불가능한 꿈인가?

　밀림을 보라. 훼손당하지 않은 산림을 보라. 그들은 동물, 식물 가리지 않
고 서로 공생한다. 우리는 때로 기생식물이니 기생동물이니 하고 언어화하
지만 아니다. 그들은 서로가 공생관계에 있다. 죽지 않기 위해 서로가 먹이
사슬로 엮여져 있지만 그 외의 상황에선 모두 함께 살아간다. 얽히고설켜 한
덩어리로 살아간다. 바다 또한 마찬가지다. 많은 동식물이 모여 더불어 살아
간다. 차이가 존중되는 세계, 그래서 끝없이 새로운 진화와 창조가 이루어지

는 곳이 인간에 의해서 침범되지 않은 자연 그대로의 세계다.

우리의 전통 무교며 그 정신을 이어받은 동학사상은 바로 그러한 인간의 상생과 자연과의 공생을 일찍부터 깨닫고 있었다. 경쟁과 강자 독식의 사회가 아니라 서로가 서로를 위하는 어울림과 잔치의 사회, 차별과 억압, 착취가 아니라 존중과 겸손과 협력이 중심인 인간 사회 말이다.

인간은 지구를 떠나야 한다고, 인간은 지구의 피부에 붙어 기생하는 이물질이 된 지 오래라고 니체가 말했다. 지구에, 공생에 이바지하는 존재가 아니라 한없는 탐욕으로 자연에 민폐만 끼치는 존재, 그러면서도 입가에 밝은 미소를 머금고 행복해하는 존재, 그 잔인성. 모든 것이 과잉이다. 넘쳐흐른다. 그에 비례해서 자연은 죽어 가고 있다. 인간의 사유가, 감각이 퇴보해 감에 따라 자연 또한 신음 소리가 커져 가고 있다. 생명이 사라져 가고 있다.

태고의 인류는 하늘을 두려워했다. 아니, 사람들은 하늘을 우러러 보았다. 땅도 대모(大母)신으로 받들고 힘 있는 동물, 큰 나무, 새도 존중하였다. 모두가 생명의 존재이기 때문에 공생하고 공존하였다. 제(祭)를 올리고 삶을 감사했다. 제를 올리는 제사장은 한 명이 아니었다. 오늘날 우리가 상식적으로 알고 있는 것 같이(너무도 오래된, 잘못된 교육 때문이다) 가장 힘 있는 한 사람이 제사장(당시에는 제정일치 시대여서 정치적 우두머리를 겸했다)이 되는 것이 아니라 여러 제사장이 모여서 가장 생명을 존중하고 공생, 공존을 잘할 수 있는 능력자를 으뜸 제사장(추장, 왕, 단군 등)으로 추대했거나[역사적으로는 아홉 명의 사제단=샤먼 집단(九夷); 박용숙, 2012] 아니면 그들 스스로 화백회의를 통해 나라를 다스렸다.

진정한 우두머리는 베푸는 자였다. 자기만을 위한 부를 축적하지 않았다. 소유한 만큼 모두에게 되돌려 줄 줄 알았다. 지배하고 명령하고 통제하는 것은 문명이 어느 정도 발달한 이후였다. 아마도 인류 역사상 최초의 부족 싸움이 일어났을 즈음이 아닐까 싶다. 욕심 많고 싸움 잘하는 사람이 필요했을 터이니까. 그러나 아니다. 진짜 우두머리는 갖지 않는 자다. 마음을 나누는 자이지 재물을 탐하는 자가 아니다. 부처와 예수가 바로 그런 사람 아니던가. 그리고 그들이 말하는 사랑이며 자비는 바로 공생, 공존의 다른 이름이 아닌가.

4) 차이 생성

모든 생명은 끊임없이 차이를 만들어 낸다. 생명은 곧 매 순간마다 차이를 생성하는 힘이라고 말할 수 있다. 생명은 끝없이 **자기 증식**을 하면서 바로 직전의 상태와 **차이 나는 새로운 상태**로 나아간다. 적극적이고 능동적이다. 멈춤이 없고 쉼이 없다. 그것은 곧 죽음이기 때문이다. 생명은 자기 스스로 마지막 소멸이라는 차이를 만드는 날까지 변화와 변신을 거듭해 나간다.

우주 또한 마찬가지다. 단 한 차례도 똑같은 적이 없는 변화와 차이를 생성해 왔다. 137억 년 전, 최초 우주의 순간 이후, 수많은 변화를 겪어 온 우주에서 47억 년 전에는 태양이, 40억 년 전에는 지구가 생성되었다. 지구상에서 최초의 생명 발생은 38~30억 년 전으로 추정한다[평균 365,000만 년 전으로 추정하고, 생명 발생을 24시간, 하루로 계산할 경우 인간은 오전 10시에 침팬지로부터 갈라져서 밤 11시 30분에야 인류(호모사피엔스)로 생성된다.].

내가 붉은 단풍잎을 바라보는 순간, 단풍잎은 바로 그다음의 붉은, 앞의 붉은색과는 차이가 나는 붉은 잎으로 나아가고 있다. 갈색의 단풍잎이네 하는 순간 갈색 잎은 낙엽이 되고, 낙엽이라고 말하고 있는 어느 한순간 낙엽은 단풍나무의 거름이 되어 땅속으로 스며들고 있다. 계절에 대한 반응이고 생명의 흐름이며 차이의 생성이고 변화다. 그것이 생명이 하는 일이다. 생명의 진화다. 차이화하는, 차이를 만들어 나가는 끊임없는 과정, 모든 **씨앗**, **알**, **난자** 혹은 **정자**들로부터 시작된, 아니, 그것들이 형성되기 이전부터 시작된 생명(력)의 흐름이 그러한 씨앗과 알을 생성하고, 그것들은 또한 끝없이 순간마다 차이/변화를 만들어 나간다. 생성, 되어감이다. 어떤 생명도 고착, 정체되어 있는 법이 없다. 그것은 죽음이다.

인간에게 **생로병사**가 곧 차이의 생성 과정이다. **사랑** 또한 차이 생성이다. 현대까지도 사랑은 인간의 최고 만남 형식이지만 그것은 생명 현상으로서 일종의 자극과 반응, 참된 만남이며 공생이며 창조다. 사랑이 참되고 생생할수록 나는 어제의 나와 다른 내가 되어갈 것이고 너 또한 어제, 오늘과 다른 내일의 네가 생성될 터이다. 매 순간 순간의 사랑의 만남이 끝없이 상호 간 각자 차이를 만들어 내고 그것은 또한 더 큰 차이를 창조해 나아갈 것이다. 바로 그러한 만남을 우리는 사랑이라고 이름 붙인 게 아닌가?

인간이 매일매일을 존재해 나가는 것도, 사실은 오늘과 다른 내일을 꿈꾸기 때문이 아닐까? 보다 더 나은 나, 내일의 나에 대한 희망이 없다면 하루살이가 그보다 힘들 수 없을 것이다. 문제는 그러한 변화가 상상의 세계 속에서만 존재할 뿐, 실제로는 제대로 된, 인간다운 차이를 생성해 내지 못하고 있다는 사실이다. 한마디로 차이를 생성해 내는 생명력이 온통 외적인, 가시적이고 물질적인 차이를 만들어 내는 데 소모되고, 참으로 끝없이 변화해 나가야 할 자신의 내적 경향이며 정신력은 반대로 빈곤해지고 있다. 문명의 팽창과 반비례로 사유 능력이 감소하고 물질적 풍요와 비례로 인간의 기본적인 생명력의 감퇴가 발생하고 있는 현실을 우리는 어떻게 설명해야 하나? 과도한 인간의 물질적 욕망(정신성의 빈곤과 비례한)은 결국 '과잉'을 낳고, 불필요한 에너지의 축적(예: 비만)과 더불어 잉여 노폐물은 자연을 파괴할 지경에 이르지 않았나?

오죽했으면 130여 년 전, 니체는 그의 나이 37세에 초인을, 차라투스트라를 구상하면서 '최후의 인간'을 떠올렸을까 싶다. 그가 말하는, 가장 경멸해야 하는 인간으로서 최후의 인간의 특징 중 몇 가지는 다음과 같다.

자신을 경멸할 줄 모르는, 가장 경멸할 인간들 시대에 속한 인간, 초인과는 반대되는, 독창성 없는, 알량한 눈앞의 상투적 교양에 만족하는 자들, 사랑이 뭔지 모르는, 만물을 왜소하게 만드는, 수명이 가장 긴, '우리는 행복을 발명해 냈다'고 우쭐거리는, 이웃에 기대어 온기를 흡수하는, 회의 정신을 죄라고 여기는, 걸음걸이 하나하나를 조심해 걷는, 일신상의 안일과 자신의 재산 유지에 철두철미한⋯⋯.

우리에게는 내적인 차이의 생성이 필요하다. 정신력의 확장이, 감각과 직관과 상상의 힘이, 회의하는 의지와 아닌 것을 아니라고 말할 수 있는 결단력이, 혼돈과 무질서를 받아들이고 대지(大地)처럼 생명을 창조해 내는 창조성이 더욱 깊어져야 한다. 지혜가, 사랑이 넘칠 만큼 끝없이 진화해 나가야만 한다. 그렇지 않으면(정신을 차리지 않으면) 우리는 껍데기로 우리 몸을 마취시켜 빈곤하게 하고 마침내는 우리 자신을 껍데기로 만들어 버릴지도 모른다. 보이고 들리는 것을 있는 그대로 믿고 따르다가는 우리 모두 결국에는 좀비와 같은 운명에 빠져들고 말 것이다.

참된 차이의 논리가 필요한 때다. 그 어떤 차이도 차별화하는 논리가 아니라 차이 자체가 곧 생명의 특성이며, 차이 자체가 그대로 존중되어야 한다는 논리 말이다. 나와 차이 나는 너를 나와 똑같이 생각하거나 똑같이 생각하도록 만들려고 하는 것은 아직 생명이, 삶이 무엇인지도 모르는 사람의 독선이며 편견이고 아집이다. 같은 부모에게서 태어난 10남매라 할지라도 모두 제각각 성격이 다르고 외모도 다 다를 터인데 이들의 차이를 무시하고 한 가족이라는 이름으로 똑같이 만들려고 하면 어떻게 되겠는가? 그런데도 학교별, 지역별, 단체별로 끼리끼리 모여 서로가 같은 마음, 같은 생각을 공유하는 걸 자랑으로 여긴다면 얼마나 유치한 일이겠는가? 개인적으로 얼마나 못나고 무능했으면 떼거리로 몰려다니며 의리니, 동문이니 으스대며 다른 집단을 무시하고 업신여기겠는가?

모든 집단은 대강 두 종류로 나누어 생각해 볼 수 있다. **주체 집단**과 **종속 집단**이다. 종속 집단은 한마디로 일사불란하게 움직이는 노예화된 집단이고 주체 집단은 참여자 모두가 주인인 살아 있는 집단이다. 각자 의견이 같을 수 없고 차이가 나는 것을 당연시 여긴다. 언제나 의견 충돌이 있고, 언제나 집단이 깨질 위험성을 안고 있다. 반면 종속 집단은 모두가 똑같은 이념, 생각을 공유한다. 뭐든 만장일치요 지도자에게 의존적이다. 깨질 염려도 없으며 집단에 대한 충성심도 높다. 오늘날 우리 대부분은 주체 집단의 인간이라기보다는 종속 집단의 인간이다. 차이를 존중받지도 못하고 다른 사람과의 차이를 존중할 줄도 모르는 차별의 사회에서 우리는 마치 로봇처럼 시대의 흐름에 편승해서 살아가고 있는 무늬만 인간일지도 모른다.

5) 저항

생명은 저항한다. 지렁이도 밟으면 꿈틀한다. 생명은 현상에 무조건 순응하지 않는다. 쉽게 길들여지지 않는 것이 생명이다. 잡초를 보라. 잡초의 그 끈질긴 생명력을 보라. 잡초 근성이다. 그 어떤 상황에서도 살아남고자 하는 생존의 힘이다. 존재한다는 것은 곧 도전이고 실험이다. 미지의 세계에 대한 도전의식과 기존의 세계를 뛰어넘고자 하는 실험정신 없이는 생명은 생명체가 될 수 없다. 그것은 생명만이 지니는 능동성이고 적극성이다. 그 어떤 악조건도 견뎌내는 불굴의 의지다. 그것은 한 군데 머물지 않는다. 사방으로 뻗어 나간다. 새로운 여건에의 도전이며 모험이다. 굽히거나 순종하지 않는다. 때로는 죽을힘을 다해 싸운다. 낯선 세계를 무서워하지 않고 본능적으로 투쟁한다.

인간이 쉽게 가축화할 수 없는 동물이 많이 있다. 결코 새장 안에 가둘 수 없는 새들, 양식장에서 키울 수 없는 어류도 많다. 인간 또한 마찬가지다. 인간이 제정신을 똑바로 차리고 있는 한 쉽게 가축화되거나 노예화되지 않는다. 실제로 역사에는 비록 이름은 없지만 시대 가치를 거스르며 자기만의 삶을 꾸려간 많은 사람의 이야기가 전해진다. 특히 무엇보다도 신이 우주와 모든 생명과 인간을 만들었다는 해괴망측한 믿음에서 벗어난 사람들, 자본주의며 공산주의와 같은 이념 자체를 우습게 여겼던 사람들, 부와 명예와 같은 현실적인 가치를 헌신짝 내던지듯 내던진 사람들, 죽림칠현, 노자며 장자와 같은 사람들. 그렇다. 지금 우리에게 절실한 건 이 시대 문명에 대해 회의하는 일이다. 참된 삶이 무엇인지, 나답게 살아간다는 것이 어떻게 살아가는 것인지 심사숙고하는 일이다.

모든 생명에게 저항은 필연적이다. 예측 불가능이면서 무한성이면서 그 자체가 하나의 생명력이요, 생동력이요, 펼침이다. 시멘트 바닥과 아스팔트 도로를 뚫고 싹을 내미는 **잡초**, **풀꽃** 자체가 이미 하나의 생명, 저항이다. 갈아엎은 땅, 제초제 투성이의 땅을 헤치고 피어나는 **쑥**이며 **민들레** 역시 생명의 저항이다. 하기야 삶이라는 것이 저항이 아닌 것, 고통이 아닌 것이 어디 있을까만은 문제는 순탄하게 생명의 흐름이 이어져 나가야 할 곳에서도 인간들의 인위성으로 불필요한 힘을 저항하는 데 소모하고 있다는 데 있다.

시인 김수영은 세상과 불화(不和)하는 자야말로 참된 **자유인**이라고 갈파했다. 인간의 역사는 어쩌면 그러한 저항과 반역, 혁명의 역사일지도 모른다. 매끄럽게 흘러가는 듯이 보이는 시대의 조류에 생명의 딴지를 걸고, 제동장치를 거는 일, 순탄하고 깔끔한 고속도로, 아스팔트길에서 내려, 자갈길, 풀밭 길, 황톳길을 만드는 일, 시대의 일방성에 불손함으로 마주 서고 **이방인**, **아웃사이더**, **방랑자**(에뜨랑제)로 살아가는 일 말이다.

때론 목숨을 걸고 **혁명**을 도모하는 것도 곧 생명 자체의 순수한 흐름이 아니겠는가? 목숨을 건다는 죽음의 의식조차도 망각한 채 오직 더 많은 새로운 만남과 차이의 생성, 공존, 공생을 가로막는 것이라면 그것이 무엇이든 저항하는 생명력 말이다. 그런 의미에서 **화산 활동도**, **해일도**, **쓰나미도**, **지진도** 모두가 자연 그 자체의 흐름이며 저항 아니겠는가?

탈북자 혹은 **탈남자** 또한 현 시대에 절망한 사람이 선택하는 처절한 몸짓이다. 오죽하면 생사 불문하고 국가를 버리려고 하겠는가? 누가 왜 이런 사람들의 숨통을 조이는가? 무엇이 그들의 생명을 좀먹는가? 제정신 가지고 똑바로 살아가기 어려울 때, 죽지 못해 살아가고 있다고 느낄 때, 우린 차라리 미쳐 버리기라도 했으면 하고 바랄 때가 있다. 미치광이가 되는 것, 그건 어쩌면 이 시대의 인위성, 허위와 피상성을 지각한 자의 사유가 아닐까? 이 시대를 뛰어넘어 (초인) **반항인**으로 살아가든가 아니면 **광인**의 생명력으로 살아가는 일, 그것이야말로 인간이 생명력 가득한 생생한 삶의 파도를 타고 흘러가는 삶이 아닐까 싶다.

베토벤이 삶에서 한 발자국 물러나 터질듯한 생명의 분출하는 힘을 선율

속에 집어넣는 작업도 일종의 구체적인 삶에 대한 저항 정신일 수도 있다. 니체가 위대한 철학자인 것은 그가 반시대성, 망치의 철학자, 초인을 이야기해서가 아니라 그 자신이 당시의 문명에 동화될 수 없는 고독한 삶을 선택했기 때문이다. 스피노자가 유대교, 천주교, 기독교 모두로부터 파문을 당하면서까지 진실을 규명하고자 저항했던 것처럼 말이다.

고흐의 그림은 어떻고 도스토예프스키의 소설은 어떠한가? 그들의 그림이며 글은 생명 그 자체의 분출 아닌가? 그들이 작품을 창조한 것이 아니라 생생한 생명의 힘들이 형상화되면서, 온 우주적 생명 원리에 따라 그들, 고흐며 도스토예프스키라는 인물이 창조된 게 아닌가?

생명은 저항한다. 만나고 반응하고 차이를 생성하며 서로 공생한다. 그럼으로써 생명은 생명 현상, 생명체를 만들어 낸다. 생명 현상은 무한대로 많다. 새벽을 알리는 **새 소리**에서도 그 맑은 생명의 흐름을 느낀다. 아이들의 깔깔대는 **웃음소리**, 하늘 가득한 **철새의 비상**, 뜨거운 대낮의 **개미의 분주함**, 두 손바닥을 재빨리 빠져나가는 **모기의 민첩함**, 귀뚜라미며 매미의 **울음소리**, 인간의 가장 기본적인 의식주 생활, **병든 몸**……. 그 모든 것에서 생명 현상을 본다.

4. 인간에게 있어서 생명의 드러남

지구상의 모든 생명은 하나의 생명체(개체 혹은 생물)로 표현된다. 같은 유전자 조직을 가진 개체군을 종이라고 할 때, 생물의 총 수는 수천만에서 1억 종 가까이 된다. 인간 종은 그중 가장 늦게 진화된 종 가운데 하나일 뿐이다. 그리고 생명체의 세포 하나 속에는 1만에서 10만 종의 화합물이 들어 있는 것으로 추정된다. 그중에서 가장 기본 원소는 탄소(C)다. 탄소의 근원은 수소(H)다(이정모, 2018). 자연사 박물관장인 이정모는 이렇게 말한다. "지구는 난관에 봉착했다. 지구라는 무생물은 무질서를 지향한다. 그러나 생명은 질서를 추구한다. 그래서 지구라는 무생물의 환경 속에서 생물은 자연의 이단아처럼 보인다. 대부분의 생명은 따라서 자연 선택을 기다렸기에 무생물과 생물은 균형을 이룰 수 있었다. 그런데 인간은 달랐다. 자연 선택을 기다리지 않고 대신 자연을 선택했다. 자연에게마저 질서를 강요하면서 지구 생태계가 경험하지 못한 혼란을 주고 있다." 고생태학자들에 의하면, 생명의 탄생은 우연의 결과물이며 진화는 인간을 만들기 위해 진행해 온 것이 아니다. 운 좋게 인류가 생겨났을 뿐 진화의 최상층, 만물의 영장은 아니라는 의미다. 생태학적으로 보면 모든 생물이 존재 이유가 있고 불필요한 생물이란 있을 수 없다. 인간 역시 자연 공동체의 일부요, 지구라는 하나의 생명체의 일부일 뿐이다. 예컨대, 개미는 한 마리씩 놓고 보면 평균 5mg밖에 안 되는 미물이지만 수적으로 워낙 우세한 동물이라 현재 지구상에 살고 있는 모든 개미의 전체 중량은 전 인류의 체중과 맞먹는다(최재천, 2017).

수소, 탄소, 단백질, 세포로 연결된 생명은 각각 하나의 몸체를 이루고 살아간다. 생명은 이 몸체를 통해서 숨을 쉬고 영양분을 섭취하고 번식하는 행위를 통해 삶을 이어 나간다. 행위가 멈추는 것은 생명이 정지되는 일이고 끝내는 몸체 또한 분해되거나 해체된다. 따라서 생명은 몸[體]과 행위를 통해 드러나고 작동한다고 말할 수 있다. 인간도 마찬가지다. 인간은 생명을 직접 볼수는 없지만 자신의 몸과 행위(몸짓-행위, 사유-행위)를 통해 생명의 작용 또는 생명의 힘을 보고 느끼고 생각할 수 있다.

1) 몸

몸은 생명의 모양(體)이며 형상이다. 생명의 드러남이다. 생명이 삶을 이어가는 것은 몸을 통해서다. 산다는 말 자체가 몸이 살아간다는 뜻이다. 몸이 없으면 삶도 없다. 몸이 곧 존재요, 소우주다. 소우주란 몸 안에 우주의 역사가 압축되어 있다는 말이요, 몸을 구성하는 요소가 우주적 요소와 같다는 의미며, 우주처럼 깊고 신비해서 전체를 다 알 수 없다는 뜻이며, 몸의 운행이 우주의 운행과 함께한다는 의미다.

니체에게 인간의 몸은 이 세상에서 가장 놀랄 만한 사물이다. 최고의 우연의 열매다(Deuleze, 2007). 그래서 그는 이제 의식(맘)이 (몸에게) 겸손해야 할 때가 되었다고 말한다. "'나'라는 존재는 고스란히 몸이다. 그 외에는 아무것도 아니다. 영혼이란 몸에 딸린 그 무엇인가를 위한 말일 뿐이다." 그래서 니체는 차라투스트라를 생명의 옹호자로 표기하고, 몸에 대한 인간의 경멸을 인간이 인간 자신에 대한 불만족 때문이라고 말한다(김정현, 1995). 그는 몸을 단순한 생물학적 덩어리로 보는 데카르트에 반대해 사고와 의지와 감정이 복합적으로 작동하는 거대한 생명의 상징으로 여긴다.

자연의 모든 몸(개체)은 있는 그대로 자신을 드러낸다. 몸 자체가 말한다. 나와 너를 구분 짓는 것도 몸이며 내가 너와 연결되고 만나는 것도 몸이다. 그것이 자연이고 자연은 곧 몸들이다. 그래서 몸은 작은 풀꽃, 어린 양이나 토끼처럼 순수하고 무구하다. 때 묻지 않고 순박하다. 무리하거나 욕심 부리지 않는다. 꾸밈도 없고 거짓도 모르고 속일 줄도 모른다. 솔직하고 민감하고 섬세하다. 몸은 생생하고 생동적이다. 그 어떤 좋지 않은 상황에서도 언제나 새롭게 시작할 줄 안다. 매 순간이 새롭게 살아 있다. 그것이 생명의 힘이다. 적극적이고 능동적이다. 됨(being)이 아니라 되어감(becoming)의 존재다. 흐름이며 생성의 존재다. 따라서 그 자체가 자유로운 존재다. 속박과 통제를 모르기 때문이다.

마음은 자유롭지 못하다. 모든 인위적 현상의 주범이다. 마치 자기가 천상천하유아독존, 최고인 줄 안다. 만물의 으뜸이라는 것이다. 하기야 오감 능력이 다른 동물보다 훨씬 뒤떨어진 잡식 인간, 달리기도, 싸움도 전혀 상대가 안 되는, 그래서 머리를 굴릴 수밖에 없었던 인간인지라 생각할 줄 아는 능력을 인간의 가장 뛰어난 힘으로 숭상할 수밖에 없었을 것이다. 오랫동안의 정신의 몸 지배 역사 말이다. 정신, 마음, 나아가서는 절대 정신이며, 순수 이성, 코기토 엘고 숨, 플라톤의 "몸은 맘의 감옥이다."는 말, 호모사피엔스(sapience; 지혜를 의미) 등 한마디로 인류 역사는 몸이 아닌 맘에 의한 인위적 문명의 역사였다.

　그러나 제아무리 이성을 높이 여기고 닦고 확장시킨다 해도 그 근본은 버릴 수 없었을 것이다. 자연에 대한 외경, 동물에 대한 공포, 죽음에 대한 두려움, 인간 자체의 불완전성과 한계성을 벗어날 수는 없었을 것이다. "자연에게, 동물에게 굴복하다니 이게 아니다. 인간 자존심의 문제다. 차라리 절대자, 같은 인간 모습의 존재에게 굽히는 게 낫다." 맘은 교활하고 오만하다. 순수하지도 정직하지도 않다. 그래서 절대자, 추상적 이데아를 만들어 내고 스스로 자신을 노예화시킨다. 그 이름으로 다시 한번 몸을, 자연을 통제하고 지배하고 착취한다. 온갖 제도와 이념과 체제(종교, 교육, 국가 등)를 만들어 낸다. 그 중심은 항상 힘 있는 자, 절대자다. 인간은 지금까지 동물적 약육강식, 생존 경쟁의 수준을 벗어나 제대로 인간다워 본 적이 없다. 그것도 백인, 남자중심주의(인본주의=휴머니즘)에서 한 발자국도 떠난 적이 없다.

　극히 최근에야 몸에 대한 담론이 나오기 시작하고 생태 운동, 여권 운동이 발아하고 있다. 그러나 역부족이다. 이미 오랜 세월, 노예근성에 물들어 버린 인간이 쉽게 변화될 것 같지는 않다. 지금 이 상태가 좋은 것이다. 눈이 멀고 귀가 먹은 상태, 우선 먹고 살고 즐길 수 있는 삶이면 충분하지 굳이 어렵고 힘들게 살 필요는 없는 것 아닌가. 우리는 이제 진실로 몸과 자연의 소리를 들어야 한다. 지금은 좀비라는 말이 가장 어울리는 인간과 몸의 위기이기 때문이다.

(1) 인간의 위기

　내가 존재한다, 내가 살아간다는 말은 내가 내 삶의 주인이라는 말이다. 내 몸과 맘이 바라는 삶을 살아간다는 뜻이다. 그런데 어느 날 문득, 내 삶을 되돌아보았을 때 내가 내 삶을 살아온 것이 아니라 부모와 학교, 이 사회가 그들의 기준에 맞게 날 양육하고 길러 온 삶이었다는 것을 느낀다. 어떻게 할 것인가? 아무리 고심해도 길이 안 보인다. 나는 누구인가? 모르겠다. 내가 없다. 결국 나는 나를 찾는 일을 단념한다. 지금의 이 모습이 내가 아닌가. 남들

도 다 그렇게 살아가고 있지 않은가. "그래, 내가 뭐 잘났다고 새삼스럽게, 그
냥 가자. 지금 주어진 일에 최선을 다하면 되지 뭐. 이 삶도 그렇게 썩 나쁘지
는 않잖아." 포기와 체념, 그걸로 끝이다. 더 이상의 회의는 없다. 우린 항상
말 잘 듣는 아이, 착한 아이여야만 했다. 부모에 효도하고 국가에 충성하고
어른을 공경하고, 그 모든 것이 순종과 복종과 노예의 미덕이었다. 우리 선조
도, 우리 부모도, 그리고 우리도, 우리 자손도 끊임없이 그렇게 대를 이어 안
전과 안정 속에서 살아가게 될 것이다. 이 사회며 국가, 세계가 그렇게 조직
되고 통제되어 있기 때문이다. 예를 몇 가지만 들어 보자.

- 막스 베버(Adorno, 2009)는 "현대사회는 총체적으로 관리되는 사회다.
  보편이라는 이름으로 개별자를 통제하며 효율성 관리를 통해 인간을 기
  능으로 전락시키고, 개인의 자율성과 비판적 반성을 없애 버렸다."고 말
  했다. 아도르노는 "합리성의 미명 아래서 야만성과 광폭함이 극에 달한
  이 시대, 예컨대 지배 집단의 광기는 처음에 공포와 위기를 조장해 내고
  그렇게 해서 대중의 지각을 마비시키고 다른 생각을 못하게 함으로써
  억압적 통제를 감행한다."고 말한다.
- 블랑쇼(Hasse, U. & Large, W., 2008)는 "이 세계는 목적, 잘 짜인 균형, 진
  지함과 질서에 대한 복종이 지배하고 있다. 세계를 다스리는 것은 기술,
  과학, 국가이며 그들만의 의미, 가치, 이상이 세계를 쥐락펴락하고 있
  다."고 말한다.
- 월터 미뇰로는 한국 강연에서 "얼마 안 되는 극소수의 이익을 위한 끊임
  없는 재투자로 인간의 삶을 소모품으로 만들고, 무차별한 자원 개발로
  생태와 자연을 죽이는 체제가 오늘날의 자본주의다."라고 말한다. "서구
  제국주의는 기독교화, 문명화, 근대화, 신자유주의 세계화 등 포장은
  늘 바뀌지만 식민 지배를 위한 권력체계에는 늘 변함이 없었고 지금도
  지속되고 있다."고 설파한다(최원형, 2010).
- 노암 촘스키(2013)는 "미국 사회는 부르주아와 기계화가 지배하는 구조

로서 고통, 비효율, 부정직, 불평등, 자유의 결핍이 만연하고 있다." 뿐만
아니다. "사회가 구성원들을 교육하는 목적은 지배 계층의 욕구를 충족
시키고 증진시키기 위해서다. 그리고 주류 언론은 현상을 유지하기 위
해 획일적인 세계관만을 제공한다."고 역설한다.

한마디로, 오늘날 인간이 생생하게 살아가는 일, 제대로 생존한다는 것은
결코 쉽지 않다. 왜냐하면 고도로 발달했다는 이 문명의 역사 자체가 사실은
생명(몸)을 천시하고 착취하고 억압해 온 역사이기 때문이다.

(2) 몸의 위기

오늘날 전 세계적으로 인간이 인간의 몸에 저지르는 짓을 생각하면 숨이
막힐 지경이다. 과거 인디언이며 마야, 잉카, 아프리카 부족을 송두리째 짓밟
아 버렸던 인종을 떠올리지 않을 수 없다. 그것도 사랑이라는 하나님 이름으
로, 문명화란 미명으로 대량 살육을 자행했던 때를 말이다. 지금도 인간에 대
한, 인간의 몸에 대한 지배와 착취는 똑같다. 드러난 형식만 달라졌을 뿐이
다. 방법은 더욱 교묘하고 침투적이고 전염병적이다. 스포츠란 모두 함께 놀
이하고 즐기는 것인가? 인간끼리의 치열한 경쟁을(돈을 지불하고) 구경하고
즐기는 것인가? 왜냐하면 그 모두가 인간을 위한, 인간의 안녕과 행복과 번영
을 위하는 일이라고 떠들어대고, 또 그렇게 믿고 살아가게끔 끊임없이 선전
하고 있기 때문이다.

몸의 상품화

현대판 로마 원형 경기장은 전 세계에 얼마나 많이 있을까? 모든 스포츠 경
기장, 권투 도장, 레슬링, 격투기 도장. 우리는 그들이 피투성이가 되도록, 더
격렬하게 싸울수록 열광한다. 야구, 축구, 농구, 배구도 마찬가지다. 승패에
따라 돈이 오고 간다. 선수들 몸값도 천차만별이다. 결정적인 것은 세계대회
며 올림픽이다. 그것은 세계 평화를 위한 인류의 제전으로 모든 스포츠, 경

기, 싸움을 정당화시켜 주는 모범이며 기준이다. 하나만 자문해 보자.

영화며 드라마는 어떤가? 매스컴 또한 거의 똑같다. 모두 자신의 몸값을 올리도록 부추긴다. 돈에 눈멀게 하고 혼을 빼놓는다. 성형수술과 몸매 가꾸는 일이 일상화되고 삶의 목적이 된다. 그래서 하루 한 끼 먹고 마시고 옷을 입고 벗고, 액세서리, 화장품, 모자와 신발, 그 어느 것 하나 버릴 것 없이 모든 삶이 상품 가치로 가격이 매겨진다. 우리는 그동안 알게 모르게 돈의 덫에, 몸 단장의 늪에 빠져든 지 오래되었다. 이제 곧 우리는 우리 몸의 장기를 하나둘 갈아치우고 사고파는 일에도 익숙해질 것이다.

몸의 마비

몸은 감각기관이다. 몸은 자신의 내외부의 자극을 받아들이고 내보내는 민감한 많은 감각을 가지고 있다. 그래서 옛사람은 먹을 수 있는 것과 먹을 수 없는 것을 오감으로 느끼고 알아냈다. 기후와 자연의 변화를 예측할 수도 있었고 자연의 고마움을 되돌려 줄 줄도 알았다. 모든 소리와 빛과 냄새에 예민했고 손맛과 입맛도 살아 있었다. 현대인은 아니다. 맛감각은 길들여졌고 획일화되어 가고 있다. 모두가 같은 맛에 익숙하다. 시청각이며 후각도 마찬가지다. 예쁘고 아름다운 형태며 색에 대한 감각이 똑같아져 가고 후각 또한 일정한 향에 젖어든 지 오래다. 모든 것이 발달한 문명의 덕이다. 개인마다 자기만의 독특한 감각은 이제 찾아보기 드물다. 우리는 이 모든 것을 조금도 의심해 보지 않는다. 내 감각이 독특하다는 착각만 있을 뿐이다.

더욱 심각한 건 감각의 마비뿐만 아니라 감정의 마비며 획일화다. 감정은 꽃들의 향기만큼이나 다양한 인간의 향기다. 각자가 다 다르다. 슬픔 하나도 사람마다 느끼는 질이며 강도가 다르고 표현 방식도 다 다르다. 깊이와 지속 시간도 다르고 슬픔을 불러일으키는 자극도 다르다. 그런데 우리는 '슬픔'이라는 단어 하나로 모든 각자의 미묘한 차이를 덮어 버린다. 감정의 통일이고 획일화다. 희로애락 하나면 인간의 모든 주된 감정이 다 드러났다는 식이다. 빈도가 높고 비교적 강한 감정 몇 가지만 있으면 한평생 삶을 살아가는 데 큰

지장이 없지 않겠느냐는 것이다. 우리는 다음과 같은 감정, 느낌을 일생 동안 얼마나 자주 느끼며 살아가고 있을까 자문해 볼 필요가 있다.

  신비한, 경이로운, 숭고한, 경외의, 연민의, 뿌듯한, 기꺼운, 허전한, 호 젓한, 애잔한, 애절한, 애틋한, 안쓰러운, 서글픈, 쓰라린, 아늑한, 기꺼운, 스스러운, 그지없는, 미쁜, 자비로운, 신명나는, 산뜻한, 지극한……

  이름을 붙일 수 없는 그 미묘한 느낌, 정감은 다 어디로 사라지고 만 것일 까? 인간이 지나치게 단순명료하게 정리되고 그래서 더욱더 사물화되어 가 고 있다.

몸의 고통

  몸의 고통을 느껴 보지 않은 사람이 있을까? 그것도 겪을 필요가 없는 부 당한 고통을. 자연을 등지고 몸의 말을 귀담아 듣지 않은 결과로 발생하는 모 든 몸의 고통이 이제는 너무나 당연시되고 있다. 감각과 정서의 마비, 잘못 된 의식주, 솔직하지 못한 인간관계, 차별과 폭력이 난무하는 사회제도, 경쟁 체제, 왜곡된 자본주의며 종교, 몸의 상품화, 기계화 등이 가져다주는 고통이 끊임없이 우리 몸에 부과되고 있다. 사람들은 그 결과를 다 자기 탓으로 돌리 고 근본에 대해 어떤 의심도 할 줄 모른다. 우선 몇 가지 몸의 고통을 예로 들 어 보자.

  가슴앓이, 냉가슴, 속앓이, 배앓이, 생가슴, 갑갑증, 답답증, 안달증, 두 렴증, 벌떡증, 어지럼증, 게걸증, 골병, 까무러치기, 더위 먹기, 졸음증, 시 들병, 잔병치레, 몸살, 두드러기, 가렴증, 불면증, 심신증, 슬픔증, 미침증, 미움증, 우울증, 조증, 강박증, 불안증, 그리고 뼈 아픔, 두통, 어깨 저림, 눈멀기, 말더듬, 이명, 난청, 달거리 아픔, 기침병, 오줌소태, 허리 병……

아프지 않고 고생하지 않아도 될 몸의 고통이 너무 많다. 홧병은 개인 문제인가, 사회 문제인가? 암은? 조류독감은? 모든 병은 인간이 늙고 죽어 가는 것과 같이 그 누구도 피해갈 수는 없다는 말인가? 모든 고통은 개인이 알아서 해결해야 할 문제란 말인가?

병 아닌 병들, 마음으로 인해 생긴 몸의 고통. 그것은 몸의 소리다.

잠시 걸음을 멈추고 깊이 생각해 보세요. 당신 몸에서 왜 이런 일이 일어나는지. 무조건 약 사 먹고 병원 가는 것은 싫어요. 그것은 근본적인 해결책이 아니에요. 제발 그 이유를 찾아봐 줘요.

몸은 고통을 통해서 마음에게 신호를 보내고 있다.

그것은 불필요한 걱정과 근심이에요. 그것은 욕심이에요. 그만 마음을 비워요. 나를 한 번만이라도 제대로 돌아보세요. 내가 왜 이러는지. 나는 당신 자신이라고요. 당신을 힘들게 하려는 게 아니라 당신이 나를 아프게 하는 거라고요.

당신의 열등감이니 무능감은 당신 탓이라기보다는 이 사회가 잘못된 기준으로 만들어 낸 허상일 뿐이에요. 그러니 그 따위 엉터리 기준이며 비교의식 따윈 사회에 내던져 버려요.

상한 음식을 먹는 순간 몸은 그것을 그대로 토해 내는 것처럼 몸은 맘의 부당함에 끊임없이 저항한다. 침묵의 시위다.

당신 자신의 삶을 살아요. 세상에 휩쓸려가지 말고. 사회가 요구하는 것이 다 옳은 것은 아니에요. 제발 남의 눈치 그만 봐요. 잘못된 것은 잘못되었다고 말해요. 참는 것만이 미덕이 아니에요. 난 아파요. 당신의 그, 솔직하지 못한 맘 때문에!

몸의 기계화

인간이 서서히 기계화되고 있다. 아무도 의심하지 않고 아무도 저항하지 않는다. 서서히 오랜 시간을 두고 기계 문명은 과학이라는 이름으로 인간에게 스며들어 왔다. 모든 정보와 지식이 기계 속에 저장되고 우리 몸은 텅텅 비어간다. 노래 가사 하나, 전화번호 하나 외울 필요가 없어졌다. 바쁜 세상에 다른 할 일도 많은데 왜 기억하고 있어야 하느냐다. 그래서 나의 인격도, 나의 개성도 텅 비워져만 간다. 나만 모르고 있을 뿐이다.

공장도 기계화된 지 오래다. 의사들은 더 이상 청진기를 대거나 촉진하지 않는다. 비싼 기계가 시간을 단축시킨다. 선생과 학생 간 대화도 거의 끊어져 가고 있다. 질문은 기계 문자로 하면 된다. 생각하는 시간을 갖기보다는 기계에 빠져든다. 중독증이다. 만남도 필요 없다. 마음이며 성의 표시는 전화 한 통화면 된다. 모든 선물, 꽃다발이 자동으로 전달된다. 상갓집에서도, 술 좌석에서도, 오랜만에 만난 친구들, 명절 때 만난 가족 모임에서도 바로 앞에 앉아 있는 사람보다 더 중요한 건 기계의 호출음이며 영상이다. 정말 대단한 발전이다. 사람들이, 사람들의 체취가 점점 사라지는 문명의 발달이다.

개인의 사적 공간도 사라지고 있다. 자기만의 쉴 곳이 없다. 모든 것이 노출된다. 감시 카메라가 문제가 아니다. 내가 가지고 있는 기계들이 더 큰 문제다. 그 어떤 비밀도 지켜내지 못하기 때문이다. 모든 정보가 드러나고 통계화되고 획일화되어 간다. 우리 모두는 결국 부처님 손바닥 위의 손오공처럼 거대한 숨은 권력의 통제 속에서 놀아나는 꼭두각시가 되어 가고 있다. 거대한 댐의 방류에 휩쓸려 내려가는 개미와 같은 신세가 되어 가고 있다. 몸뿐만 아니라 맘과 존재, 삶도 기계화되어 가는 속도가 더욱 빨라질 것이다.

몸에 대한 허울 짓

빛 좋은 개살구 또는 껍데기의 삶, 허울뿐인 이름이라는 말이 있다. 모두가 알맹이 없는 텅 빈, 헛된 것을 가리킬 때 쓰는 말이다. 인간이 자신의 몸에 습관적으로 저지르는 잘못된 짓들을 허울 짓이라고 규정하자. 대부분 그런 일은 당연한 것으로 받아들이고 있지만 아니다. 조금만 깊이 생각하면 자신의 몸을 망치고 있다는 것을 알 수 있다. 그런데도 허울 짓은 멈춰지지 않을 것이다. 모두가 그렇게 하기 때문이다. 이제 그러한 허울 짓을 일곱 가지로 나누어 생각해 보자.

- **하게 짓**: 한마디로 그때그때 유행 따라 하는 모든 짓이다. 자기 생각은 없고 남들의 취미, 기호에 따라 부나비처럼 움직인다. 주관도 없다. 과시욕과 떼거리 근성만 있다. 인간이 얼마나 몸과 마음이 피폐해지면 그럴까 싶다. 오히려 불쌍하고 안쓰러운 생각이 드는 짓들이다. 입소문에 놀아나고 선전과 광고에 부화뇌동하는 사람들, 그래서 자기 몸을 못살게 구는 사람들이다. 매스컴이 이끄는 대로 따라가는 무뇌아들이다.

- **못게 짓**: 몸이 원하는 것을 들어주지 않는 모든 짓을 일컫는다. 먹고 자고 쉬고 잠자고 싸는 몸의 기본 리듬을 파괴하는 짓이다. 한마디로 몸을 혹사한다. 몸에 병이 나지 않을 수 없다. 태어나는 순간부터 인간은 못게 짓에 갇힌다. "일찍 일어나라. 일찍 자라. 많이 먹어라. 적게 먹어라. 쉬지 마라. 놀지 말고 공부해라. 오줌도 참아라. 먹고 싶어도 참아라." 뿐만 아니라. "함부로 말하지 마라. 속마음을 보이지 마라. 가까이 하지 마라. 잠시라도 쓸데없는 짓 하지 마라. 남을 믿지 마라. 자세를 똑바로 해라. 꼭꼭 씹어 먹어라." 끝이 없다. 몸에 대한 폭력이다.

- **억게 짓**: 꼬마 아이가 개구리 등 위에 돌멩이를 묶어놓는 것처럼 몸으로 하여금 억지로 살아가게 하는 짓이다. 술이며 담배, 모든 약물, 파스, 진통제, 마약류를 이용하는 것이 억지로 하게 하는 짓이다. 온갖 피로회복제, 건강식품, 그리고 건강 보조기구 또한 마찬가지다. 아무도, 어떤 마음도 몸이 그것들을 어떻게 받아들이고 느끼는지를 돌아보지 않는다. 몸의 입장에서 생각할 능력이 없는 것이다.

- **넘칠 짓**: 폭음폭식, 진수성찬, 과도한 영양섭취며 다이어트, 과잉노동 등이 여기에 속한다. 몸에 부담이 가는 짓이다. 몸의 한계를 습관적으로

넘어선다. 그것이 자신을 위하는 것으로 착각한다. 당뇨와 고혈압 등 모든 성인병의 근원이다. 음식은 짜고 맵고 화려하다. 음식 하나하나가 모두 짬뽕 스타일이다. 도대체 무얼 섞어 만들었는지 모를 정도로 많은 재료와 화학 약품이 첨가되어 있다.

• **헛쓸 짓**: 한마디로 온몸에 돈을 처바르는 짓이다. 마치 산다는 것이 돈 벌어서 헛쓸 짓 하기 위한 것처럼 보인다. 모두가 정신이 없다. 혼을 빼놓은 것 같이 산다. 비싼 화장품부터 시작해서 귀걸이, 목걸이, 반지며 시계, 안경, 그리고 명품 옷들, 구두, 핸드백, 지갑……. 몸은 아마도 중세시대 철갑옷을 두르고 사는 느낌일 것이다. 온몸의 숨구멍을 막고, 마음의 허세를 위해 평생 고생해야만 하는 몸. 온실에 갇힌 꽃이나 나비처럼 몸은 보이지 않는 눈물을 흘리고 있을 것이다.

• **못할 짓**: 몸이 피를 흘리게 하는 짓이다. 눈물도 고통도 아니다. 아예 비싼 돈을 들여서 몸의 피를 짜내는 일이다. 기형적이고 괴기스러운 일인데도 너무나 당당하고 떳떳하다. "성형수술로 외모가 예뻐져서 자존심도 올라가면 좋은 것 아니겠어요?"라고들 합리화한다. 남의 다리를 부러뜨려놓고 "돈(합의금)을 벌게 해 주었으니 좋은 일 한 것 아닌가요?" 식이다. 왜 외모 때문에 자존심이 낮아진 사회, 잘못된 사회가 되었는지는 아무도 묻지 않는다. 성형수술 1등 국가가 대한민국이라는 것이 슬프고 화난다. 자살 1등 국가, 출산율 꼴등 국가 등 한마디로 인간이 살 만한 나라가 아니라는 뜻 아닌가?

• **죽일 짓**: 몸을 아예 죽이는 짓이다. 법의 이름으로, 아니면 교묘히 법을 피해서 얼마나 많은 죽일 짓들을 하고 있을까? 그것도 인간이라는 이름으로! 법이라는 이름으로! 고문, 체벌, 감금, 신체적·정신적 학대, 신체적·정신적 폭력, 성희롱, 가진 자들의 횡포, 사법권자들의 무소불위의 부당한 폭력……. 자살을 유발하는 사회적·비가시적 차별의 폭력들……. 거기에 마취되고 마비되어 이제는 이웃이 죽어 가도 아무렇지도 않은 우리.

몸이 힘들다. 지쳐가고 있다. 평균수명이 늘어난다는 것이 행복의 기준이 될 수 없다. 그것은 약의 힘이기 때문이다. 몸이 건강해지는 길을 찾아야 한다. 생명이 다시 생명다운 삶을 살아갈 수 있게 문명의 때를 씻어내야만 한다. 계속되는 몸의 위기며 삶의 위기다.

2) 행위

생명은 하나의 생명체, 몸으로 드러나고, 살고자 하는 몸의 움직임은 하나의 몸짓 곧 행위로 드러난다. 따라서 행위(몸짓)는 생명 그 자체의 드러남이다. 넓은 의미의 몸짓은 가시성/비가시성, 반사적/본능적 움직임, 의식/무의식적 움직임 모두를 포함한다면 좁은 의미로는 가시적이고 의식적 행위를 일컫는다. 그리고 통상 인간의 행위는 각 인간 특유의 의식적, 목적적 행위를 말한다(동물에게서 자주 보이는 본능적 행동이나 기계적 작동과는 다르다). 문제는 인간의 자연적 행위와 인위적 행위의 차이다(자연적 행위는 생명에 의한, 생명의 힘에 의한 자연스러운 몸짓이고 인위적 행위는 자연스럽지 못한, 왜곡된 생명력의 드러남을 뜻한다). 예컨대, 음식을 먹는 경우 자연적 행위는 음식 자체, 음식을 구하는 과정, 먹는 과정, 음식 섭취 후의 결과 등에서 인위적 행위와 많은 차이를 보인다(인위적 행위는 다음의 자연적 행위와 반대로 생각하면 된다).

- 음식 자체: 소박하다. 원 재료 맛이 살아 있다. 인공 조미료가 섞여 있지 않다. 조리 과정이 비교적 복잡하지 않다.
- 음식 구하는 과정: 과도하게 욕심 부리지 않는다. 자신의 식성에 알맞은 음식을 구한다. 탐욕이나 과시욕, 식도락과는 거리가 멀다.
- 음식 먹는 과정: 과식하지 않는다. 억지로 굶지 않는다. 소화를 걱정하지 않는다. 편식하지 않는다. 식사 시간이 오래 걸리지 않는다.
- 음식 섭취 후의 결과: 소화불량이 없다. 토하거나 위통이 없다. 소화제가 필요 없다. 몸무게 변동이 거의 없다. 별도의 군것질이 필요 없다.

사람들이 사랑하는 사람을 만나서 사랑하는 행위, 화가가 그림을 그리는 행위, 등산을 하거나 여행을 하는 행위 등을 모방과 창조, 불순한 의도/자연스러운 의도, 왜곡되거나 무리한 목적, 타성이나 매너리즘의 유무, 즐거움, 보람, 유의미성의 유무 등의 관점에서 생각해 보면 자연적 행위와 인위적 행위 또한 쉽게 구별할 수 있다. 우리는 오늘날 대부분의 행위가 인위적인데도 각자 그것이 가장 자연스러운, 최선의 행위인 양 착각하며 살아가고 있다.

(1) 자연스러운 행위의 특징

인간의 모든 자연스러운 행위는 각자의 생명으로부터, 몸에서 우러나오는 행위이기에 설명하거나 묘사하는 데 한계가 있다. 왜냐하면 생명력의 차이, 몸의 차이는 본질적으로 행위의 차이를 가져오기 때문이다. 모든 장미꽃이 똑같이 피어나지 않고 호랑이가 모두 닮지 않은 이치와 같다. 어린아이들의 걷는 모습이 다 다르고 웃는 모습, 우는 모습이 또한 다 다르다. 지금도 원시성을 간직한 부족들의 춤과 노래는 같은 것이 없다. 한 부족 내의 부족원 사이에서도 손동작, 발놀림, 목소리 울림 등이 조금씩 차이가 있다. 한마디로 사람들은 결코 군대식 행진, 무대 위 무용수들의 집단 무용, 싱크로나이즈, 교실 내에서의 똑바른 자세처럼 획일적으로 똑같이 움직이지 않는다. 그런데도 많은 면에서 우리 모두는 서로가 서로를 닮아가고 움직임 또한 비슷해져 간다.

인간 문명은 인간의 행위를 통계화하고 이론화한다. 인간의 행위가 모두 비슷비슷하기 때문에 관찰과 기록이 가능하고, 따라서 논리적으로 행위 의도, 의미 등을 분석할 수 있다. 그래서 많은 행위 이론, 나아가서는 심리 이론들이 과학적이라는 이름으로 인간을 재단한다. 동물행동학적 논리, 과도한 인간 통제와 훈육의 논리들이 삶에 끼어들어 생명력을 수치화한다. 한 인간을 주관 따로, 객관 따로 분리시켜 제멋대로 인간을 규정한다. 역설적으로는 이론의 횡포라기보다 인간이 그만큼 똑같아져 가고 있다는 것을 증명하고 있다. 각자 고유의 개성이 사라져 버린, 그래서 몸도 행위도 닮아가는 시대이다.

가장 자연스러운 행위는 그 순간 온 힘을 다한 행위다. 행위자의 최선을 다한 행위는 그래서 독특하다. 그만의 고유함이 있다. 다른 어떤 행위로도 대체가 불가능하다. 예컨대, 사랑을 고백하는 행위를 생각해 보자. 백이면 백, 사람마다 다 다르다. 시기며 시간, 표현 방식, 말의 내용과 억양, 느낌, 자세, 그 어떤 것도 같은 행위가 있을 수 없다. 겉으로 보아서 비슷할 수는 있어도 내용적으로, 실제로도 똑같을 순 없다. 비슷하거나 같은 행위라면 모방했거나 진실이 결여된 행위다. 생명력도 없으며 자연스럽지도 않다. 인위적 행위다.

오늘날 사람들은 자기만의 행위라고 믿는 행위가 얼마나 인위적이고 기계화되어 가는지 모르고 있다. 자기다움이 없는 습관적이고 맹목적인 행위가 오히려 현대적이고 문명화된 자기라고 믿고 있다. 예컨대, 응급 사태도, 긴급한 사항도 아닌 전화 통화와 문자의 홍수 사태는 사람과 사람의 직접적인 만남의 빈곤을 말해 준다. "지금 어디쯤 왔니?" "거의 다 왔네?" "왜 아직 안 오는 거야?" "다 왔다고?" "주차할 곳이 없다고?" "빨리 와. 뭘 시켜놓을까?" 2분, 5분을 못 견디고 연락을 주고받는 것이 정상이다. 일주일 전에 약속한 시간과 장소에 전화나 문자 한 통 없이 도착하는 일은 예의가 아니다.

전화 한 통화면 꽃다발이며 화분, 케이크, 과자나 떡, 술이며 지역 특산물 등이 선물로 배달된다. 만날 필요도, 깨알 같은 안부 편지도 필요 없다. 그저 예의와 형식만 차리면 끝이다. 결혼식이나 장례식 등도 다른 사람 시켜서 현금 봉투를 건네면 할 일을 다 한 것이 된다. 생일이며 어버이날, 스승의 날 등이 모두 자동적으로 처리되고 스쳐 지나간다. 처음 만나 조금 좋아하다가, 사랑하다가 헤어질 때는 문자 한 통이면 끝이다. "우리 헤어져." "그래, 알았어." 간단명료하다. 만나서 이유를 묻는 일은 어리석다. 쿨하지 않다는 것이다.

사람들이 직접 만난다고 해서 의미 있는 시간, 최선의 행위를 하는 것도 아니다. 여행이며 등산, 유적지나 산사 방문도 산과 바다, 나무와 꽃, 바람과 별을 만나는 것이 아니다. 만날 줄도 모른다. 바닷물이 되고 낙엽이 되고 갈매기가 되는 법을 모른다. 구경꾼일 뿐이다. 사진만 열심히 찍는 사람일 뿐이다. 사람과 사람이 만나는 일도 마찬가지다. 기억이 될 만한 만남은 거의 없다. 거의 엇비슷한 수다와 자기 자랑과 남 험담과 음식과 술 아니면 커피다. 새로운 삶의 느낌도, 앎도 없다. 어제도 내일도 너무도 뻔한 만남의 되풀이일 뿐이다.

자연스러운 행위의 세 번째 특징은 몸과 마음, 생각과 감정의 일치다. 몸 따로, 마음 따로 놀지 않는다. 마음이 의도하는 대로 몸이 움직여 주고 마음은 몸의 움직임에만 집중한다. 그래서 무슨 일이건 쉽게 몰입한다. 집중력이며 일의 성과가 높다. 그러나 대부분 몸과 마음의 일치도는 낮다. 말하는 도중에 잡념도 많고 집중력도 떨어진다. 다른 할 일이 많다. 바보 상자를 보면서 일하거나 수시로 전화를 받으면서 일한다. 운전, 공부, 사무 업무, 그리고 사람을 만나는 행위도 마찬가지다. 이야기를 들으면서 차를 마시고 문자판을 들여다본다. 친구 네 명이 오랜만에 만난 경우도 아예 각자 자기 스마트폰에 열중한다. 이 정도면 이미 스마트폰 중독자이다.

감정이 없는 무미건조한 말, 무언가를 열심히 말하는데 자신의 생각은 없고 지식이나 정보로 가득 찬 말, 입만 열었다 하면 남 험담을 쏟아 붓는 사람, 자기 자랑이 습관화된 언어 행위는 공허하다. 두세 시간을 만나 이야기를 했는데도 뒤돌아서면 남는 것 하나 없는 만남, 여럿이 만났는데 모든 대화를 자기중심으로 이끌어 가는 수다쟁이와의 만남은 피곤하다. 자신의 느낌과 판단을 말하기보다는 보고 들은 객관적인 사실만 나열하는 행위, 느낌도, 열정도, 그래서 그 사람 냄새를 느낄 수 없는 강의식의 무미건조한 말 또한 무늬만의 말 행위다.

먹고 사는 일이 바빠서 모두가 여유가 없다. 외국에서 얼마간 머물다가 온 사람들 이야기로는 한국 사람들이 대부분 까칠해 보인다고 한다. 여유롭고 평안한 얼굴로 길을 걷는 사람을 만나기가 힘들다는 것이다. 대부분 무덤덤한, 울적해 보이는, 짜증이 나 있거나 긴박한 모습으로 길을 간다. 걸음걸이도 비교적 빠르다. 이어폰을 끼고 자기만의 일에 빠져서 걷는다. 휴대전화를 사용하면서 걸어가거나 오직 앞만 노려보고 걸어간다. 행위의 유사함, 인간의 닮아감이 눈에 확연히 드러나는 현장이다.

마지막, 자연스러운 행위의 특성은 행위의 책임성이다. 인간의 모든 행위는 행위자 스스로에게 책임이 있는 행위다. 불필요하거나 무의미한 행위는 하나도 없다. 행위 하나하나에 행위자의 느낌, 생명력, 순간의 의도와 반응이 드러난다. 몸과 마음, 겉과 속이 일치하고 행위가 살아 있다. 역사적 인물의 경우, 많은 행위가 시대적으로 의미 있고 구체적이다. 뚜렷한 의도와 목적을 가지고 혼신의 힘을 다해 그 일에 매진한다. 실천적이고 단독적이며 남들과 다르다. 예컨대, 채찍을 맞아 비명을 지르는 한 마리 말의 고통에 광기로 반응하지 않을 수 없었던 니체, 바람에 나부끼는 수많은 잎새로 고통을 받는 윤동주, 청각장애로 피아노 건반과 손가락 사이를 연결한 실을 통해 음의 진동을 온몸으로 받아들였던 베토벤, 사과 하나를 제대로 만나기 위해 수없이 사과 그림을 그렸던 세잔, 죽음과도 같은 정신적 고통을 벗어나기 위해 도박에 빠져들거나 글을 썼던 도스토예프스키 등.

현대인은 직면하지 않는다. 자연도, 사람도, 사회적 사건도 직면하지 않고 제대로 만나지도 않는다. 만남이 피상적이다. 서로 간에 아는 것이 별로 없다. 핏줄이나 연줄로 묶여 있을 뿐이다. 서로가 서로를 더 깊이 알려고 노력하지도 않는다. 각자가 서로에게 필요한 정도만 알고 있으면 그만이다. 도스토예프스키는 "인생을 안다고 깝죽대는 인간들, 모든 사람을 사랑하라고 떠들어대는 인간들일수록 바로 곁의 진짜 인간은 경멸한다."고 말한 바 있다(이득재, 2003). 말만 앞서고 알맹이 없는 만남이기에 자기 삶에 무책임하게 된다. 나는 없고 껍질뿐이다. 거칠게 말하면 무늬만 있는 '나'다. 예컨대, 언제나 대상이 먼저 있고 나는 그다음이다. "네가 예뻐서 내가 널 사랑하는 거야." "네가 좋은 인간이기에, 네가 나아보이기에 내가 널 만나고, 널 사랑하는 거야."다. 내가 사랑하는 행위가 너를 예뻐 보이게 한다고 생각하지 않는다. 내가 널 좋아하기에 너의 부족한 면도 좋아하게 된다고 믿지 않는다. 그래서 자신의 사랑이 식어 버리는 걸 의식하기보다는 네가 예쁘게 보이지 않아서, 네가 잘못해서 싫어졌다고 당당히 이별한다. 내 책임이 아니라 네 책임이라는 것이다.

인간의 많은 행위가 무의미하게 반복된다. 삶의 에너지도 의미 없는 일에 쓸데없이 낭비되고 갈수록 껍데기만 남아돈다. 온몸으로 진실하게 반응하고 책임지는 행위가 사라지고 남의 눈치를 살피고 형식만 번지르르한 행위가 득세한다. 오직 경제적이거나 이기적인 동기를 가진 행위뿐이다. 삶의 깊이와 연륜을 느끼게 하는 행위는 보기가 어렵다. 자연스러운 행위는 사라져 가고 인위적인 행위가 많아지고 있는 세상이다.

(2) 행위의 위기

인위적 행위는 오늘날 많은 행위의 위기를 초래한다. 차별행위, 거짓행위, 착각행위가 그것이다. 더욱 심각한 문제는 그러한 행위가 너무나 오랫동안 정당한 행위, 진실한 행위로 믿어지고 갈수록 장려되고 있다는 점이다.

차별행위

모든 생명은 생명체로 태어나는 순간 차이의 세계에 들어선다. 성별의 차이, 몸체의 모양 차이, 탄생 시기의 차이(나이 차이), 그리고 인간에게서는 몸 행위, 성질, 경향의 차이가 그것이다. 차이가 없는 몸, 행위는 없다. 문제는 차이가 차이로서 존중되는 것이 아니라 차별의 근거가 된다는 것이다. 출생 서열, 남녀 차별, 능력 차별, 성적 차별이 어려서부터 몸에 밴다. 그래서 우열과 열등, 잘남과 못남 등의 이분법으로 모든 차이가 차별화된다. 결국 선과 악, 우리 편, 네 편으로 나뉘어 폭력으로 이어지고 전쟁까지 불사한다.

차별 속에는 열등감이 숨겨져 있다. 차별이 심할수록 무서운 못남의 느낌이 억눌려 있다. 대상을 차별함으로써 자신이 대상보다 더 나은 인물이 된다는 환상이 있기 때문이다. 얼마나 부족하고 못났으면 남을 업신여기고 내리깔아 뭉개겠는가. 내가 '우리 집' '우리 자식' '우리 학교' 하는 순간 그 안에는 다른 가족, 다른 집 자식, 다른 학교를 깔보는 것이다. 매우 초보적이고 유치한 아이 수준이다. 우리 고장, 우리 반, 내 친구 등 '나'나 '우리'라는 말 자체가 남들과 경계를 만들고 패거리를 조장한다. 그 수많았던 당파 싸움, 지역 갈등, 그리고 남북 문제도 거기서 유래한다. 우리말 몇 가지를 예로 들어 본다. 내리깎기, 얕잡아 보기, 업신여기기, 거드름 피기, 거들먹거리기, 비꼬기, 거들떠보지 않기, 무시하기, 깎아내리기, 낮춰보기, 까기, 내리까기 등 말 같지 않은 차별적 말이 많다고 생각되지 않는가?

거짓행위

한마디로 남을 속이고 자신은 이득을 취하는 행위다. 소위 뒷담화, 험담, 물품이나 돈 사기 행위 등이 여기에 속한다. 뿐만 아니다. 거짓 핑계를 대거나 얼버무리는 행위, 오리발을 내미는 행위, 모함, 배신행위도 못된 거짓행위다. 더욱 심각한 것은 공직자들, 지식인들의 거짓행위다. 뻔히 들통날 줄 알면서도 우선 거짓말로 문제의 초점을 흐려 놓고 여론을 조작하거나 선동한다. 우리나라는 초대 이승만 정권부터 속임의 정치, 구호의 정치였다. 보수 언론을 장악한 여론몰이 정치이며 국가기관을 총동원한 정권 탈취와 유지가 목적인 나라였다. 공정한 법 집행은 보기 힘들었고 언론의 자유 또한 많이 뒤처진 나라였다. 삼권분립의 나라가 아니라 무소불위의 대통령 중심의 나라였다. 그들은 항상 그럴듯한 거짓말로 대통령이 되었고 또 그럴듯하게 자신의 공약을 뒤집었다. 국가를 생각하고 민족의 자존심을 걱정해서 하는 정치가 아니다. 원대한 비전도, 국민에게 꿈도 심어 줄 줄 모르는 자들, 입만 열면 경제요, 돈 이야기뿐인 나라가 된 지 오래다. 정치와 정당은 오직 자신끼리만의 권력과 돈 잔치가 되어 버린 지도 오래다.

파벌을 조성하고 자기들 끼리끼리 해 먹는 것을 빗대는 우리말이 많다. 알랑대기, 싸고돌기, 말(입) 맞추기, 아첨하기, 시키는 대로 하기, 뒤 싸주기, 차 떼기, 눈감아 주기, 끼고 돌기, 눈치 보기, 손 비비기, 굽실대기, 딴소리하기, 시치미 떼기, 아니면 말고, 뭉 때리기, 눈치 보기(복지부동), 돌려막기, 뒤 봐주기, 엉뚱한 건수로 덮어 버리기, 꼬리 자르기, 생각 안 난다고 말하기. 반대

파나 반항하는 개인에게는 가차 없이 굴기, 덤터기 씌우기, 물어뜯기, 헐뜯기, 옭아매기, 괴롭히기, 목 자르기, 걸고 넘어지기, 물 타기, 생트집 잡기, 몸통 감싸기, 거꾸로 덮어씌우기, 억지 쓰기, 우기기 등.

착각행위

우리 행위는 어쩌면 모두 착각 속에서 이루어지는지도 모른다. 나에 대한 착각, 너에 대한 잘못된 인식, 이 시대와 사회, 국가 종교에 대한 망상과 헛된 희망, 그릇된 믿음 속에서 살아가고 있는지 모른다. 우정도, 사랑도 가족애도 모두가 근거 없는 맹목성으로 점철되고 있음이 분명해 보인다. 그렇지 않고서야 이렇게 나날의 삶이 힘들 수 없다. 시간도, 삶도, 행복도 하나의 착각 속에서 흘러가고 있음이 틀림없어 보인다. 참된 만남, 진실한 사랑, 아름다운 우정, 인간애, 자연애 등은 영화나 소설에만 있는 이야기 아닌가. 그것도 지나치게 현실과 동떨어진 환상 형식으로.

열심히 노력하면 성공할 수 있다고 믿는가? 열심히 공부하면 좋은 대학, 좋은 직장이 기다려 주는가? 열심히 고생하면 쥐구멍에도 볕들 날이 오는가? 끊임없이 떨어지는 물방울에 바위가 갈라지는가? 티끌 모아 태산이 된다고 정말 믿는가? 복권 당첨이 운명을 바꾸어 준다고 믿는가? 하나님이나 부처님을 열심히 믿으면 천국이나 열반에 들어갈 수 있다고 믿는가?

역할을 그 사람으로 착각한다. 공부 잘하면 좋은 사람, 훌륭한 사람으로 믿는다. 옷차림이 깔끔하면 마음씨도 착할 것으로 착각한다(사기꾼일 가능성이 높다). 일류 대학, 좋은 직장에 다니면 사람 됨됨이 자체가 좋을 것으로 믿는다. 대통령, 지식인, 교수, 국회의원, 판검사 등 공인들은 인간적인 면(성격, 경향, 취미 등)이 베일에 감춰질수록 우상화된다. 인간은 사라지고 껍데기 역할만 보고 판단한다. 겉모습에 놀아나고 말솜씨에 넘어간다. 착각의 시대이며 가짜들이 놀기에는 참 편한 세상이다.

몸과 행위가 시대의 급류에 떠밀려 가고 있다. 정신 차리기가 몹시 힘들다. 너나 할 것 없이 같은 방향으로 똑같은 목적지를 향해 흘러가고 있다. 격류

흙탕물에 떠내려가는 쓰레기더미처럼 저항할 수 있는 힘, 생명력이 고갈된 상태다. 생명이 드러나는 것은 몸과 행위뿐만 아니다. 인간의 생각(의식) 또한 인간 특유의 생명의 드러남이다. 인간 발달에서 가장 늦게 탄생한 생각 능력(뇌의 신피질)이 몸과 행위를 누르고 인간다움의 제1특성으로 전면에 나섰다. 한마디로 생각(마음)이 몸과 행위를 지배하게 된 것이다.

3) 생각

나무의 색, 꽃의 향기가 나무나 꽃의 몸의 일부가 변해서 색이나 냄새로 생명이 드러나는 것처럼 인간의 생각 또한 몸의 부분이 변화한 것이다. 들뢰즈 식으로 말하면 "모든 사유는 생명이 지니는 힘의 차이, 몸 형태의 차이에 따른 몸의 변용이다." 몸과 맘은 이분법적으로 나눌 수 없다는 뜻이다. "몸 가는 데 맘 가고 맘 가는 데 몸 간다."는 말이 옳다. 마음이 몸을 지배하거나 몸보다 우월한 것도 아니다.

칠레의 생물학자이자 마투라나의 제자인 에반 톰슨은 『생명 안의 마음(mind in life)』에서, "생명이 있으면 마음 있고 마음 있으면 생명 있다."고 말한다. 생명이나 마음 둘 다 조직화하는 성질과 일정한 형식을 갖추고 있다는 것이다. 생명=몸=마음의 등식이 성립된다. 마음은 몸을 떠나 있을 수 없으며 따라서 생명력 없는 마음이나 생각은 있을 수 없다는 뜻이다. 여기서 중요한 문제는 습관화된 생각, 서로 간에 똑같은 생각, 고착화된 편견이나 선입견, 고정관념 등을 생명력 가득 찬 몸의 생각이라고 말할 수 있는가 하는 점이다.

'생명=몸=마음'의 시각에서 생각하면 인간의 지각, 감각, 느낌, 상상도 몸의 변화된 한 현상이 된다. 그 말은 인간은 그 어떤 대상도 있는 그대로 보고 들을 수 없다는 뜻이다. 왜냐하면 내가 사물 그 자체를 알고 느끼는 것이 아니라 그 사물이 나에게 가져다주는 자극에 의해 내 몸에 변화가(하나의 반응으로써) 일어났고 나는 그 변화를 감지, 인식하는 것이기 때문이다. 내가 한 그루의 소나무를 보고 있다고 생각해 보자. 나는 소나무의 겉, 초록색 잎을 보고 있을 뿐 초록빛이 만들어진 그 밑의 노랑, 파랑 빛은 볼 수 없다. 소나무 잎이 초록빛만 빼고 흡수해 버린 모든 다른 색을 지각할 수조차 없다. 나는 단지 내 몸의 시각 신경이 변화해서 떠올린 초록의 느낌을 소나무의 초록 잎으로 상상할 뿐이다. 소나무 솔잎은 초록색이라고 믿는 것이다. 뿐만 아니다. 솔잎은 주변 상황에 따라서 색이 다르게 드러난다. 나의 시각 또한 주변 환경에 따라 다르게 변화되고 그때마다 솔잎의 모양과 색을 규정한다. 내 몸의 변화를 지각하기보다는 솔잎이 변화되었다고 보는 것이다.

(1) 신선한 사유의 특징

중요한 점은 생각(몸의 변화)이 사유가 되어야 한다는 사실이다. 생각은 너무나 쉽게 길들여지고 획일화되고 습관화되기 때문이다. 길들여진 몸, 상투적 행위에 찌든 생각이 아니라 순수한 몸, 생명력 가득 찬 몸 자체에서 자연스러운 행위가 흘러나올 수 있는 신선한 사유를 찾아 나서야 한다는 말이다. 그러한 에너지 가득한 사유는 몇 가지 특징이 있다.

- 사유는 생명 자체에서 순수하게 우러나온다. 자연발생적이다. 자유롭다. 그 어떤 목표도 없다. 목적 지향적 사유도 아니다. 사유는 우연적이다. 그 어떤 기대도 하지 않았는데 순간에 터진다. 우연한 만남과도 같은 몸의 변화다. 살아 있는 느낌이다.
- 사유는 새롭다. 뜻밖이고 낯설고 신선하다. 대상이나 자극에 있는 그대로 반응한다. 감동적이고 살아 있다. 마치 새로운 깨달음을 얻은 것과 비슷하다. 지금까지의 낡은 생각을 깨부수고 고정관념을 흩어지게 만든다. 내 몸과 맘이 새롭게 변한 듯 느낀다. 하나의 희열처럼 다가온다.
- 사유는 내 몸과 맘에 영향을 미친다. 내 삶을 흔들고 바꾼다. 참된 사유라고 말할 수 있다. 그것의 영향력은 크고 오래간다. 자연과의 한순간, 시 한 편, 피아노나 바이올린 선율의 어느 한 부분이 내 온몸을 진동케 한다. 내가 달라지고 사유가 달라지고 삶의 모습이 변한다.

- 들뢰즈는 그러한 참된 사유란 우리 몸이 할 수 있는 것을 배우는 일이라고 말한다(2002). 예컨대, 무의식적 욕망과 그 흐름을 느끼고 알고 생각하는 일이다. 동물적 활력과 같은, 생명 감정이 솟구치는, 고양된 삶의 느낌이 어떻게 몸의 능력으로 변하고 드러나는가를 아는 일이다. 참된 사유는 몸(=생명체)의 변용이기 때문이다. 따라서 몸의 생명력, 그 잠재성을 최대로 실현해 나가는 일이 곧 사유다. 기존의 잘 짜인 정신, 이성, 인간성 등의 고유 이미지와 틀을 벗어던지고 어둠, 혼돈, 우연의 세계로 뛰어드는 사유다. 그것은 곧 인간의 새로운 가능성을 찾아 나서는 일이며 새로운 생명의 길을 발견하는 일이다. 배부른 돼지처럼 현재에 안주한 삶이 아니라 그 너머를 바라볼 수 있는 사유다.

- 사유는 창조적이다. 일상의 습관화되고 자동화된 생각이 아니라, 평소에 전혀 예기치 못한, 매우 낯선, 그러나 새로운 사유다. 예컨대, 대자연의 웅장함 앞에서 불현듯 떠오르는 생각, 극심한 고통의 단발마를 외치는 수레를 이끄는 한 마리의 소, 인간의 잔인성 앞에서 상상치도 못한 깊은 사유가 작동할 때와 같다. 그 순간만은 그가 사유하는 것이 아니고 그러한 사유 자체가 그 사람을 창조, 생성한 것이 된다. 그것은 마치 "내가 뭘 생각하는지를 몰라서 글을 쓴다."고 말하는 어느 작가의 생각과도 일치한다. 말하자면, 작가라는 주체가 무슨 생각을 먼저 하고 나서 그걸 글로 옮긴다고 착각하기 쉬우나, 진실로 글을 써 본 사람이라면 글이, 사유가 앞장서고 쓰는 사람은 그다음에 생성되는, 따라가는 입장이 된다는 의미다. 마치 도스토예프스키 소설의 등장인물들이 작가에 의해서 살아가는 것이 아니라 인물들 스스로의 삶이 작가를 이끌어 가는 것과 유사하다(이 사실은 바흐친의 연구에 의해서 밝혀졌다: Eagleton, 1997).

예컨대, '차가운 태양'이라는 사유를 글로 쓴 작가가 있다. 그것은 유일한 것에 대한 은유로써, 습관적이고 맹목적인 일반 사람들의 '뜨거운 태양'이라는 생각을 두들겨 부순다. 물질적 상상력에 의한 창조적 사유는 차갑다라는 의미가 일식이나 구름에 가려진, 밤의 태양을 의미할 수도 있고 폭풍우를 일으키는 태양일 수도 있다(Bachelard, 1952). 역동적 상상력에 의하면, 유일해서, 너무 오만한, 그래서 차가워 보이는, 너무 멀리 있고 그래서 냉정하게 느껴지는, 또는 죽어 있는 우리의 의식을 차갑게 일깨워 준다는 의미이기도 하다.

(2) 사유의 위기

현대는 생명의 위기, 몸과 행위의 위기, 사유의 위기 시대다. 그것도 아주 오래된 위기다. 인간이 종교를 만들고 자신의 생명과 삶을 구세주에게 의탁하던 때부터다. 인간이 왕이라는 이름의 한 사람에게 자신의 모든 삶의 권리를 내맡기기 시작했던 때부터다. 인간이 돈을 발명해 내고 모든 것을 돈의 가치로 환산해 거래를 시작하던 때부터다. 그것은 무책임하게 타인에게 자신의 존재 가치와 삶을 위탁하고 그에게 의지하며 살아가는 것이 오히려 안정되고 편한 영생과 행복으로 가는 길이라는 인간들의 맹신에서 출발하였고, 그 때문에 문명의 발달과 비례해서 사유의 위기는 갈수록 더욱 커질 수밖에 없는 운명이었다. 매 시대마다 소수의 사람이 자연과 생명의 위기에 대해서 소리쳐 외치지만 바다 위에 떨어지는 빗방울, 산속의 작은 풀꽃처럼 어떤 영향도 미치지 못한 채 가뭇없이 사라질 수밖에 없었던 이유다.

내 마음은 대부분 내 마음이 아니다. 내가 생각했다고 말하지만 내 생각은 진짜 내 생각이 아니다. 내 생각은 깊이 감추어져 있거나 모른다. 무의식의 세계며 몸의 생각을 뜻하는 것만은 아니다. 실제로 우리가 하는 대부분의 생각은 다른 사람도 가지고 있는 생각들이다. 거의 똑같은 생각이라고 볼 수 있다.

마치 사이비 종교에 빠져드는 사람들처럼 생각하고 믿고 행하는 짓이 거의 똑같다. 먹고 입고 자고 살아가는 모습도 닮아 있다. 왕에 충성을 맹세하는 신하들, 주인의 말에 복종하는 노예들, 교장의 지시에 순종하는 교사들, 그 교사들에게 꿈쩍 못하는 학생들, 아버지의 규율과 원칙에 숨도 제대로 못쉬는 가족들, 각 지역 도시에서 맹목적으로 한 사람을 우상화하는 지역구 투표자들, 아이돌에 열광하고 지역 간 스포츠에 빠져 사는 사람들, 명품에 눈먼 사람들…….

모든 생각이 습관적이고 상투적이다. 자기가 없다. 그렇게 훈육되고 키워졌기 때문이다. 자기 생각을 갖기 이전, 어려서부터 주관적인 생각은 억압되고 사회 통념적인 가치만을 주입했기 때문이다. 조작되고 입력된 정보와 지식을 자기 생각이라고 믿고 자란 것이다. 아무도 생각을 뒤집어 보고 의심해 보는 방식을 가르쳐 주지 않는다. 그 누구도 "아니요. 그것은 틀렸습니다."라고 말하는 법을 가르쳐 주지 않았다. '말 잘 듣는 아이, 착한 사람'으로 자랄 뿐이다. 사춘기에 자기답게 느끼고 생각할 기회가 찾아오지만 그것도 거대한 어른들의 힘에 쉽게 무너질 뿐이다. 곧 순응하고 수능시험을 향해 매진하게 된다. 기막히게 구조화되고 조작된 제도다(수백 명의 학생을 죽음으로 몰고 간 세월호 사건을 떠올려 보자).

우월감이나 열등감이 있는가 자문해 보라. 그 기준이 무엇인지 생각해 보라. 입력된 가치 기준, 차별과 경쟁이라는 조작된 사회적 기준 이외에 아무것도 아니다. 왜 내가 다른 사람과 나를 비교해야 한단 말인가? 그것은 당신으로 하여금 일벌처럼 부지런히 앞만 보고 일하라는 명령과 다름없다. '열심히 공부하고, 일하고 돈 벌어라.'는 지상 최대의 삶의 목표를 모든 인간에게 강요하는 끔찍한 규율 때문이다. 어떤 수단을 써서라도 부족한 능력을 채워서 남을 짓누르고 앞에 나서는 것이야말로 진정한 성공이라는 이 시대의 무서운 유혹 때문이다.

생각에 내가 없는 만큼이나 내 생각에는 상상력도, 느낌의 깊이도 없다. 피상적이고 얄팍하다. 귀가 얇다. 쉽게 부화뇌동하고 집단화되고 로봇화된다. 철학자 한나 아렌트가 나치 전범인 아이히만을 연구하고 발표한 글이 있다.

"그는 매우 성실하고 자기 일에 열심이었으며 국가에 충성했다. 그러나 유대인을 살해하는 일에 그 어떤 감정의 동요도 느끼지 못했다." 자기만의 사유가 없는 인간이 과연 인간일까 물어보아야 한다. "먹고 살자니

시키는 대로 안할 수 없다." "조직이 날 인정해 주니까 무슨 일이든 못하겠는가?" "하나님이 사탄을 물러가라고 했으니까, 나만 따르고 다른 우상을 섬기지 말라고 했으니까." "돌아가신 어머님 상 앞에서는 절을 해서는 안 된다. 나는 독실한 크리스천이기 때문이다." "돈이면 죽은 사람도 살려내는 세상 아닙니까? 유전무죄, 무전유죄!"

저항하는 힘이 필요하다. 어려서부터 말썽쟁이가 되어야 한다는 의미다. 부모에게 대드는 아이로 키워야 한다는 뜻이다. 자기주장을 할 줄 아는 아이로 성장해야 한다. 비록 부모가 보기에는 아이의 행위가 틀렸다고 생각해도 그대로 미쁘게 보아줄 수 있는 부모가 얼마나 될까? 거의 전무하다. 부모 또한 그렇게 자랐기 때문일 것이다. 아이를 하나의 고귀한 유일의 생명체, 자기만의 세계를 가진 존재로 보아줄 만한 마음의 여유가 없다. 그렇게 자라지도, 배우지도 못했다. 그래서 우리 모두는 그렇게 똑같이 피상적인 삶의 방식을 끝없이 대물림하고 있을 뿐이다. 그러나 한 번 제대로 사유해 보자. 남들 사는 대로 따라 산다는 것 자체가 이미 인간으로서 쪽팔리는 일 아니겠는가. 진짜 인간으로서 자존심은 바로 그런 곳에 있지 않겠는가?

사유의 위기는 마지막, 그러한 훈육된 생각, 피상적 관념을 진정한 사유로 바꿀 방법의 부재다. 세 살 버릇이 여든까지 간다는데 어떻게 바꾸겠는가. 곧잘 세뇌당하고 쉽게 유행을 따라가면서도 참된 사유에는 등을 돌리는 세태이다. 마음이 근본적으로 편협한 탓일까? 아니면 한 사람의 인생관이며 가치관, 세계와 인간에 대한 고정관념은 평생 잘 바뀌지 않기 때문일까? 식습관이며 취미 또한 쉽게 바뀌지 않는데 사유 패턴만 바뀐다는 것은 거의 불가능한 일처럼 보인다. 예컨대, 소수의 사람만이 사유 습관을 바꾸고 싶어 한다고 하자. 하지만 그조차도 여유가 없다. 아니, 바꾼다는 것은 그냥 생각일 뿐 오히려 내면을 더 감춘다. 타인에 의해서 바뀔까 봐 더 두려워한다. 자기를 감추는 일과 사유의 위기는 함께 간다. 그렇기에 이 시대에는 참된 만남과 사랑이 퇴색해 가고 패거리 문화가 늘어난다. 패거리의 대장이 시키는 대로만 따라

하면 되기 때문이다. 내가 따로 생각할 필요가 없다. 편하고 안전한 길이다. 가타리(1992)는 말한다.

> 전 지구상에 걸쳐 모든 인류를 노예화시키고 있는 하나의 거대 기계가 있다. 빅 브라더, 다국적 기업, 자본 기계 등이 그것이다. 인간 생활의 모든 측면, 즉 노동, 유년기, 사랑, 삶, 사유, 환상, 예술 등은 이 노예적 노역의 공간에서 존엄성을 박탈당했다. 모든 사람은 근본적으로 오직 실업, 빈곤, 생활보호와 같은 사회적 박탈의 위협을 느끼며 살아가고 있을 뿐이다.

거의 기계처럼 작동하는 인간의 사고방식을 어떤 식으로 참된 사유체계로 바꿀 수 있겠는가! 흐르는 강물을 두 손과 두 발로 막아서는 일만큼이나 무모한 일이지만 결코 불가능한 일은 아닐 것이다. 그것이 이 시대에 생명굿이 존재하는 이유이기도 하다.

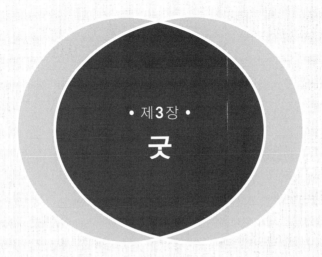

• 제3장 •

굿

1. 잊혀 가는 우리 것

문명의 발전이란 한 나라의 오래된 전통과 민속을 지워 나가는 일인가? 오늘날 한국을 특징짓는 많은 것이 잊히거나 사라지고 있다. 반도의 나라 금수강산, 의식주며 제반 문물, 오랜 풍속과 생활양식뿐만 아니다. 한국 사람 자체도 국적 불명의 인간으로 변화 중이다. 문명화, 미국화, 세계화라는 이름으로 인간적 깊이가 사라지고, 그 뿌리 깊은 사대주의 의식으로 검은 머리 서양인이 되어 가고 있다.

문제가 되는 것은 빠른 변화 속도만이 아니다. 이 나라의 배운 자들, 가진 자들, 이 나라를 이끄는 자들이 언제나 먼저 앞장서서 그렇게 해 왔다는 사실이다. 그들에겐 항상 대의명분 아닌 명분이 주어졌다. '조국의 근대화' '선진국화' '문명화, 세계화' 등등. 그들에겐 민족적 긍지나 자존감보다는 현실적 부귀영화, "잘살아 보세!"가 언제나 백성을 현혹하는 구호였다.

삶의 터전으로서 산이며 강, 바다와 넓은 들판이 '개발'의 이름으로 파헤쳐지고 변질된다. 모든 마을과 길이 아스팔트와 시멘트로 뒤덮인 지 오래다. 우리는 아스팔트 위에서 태어나 아스팔트 위에서 죽을 것이다. 평생 흙 한번 만져 보지 못하고 죽어서 산에 묻히지 않는 한 죽은 후에도 자연을 접할 기회조차 없을 것이다. 우리가 황톳길이며 흙길에 호들갑을 떨 수밖에 없는 비애다.

그 많던 미풍양속이며 전통놀이는 지금 다 어디 있는가? 정월 설날의 설빔, 복조리, 보름의 오곡밥, 부럼, 달맞이, 삼월 삼짇날의 버들피리, 풀각시, 화전, 봉숭아 물들이기, 단오날 창포물 머리 감기, 그네타기며 씨름, 칠월 백중의 호미 씻기, 칠석의 두레 길쌈, 팔월 중추절의 강강수월래, 그리고 널뛰기, 연날리기, 제기차기, 땅따먹기, 공기놀이, 고무줄놀이, 다듬이질, 놋다리밟기, 화전놀이 등. 그 많던 우리의 마을 문화, 마당 문화는 다 어디로 사라졌는가? 풍물놀이, 대동놀이, 탈놀이, 장터 공연, 두래패 굿마당, 마을굿, 어촌굿, 별신굿 등 문화만 사라진 것이 아니다. 이제는 광장도, 큰 거리도 사라지고 없다. 사람들이 모이는 것을 무서워하는 대통령들 덕분에 세계에서 손꼽히는 몇 안 되는 광장이 없는 나라가 되어 버렸다(온갖 죽어 있는 조형물과 시설물이 가득 찬 광장은 대중 민주주의의 죽음을 상징한다).

우리 글, 한글은 어떤 모습인가? 오랜 세월 한자만 고집하던 양반네에게 언문 취급을 당해 온 우리말은 이제는 아예 내놓고 영어로 탈바꿈 중이다. 영어 이름이 아니면 격이 떨어질 정도로 회사며 집단, 기업, 기관들의 이름이 영문 이름이다. 코레일, KT, 홈플러스, 이마트, 코스트코, 박(근혜) 캠프, MB, 개인 이름까지도 아예 영어 일색이다. 하기야 모든 "TV며 매스컴, 프로페셔널한 엘리트들"이 앞다투어 영어 전도사를 자처하는 나라가 아니던가. 전 국민이 머리 까만 아메리칸이 되는 그날까지. 이제는 태어나는 날부터 국어보다는 영어를 먼저 배울 날도 머지않아 보인다. 아침 새 소식보다는 모닝뉴스, 굿모닝 대한민국, 뉴스퍼레이드, 모닝와이드, 저녁에는 뉴스데스크, 이브닝 뉴스, 나이트라인, 뉴스투데이, 주말 연속극보다는 주말 드라마, 시트콤, 미니시리즈. 이것이 과연 대한민국인가, 미국인가, 미국의 속국인가?

한복도 사라져 가고 있다. 멋진 색동옷, 모시 적삼이며 두루마기도 보기 힘들다. 한옥 또한 이제는 더 짓지 않는 집이 되어 버렸고 한국 음식은 이름만 한식이지 내용물은 대개 바다 건너 들어온 것들이다. 중국산 김치가 대표적이다. 우리를 한때나마 하나로 묶어 주던 '백의 민족, 배달의 자손, 동방의 빛, 홍익인간, 고구려의 기상' 등의 말은 이제 아무도 쓰지 않는 죽은 용어가 되었다. 우리의 민속 예술 또한 소수의 사람만이 겨우 명맥을 유지하고 있을 뿐이다. 우리 모두는 북이며 장구 하나 제대로 칠 줄 모르면서 뮤지컬이나 팝송에 빠져들고 민요나 창 한 곡 부를 줄 모르는 음치가 된 지도 오래되었다.

사라지고 있는 우리 것 중 또 하나, 결코 사라져서는 안 되고 사라질 수도 없는 것, 그것은 우리의 가장 오랜 전통 중의 하나인 무교(巫敎)다(무속이 아니다. 무속이니 무당이니 하는 말은 무교를 폄하해 온 자들의 용어다). 무교는 지금 이 순간에도 한국의 현재 진행형의 살아 있는 문화다. 연세대학교 유동식 교수(1992)는 이렇게 말한다. "무교는 한국 문화의 심층에 자리 잡고 있는 지핵(地核)이다. 사라진 고대 종교도, 미개 민족의 원시 종교도 아니다. 고대로부터의 역사적 실체며 현재에도 민족 종교 형태로 살아 있다." 무교는 하나의 종교다. 불교, 기독교와 똑같은 종교다. 유일신이 아닌 다신(多神)을 모시며 내세 중심이 아닌 현세 중심이며 이론적으로 체계화되고 경전화된 종교가 아니라 자연발생적인 실천적 종교다. 하늘을 향한 믿음을 바탕으로 발생한 종교다.

황필호 교수(2002)는 "무교는 이 세상에서 가장 오랜 역사를 가진 종교다. 모든 종교는 직간접적으로 무교 영향을 받으면서 탄생했다. 그래서 모든 종교 안에 무교적인 요소를 어느 정도 가지고 있게 마련이다."라고 말한다. 한마디로 무교는 현대 종교로서의 생명력을 가지고 있다는 것이다. 왜냐하면 한국의 무교는 지금까지도 살아남아 있고, 내세 사상이 없는 것이 결코 흠이 아니라 지금 이곳의 삶에 충실하기 때문이라는 것이다.

무교의 실천 형식은 굿이다. 굿이 곧 무교라고 말할 수 있다. 기존 종교의 예배나 예불과 비슷하지만 다르다. 굿은 무교만의 독특성을 가지고 있다. 한국적 특이성이며 특징이다.

2. 굿이란 무엇인가

굿은 우리 민족의 가장 오래된 생활양식이며 중요한 풍속 중 하나였다. 생활양식이란 집 짓고 밥 짓고 옷을 해 입고 사는 것과 같이 사람이 살아가는 데 있어서 겉에 드러난 모습(형식)이다. 따라서 굿은 옛 조상의 삶 자체였다는 뜻이다. 풍속이란 삶 속에 깊이 스며든 활동으로 한민족의 고유한 삶의 습관을 일컫는다. 예컨대, 하늘에 제사 올리기, 큰 나무(신주)나 칠성님에게 기원하기, 대모(女)신이나 조상 모시기, 마을에 어려운 일이나 고통받는 사람이 있으면 모두 모여서 도와주기, 영험한 사람의 힘을 빌려 액운을 내쫓고 복을 빌며 함께 노래하고 춤추며 놀기 등 모두가 굿의 한 모습이다.

굿은 아주 먼 고대로부터 씨족, 부족, 국가 단위로 시작되었다. 역사적으로는 약 9000여 년 전 환국시대의 천제(天祭)가 굿의 시발점이라면 4200여 년전 단군조선의 천제를 제2의 굿의 기원이라고 할 수 있다(안경전, 2013). 그것은 삶을 함께하는 사람들이 모두 모여서 주로 하늘(신), 자연물(곰 신앙 등), 풍요를 상징하는 대지의 여신(大地女神), 조상신 등을 위한 제의 양식으로 시작되었다. 신비하고 신성한 대상에 대한 경외와 숭배, 모든 자연과 공존, 공생하는 감사의 마음, 조상을 모시고 복을 기원하며 모두가 하나가 되고자 하는 정성이 하나의 제의, 곧 굿을 낳았다고 볼 수 있다.

오늘날 농악기를 굿물이라 하고 '굿 친다'는 풍물 굿을 행함을 뜻한다(주강현, 1992). 마을끼리의 줄다리기도 줄다리기 굿이요 길쌈도 삼굿이다. 풍물패가락에도 '당산굿, 우물굿, 철륭굿, 성주굿' 등 굿이라는 말이 으레 붙어 다닌다. '굿 났다' '굿판 같다' '굿 벌인다'는 말의 속뜻에는 민중적 삶의 건강함이깃들여 있게 마련이다. 이로써 굿은 민중의 노동 양식, 집회 양식, 놀이 양식, 신앙 양식 등 민중 생활의 전형적인 생활양식을 의미하는 용어임을 알 수 있다(주강현, 1992).

3. 굿의 어원

굿의 어원은 아직 불명하다. 몇 가지 설(設)이 있을 뿐이다. 첫째, 김성규의 구슬(九瑟)설이다. 그는 하늘에서 내려오는, 별이 내리는 것과 같은 이슬에서 구슬 → 굿으로 음이 변화된 것으로 본다. 둘째, 최남선(조선상식)의 주장이다. 규모가 작은 의례를 고시례, 중간 규모의 의례를 고사, 그리고 큰 규모의 의례가 굿으로서 모두 같은 어원을 가졌다고 말한다(이기백, 1966). 박용숙(2012)의 『샤먼제국』에는 천문을 헤아리는 사제들을 '굿'이라고 부른 민족이 여럿 등장한다. 흉노족에게 천자 또는 우두머리는 탱리(농기구) 고도(잡는다)다. 위구르어로는 Qut, 몽골어로는 Kotu, 산크리스트어는 Go, Gut, 라틴어는 God이다. 한마디로 제사를 올리는 제사장 또는 천문을 헤아리는 사제를 일컫는 굿이 오늘날 우리가 일컫는 굿의 어원이 아닐까 생각해 본다.

4. 왜 하필이면 지금 굿인가

이 질문에는 "오늘날과 같이 문명이 발달한 시대에 웬 미신이냐?" 하는 의아심이 들어 있다. 그 말은 우리 민족의 오랜 삶의 양식이었던 무교며 굿이 그 오랜 세월의 핍박과 억압에 이제는 거의 자취를 감추어 버린 것과 맥을 같이 하는 세태를 반영한다. 우리의 미풍양속을 해치는 무당 짓거리로서의 '굿' 말이다. 한마디로 그것은 대명천지, 이 밝고 환한 세상에서 사라져야 마땅한 어둠의, 구시대의 잔재일 뿐이라는 의미다.

과연 그러한가? 아니다. 천 년 이상 중국에 조공을 바치고, 중화 문명의 거센 영향을 피할 도리가 없었던 삼국시대부터 고려시대, 조선시대까지도 굿은 꿋꿋하게 살아남았다. 불교와 유교, 그리고 소위 지식인들로 이루어진 지배 계급의 모진 말살정책에도 굿은 민초에 의해 면면히 전승되어 왔다. 단군조선부터 거의 5천여 년을 말이다.

문제는 36년간의 일제의 지배, 그리고 70여 년의 미국의 지배와 100여 년의 기독교, 천주교의 영향이다. 일본은 자신의 신도(교)와 신사는 보호하면서 우리의 무교(굿)는 철저하게 탄압하였다. 그 덕분에 일본 군인 정신으로 무장한 박정희에 의해 1960~1970년대에 걸쳐 유신(일본의 명치유신을 흉내 낸)과 새마을운동이라는 이름으로 우리의 무교는 거의 완벽하게 제거되기에 이른다. 독재가 아니면 결코 일어날 수 없는 일이었다.

더욱 심각한 건 오늘날 미국 문화와 외래 종교가 득세하고 안방을 차지하는 현상이다. 돌아가신 부모님 영정 앞에 엎드려 절하는 것이 우상숭배란다.

기가 찰 노릇이다. 부흥회며 철야기도, 안수기도로 병을 낫게 하며, 평생을 외래어 세례명으로 삶을 저당잡히고, 기도하면 무엇이든 이루어진다고 하는 감언이설은? 무슨 죄를 짓든 신앙고백, 고해성사로 다 용서되고, 십일조며 그 수많은 헌금으로 치부하는 자들은? 한마디로 자기 민족, 자기 나라 짓을 천시하는 자들에게 회개하라고 말하고 싶다. 언제까지 그렇게 정신 못 차리고 남의 것만 좇아 살 것인가 묻고 싶다.

하기야 된장, 고추장보다는 버터와 치즈에 길든 입맛, 외래 상표가 붙은 옷이며 신발, 장신구, 화장품이 아니면 안 되는 사람들의 의식 구조, 전국 대부분의 도시가 외래어, 특히 영어 상품명, 간판으로 도배되고, 한국 방송보다는 케이비에스에 더 익숙한 나라가 된 지 오래되었으니 당연한 결과가 아니겠는가? 이런 추세라면 언젠가는 한국이 미국의 한 주로 소속되고, 한글은 과거 세종 시절 언문 취급당하듯 민초만의 말로 전락할지도 모른다.

굿은 이 땅에서, 지금, 다시 살아나야만 한다. 최소한 아직 남아 있는 민족적 자긍심을 회복하고 더 이상 외세에 빌붙어 살아가지 않기 위해서라도 우리의 오랜 전통, 굿은 다시 새로운 모습으로 태어나야 한다. 그 이유, 필연성은 다음과 같이 크게 두 가지 측면에서 논의할 수 있다.

1) 시대 상황

(1) 전 지구적 상황

제1, 2차 세계대전을 겪었음에도 세계는 여전히 미국을 중심으로 한 편 가르기, 국지 전쟁이 버젓이 이루어지고 있다. 종교 간 마찰과 살육, 핵무기 경쟁, 방위산업이라는 미명 아래 이루어지는 대량 살상무기의 제조 및 수출, 그리고 나라 사이의 끝없는 빈부 격차. 그것은 앞으로도 한없이 계속될 것이다. 중요한 것은 세계 7대 강대국 중심의 '지구 가족' '글로벌 세계화'라는 그럴듯한 구호와 선전에 놀아나는 민족이다. 그들은 힘이 없다. 우리나라처럼 수출을 하지 않고서는 살기 어려운 나라들은 특히 그렇다(하물며 우리는 남북으로 쪼개져 있으니 옴짝달싹 못하는 신세다). 그들, 강대국, 백인은 그래서 너무도 당당하게 자신의 은밀한 목적(세계 지배)을 숨기고, 세계를 자기 뜻대로 좌지 우지한다(1882년, 한미수호통상협정. 그리고 얼마 후 1905년 가쓰라-태프트 밀약: 일본은 한국을, 미국은 필리핀을 점령하기로 서로 비밀리에 약속한다. 이제 110년이 지나 일본, 미국은 다시 짬짜미해서 사드, 중거리 미사일을 한국에 배치할 계획을 세 운다). 정치적으로는 민주주의라는 이름으로, 경제적으로는 가진 자들 중심 정책인 신자본주의를 내세운다. 물론 종교는 유일신 하나님을 앞세운다. 과 학은 아이티, 정보화사회요, 문화는 코카콜라, 맥도널드, 그리고 미드와 할리 우드 영화다. 아이엠에프(국제통화기금), 세계은행, 유엔(국제연합) 등 세계적 기관처럼 보이는 것 대부분이 미국의 지배하에 놓여 있다.

한국의 경우, 대표적인 예를 하나만 든다면 인구 조절 정책이다. 1960~ 1970년대 둘 낳기 운동은 결과적으로 오늘날 한국을 세계 최고의 출산율 저 하 국가로 만들어 버렸다. 소위 국제 기금의 도움으로 "미래의 지구 환경, 물 과 식량 부족을 우려해서 인구를 조절해야 한다."는 구호는 대한민국에서 가 장 열렬히 환영받고, 콘돔과 피임약 보급률, 임신중절 수술에 있어서 타의 추종을 불허하는 모범 국가로 선정된다. 한마디로 그들에게 놀아난 것이다 (중국이나 인도, 아프리카 등은 그 당시 국제 기금을 공장 짓는 데 썼다고 한다).

서방 강대국, 특히 미국에게 가장 적대적인 국가가 정치적 차이(공산국가) 도, 종교적 차이(이슬람교)도 아닌, 민족국가다. 민족자결주의를 부르짖는 국 가다. 그런 나라들이 가장 완강하게 세계화를 거스르기 때문이다(미국 윌슨 대통령이 겉으로는 민족자결원칙을 부르짖으며 안으로는 한국을 소련, 영국과 함께 신탁통치를 할 계획을 꾸미는 식이다. 언제나 대의명분 따로, 실리 따로였다).

세계화는 곧 미국화다. 넓게 이해한다 해도 백인주의다. 황인종 국가인 우 리가, 그들에 의해 두 동강이 난 우리가 세계화를 거스를 이유는 충분하고도 많다. 그 일은 곧 우리 것을 돌보고 잊힌 것을, 빼앗긴 것을 되찾고 다시 일으 켜 세우는 일이다. 소수의 외롭고 힘든 작업이지만 반드시 필요한 일이다. 민 족의 정체성이 완전히 사라지기 전에, 인디언 문화가 말살된 것처럼, 필리핀이 (미국으로부터 50년의 지배를 벗어나) 독립운동을 위해 100만 명 이상이 희생된 것처럼, 월남전·이라크전에서 수많은 민간인이 희생당한 것처럼 앞으로도 미국의 오만은 더욱 드세질 것이다. 그럴수록 우리는 우리의 민족정신, 굿 정신을 잊어서는 안 된다. 정신 똑바로 차려야 한다.

(2) 한국의 상황

대한민국 건국 초기, 이승만 시절부터 군부독재 시대를 거쳐 3년 전까지, 소수의 재벌과 위정자들 그리고 어용 언론인들이 그들끼리 똘똘 뭉쳐서 이 나라를 어디로 이끌어 갔는지 생각해 보자(김대중, 노무현 시대는 제외한다). 그들 대부분이 일제 강점하에서 잘 먹고 잘 나갔던 자들이거나 그들의 자손일진대, 따라서 그들이 생각하는 조국, 국가, 민족의 개념은 민초들이 생각하는 우직한 민족의식과는 질이 다를 것이다. 그들이 북한을 세계 그 어떤 국가보다도 더 적대시하는 한, 하나님 신앙을 회의해 보지 않는 한, 미국 일변도의 의존성에서 벗어나지 않는 한, 자신의 부귀영화를 헌신짝처럼 포기하지 않는 한, 동학혁명처럼 사람을 하느님처럼 존중하는 마음을 갖지 않는 한, 그들이 지금 추구하는 세계 속에는 떳떳한 민족 자존의 정신은 흔적조차 찾기 어려울 것이다.

한때 국가는 더 이상 국가이기를 포기한 것처럼 보였다. 세월호 사건, 메르스 사건을 보면서 국가는 우리를 지켜 주지 못한다는 것을 실감했다. 국정원과 군인들의 선거 개입, 통진당 해산, 채동욱 검찰총장의 퇴진, 엉터리 국무총리들의 낙마, 성완종 사건의 미스터리 등은 일당 독재를 숨긴 공안 정치판으로 향하고 있었다. 청소년과 노인 자살률 1등 국가, 언론의 자유, 남녀평등지수, 행복지수가 밑바닥이었던 나라, 우리 나라.

사람들도 변해 가고 있다. 나부터도 예전과는 다른 모습이다. 무엇보다도 건조해지고 있다. 좋게 말하면 쿨하지만 나쁘게 말하면 냉정하고 이기적이 되어 간다. 의리며, 신뢰도 오래가지 못한다. 쉽게 돌아서고 쉽게 화내거나 절망한다. 안 그런 척, 강한 척한다. 속내를 안 보여 준다. 안 믿는다. 그러니 자기 자신조차 좋아할 리가 없다. 그래서 서로가 곁에 있는데도 마음은 멀어져 간다. 마음이 텅 비어가는 대신 쓸데없는 정보, 지식으로 가득 찬다. 사람과 사람이 만나는 것이 아니라 정보와 정보가 만나고 헤어진다. 그만큼 공허감도, 외로움도 더 짙어진다.

굿이 필요하다. 예전처럼 마당에, 평상이나 마루에, 안방에 모두 모여 서로 아픔을 달래고 위로했던 굿마당이 필요하다. 차별 없는 만남, 지식이 아니라 참으로 인간다운 따뜻한 만남이 필요하다.

2) 굿 자체의 의미

굿은 우리나라에서 가장 오래된, 최고의 일상적인 삶의 양식이었다. 모두가, 각자의 삶이 아무리 바쁘더라도, 누군가 한 사람이 고통을 받으면 너 나할 것 없이 한마음으로 달려와 함께 굿판을 열고 위무하였다. 한 집안이든, 한 마을이든 어려움이 닥치면 모든 사람이 협심하여 그 위기를 극복해 나가는 방식이 굿이었다. 한마디로, 굿은 선조들의 공동체 의식, 공동 운명체 정신이 가장 잘 드러나는 풍습이며 삶이었다.

그것은 오늘날 흔히 보는 친목 모임, 동기동창 모임, 취미나 직장에서의 모임과는 다르다. 겉과 속이 다른 형식적인 만남과도 다르다. 선조들은 서로의 마음을 내 마음처럼 들여다보고, 서로의 사정을 나의 삶처럼 꿰뚫고 있었다. 겉과 속이 같은, 투명한 참된 만남이었다. 그래서 그들은 무슨 일이나 함께 울고 웃고 노래하며 춤출 수 있었다. 아무리 슬픈 날이라 할지라도 떠들썩하게 잔치를 벌이고 행인, 거지에게도 따뜻한 밥을 대접할 줄 아는 민족이었다.

바다, 산, 강, 자연에는 신이 살고 있다고 믿었고, 그들을 모시고 경배하고 함께 놀 줄도 알았다. 하다못해 나무, 돌, 마당에도 신이 계시며 잡귀, 귀신조차도 어르고 달래거나 위로할 줄 알았다. 하늘을 두려워했고 억울하게 죽은 사람들을 신으로 모셨다. 하늘 우러러 한 점 부끄럼 없기를, 하늘 무서운 줄 알고 살았으며, 이승과 저승이 서로 통하는 거대한 윤회의 믿음을 간직하며 살았다. 한마디로 겉에 보이는 생사를 넘어 넋의 세계, 생명의 세계를 믿고 존중한 삶이었다.

그렇다. 오늘날 우리에게 필요한 건 선조들의 굿 정신이다. 내가 잘나서 사는 게 아니고 네가, 자연이, 조상이 존재하기에 내가 존재하는, 태곳적부터의 홍익인간 정신 말이다. 나보다 너를 더 귀한 존재로 여기는 이타적인 마음, 사람을 하느님과 동일하게 보았던 동학의 생명사상 말이다.

굿놀이 마당은 해학과 풍자가 주를 이루는, 문명과 사회를 비판하는 기능을 하였다. 양반/상놈, 중과 첩, 본처와 시앗 등 다양한 소재를 인형놀이, 탈놀이, 창이며 사설조 형식으로 서민들의 피지배자로서의 억눌린 욕망을 속시원히 드러냈다. 굿놀이가 사회제도며 윗사람들을 웃음의 대상으로 삼을 수 있었던 것은 아마도 무녀들의 변화무쌍한 변신 덕이 아니었을까 싶다. 신들을 어르고 달래듯이, 신이 들리거나 조상신에 빙의되면 그들의 공수는 예측 불허의 말투와 훈계, 욕설로 뒤범벅되고 감정 표현 또한 천차만별의 변화를 보인다.

"네 이 못돼 처먹은 놈아." 하고 불호령을 내리는가 하면 눈물이 쏙 빠질 정도로 애원을 하고, 처절하게 복을 갈구하거나 산 자의 죄업을 낱낱이 고해바치기도 한다. 그 때문인가. "씨엄씨 잡년아, 잠 깊이 들어라…… 시압씨 호령은 갈수록 더하고 어린 가장 품에 안고 잠 잔 둥 만 둥……."〈진도아리랑〉처럼 시부모에 대한 서러움이 노래가 되어 나온다.〈사랑가〉에서는 "서방님 오신 줄 알고 깨 벗고 잤더니 문풍지 바람에 설사병이 났네." "내 미쳤네 내 미쳤네, 넘의 사랑, 넘의 님을 내 사랑 맺으려니 내가 정녕 미쳤구나."처럼 홀로 된 여인네들의 마음을 노래로 달래기도 하였다.

무녀는 우리 역사에서 최고의 치료자요, 예언자요, 사제며, 샤먼이었다. 오늘날 흔히 말하는 정신치료자며 상담가와는 격이나 차원이 다른 진정한 만신이었다. 그들은 당연히 공과 사가 일치된 삶을 살았다. 혼자 있을 때는 끝없이 자신을 갈고닦았다. 매일매일 신당에 들어가 기도하며 신들을 모셨고 그것도 부족하다고 생각되면 명산대천을 찾아 산신이나 바다신에게 별도의 기원을 올렸다. 그리고 누군가가 자신이 필요하면 만사 제쳐두고 득달같이 달려가 굿을 올렸다.

굿은 우리나라 전통문화의 보고요, 뿌리다. 우리의 모든 전통 음악이며 악기가 굿에서부터 시작되며, 춤이며 연극, 가면놀이, 꼭두각시놀이, 민화, 사물놀이, 농악, 그리고 혼례식, 장례식 등 제반 제의 형식도 굿에서 시작되었다. 하지만 아니다. 그러면 무얼 하겠는가. 오늘날 이 땅의 대부분의 예술, 문화가 서구화된 지 오래인 것을. 장구나 북보다는 피아노나 바이올린을, 우리 민요나 판소리보다는 서양 가곡이나 팝송을 더 선호하는 나라인 것을.

우리 문화의 자존과 정통성을 지켜 내기 위해서라도 굿은 다시 일어서야 한다. 배달의 민족, 백의의 나라, 동방의 불꽃, 민족적 심성이 모두 그러한 전통문화 속에 깊이 물들어 있기 때문이다. 시대의 거센 물결에 정신줄 놓고 휩쓸려가기보다는 우리의 넋이 담긴 우리의 굿을 오늘날 다시 일으켜 세우는 의미도 여기에 있다. 세계화를 거슬러서 연어처럼 이제 그 어떤 위협도 두려워하지 말고 세계인에게 우리의 민족자결권을 널리 알려 나가야 한다.

크건 작건 간에 세계 모든 민족이 우리처럼 자신의 고유한 민족성을 지켜 나갈 수 있도록 도와야 한다. 강자 독식의 힘의 논리가 지배하는 세계를 종식시키고, 모두가 서로 돕고 협력하는 그런 세상을 펼쳐 나가야 한다. 각 민족이 저마다의 전통을 되살리고 그 어떤 정치, 경제 논리에도 흔들리지 않는 말 그대로 참된 세계 가족이 될 수 있도록 노력해야 한다. '아이들'이라는 보편적, 획일화된 개념에서 벗어나 '아이'라고 하는 한 명 한 명의 특이성과 고유성을 존중하는 교육이 진정한 교육 이념인 것처럼 '인간, 인류'라는 그럴듯한 일반화에 의한 세계화가 아니라 차라리 반인본주의적인 각 민족의 개별성을 존중하는 그런 자유로운 공존 정신이 필요하다.

5. 굿에 대한 오해와 편견

굿, 곧 무교에 대한 한국인의 뿌리 깊은 오해와 편견은 어제오늘의 일이 아니다. 현실적 삶 자체를 천시하는 기독교의 선민사상, 불교의 고해(苦海) 사상, 유교의 성인군자와 천민의식이 한국적인 것에 대한 폄훼의 뿌리를 같이하고 있다. 한반도를 둘러싼 열강들의 세력 다툼과 약소국가 의식, 우리 힘만으로는 살아갈 수 없다는 오래된 자괴감과 사대주의 사상, 경제적, 문화적으로 선진국이 되지 못한 열등의식 또한 외세를 등에 업고 통치권자의 자리에 오른 자들이 우리 것을 업신여기는 데 일조하였다.

1) 굿 또는 무교는 미신이라는 오해와 편견

미신이란 길을 잃고 헤매는, 판단이 잘못된 믿음이라는 뜻이다. 그래서 미신이라는 말은 한마디로 헛된 것을 믿는 것, 비과학적인 것, 불합리한 것, 비이성적인 믿음 등을 얕잡아 하는 말이다. 돌아가신 조상 앞에 절을 하는 것이 미신인가, 아닌가? 어린 아기 예수에게 경배하는 일은? 부처상 앞에서 엎드려 손바닥을 보이며 엎드리는 것은 미신인가, 아닌가? 부적을 써서 몸에 지니는 것과 염주, 묵주, 십자가를 몸에 지니는 것에는 어떤 차이가 있는가? 사진이 아닌, 그럴듯하게 부풀려져 그려진 인물상과 실제 사진 앞에서의 행위의 차이는? 과연 어느 것이 미신인가?

불교에서는 현실의 중생들 세계를 미계(迷界)라고 부른다. 미망과 번뇌로 가득 찬 세계라는 것이다. 태어나는 것도 고(苦)요, 늙는 것, 병드는 것, 죽는 것도 고요, 육신 그 자체도, 슬픔, 괴로움, 걱정도 고다. 그러니 모든 욕망을 소멸시키라는 것이다. 오직 여덟 가지의 정도(正道)를 실천하라고 말한다. 숫처녀에게서 태어난 하나님의 아들이자 사람의 아들 예수는 언제나 하나님의 나라를 이야기한다. 마귀와 악령을 쫓아내서 병을 고치고 기적들을 행하며 이웃을 사랑하라고 말한다. 그래야 죽어서 하나님의 나라에 들어갈 수 있다는 것이다. 그리고 인간은 모두가 하나님 앞에서는 죄인이니 회개하고 속죄하라고 말한다.

그러나 한국 무교는 현세주의적이다. 한국인은 형이상학적 종교 이론이나 윤리적인 강제성을 요청하지 않는다(황필호, 2002). 사후세계보다는 지금의 삶을, 죽은 자를 위해서라기보다는 산 자를 위해 사령굿을 한다. 어디까지나 인간중심주의다. 그래서 굿에서는 신을 섬기는 것이 아니라 신을 불러서 오게 하고 신과 놀고 이용하고, 다시 신을 돌려보낸다. 한국 무교는 관용 정신이 매우 높다(조흥윤, 1990). 예컨대, 무교는 다른 종교를 수용해 왔다. 배척하거나 핍박하지 않고 받아들였는데도 새로 들어온 종교들이 안방을 내놓으라는 식으로 오히려 무교를 미신화했고 천시하였다.

과연 어떤 종교가 미신인가? 누가 미신이라는 편견과 어리석음을 가진 자들인가? 숙고해 볼 일이다. 어떤 종교가 더 배타적이고 이기적인가?

2) 무당에 대한 오해와 편견

무당은 원래 무녀(巫女), 무신(巫神), 무사(巫師), 무의(巫医) 등으로 불렸다. '무녀가 굿을 하는 장소'라는 뜻의 무당(巫堂)은 어법상 맞지 않다. 지역마다 무녀의 호칭이 다른바(국사편찬위원회, 2011) 함경도에서는 스승, 제주도에서는 심방, 중부 지방에서는 만신, 남부 지방에서는 당골(단군, 샤먼을 뜻하는 Udagan)이라고 하였다.

무(巫)의 의미는, 一(하늘)과 一(땅)을 工(잇는) 사람, 춤과 노래로 하늘의 신을 보고, 섬기고 내리게 하는 사람을 뜻한다. 따라서 무녀는 자신을 따르는 신도들의 탄생과 결혼, 죽음과 같은 인생의 중요 과정을 모두 책임지는 사제요, 예언자며 치료사였다. 그래서 고조선부터 삼국시대 초까지 사회적으로 지도적 위치에 있었다. 국가의 앞날을 예언하고 기후와 농사의 풍흉을 점치고 재난의 예방과 퇴치 방법을 제시하는 등 국정을 보좌하고 정책 결정에 영향을 미치기도 했다(국사편찬위원회, 2011).

삼국시대에 불교가 들어오면서부터 무녀의 기능은 위축되기 시작한다. 고려시대에는 유학자들에 의해서, 조선시대에는 성리학자들이 본격적으로 무교와 무녀들을 탄압한다. 일제강점기에는 미신으로 규정하고 폄훼한다. 무녀의 사회적 계급도 아예 천민으로 낙인찍는다. 서양의 외래 종교와 함께 조국 근대화니 새마을운동이니 하는 일방적인 적대적 태도가 거기에 한몫을 더한다. 아니다. 왕족(단군, 차차웅), 지배층(풍백, 우사, 운사), 그리고 양인 중에서도 무녀가 계속 배출되었다. 특히 조선 후기에는 천인보다는 양인이 무업을 하는 경우가 더 많았다.

그러함에도 무녀에 대한 편견이 무교 자체에 대한 폄하와 함께 여전히 지속될 수밖에 없는 이유는 오래된 사회적 신분 계급제도 때문일 것이다. 학위가 있느냐 없느냐, 돈을 많이 버느냐 못 버느냐, 사회적으로 유명하냐 그렇지 못하느냐에 따라 사람 대하는 태도가 달라지는 우리의 못된 계급의식 말이다. 돈을 주고 산 가짜 박사, 부정한 수단으로 권력을 쟁취했건 돈을 모았건 관계없이 부자나 권력자 앞에서 굽실거리는 하인 근성 말이다.

무녀는 아무나 되는 것이 아니다. 평균 8년 여의 신병을 앓고(최준식, 2009) 일상의 자신과 결별하기 위한 고통을 감내해야 한다. 그래야만 내담자의 고통을 자신이 떠안을 수 있기 때문이다. 무녀란 원래 자기희생을 통해서 남을 돕는 사람이다. 그녀는 신어머니를 통해서 내림굿을 받은 후에도 오랜 기간의 학습 기간을 밟아야만 한다. 점치는 법, 신령들의 계보, 노래와 춤, 옷, 제상 차리는 법 등 굿을 주도할 수 있을 수준이 되려면 10년은 배워야 한다. 뿐만 아니다. 무녀가 된 이후에도 1~2년에 한 번씩 자신의 몸주신을 위한 굿(진적굿)을 통해 자신을 갈고 닦는다.

이제 무녀를 바라보는 시각을 달리해야 한다. 민중적이고 역사적인 관점에서 무교와 무녀를 볼 수 있어야 한다(주강현, 1992). 예컨대, 억울하게 죽어간 민중의 넋을 달래기 위해 밭일을 하다 말고 호미를 집어 던지고 달려온 삼베옷 입은 무녀의 땀에 젖은 모습에서 민중 속의 무녀라는 참된 모습을 봐야 한다. 단순히 개인의 한, 넋풀이를 중심으로 하는 무녀가 아니다. 무녀의 진정한 모습은 두레굿, 대동굿(마을굿)에서, 민중의 노동 현장에서, 민중사의 도도한 맥과 더불어 살아온 삶의 현장에서 찾아져야 한다.

3) 모시는 신(神) 때문에 발생하는 오해와 편견

한마디로 유일신이냐 여러 신을 모시느냐 하는 데서 우상숭배다 아니다의 문제가 발생한다. 실제 세계적으로 세력이 강력한 기독교, 천주교, 이슬람교, 불교가 유일신 계열의 종교라면 고대 그리스 신화, 고대 인도의 브라만교, 힌두교, 탄트라 불교, 한국의 무교, 일본의 신도는 다신교 계열의 종교라고 할 수 있다. 오늘날 다신교적 종교를 그 누구도 미신이라고 말하지 않는다. 유난히 한국 무교만이 한국 내에서 그렇게 오랫동안 무속이니 무당이라는 말로 천대받아 온 것이다.

무교의 발생은 최초에 자연과의 관계로부터 시작되었다. "신석기인은 우주의 만물이 영혼을 가지고 있다고 믿었다. 물론 인간도 영혼을 가지고 있어서 죽은 사람을 매장하는 데 돌을 둘러서 보호하거나 살았을 때 쓰던 물건들을 함께 묻어 주었다. 산이나 강이나 나무와 같은 자연물 또한 영혼을 가진 것으로 믿었다. 그것 중에서는 신격화되기도 하는데 대표적인 것이 태양신이다. 태양으로 대표되는 선신을 맞이하고 어둠의 나쁜 신을 물리치기 위해서는 주술사, 곧 무녀가 필요하게 되었다. 그들은 노래와 춤으로 액을 없애는 의식, 곧 굿을 하였다(이기백, 1966)." 한마디로 최초의 굿에서는 주로 먹을거리와 관련된 태양신이나 땅의 신을 모셨다. 그리고 그 후에 시대와 지역과의 관계에 따라 차츰 다양한 형태로 변화해 갔다. 부여의 영고는 토속신을 모시는 제천의식으로서 수렵사회의 전통 때문에 10월이 아닌 12월에 열렸다. 반면 10월에 열리는 고구려 동맹은 국가 시조신인 동명을 모시는 추수감사제의 뜻을 지닌 제의였다.

오늘날 굿에서 무녀가 모시는 신(무신)으로는 하늘신, 땅신, 산의 신, 물의 신 등의 자연신, 시조신, 왕신, 장군신 등 인위적인 신격이 있고 그들 모두는 일정한 체계 속에서 신들의 계열을 형성하고 있다(임재해, 1994). 뿐만 아니다. 마을굿인 당산굿을 보면 사람이 실제로 살고 있는 모든 공간마다 신이 거주하고 있다. 성주신(본청마루), 조왕신(부엌), 천룡신(장독대), 우물신, 측간신, 고방신(곡간), 외양간신, 문(門)신, 마당신 등이 그것이다. 한마디로 굿은 자연과 시간과 공간을 두루 연계하면서 점차 발전해 왔다. 마치 하나의 생명체처럼. 그러니 자연스럽게 무교가 다신교적으로 될 수밖에 없었을 것이다.

시대에 따라 새로운 신(석가모니 → 제석신)을 모시거나 비극의 주인공(관우)을 신격화하였다. 지역에 따라서는 성황신, 영해의 팔령신(방울) 등을 모시고 나아가서는 아무리 하찮은 잡귀며 악귀도 내치지 않고 포용했다(굿에서의 뒷전거리).

종교학 박사 최준식은 무교를 권력에 밀린 한국인의 근본 신앙으로 본다. 불교나 유교, 기독교, 천주교 등 수입 종교가 이 땅의 권력과 결탁해 세력을 형성하기 시작한 다음부터 무교는 미신이라는 비난을 피해 갈 수 없었다는 것이다. 옳은 지적이다. 여성은 세를 규합하거나 조직하는 데 약하다. 하물며 남존여비사상이 여전히 살아 있는 이 나라에서 여성이 권력에 빌붙을 가능성은 거의 없다. 더구나 힘든 사람을 돕고자 하는 무녀야 더 말해서 무엇하겠는가?

6. 무교의 생명관

- 삼라만상에 생명이 존재한다는 애니미즘 경향은 사람과 자연, 하늘, 동식물 등과의 공생의식에서 발생했다고 볼 수 있다(인본주의, 인간중심주의가 아닌, 자연과 공생, 공존하는 생태학적 사유).
- 인간에게 생명의 점지(수태, 임신, 분만)는 최고신으로서 삼신(할미)에 의해 이루어지며, 태어난 후 7세가 넘으면 제석신, 칠성신 등 신들에 의해

생명이 돌보아진다고 믿는다. 죽음이란 몸과 넋(영)이 육신을 떠남을 의미하며, 육신 중에서 뼈, 살, 머리카락은 잠시 넋이 머무는 곳으로 중요시된다(예: 뼈 씻김굿 통해 조상의 영혼 달래기)

• 인간의 신체가 아닌, 생명(넋)을 담고 있는 대상물을 '생명 지침'이라고 해서 존중하였다(예: 마을 앞 당산나무, 장승, 벅수, 부적).

• 죽은 자의 넋, 조상의 넋, 그리고 신들 또한 살아 있는 것으로 간주했기에, 첫째, 귀신, 잡귀, 악령까지도 후하게 대접했고, 둘째, 그들은 살아 있는 자와 교류하며 영향을 미친다고 믿어 정성을 다해 모셨다. 그것은 곧, 인간은 3계(界; 전생, 현생, 후생)를 통해 살아가는 존재라는 생명관을 말해 준다.

• 현실에서, 보다 새로운 삶에 대한 욕구는 굿 중에서도 다양한 의례를 통한 재생굿에서도 드러난다. 예컨대, 내림굿, 군웅굿, 타살굿에서 과거의 나를 벗어 내고 새로 태어나는 의례가 그것이다. 그리고 죽은 자의 더럽혀진 넋을 깨끗이 씻어 내고 극락세계로 인도하는 것 또한 산 자 역시 이승에서 새로운 넋으로 다시 태어날 수 있다는 생명관을 엿볼 수 있다.

7. 굿 정신

• 하늘을 경외하는 마음(敬天), 곧 천신(天神) 사상에서 시작된 신(天)과 인간의 연결(巫)은 신인합일(神人合一)의 경지를 지나 동학의 인내천(사람이 곧 하늘이다) 사상으로 이어졌다.

• 자연을 존중하는 마음은 산, 강, 대지, 바다와 큰 나무며 동물을 신격화하는 데까지 나아간다. 따라서 굿은 언제 어느 곳에서나 일정한 정화의식을 통해 신성한 장소를 마련할 수 있다.

• 영혼불멸을 믿는 마음은 조상 숭배를 낳았고, 죽은 자의 넋을 씻기는 의례를 낳았다. 그것은 곧 사자의 넋이 산 자의 삶에 영향을 미친다는 믿음

으로 이어진다.

- 현세적인 기복신앙은 화, 액, 흉, 병을 물리치고 행복을 기원하는 정성과 치성의 마음을 길러 냈다. 정화수 한 그릇 앞에서 소원을 빌고 기도를 올리는 절실한 마음은 우리 민족의 보편적 양상이었다.
- 공동체정신 또는 두레사상은 어려운 일상의 삶에 능동적으로 대처해 나가려는 민초의 마음에서 우러나왔다. 합심해서 문제를 해결하려는 공생공존의 대동 정신은 모든 차별을 넘어선 화합의 세계를 추구했다.
- 놀이와 해학의 정신은 솔직성과 즉흥성으로 우리 민족에게 신바람(신명)을 일으켰으며, 신들과 어울려 놀고, 양반을 골려 먹는 풍자 정신은 한국적 풍류 문화를 이끌어 냈다.
- 그래서 모든 차별과 위계질서를 넘어서고자 하는, 근원으로의 회귀 정신, 생명 정신은 선악과 생사를 넘나들며 난장의 잔치판을 만들어 낼 수 있었다.

8. 무교와 굿의 역사

서론에서 무교의 역사를 짧게 기술한 바, 한마디로 무교는 우리 민중의 삶의 역사와 궤를 같이 했다고 말할 수 있다.『환단고기(桓檀古記)』에 따르면 대한민국은 약 9200여 년 전, 부족장 중에서 선출직으로 추대된 환인의 나라, 환국에서 시작된다. 나라 사람들은 남녀가 평등했고 차별이 없었으며 전쟁을 모르고 자연과 조화된 삶을 약 3300여 년간 지속하였다. 5900여 년 전, 환국의 마지막 환인으로부터 옥쇄와 문서를 물려받은 환웅은 백두산 신단수 아래 신시에 도읍을 정하고 단국(檀國 = 배달시대)을 열었다.

환국에서 시작된 제천(祭天) 문화는 단국에서 삼신(三神) 문화, 곧 신교(神敎)를 탄생시켰다. "무릇 만물의 생명을 이루는 본체는 우주에 충만한 일기(一氣 = 空)에서 비롯하며 이 속에 삼신(三神)이 계신다." 곧, 일신(一神=三神

上帝)이 현현하여 3재(三才), 천(天), 지(地), 인(人)이 된다. 그리고 후에 만물을 창조하신 조화의 신 환인, 만물을 가르치는 교화의 신 환웅, 만물을 다스리는 치화의 신 단군으로 현현된다.

신교에서의 천제는 하늘의 신에게 바치는 의례다. 감사와 보은의 한마당이요, 온 백성이 하나가 되는 대동제다. 천제를 지내고 나서 음주가무 놀이의 태일(太一) 마당이 열리는데 천지를 부모로 하는 신과 인간의 합일을 축하하는 마당이다. 약 4300여 년 전(BCE 2333), 14세에 웅씨족의 왕이었던 단군왕검이 38세에 단군조선을 세우고 일 년에 두 번, 강화도 마리산(음력 3월)과 백두산(10월)에서 천제를 올렸다.

신교의 한 갈래로 발전해 나온 무교는 발생 연대가 불분명하다. 그러나 2200~3500여 년 전의 신석기, 청동기 유물에서 무교의 출현을 확인할 수 있는 점 뼈, 암각화, 방울의 발견, 그리고 고수레가 단군 시절, 농사를 가르친 고시씨(高矢氏)의 은혜를 기리는 의식이라는 사실, 건축 시조신으로서의 성조신을 받드는 신교의 풍속이 오늘날 성주풀이나 집들이로 이어져 내려온 사실은 무교가 최소한 단군조선에서 처음 시작되었다는 근거가 된다(신교와 무교의 차이, 천제와 무교의 차이 또한 아직은 불분명하다).

분명한 무교의 역사는 삼국시대부터 시작된다(국사편찬위원회, 2011). 무녀는 왕의 곁에서 정치적 자문 역할을 했으며 정기적인 의례를 진행했다. 고려시대에 오늘날과 같은 굿의 형식이 자리를 잡았고 조선시대에 무교는 백성들 삶의 모든 영역에서 일정한 영향력을 행사하였다. 국가, 지역사회, 가정과 개인에 따라 다양한 양식의 굿이 행해졌고 한국인의 삶에서 가장 가깝고 친숙한 종교가 되었다. 예컨대, 동리(里) 단위로 사직단을 만들어 2월과 8월에 토지신과 곡물신에게 제를 올렸고 중앙관서마다 부근당(신당)을 설치해서 관아의 안녕과 평안을 기원하였다.

9. 무교와 굿에 대한 탄압의 역사

무교, 굿, 무녀의 역사는 곧 외세에 의한 탄압과 왜곡의 역사라고 말할 수 있다. 더불어 그러한 억압과 차별 속에서도 끈질기게 살아남은, 잡초근성과 도 닮은 강인한 생명의 역사이기도 하다.

1) 불교적 왜곡의 시작

불교는 4세기경 신라에 수입되었다. 그리고 고려 때의 승려 일연에 의해서 무교에 대한 왜곡과 덧칠 작업이 시작된다. 환인이 제석환인(부처 환인)으로, 환웅전이 대웅전으로, 강화도 마리산이 마니산[利 → 尼(중니)]으로 바뀐다. 해 모수에 의한 북부여 건국일 4월 8일이 석가탄생일로 바뀐다. 신라의 왕족과 지배층의 관심이 불교에 기울어짐에 따라 무교의 정치적 기능 또한 사라지고 국가 조직에서도 차츰 배제된다.

2) 유교, 성리학, 주자학 및 중화사상의 탄압

무교의 배척과 탄압은 고려 말 유교로 무장한 신흥사대부 계층의 집권, 그리고 이들을 중심으로 한 유교 국가 조선왕조의 건국으로 강도를 더해 간다 (국사편찬위원회, 2011). 고려 때는 세금을 걷고(무세), 무녀들을 동서활인서에 배치하거나 경성 내에 들어오는 것을 금지하였다. 유학자 김부식은 철저히 중국 중화사상의 시각에서 『삼국유사』를 기술하였다. 16세기, 조선 중기에는 성리학적 질서로 나라를 재편하려는 사림파(남효은, 김시습 등)에 의해서 무교 에 대한 배척이 본격화된다. 무교의 사회적 기능마저도 사라지기 시작한 것 이다.

3) 기독교와 천주교의 탄압

기독교, 천주교는 무교를 아예 인정하지 않는다. 오히려 적대적이다. 단군 성전을 결사 반대하며 조상 숭배를 미신 숭배로 여기는 것이 단적인 예다. 사랑의 예수가 아니라 차별과 우상의 예수처럼 보인다. 그들은 어느 날 갑자기 이 땅에 들어와 한국인들로 하여금 아브라함의 족보를 줄줄이 외우게 만든다. 탄탄한 조직과 금력으로 정치에도 관여하고 불교계와도 마찰을 빚는다. 그뿐 아니다. 대부분의 신도(불교도도 마찬가지다)들은 사랑이나 자비와는 거리가 멀다. 그저 내가 정성을 다하고 기도하면 예수님이나 부처님이 내 소원을 들어주겠지 하는 기복신앙 형태를 한 발자국도 못 벗어나 있다. 그야말로 맹신이고 미신적이다. 그런데도 그들은 무교와 굿을 미신화해서 업신여긴다.

4) 기타 세력의 탄압

중국에는 기본적으로 도교가, 일본에는 신도가 있다. 중국에는 전 지역에 불교 사찰만큼이나 많은 도교사원이 있고 일본에는 신사가 전역을 뒤덮고 있다. 중국이나 일본은 자기의 기층(뿌리) 종교를 당당하게 인정하는 반면, 우리는 철저하게 무시하였다. 그 대표적인 예가 1960~1970년대 박정희 정권 때다. 우리 민속신앙의 중심이라고 할 마을 신앙을 새마을운동으로 깔아 뭉개버린 것이다.

서낭당도 없애고 장승(천상−天上의 신병−新兵에서 마을의 수호신으로 변신한)도 다 없애 버렸다. 뿐만 아니다. 외래 문물과 종교에 중독된 많은 역사가와 지식인이 합심하여 무교를 천대해 온 지도 오래되었다. 그들은 무교뿐 아니라 이 나라의 역사까지도 서슴지 않고 왜곡한다. 예컨대, 안중근, 유관순은 테러리스트요, 일본의 한국 합병은 한국의 발전을 위한 필요한 과정이었다는 궤변 말이다.

10. 굿의 특성

한국의 무교, 굿의 특성은 다음과 같다.

첫째, 굿은 항상 인간의 삶에 능동적으로 대처해 왔다. 그것은 내세도 아니요 형이상학적 가치 개념도 아닌 바로 지금, 이 땅에서의 삶에 뿌리를 둔 강인한 생존력 때문이다. 예컨대, 인간 개개인의 길흉화복에 적극적으로 대처하는 기복의례뿐 아니라 가뭄이나 재해와 같은 위기 상황에 맞서는 기양의례(또는 위기의례), 출산, 결혼, 죽음과 관련된 통과의례 등이 그것이다. 굿은 한마디로 인간 삶의 거의 모든 영역에서 일정한 영향력을 발휘했다고 말할 수 있다.

굿이 행해지는 의례 공간 역시 매우 다양하다. 명산대천, 신사, 성황당, 거주지 주변의 산과 들, 일반인의 가정집이나 무녀의 신당에서도 행해졌다. 고기를 잡는 사람들을 위해서는 바닷가에서 풍어제를, 농사짓는 사람들을 위해서는 풍농굿을 올렸다. 그만큼 굿은 삶이 있는 곳이라면 어디든지 깊숙이 파고들었다.

둘째, 굿은 잘못된 것에 저항했고 항상 깨어 있었다. 대표적인 사례가 무조신 바리데기다. 왕가의 일곱째 딸로 태어나 버려진 공주(바리데기)가 천신만고 끝에 약수를 구해와 죽은 부모를 되살린다는 이야기다. 중요한 점은 무교에서 힘 있는 절대신이 아니라 고통받고 억울한 운명을 살아낸 어린 여자를 무녀들의 조상신으로 떠받들고 있다는 사실이다. 그것은 오늘날 "세상의 갈라진 곳을 모으고 찢긴 것을 아물게 하고 뜯어진 곳을 꿰매는 사람으로 살고 싶다."는 어느 무녀의 믿음과도 일맥상통한다.

마을굿의 목적은 첫째가 건강하고 자유로운 삶을 추구하는 것이었다(임재해, 1994). 따라서 자유를 억압하고 경제를 수탈하는 세력이 있다면 이들 세력과 맞서 싸워야 한다는 의지가 다져진다. 마을굿에서 사회적 모순을 비판하고 잘못된 세태를 풍자하는 탈춤이 발생한 것도 이러한 까닭이다.

굿의 본래 모습 중 하나도 마당굿이며 현장굿이었다. 사회적 모순에 찌들 수밖에 없는 현실을 한바탕 신명으로 바꾸기 위해 굿을 했다. 이때는 무녀가 아니라 마을 사람들, 민중이 주체가 되었다. 예컨대, 별신굿 과정에서 거리굿 이다. 거리굿에서는 지배 계층 중심의 서당 교육, 과거제도, 유교적 의례 등 기존의 체제를 두루 비판한다(임재해, 1994). 그렇기에 지금까지 이 땅의 위정 자들, 지배 계층은 굿을 비정치화 시키고 종교적 제의로만 한정시켜 왔다.

셋째, 굿의 또 다른 특징은 생기력, 활력을 되찾고 신명을 돋우는 힘이다. 인간의 때 묻지 않은 원시성, 야성이 살아 있고 자유분방함, 즉흥성, 놀이성, 솔직성 이 살아 있는 것이 굿이다. 최준식(2012)은 '무교의 본질'을 한국인이 가장 좋 아하는 삶의 양식으로써 모든 틀을 거부하려는 자세, 가장 자연스러운, 자연 그 본연의 모습이 그대로 노출되는 즉흥성과 난장판, 원초적 타악기들, 도약 춤, 원시적 몸짓이라고 말했다.

넷째, 굿은 제반 현실적 기준을 넘어서 존재한다. 생사를 넘어서고(씻김굿) 선 악을 넘어서며(악귀 모시기) 세속적 위계질서를 넘어선다(신들 사이의 비위계 성). 남녀 차별이나 직업적 차별도 없다. 굿판에 거지가 와도 반드시 상 위에 밥을 차려 대접했다. 굿은 모든 과정이 공개된다. 숨김이 없다. 지배층의 허 위의식과 위선에 비해 민중의 솔직성이 그대로 드러난다. 한 집안의 잘잘못 이 있는 그대로 드러난다. 부끄러워하거나 잘못을 숨기지 않는다. 삶의 현실 원칙을 넘어선다.

다섯째, 굿은 공생, 공존의 정신을 바탕으로 한다. 온 우주와 자연과 함께하며 모든 민초가 삶의 애환과 아픔, 한과 함께한다. "굿은 공동체적 제의다. 무녀 와의 공감, 기주와의 공감, 공수의 외경된 분위기에 함께 참여하는 구경꾼들, 마을 사람들, 그들은 현장에서 굿을 살고 있다."고 말한다(오병무, 2000). 그래 서 전통 두레사상은 함께 일하고 함께 먹고 함께 놀고 신들리는 공동체정신 이라고 말하고 오늘날 그 예로 천규직의 한살림운동, 윤구병의 변산공동체 등을 든다.

무교에서 생명이라는 용어는 사용 폭이 매우 넓다(박일영, 2013). 인간, 동식물뿐만 아니라 우주의 삼라만상에 생명이 있다고 믿는다. 고대 신교에서, 우주의 일기(一氣)에서 삼신이 현현하듯 삼신이 곧 천지인(天地人)으로 드러나는 우주 통합을 의미하며 인간의 탄생도 관장한다. 한마디로 현상적으로는 인간, 무녀, 모시는 신과의 만남이며 어울림이지만 생명이라는 근원적 측면에서 보면 무(巫)라는 용어가 보여 주듯이 천지인의 자연과 일기(一氣)라는 우주는 함께 공존하고 있다.

여섯째, 굿은 우리 민족 예술의 뿌리라고 말할 수 있다. 우리의 전통예술을 보면 대부분 무계와 연결되어 있다. 무계는 전통예술을 낳고 기른 탯 자리다. 예컨대, 판소리, 줄타기, 기악(가야금, 피리, 대금 등), 농악, 시조, 민요, 춤, 탈춤, 탈놀이, 굿놀이, 인형극 등이 그것이다. 굿은 또한 무녀들의 복색, 무구(부채, 방울 등), 상차림을 통해서 한복, 한식, 공예 예술에 영향을 미쳤을 것으로 판단된다. 민화며 풍속화에도 적지 않은 영향을 끼쳤을 것으로도 생각된다.

11. 굿의 의미

오늘날 우리가 새롭게 음미해 보아야 할, 굿이 현대를 살아가고 있는 우리에게 주는 의미는 다음과 같다.

첫째, 굿은 무엇보다도 많은 사람이 한마음으로 모여야 판이 벌어진다는 점이다. 개인의 문제건 한 가족, 한 마을, 한 나라의 문제건 굿은 같은 목적으로 같은 시간, 같은 장소에 모여야만 이루어진다. 서로 돕고 서로 나눈다는 공동체정신이다. 넋굿이며 재수굿, 한 개인의 병굿일지라도 온 마을 사람들이 참여해서 함께 정성 들여 굿판을 이끌어 가는 열린 의례이기 때문이다. 오늘날에는 보기 힘든 모습이지만 서로 믿고 돕고 의지하며 살아가는 삶이야말로 인간 사회이며 아울러 사회란 곧 사람들이라는 사실을 일깨워 준다.

둘째, 굿은 사람들이 살아가면서 겪게 되는 어려움을 해결해 나가는 과정이었다.

삶의 궁극적인 문제에 부딪칠 때(예: 삶과 죽음의 문제) 어렵고 아픈 사건을 만나거나 위험에 처한 삶을 보호하고자 할 때, 한 집안이나 마을에 위기가 닥치거나 안정과 안녕이 필요할 때 어김없이 굿판이 벌어졌다. 사람들 스스로 고통을 해결하고 극복하고자 하는 자급자족적 생활의 한 습관이며 풍속이었다.

셋째, 굿은 복을 빌고 축원하고 감사하는 마음이 드러나는 잔치와 축하와 놀이의 장이었다. 참여한 사람은 누가 주인이고 누가 손님인지 모를 정도로 서로가 서로를 대접하고 대접받으며 함께 먹고 마시며 즐겁게 놀았다. 풍성한 추수와 수확을 거두게 해 준 자연과 조상신에게 감사할 줄 알았고(9월 추석 제사) 말과 소의 명절이라는 7월 백중(예: 제주 백중제)은 목축과 밭농사를 하는 지역에서는 의미가 매우 컸다.

넷째, 굿은 그래서 모두가 일상에서 잠시 벗어나 새로운 활력의 차원으로 들어가는 또 하나의 생활이었다. 그렇기 때문에 해서는 안 되는 금기가 있고 경건하고 청결한 몸과 마음으로 임해야 했다. 그것은 굿 이전의 삶과 굿 이후의 변화된 삶의 모습에서 그 의의를 찾을 수 있을 만큼 굿은 민중의 생명력이 열리는 마당이며 판이었다.

다섯째, 굿은 모두에게 열린 장이었다. 가난한 자, 거지, 문둥병자, 여염집 여인이며 색주가 여자들, 동네 읍장이며 면장뿐만 아니라 약장수, 약쟁이, 강아지까지도 한데 어울렸다. 부자와 빈자, 남녀노소와 신분 계급을 넘어선 시공간이 곧 굿판이었다. 뿐만 아니다. 조상신이 들어오면 마치 자기 집 조상신인 양 극진히 대접하고 원한 맺힌 귀신이 들어왔을 때는 잘 달래서 보냈다. 초상이 나면 으레 망자의 영혼을 좋은 곳으로 천도하는 굿이며(예: 시끔굿), 넋 건지기굿은 곧 굿이 생과 사를 넘어서 온 우주로 열린 제의였음을 말해 준다.

여섯째, 굿은 또한 총체적 삶의 모습이 집중되는 판이었다. 노래와 춤은 기본이고 민요, 민담, 가면, 농악, 재담, 민속악기, 그리고 다양한 놀이[예: 줄다리기, 고싸움, 석전(돌싸움) 등]가 한데 어우러졌다. 모두가 한 가족, 한 동네 사람들로써 한마음으로 굿을 즐기고 놀 수 있었다. 예컨대, 굿하는 밤새 한 집안의 내력이 낱낱이 들추어지게 마련이지만 아무도 꺼리는 사람이 없었다. 피차 서로 잘 알고 믿고 살아가는 관계에서 새삼스레 비밀이란 없었기 때문이다. 개인과 개인 사이 또한 믿음으로 열린 사이였을 것이다.

마지막으로, 굿을 이끌어 가는 무녀는 삶에 대한 시각이 남다른 사람이었다. 무녀의 무(巫)는 하늘과 땅을 잇는 사람을 의미하기에 지상에서도 저 세상 사람과 교감할 수 있었다. 민심을 읽을 줄 알았고 예언을 내렸으며 마을의 정신적 지주였다고 말할 수 있다. 때론 부당한 권력을 감시했으며 풍부한 상상력을 동원해 연희예술가로서도 기능하였다. 그들은 자신(강신무)을 위한 내림굿뿐만 아니라 스스로 자주 모임을 만들고 자신이 모시는 신을 위한 굿을 통해 자신을 수양하고 서로를 지지하며 격려해 나갔다. 굿의 전문가로서의 수련을 게을리 하지 않았다는 뜻이다.

12. 생명과 굿의 공통성

지금까지 오늘날 우리가 우리의 삶을 제대로 살아갈 방안을 찾기 위해 근원적으로는 '생명'을, 그리고 우리의 전통 역사로부터는 '굿'을 살펴보았다.

몸과 맘을 서로 멀어지게 하고 우리를 자연으로부터 떼어 놓음으로써 우리의 존재를 길들이고 중독에 빠져들게 하는 현대 문명이라는 거대 권력의 괴물은 이제 그 누구의, 혼자만의 힘으로는 벗어날 수 없는 상황을 초래하고 말았다. 따라서 이제는 의식 있는 사람들의 만남이 절실히 필요한 때다. 그래서 옛날부터 사람들이 항상 함께했던 굿이라는 생활 관습에서 그러한 가능성을 찾게 되었고, 굿이야말로 우리의 생명력을 회복해 갈 수 있는 잠재력 가득한 실천적 삶의 방식이라는 것도 알게 되었다. 생명이 내용이라면 굿은 형식이 될 수 있다. 생명굿이다.

'생명'과 '굿'은 서로 어울리는 짝이다. 생명이 노니는 방식이 마치 굿처럼 느껴지고 굿의 모습 속에는 그 어떤 것보다도 인간과 대자연의 생명의 기운을 느낄 수 있다. 굿은 이제 과거의 오명을 씻고 이 시대에 생명굿으로 다시 태어나야 한다. 굿 자체에 생명력이 숨겨져 있기 때문이다. 오랜 민족의 기운이 서려 있기 때문이다.

　생명과 굿은 둘 다 끈질긴 생존력이 특징이다. 그 어떤 혹독한 환경에서도 면면히 그 맥을 이어온 힘은 그 어느 곳에서도 쉽게 찾아보기 힘들다. 오늘날 지구상의 생물체의 총 수는 1000만 종이 넘어선다고 한다. 그동안 자취를 감춘 많은 생명체를 감안하더라도 그 도도한 생명의 흐름과 진화는 말로 다 형언키 어렵다. 지구 생성이 대략 46억 년 전, 최초의 바다 생명이 나타난 지 약 38억 년이 지난 현재, 인간이 나타난 것은 겨우 100만 년 전의 일이다(생명 진화의 최종 단계가 인간은 아닐 것이다). 그런데 지금 인간은 모든 생명체의 왕인 양 위세를 떨치고 있다. 그 어떤 종보다도 잔인하게 자신의 동종인 인간을 많이 죽여 오고, 죽이고 있다. 있을 수도 없고 믿기도 힘든 일이, 그것도 사랑을 앞세운 종교의 이름으로 행해지고 있다.

　지상에서 사라진 그 수많은 생명체처럼 인간 또한 결코 사라지는 법은 없다. 형태를 달리해서 태어나고 살았던 곳을 벗어나 새로운 모습으로 삶을 이어가고 있다(예: 잉카, 인디오의 후예). 그것이 곧 생명이기 때문이다. 죽어도 죽지 않는 힘이요 그 어떤 탄압에도 사그라지지 않는 저항의 힘이다. 그 어떤 변형된 단 한 명의 종족, 단 한 포기의 풀이라 할지라도 그것은 그 자신의 생명의 역사를 자신 안에 접고 있기 때문에 우린 결코 함부로 멸종했다고 말할 수 없다.

　굿 또한 마찬가지다. 일견 이 땅에는 더 이상 무녀가 없는 것처럼 보일 것이다. 그러나 한반도에 인류가 등장했던 70만 년 전, 기원전 6000년경에 신석기 문화가 시작되고 제사장이란 이름의 단군이 고조선을 세운 것은 기원전 2333년경이다. 그렇다면 제의(굿)와 무녀(제사장)의 출현은 최소한 지금으로부터 4300여 년 전이라고 추측해 볼 수 있다. 최초의 불교 전래(372), 외세를 끌어들인 불완전한 삼국통일(676), 가부장제, 신분제, 관료제를 정착시킨 성리학의 완성(1469), 천주교의 전래(1700년대 후반), 개신교의 전래(1884), 일본의 한민족 개량사업의 시작(1519), 5 · 16 군사 쿠데타(1961) 그리고 전 국민 영어 교육의 시작(2008). 요약하면 불교 전래로부터 지금까지 약 1600여 년 간 미신이라는 이름으로, 뿌리 깊은 한국적 풍속이라는 이름으로 억압과 통제와 추방 운동을 겪어 온 굿은 여전히 명맥을 유지하고 있다. 황해도 내림굿, 제주 영등굿, 평안도 다리굿, 동해안 수망굿, 전라도 시끔굿, 강릉 단오굿, 마산 대동제, 남원 삼동굿놀이, 부안군 위도 띠뱃놀이, 당진군 안섬 풍어당굿, 부여군 은산별신제, 태안군 풍어제, 그리고 많지는 않지만 7월 보름을 전후한(농사일이 마무리되는 때) 전국 곳곳의 농민의 두레굿 또는 마을굿 등이 그것이다(실제로는 민중의 자생적 굿이라기보다는 무형문화제적 성격이 짙거나 관이 개입되어 있는 경우가 많다. 그 때문에 많이 변형된 굿 모습이라고도 말할 수 있다).

굿의 흔적은 비록 쇠퇴하고, 전통적이며 전형적인 모습은 사라졌지만 아직 우리 곁에는 여전히 굿의 역사를 느낄 수 있는 많은 실마리가 남아 있다. 향을 피우고 축문, 제문을 읽거나 제사를 드리는 일, 산속 절간 뒤에 세워진 삼신할미를 위한 삼신당, 성주상, 장승과 솟대, 당산, 당산나무, 서낭당, 마을신을 모시는 많은 신당(성황당, 산신당, 천왕당, 국사당, 미륵당 등), 신사, 정안수와 장독대, 그리고 길놀이(거리제), 마당놀이(밟기), 줄다리기굿, 소지 올리기, 금줄치기, 다양한 깃발(당기, 신기, 농기 등) 등이 그것이다.

우리 민족의 심성 밑바닥에 깃든 굿의식까지는 내세우지 않더라도 굿은 생명처럼 그렇게 오랜 세월을 지속해 왔다. 생명이 자연의 알짜라면 굿은 우리 문화의 알짜 중 하나로 그 둘의 생존력과 강인함은 우리가 본받을 만한 것이라고 생각된다. 왜냐하면 그 둘에 못지않은 강력한 세력으로 우리의 영혼을 파고들어와 있는 문명과 대결하기 위해서는 그들의 힘이 필요하기 때문이다. 화려함을 자랑하는 꽃보다는 잡초의 생존력이 더 끈끈하고 강렬한 것처럼, 소수의 지배계급보다는 그들에게 짓눌려 살아온 민초들의 단합된 힘이 때론 역사를 바꾸어 온 것처럼.

생명과 굿의 두 번째 공통성은 그들의 독특한 속성으로써 관계성 내지 공존성이다. 둘 다 주변의 대상, 환경과 함께 공존하면서 그 관계 속에서 성장, 발전해 나아간다. 예컨대, 굿은 시간적으로 현재와 과거, 미래를 연결 짓는다. 공간적으로는 현세와 전생, 내세와 관계된다.

굿을 주관하는 무녀의 경우, 강신무가 신내림굿을 하는 과정을 요약해 보자(본래는 적어도 사흘이 걸리는 큰 굿이다). 새벽에 산에 올라 신을 맞는다─내림굿(일월성신, 산신과 용왕님, 단군 할아버지, 칠성님, 제석님 등 천지신명에게 고하기─말문 열기─무구 던지기─만신으로서 인간 세계에서 해야 할 일을 노래한다. "검으나 땅에 희나 백성, 극히 보살펴 잘 도와줄 때……")─소슬굿(작두타기)─마당굿의 순서를 거쳐 진행된다.

땅 위의 인간과 천상계의 신들이 연결된다. 그들은 단군신으로부터 지금 이곳의 산신과 용왕, 그리고 천지, 일월성신(우주)들이다. 무녀가 되는 일은 곧 그들과 접촉하고 받아들여 내가 달라지는 일이다. 그들의 뜻을 받드는 사람이 되는 일이다. 뿐만 아니다. 무녀는 많은 물건과 사람과 연결된다. 방울, 부채, 물, 베, 술, 허튼밥(흰콩과 좁쌀), 삼색 헝겊 조각, 바구니, 물동이, 장구, 밥상, 소나무 가지, 여러 가지 옷, 주발, 쌀, 잿물, 청수, 비녀, 댕기, 작두, 쌀가마…… 그리고 함께하는 사람들.

생명 또한 모든 분자와 원자의 어울림이며 만남이다. 생명은 단 한 순간도 멈춤이 없이 서로 만나고 연결되고 변화해 간다. 관계하며 공존한다. 만남이 없이는 생존도, 진화도 불가능하다. 예컨대, 생명의 탄생 과정을 보자. 많은 과학자들은 "생명은 이 지구의 어디에선가 원소들의 화학 반응이 겹쳐 쌓여 탄생했다."고 생각하고 있다(Dyson, 2010). 수소(H), 산소(O), 탄소(C), 질소(N), 황(S), 인(P) 등의 원소들이 암모니아(NH_3), 물(H_2O), 메탄(CH_2)을 만들어 내고 그것들이 어떤 에너지(예: 우주 빛, 벼락)를 만나서 아미노산이라는 유기물이 만들어진다. 각종 아미노산은 서로 연결되어 물을 빼내면서 단백질과 RNA를 만들어 내고 단백질과 RNA가 만나서 최초의 원시 생명이 탄생한다.

생명 또한 그 관계성과 공존성이라는 특징은 결과적으로 더욱 다양한 생명체를 낳는 동기로 작용한다. 그것이 자연 그대로의 흐름이며 진화 과정이기 때문이다. 비록 거대한 먹이사슬로 연결된 생명계라 할지라도 전체적으로는 공생, 공존의 관계이며 보다 풍요로운 생명의 세계를 향한 관계이다. 예를 들면, 육상에서 가장 다양성이 높은 생태계는 열대림이다(예: 아마존에는 약 3000만 종의 곤충류가 서식하고 있다고 추측된다. 그래서 곤충을 먹고 사는 조류도 많아 지구 전체 조류 종의 20%가 아마존에 서식한다). 해양에서 가장 높은 종의 다양성을 유지하는 것은 산호초다. 산호초에는 전체 어류의 3분의 1이 서식하고 있다. 산호 1cm^{2}당 수백만 개의 조류가 공생하며 활발히 광합성을 하고 산호는 이들 조류가 만든 당류의 일부를 에너지로 섭취한다. 산호가 배출한 당류는 작은 새우나 게 등이 섭취하고 이들은 어류에게 먹힌다. 서로 만나고 관계 맺고 살아가며 사라지는 세계다. 그러면서도 상상을 초월한 생물종의 다양성은 곧 생명 그 자체의 특성이 아닐 수 없다.

생명과 굿의 세 번째 특징으로서의 공통성은 존재의 예측 불가능성과 운명이라고밖에는 말할 수 없는 하나의 흐름이다. 생명체 스스로, 그리고 생명체와 자연과의 연결 자체가 우연이기에 그 우연한 만남의 결과 또한 우연의 생성이요 예측 불가능한 변화이며 그러한 다양성의 생성을 가져오는 모든 존재의 부딪침의 결과는 필연적일 수밖에 없어 보인다(인간이 숨을 쉬는 것 자체가 필연인 것과 같은 이유다). 스토아학파에서는(이성의, 의미의 논리) 모든 물체의 상호작용의 총체를 운명이라고 한다. 이때 운명은 맹목적이다. 우연적이다. 그래서 우주는 근원적으로는 우발적(우연 발생적인)인 것이 된다.

중요한 것은 그러한 우연의 관계, 우주 만물의 상호작용이 비록 우연적이고 그래서 그것을 운명이라 할지라도 거기에서 파생되는 결과로서의 필연은 긍정될 수밖에 없다는 점이다. 니체식으로는 주사위 던지기라는 우연의 결과로서 필연을 긍정하는 것, 곧 운명애(amor fati)다. 오사카 대학교 요모 교수(Dyson, 2010)는 "상호작용하는 요소들이 전체로, 그리고 전체가 요소로 서로 영향을 미치고 있는 상호작용계(복잡계)에서는 예측 불가한 일이 일어난다. 나는 이런 예측 불가능성이야말로 생물다움이라는 것의 본질이라 생각한다."고 말한다. 인간 또한 그 어떤 생명체보다 예측 불가능한, 우연적인 다양성을 함축하고 있는 존재다. 숙명[宿命에 머물러 있는, 묵고 있는 宿(숙)]이 아니라 운명[運命: 돌고 도는, 움직이는, 끊임없이 바뀌는 運(운)]의 인간이다.

굿 또한 그러한 운명을 지닌, 예측 불가능성의 존재로서의 인간에 관한 집단적 행위 양식이다. 예측 불가능한 자연과 만나서 생존하기 위한 처절한 노력이며 우연이면서 필연적으로 주어진 고통과 죽음 등 제반 삶의 문제를 풀어 나가기 위한 몸짓이다. 세습무든 강신무든 무녀가 되는 것은 하나의 운명처럼 주어진다. 신들림(우연)을 겪는 모두가 신내림(필연)을 받는 것도 아니고 무계 집안(우연)의 모든 자식이 세습무(필연)가 되는 것도 아니다. 뿐만 아니다. 신내림을 받은 무녀에게 빙의되는 신들은 뚜렷한 서열이나 계급이 없다. 일정한 순서대로 등장하지도 않는다. 상황에 따라, 대상에 따라 그 순간 힘이 센 신이 먼저 나온다. 굿을 받는 개인의 조상신 또한 동자신을 통해 말을 할 때도 시간적 순서나 나이가 아닌 그 순간의 연결과 부딪침에 의한 우연성을 특징적으로 보여 준다.

생명과 굿의 네 번째 공통성은 능동성이다. 수동적으로 영향을 받고 이끌리기보다는 보다 적극적으로 먼저 환경에 대처한다. 생명체가 세포막을 사이에 두고 이온이나 물질을 이동시키는 것도 능동적이며, 인간의 작은창자에서 영양분을 흡수하고 콩팥에서 노폐물을 배설하는 작용도 모두 능동적으로 진행된다. 굿 또한 가지 않는 곳이 없다. 산이며 해변, 집의 안방, 대청마루, 마을의 우물가, 들판, 병자가 있는 곳, 굿을 필요로 하는 곳이라면 어디든지 달려간다. 적극적이고 능동적이다. 기다리면서도 찾아간다. 사시사철, 가지 않는 곳이 없다.

잡초의 여왕이라고 부르는 바랭이가 그러한 생명의 능동성을 잘 보여 준다. 모든 식물은 위와 아래, 양방향으로만 자란다. 대지에 뿌리를 내리면서 대기 중에 가지와 잎을 낸다. 그러나 바랭이는 수직 방향으로의 성장에 방해물이 나타나면 옆으로 줄기를 뻗친다. 벽돌이나 보도블록에 눌러서 위로 자라지 못할 경우 그것들의 밑을 지나면서 그들의 틈 사이를 뚫고 다시 위로 솟아오른다. 상하좌우로 그 어떤 난관도 헤쳐 나가는 능동적인 바랭이야말로 그래서 잡초의 여왕이라 불릴 만하다. 무녀들이 살아온 삶 역시 바랭이를 닮았다.

　무녀는 최초에는 국가적 대사제였지만 시대의 변천과 더불어 외래종교들이 득세해 나감에 따라 끝없는 사회적 신분의 하락을 경험하였다. 그들은 더불어서 도시에서 시골로, 시골에서 산골로 밀려 나갔지만 아직도 끈질긴 생명력을 보존하고 있다. 그들이 단지 수동적인 사람들이었다면, 그들이 단지 하나의 직업인으로 존재했더라면 이미 사라지고 없어져야 할 사람들이다. 그러나 그들의 타고난 적극성과 능동성은 그 어떤 시련에도 살아남는 힘의 원천이었다. 오늘날에는 각 분야에 수많은 전문가가 존재하지만 무녀처럼 스스로 온갖 고통과 도전을 능동적으로 받아들일 수 있는 사람은 얼마나 될까. 무녀들은 운명처럼 자신의 삶을 긍정적으로 받아들이고 피나는 노력과 수련을 통해 무녀가 된다.

　　네가 만신(무녀)이 되면 괴로움이 없을 줄 아느냐? 과거에는 네 고통이 너 자신의 고통이었지만 만신이 되면 모든 사람의 고통이 네 고통이 되느니라…… 부자나 가난한 사람이나 다 똑같이 대하라(이 말은 입무 제의 때 선배 무녀가 입무하는 젊은 무녀에게 내린 신탁 내용이다: 김광일, 1994).

　생명의 능동성은 그 어떤 어려운 조건도 생명으로 하여금 직면하게 만든다. 변명하고 회피하거나 도망가지 않는다. 인간이 생각할 때 최악의 상황일지라도 그들은 자신을 능동적으로 변형시켜 생존에 성공한다. 불구덩이, 유황이 솟는 호수, 얼음, 사막과 같은 극한의 조건도 생명의 적극성을 파괴할 수는 없다. 암흑과 저온과 고압이 지배하는 세계 최심부인 1만 1000m 이상인 마리아나 해구의 해저에도 새우, 해삼, 갯지렁이 종류가 살아가고 있다. 밟히고 밟히고 또 밟히면서도 거기에 꺾이지 않고 굳세게 살아가는 잡초의 대표 격인 질경이, 그 어떤 제초제도 죽일 수 없는 새로운 식물 종으로 태어난 개망초, 아무리 뽑고 뽑아도 끊임없이 새싹을 피우는 쇠뜨기 등의 강인한 능동성 또한 모든 생명이 태생적으로 보유하고 있는 힘이다.

　무녀들 또한 보다 적극적으로 내담자의 혼의 고통과 자신의 혼을 일치시킨다(이부영, 2012). 그는 그 혼을 직면하고 하나가 되고 그 혼의 삶을 산다. 그들은 그 어떤 혼도 두려워하지 않는다. 죽은 자의 혼뿐만 아니라 한 많은 떠돌이 혼, 떼거리 거지 귀신, 한풀이를 하고자 엿보는 혼, 자식을 염려하는 가족의 혼령, 몽달귀신 등 그들은 스스로 나와 너, 이승과 저승을 넘나들며 그들을 받아들이고 하나 되고 그리고 보낸다.

　무녀는 여성만이 할 수 있는 일이었다. 오랜 세월 유교사상이 지배한 가부장적, 남존여비 사회에서 이토록 능동적이고 자발적으로 여성들이 앞장서서 지켜온 굿의 세계는 그에 걸맞은 이해와 긍정이 필요하다. 병의 치료라는 의학적 측면을 넘어서서 심신의 고통을 함께하고자 했던 굿과 무녀는 오직 우리나라만의 오랜 전통 아니겠는가. 무녀의 원조는 또한 여성, '바리데기'다. 그녀는 영혼의 인도자다. 전국의 망자 천도굿에서 구송되는 것은 죽은 사람을 탄생시키는 바리데기 무가다. 그녀는 남성 본위의 사회의식에 의해서 버림받은 민족의 혼이라 할 수 있다(이부영, 2012). 아버지 국왕에게 버림받고 결국은 기존의 인습과의 타협을 거부하고 만신의 왕이 되는 것은 한국 샤머니즘의 저류를 흘러온 여성의 운명과 반항과 자주에의 희구를 대변한 것이다.

　마지막으로 생각할 수 있는 굿과 생명의 공통성은 지움이며 넘어섬이다. 생명은 인간이 생각하는 제반 구별과 기준을 지운다. 옳고 틀리고가 없다. 선과 악도 없다. 우열도 없다. 아프리카코끼리와 인도코끼리, 세계 각 지역마다 서로 다른 식물, 동물 사이에 차별이 있는가? 새와 어류는 5대양 6대주를 자기 집처럼 자유롭게 넘나든다. 생명력의 진수다. 생명은 그래서 삶과 죽음까지도 넘어서 있다. 인간 중심의 동물, 식물계의 계보며 구분도 넘어선다. 아직도 발견되지 않은 별이 끝없이 많듯이 생명체 또한 그 전체를 파악할 수는 없다. 세계 곳곳에서 새로운 돌연변이와 진화가 끊임없이 일어나고 있기 때문이다.

　굿 또한 인간의 고정관념을 지우고 시대 상황을 넘어선다. 제아무리 불결한 곳일지라도 새끼줄을 두르고 정화수를 뿌리거나 비질을 하면 성스러운 장소가 된다. 성과 속의 차이가 사라지는 것이다. 굿판에서는 사회적 위계질서 또한 넘어선다. 나이의 차이, 남녀의 차이 또한 지워진다. 모두가 한마음으로 굿의 성공을 기원한다. 그들은 이제 만신이 된, 어려운 환경에서 자란, 고통에 찌들었던 한 여인 앞에서, 그가 몸으로 받아 내린 신들 앞에서 모두 같이 한 가족, 한 겨레가 된다.

생명에는 그리고 굿에는 그 어떤 현실의 질서도, 관습도, 도덕도 무의미하다. 생명에는 우리가 과학만으로는 결코 완전히 알아낼 수 없는 신비함이 있다. 굿 또한 눈에 보이는 가시적 현상을 넘어 혼이라고 하는 깊고 깊은 신명이 깃들어 있다. 삶의 활력과도 같은.

• 제4장 •

생명굿
−이론 편

1. 생명굿의 정의

생명굿은 "인간의 생생한 삶을 통해 '자기다움'을 지향하는 굿의 양식"으로 정의된다. 여기서 생생한 삶은 말 그대로 활기 있는, 능동적이며 긍정적인 삶을 일컫는다('생의 의미' 참조). '자기다움'은 한마디로 규정하기가 어렵다. 사람마다 다르기 때문이다. 그러나 다음처럼 몇 가지 공통적 요소를 묘사할 수는 있다.

몸과 마음이 하나가 되는 순간의 나.
'체화되는 마음'*
보이는 나와 내 속의 나가 투명하게 만나는 순간.
가장 순수한 혹은 가장 '고요한 순간'*
한순간, 하늘 높이 날아오르는 느낌.
이제 죽어도 좋아, 바로 이거야! 순간.
생애 처음으로 복받쳐 우는 울음 또는 최대의 희열.
세상이 나와 한 몸, 한 덩어리인 듯 한 찰나, '확장되는 마음'*

1) 체화되는 마음(emboding mind)

생명굿에서 '말보다는 몸으로' 표현한다는 의미를 보다 심화시킨 개념이다. 말 대신에 몸으로 표현한다는 것은 때로, 말, 의식, 몸적 표현 모두가 동일한 생각으로 일어나는, 상호 차이가 없을 수 있기 때문이다. 체화되는 마음은 마치 오염된 물이 정수기를 거치듯 의식화되고, 인간화, 주체화된 마음이 자기(마음)와 다른, 차이나는 몸(발성기관뿐만 아니라 온몸, 전신)을 통해 더욱 생생하게 드러남을 의미한다. 상투성, 습관성 그리고 '나'로 가득 찬 마음,

생각이 잊힌 몸의 감각, 감정, 본능을 일깨우며 몸을 통과해 표현되는 마음은 분명히 몸으로 체현되고 있는 현재 진행형의 마음이다.

＊ 체화되는 마음

인지과학에서는 체현되는 마음(embodied mind)이라는 과거완료형 용어를 사용한다. 마음과 몸은 분리되거나 독립적이지 않고, 개념이며 이성은 모두 몸의 감각운동체계에서 비롯되기 때문이라는 것이다(Lakoff & Johnson, 2002). 이제 활성화된 지 30~40년 내외인 인지과학이 미래 학문의 주역인 것처럼 모든 학문·예술 등에 '인지'를 붙이고 '인지'를 모르면 시대에 뒤떨어진 인간처럼 유행을 타고 있지만, 중심 개념인 체현된 마음 또한 마치 새로운 것이라도 발견한 양 요란을 떨지만, 궁극적으로는 뇌와 연결된 정보 시스템에 의해 몸 또한 조각조각 세분화될 것이다(또 한 번 몸이 정신에 의해 이용당하고 유린되는 느낌이다).

---

2) 고요한 순간(stilly moment)

우주는 거친 상태와 조용한 상태가 교차하면서 발전, 팽창해 나가고, 생명의 탄생 또한 평화로운 시간과 거친 시간을 거치게 된다고 한다(Dyson, 2010). 바쁘게 진행되는 생명굿 과정 또한 어느 한순간 새로운 변화, 낯섦 같은, 침묵의 순간, 또 무언가에 막힌 듯한 고요의 시간이 찾아온다. 예민하게 반응하지 않는 한 놓치기 쉬운 순간이다. 한마디로 의식의 흐름이 소용돌이치는, 또는 갑자기 흐름의 방향을 잃거나 부유하는, 아니면 이유 없이 혼돈에 빠지거나 생각이 막히고 접힌다. **부유하는 마음**(floating mind), **접혀진 마음**(convolving mind), **양가적 마음**(ambivalent mind) 혹은 **방황하는 마음**(wandering mind) 상태에 빠져 있는 순간이다. 그것은 새로운 생명을 잉태한 순간이요, 지금까지와는 전혀 다른, 폭풍 전야일 수도 있으며, 자신도 모르게 감추어진, 그러나 표현을 갈망하는 진실의 문전(門前)일 수 있다. 한마디로 겉에 드러난 상황에 대한 생명의 무의식적 저항의 순간이다.

3) 확장되는 마음(expanding mind)

　일반적으로 흔히 사용되는 공감 또는 감정이입 개념과 비슷하지만 다르다. 그것들은 주로 대상의 정서적 측면을 뚫고 들어가는, 주로 일대일 상황에서의 주체의 정서 상태에 초점을 둔다. 그러나 확장되는 마음은 그동안 '나'에게 갇혀 있던, 나만 알고 나만을 중심으로 하던 의식 세계가 나 이외의 타인(他人), 너, 다수의 사람에게 열려 가는 마음이다. 단순한 감정적 열림이 아니다.

　마치 사랑이 전인적(全人的)으로 대상을 향해 열리듯, 윤동주가 잎새에 이는 바람에 괴로워하는 순간(공감 상태)이, 모든 죽어 가는 것들을 사랑해야지 하는 마음으로 확장되는 것과 유사하다. 그것은 마치 강물이 인위적인 '나'라는 강둑을 넘쳐흐르듯, 풍선이 어느 한순간 팽창 후 터지듯 그렇게 우연히, 갑작스레 타인, 세계, 동식물, 우주로 열리는 마음이다.

* 확장되는 마음

　인지과학에서의 확장된 마음(extended mind)과 구별되어야 한다. 공간이 넓혀지는 의미의 expansion이 아닌, 주로 거리, 영역을 크게 한다는 의미의 extension이며, 진행형이 아닌 과거완료형이라는 점, 그리고 여기서 확장된 마음이란 마음은 항상 환경과 상호작용하며 존재하기 때문에 나의 두뇌, 몸 아닌 환경(기계, 컴퓨터 등) 속에 담아 둔, 연장시킨 마음도 내 마음이라는 논리이다(실제 컴퓨터에 저장해 놓은 내 생각이 다시 곧바로 내 마음에 영향을 미치고 있다는 사실을 생각해 보라).

2. 생명굿의 탄생 역사

생명굿에서 '굿'이라는 작은 씨앗은 20대에 내 마음에 자리 잡은 것 같다. 1973년 서울의대 의극회(연극부 졸업생 극회) 창립 기념 공연 작품 셰익스피어의 〈맥베스〉를 연출할 때다. 희곡을 우리나라 상황으로 번안할 때, 승전하고 귀국하는 맥베스의 운명을 예언하는 요정들의 첫 장면을 한국의 무녀들이 춤을 추며 집단으로 공수를 주는 우리의 전통 굿 형식을 따랐다(안무는 당시 이화여대 대학원 한국무용과의 김복희 선생이 맡았다).

내 삶에는 항상 문제가 있었다. 내 민감성 때문이다. 뭣 하나 대충 넘어가지 못하는 성격 탓이다. 모든 감각이 다른 사람보다 예민해서 꽤나 고생도 많이 했거니와 타인의 부당함이나 잘못을 못 본 체 하지 못하는 면, 그리고 특히 오랫동안 날 괴롭히는 문제는 내가 한국인이냐 미국인이냐 하는 정체성의 갈등이었다. 영어로만 배워야 하는 의대 교육은 그렇다고 해도 사이코드라마라는 영어 제목으로 활동하는 내가 서양의 장단에 맞추어 춤을 추고 있는 꼭두각시처럼 느껴졌다.

1978년 순천향병원 유석진 선생님께 처음 배운 사이코드라마, 그리고 93년 2개월의 미국 사이코드라마 연수 기간에 느꼈던 한국과 미국의 국민성 차이, 제자들을 양성하면서 더욱 심하게 느껴야만 했던 정체성 갈등, 결국 1997년 2월 15일 연세대동문회관에서 사이코드라마 학회가 창립되고 초대회장으로 인사말을 하게 되었을 때, 드디어 하나의 돌파구를 찾은 듯했다. 인사말 제목은 '한국적 사이코드라마를 위하여'였다. 지금 생각해 보면 일종의 타협책이요 반환점이기도 했지만 어떻든 생명굿의 씨앗은 20여 년 만에 싹을 틔웠다.

하지만 전념하지 못했다. 사이코드라마도 아직 충분히 홀로서기를 하지 못하고 있다는 생각 때문이었다. 그래서 오직 나만의 한국적 이론들을 개발하는가 하면 다양한 기법을 만들어 낼 때, 우리 전통의 세시풍속이나 놀이를 많이 참고했고, 굿의 형식을 어떻게 사이코드라마에 접목할 것인가를 고민하였다. 그 결과가 제의 형식의 사이코드라마였다. 이제 한국 사이코드라마학회 창립 이후, 생명굿이 탄생하기까지의 발자취를 더듬어 보면 다음과 같다.

- 1997년 9월: 제4차 환태평양 국제집단정신치료학회(일본 동경)에 대회장 이소다의 초청으로 '사이코드라마와 문화(psychodrama and culture)'를 발표하였다.
- 2003년 1월: 『사이코드라마 이론과 실제』(학지사)에서 하나의 장의 제목을 '한국적 사이코드라마'라 하고 처음으로 맘풀이 굿이라는 용어를 소개하였다.
- 2003년 8월: 한국 사이코드라마 학회, 제1회 여름 축제 제목을 '맘풀이 굿마당'으로 하였다.
- 2005년 4월: 미국 사이코드라마 60차 연차대회에서 '제의적 사이코드라마(Ritualistic Psychodrama)'라는 제목으로 강의 및 시연하였다(당시 한국과 미국 학회가 자매결연 맺음)
- 2007년: 한국 사이코드라마 학회지 10권에 논문 「맘굿-제의적 사이코드라마」가 실렸다.
- 2010년 8월: 학회의 제3차 실험마당 제목이 '생굿'이었다.
- 2013년 7월: 서울 맘굿 마당을 끝으로 약 10년간 사용해 왔던 맘굿마당이라는 용어가 사라졌다.
- 2014년 2월: 한국 사이코드라마학회 명예회장을 그만두고 본격적으로 생명굿을 연구하기 시작하였다.
- 1977년부터 운영하던 사이코드라마 연구원을 '최헌진의 생명굿연구원'으로 개명하였다(2012년 9월 24일).
- 2015년에 임시 '생명굿' 교재를 만들어 교육을 시작하였다.
- 2019년 5월까지 총 8기 교육을 진행하였다.

쉽지 않은 여정이었지만 많이 홀가분해진 느낌이다. 남은 일은 생명굿의 이념이라고나 할까, 생명굿을 더욱 완성된 완전체로 변화시켜 가는 일이다. 비록 생명굿이 탄생한 지는 얼마 되지 않았지만 공부하면 할수록 더욱 연구해 나가야 할 영역이 끝이 없음을 느낀다. 시대가 그리고 인간이 끝없이 변화해 가고 있기 때문이다.

3. 생명굿의 구성요소

생명굿을 이루고 있는 요소는 사람, 도구, 장소, 그리고 시간 측면에서의 마당-판이다.

1) 사람

굿은 사람들이 모임으로써 이루어진다. 생명굿을 이해하고 굿의 의미를 받아들인 사람들이다. 그들 사이에 구분은 없다. 정상/비정상, 문제없는 사람/문제 있는 사람, 건강한 사람, 아픈 사람 등 차별이 없다. 나이와 남녀 차별 또한 없다. 남녀노소, 누구나 모일 수 있다. 가능한 한 처음부터 끝까지 굿판에 함께 있을 수만 있다면 다른 것은 문제가 되지 않는다. 중요한 것은 강요되거나 의무적이지 않은 자발적인 참여. 스스로 원해서, 스스로가 좋아서 참여할 수 있다면 최상의 모임이다. 모인 사람들은 각자 자신에게 주어진 일, 맡은 일에 따라 이름을 달리한다. 물론 한 사람이 상황에 따라 여러 일을 맡을 수 있다.

(1) 터무리

굿터에 모인 사람 중에서 알님과 알님지기 이외의 사람들을 일컫는다(집단 혹은 관객이라 불리는 사람들). 이들은 특별한 일이 없을 뿐이지 굿판이 진행되는 데 매우 중요한 일을 떠맡는다. 이들이 없으면 굿판 자체가 이루어지지 않

을 만큼 중요한 사람들이다. 그들이 맡은 일 중 몇 가지를 들어 보면 다음과
같다.

- 그들은 언제든지 자신의 마음과 몸의 문제를 들고 앞으로 나설 수 있는
  예비 알님들이다.
- 그들은 언제든지 알님을 도울 수 있는 일이라면 무엇이든 맡아서 할 수
  있는 동앓이들이다. 여기서 동앓이는 함께 마음 아파한다는 뜻이다.
- 그들은 전체 굿판의 진행 과정에 끝없이 영향을 미치는 원동력이다. 자
  극하고 도전하고 의문을 던지고 편싸움을 일으키거나 난장판을 만들기
  도 한다.
- 한마디로 터무리야말로 생명굿의 진정한 주인이요, 중요한 손님이라고
  말할 수 있다. 그들이 바로 지상의 모든 생명 존재의 생명의 힘을 상징하
  기 때문이다.

(2) 알님

알님의 '알'은 미분화된 생명의 다양성과 잠재성을 지닌 존재를 상징한다.
그것은 모든 성, 원초성, 물질성(물, 바람, 불, 흙)을 품고 있는, 알토란, 알몸, 알
곡식처럼 겉을 싼 것이 다 벗겨져 나간, 딸린 것(부수물, 불순물)이 없는 순수
존재를 의미한다. 그것은 생명을 잉태한, 생명 그 자체를 상징한다. 알님은 터
무리 중에서 굿판을 이끌어 갈 수 있는 굿거리를 꺼내 놓는 사람이다. 각 마당
에 따라 다르겠지만, 어떤 마당에서는 굿거리를 꺼낸 모두가 알님이 될 수도
있고 어떤 마당에서는 알님 가리기를 통해 한 사람만이 알님이 되기도 한다.

- 알님은 일차적으로 일상적 삶의 방식에서 벗어나서 많은 터무리 앞에서
  자신의 굿거리를 내보일 수 있고, 굿판이 진행됨에 따라 더욱 깊이 자신
  의 내면을 드러내 보일 수 있는 용기를 지닌 사람이다.
- 그는 굿판의 흐름을 이끌고 주도하는 사람이다. 비록 알님지기(혹은 수

행자)의 도움을 받고 있지만 그의 희로애락은 그 깊이에 따라 굿판 전체
를 살아 움직이게 하는 원동력이 된다.

- 그는 알님이 됨으로써 지금까지와는 다른 수많은 만남의 세계를 체험하
게 된다. 그는 자신이 몸과 마음의 문을 여는 만큼 그만큼의 순수한 만남
을 통해 자신의 생명력을 회복할 가능성을 갖게 된다.
- 알(님)은 닭과 닭알(달걀)의 관계처럼 생명을 잉태한 자를 상징한다. 그
는 자신의 내면에 흐르는 생명의 기운을 타면서 모든 터무리의 한가운
데에서 가장 맑은 생명의 빛을 발할 수 있는 잠재성을 가진 사람이다.

(3) 알님을 돕는 사람들

굿이 진행되는 동안 알님을 도와서 해야 할 많은 일이 발생한다. 예컨대,
알님의 목소리가 작아서 잘 들리지 않을 경우, 목소리 훈련을 시켜 주는 사람
의 일, 대신 큰 목소리를 내는 일, 목소리 크게 내기 시합을 하는 일, 알님의
목의 성대가 되는 일, 알님을 응원하는 일, 알님의 목소리를 확대해 주는 스
피커가 되는 일, 떼거지로 알님의 소리를 못 듣도록 방해하는 일 등이다. 이
때 이 모든 일을 맡아 할 수 있는 사람들을 '돕는 이'라 하고 특별한 일을 맡는
경우에는 다음과 같이 별도의 이름으로 불린다.

- **곁님**: 알님을 도와주는 사람 중에서 특히 알님 편이 되어 그의 곁에서 지
지해 주는 사람이다. ㉔ 수호자, 현자, 돌하르방, 장승 등
- **덧님**: 알님에게 힘을 실어 주는 곁님과는 반대되는, 시비 걸고 반대하고
화나게 하고 문제를 크게 부풀리고 덧붙이는 사람이다(예: 알님 속의 또
하나의 다른 나, 알님과 반대 성향이나 성격의 사람, 알님의 과거의 어느 한 어
두운 면, 괴물, 악마, 도발자, 추격자, 귀신 등).
- **떼님**: 알님을 돕는 사람이 여럿이거나 터무리 모두일 경우에 붙이는 이
름이다. 그들은 다양한 짓거리로 알님을 돕거나 방해하거나 알님에게
반응한다.

(4) 알님지기(혹은 수행자)

알님지기는 무녀와 비슷한 일을 하는 사람이다. 알님을 돕고 지키는 사람이다. 알님의 몸과 마음을 열고 풀고 엮는 사람이다. 알님과 함께 터무리의 도움을 받아 제대로 된 삶의 터전을 가꾸고자 하는 사람이다. 모두의 생명력이 함께 대지와 바다와 하늘이 되어 흐르도록 돕는 사람이다. 그는 알님지기를 넘어서 터지기, 마당지기, 그리고 불꽃지기, 물길지기, 흙길지기, 바람지기가 된다. 그는 넋지기이며 자연지기요 잡초지기이기도 하다. 그는 이 시대, 문명의 힘으로부터 알들의 생래적인 생명력을 보호하고 지키는 사람이다.

그래서 그는 수행자다. 무엇보다도 먼저 자신의 몸과 마음을 닦고 가는 사람이다. 정직하고 또 정직해야 한다. 겉과 속이 같은 사람이어야 한다. 그래야만 신들림, 신 모심까지는 못 미치더라도 알님들림, 알님모심을 할 수 있기 때문이다. 그래야 알님뿐만 아니라 모든 돕는 이들, 터무리들의 생명과 생명력을 보호할 수 있기 때문이다.

2) 터사리

터는 생명굿이 이루어지는 장소를 말한다. 터사리는 그곳에서 굿판을 열고 진행하는 데 필요한 제반 소품, 도구들을 일컫는다. 그것들은 전통 무굿에서의 무구(巫具)처럼 굿을 보다 더 유의미하게 가시화 혹은 시청각화해 주며 알님의 말짓과 몸짓을 더욱 깊게 체현할 수 있도록 돕는다.

(1) 최소한의 터사리들

- 초, 촛대: 기본적으로 '터 열기'에 필요하다. 왜냐하면 촛불은 자신을 태워서 빛을 밝히는 생명을 상징하기 때문이다.
- 북: 소리 북 또는 판소리 북이라고 부른다. 생명의 힘을 상징한다. 예컨대, 북을 침은 나를 중심으로 하고, 북을 울림은 너를 중심으로 함으로써 침과 울림이 공명을 일으켜서 모두가 함께 생과 사를 넘어서는 의미가

있다.

- 징: 전통 국악에서는 장구와 함께 하늘과 땅을 상징한다. 자고로 징이며 꽹과리와 같은 쇠붙이는 속세를 뚫고 나아가는 소리를 내는 도구로써, 신과 인간, 생과 사와 같은 모든 대극적인 세계를 소통시키는 소리요, 그래서 하늘의 뜻을 받들고 땅의 소리를 하늘에 바치는 소리 도구로 작용하였다.
- (터)방망이: 쓰임새가 매우 다양한 터사리다. 주로 뭔가를 부수고 깨뜨리거나 감정을 표현하는 데 사용된다. 그것은 우리의 전통 도깨비 방망이며, 아낙네들의 다듬이 방망이를 의미한다. 그래서 그것은 한을 풀고 원망을 날려 보내는 방망이요, 뭣이든 이루어 줄 수 있는 요술 방망이기도 하다.

(2) 기타 유익한 터사리

- 장구 등 국악기: 굿판의 흐름에 따라 다양한 음향 혹은 음악적 효과를 낸다.
- 색깔 천: 알님의 내면세계를 상징하거나, 묶고 매달고 끌어당기는 끈으

터사리(소품류)

터사리(악기류)

로 사용된다. 때로는 요나 이불, 가면, 벽, 칸막이 등 다용도로 활용된다.
- **향, 향로**: 주로 제의 때 사용된다.
- 그 외에 빗자루, 정화수, 도화지와 크레파스, 방울, 부채, 벼루, 한지, 작
은 의자, 막대기, 기타, 가야금 등이 있다.

3) 터

터는 사람들이 모이고 굿판이 벌어지는 장소다. 바닷가, 길거리, 뒷골목 공
터, 공원, 대청마루, 넓은 방, 사무실, 옥상, 들판 등 10명, 20명 사람들이 모여
앉을 수만 있다면 어디든 좋다. 집안보다는 마당, 마당보다는 산이나 들, 계
곡이 좋다. 자연의 생명력을 몸으로 느낄 수 있는 곳이기 때문이다. 터는 일
상으로부터의 일탈을 꿈꾸는 우리의 소망을 실현시켜 주는 시공간이다. 산
과 바다, 낯선 곳으로의 여행도 좋지만 한마음의 동앓이가 되어 어울릴 수 있
는 곳, 삶의 모든 질곡에서 벗어나 자유로울 수 있는 곳이 터다.

터는 열린 공간이다. 누구나 왔다가 떠난다. 햇빛 별빛도, 바람도 낙엽도
제멋대로 왔다 간다. 나비며 나방이도 날아들고 새들도 빠르게 스쳐 지나간

터(1)

다. 가슴 깊은 곳에 원초적 알의 생명력을 간직한 사람들 머리 위로 축하의 몸짓을 보인다(생명은 그 근원에서 하나였을 가능성이 있다. 인간의 오랜 선조가 완두콩이고 곤충이라고 말한 사람이 있다).

터는 마치 하나의 생명체처럼 짧은 순간에도 무한의 변신을 하는 곳이다. 블랙홀에서부터 우주 공간까지, 어머니의 자궁으로부터 신이 내리는 신단수까지, 터는 무릇 생명의 몸짓에 따라, 생명의 소리에 따라 자신의 형상을 요술경처럼 변형시킨다. 카오스에서 코스모스로, 카오스모스로, 밤의 무질서에서 정오의 열정으로 변화하는 마술적 시공간이 곧 터다.

4. 회기와 마당(시간)

생명굿을 시간 단위로 나누어 설명하면 다음과 같다.

1) 회(기)

한 회(기)의 생명굿은 최소 3마당 이상, 평균 12마당 이하의 마당으로 이루어진다. 따라서 한 회기는 아침부터 저녁까지 온종일 또는 1박 2일이 걸린다. 12마당을 위해서는 3박 4일도 가능하다.

- 생명굿은 자유롭다. 열려 있다. 한 회기를 구분하는 것도 언제 어디에서나 자유롭다. 모이는 사람들, 동일한 동앓이 사람들이 참여하는 마당을 기준으로 회기가 이루어진다. 예컨대, 제1회 생명굿 4마당 또는 제4회 생명굿 7마당 등이다.
- 한 마당에 한 명의 알님만 굿을 할 수 있는 것은 아니다. 여러 명의 알님이 요약되고 압축된 굿거리로 한마당을 이끌어 갈 수도 있고(작은 굿) 또 한 명의 알님이 여러 마당에 나올 수 있다.

• 통상 동앓이들이 생명굿에 익숙하지 않을 경우에는 '제○○회 생명굿 몇 마당'으로 표현한다. 각 마당의 형식을 사전에 통일해서 한 회기를 이룬다.

2) 마당

• 한 마당은 최소 2시간, 평균 3~4시간, 최대 5~7시간 이상을 일컫는다 (큰굿). 한 마당은 터 열기와 터닫기로 이루어진다. 작은 굿은 통상 30분에서 1시간 정도 걸리며, 이 경우는 응급 사태라든가 일상의 거리가 아닌, 지금까지 살아온 삶 전체에서 자주 문제가 되었던 핵심(화두)만을 가지고 굿을 하는 경우를 일컫는다.
• 한 마당만의 생명굿은 매우 특별한 경우에만 가능하다. 왜냐하면 한 마당의 시간 내에서 사람들이 진정한 만남을 갖는 일은 거의 불가능하기 때문이다. 마치 영화나 연극 한 편을 관람하듯 시대 상황이 잠깐 동안의 모임을 선호하지만 생명굿은 아니다. 최소 하루 또는 1박 2일의 연속되는 마당을 통해 사이사이 함께 식사를 하고 뒷풀이도 할 수 있어야 한다. 먹을거리 없는 굿판은 상상하기 힘들다.

3) 판

판은 마당을 이루는 기본이다. 소위 장면을 말한다. 한 마당은 여러 판으로 이어지는데 그 순서에 따라 첫째 판, 둘째 판 등으로 불린다. 한 판은 여러 동작 혹은 몸짓으로 이루어진다. 그래서 판의 기준은 알님이 만나는 대상이다. 예컨대, 알님이 친구와 어머니와 동생을 만나는 판을 만든다면 3판이 된다. 세 명의 대상이 등장했기 때문이다. 명칭은 어머니 판, 동생 판, 친구 판이다. 때로 짧은 몸짓들만으로 서로 얽혀서 하나의 사건을 중심으로 판을 이룰 경우에는 중심이 되는 사건, 예를 들어 '결혼의 판'이라고 말할 수는 있다.

그러나 판은 원칙적으로 사건이나 시간, 장소가 아니고 알님이 만나는 대상이다(물론 그 대상이 반드시 사람만은 아니다).

판은 단판, 긴판, 그리고 일반적인 판, 세 가지로 구분된다. 단판은 한 명의 대상과 하나의 사건이나 면으로 이루어진, 3분 이내의 매우 짧은 판을 말한다. 예컨대, 알님이 자기 자신을 만나서 그동안의 자기 자신에 대한 생각을 솔직하게 고백하는 판이다. 긴 판은 한 판이 15분 이상, 세 가지 이상의 면을 보여 주는 판이다. 예를 들면, 알님이 처음 애인을 만나고, 싸우고, 사랑하고, 헤어지고, 그리고 지금의 감정을 토로하는 면, 5면으로 이루어진 판이다. 일반적으로 '판'이라고 할 때는 시간적으로 5분 이상, 10분 이내의, 한 명의 대상과 2~3면으로 이루어지는 판을 말한다.

4) 면

면은 판을 이루는 시간과 공간 혹은 사건을 중심으로 구분하는 단위다. 알님이 만나는 한 대상과의 관계에서, 과거 중학교 시절, 대학 시절, 그리고 현재 등 시간적으로는 3면이 되며, 학교 운동장, 술집, 공원, 집의 거실 등 장소적으로는 4면이다. 사건적으로는 우정과 오해와 화해라면 3면이 된다. 통상 면은 특별한 경우가 아니면 시간이나 장소로 표현한다.

5) 짓

짓은 면을 이루는 최소 단위의 행위를 일컫는다. 예컨대, 알님이 대학 시절 애인과의 한 판에서, 결혼 이후의 면에서는 애정이 식고, 멀어지고, 이혼을 생각하는 짓이 나오고, 사랑의 추억이라는 면에서는 소리 지르고, 울고, 방망이로 두들기고, 화해의 포옹을 했을 경우 네 가지 짓이 한 면을 이루고 있다고 말한다.

5. 전통굿과 생명굿의 차이점 비교

	전통굿	생명굿
기원	샤머니즘	무교, 동학사상, 기철학
역사	5000~9000년 전	서기 2000년(첫 용어) → 2012년(공식 명칭)
기본 사상적 바탕	천신사상(종교적)	생명사상(비종교적)
우주관	신(神)이 삼계(天上, 地上, 地下) 질서 창조	생명 존재로서의 우주/지구
신관	다신관(최고신−중계신−하계신)	무신론
영혼관	영/육 이원론 (생명 자체는 영혼의 힘, 죽으면 영생/환생)	생명의 진수
문명사적 시각	원시성, 초자연성 회복	탈시대적, 탈문명적 존재
인간에 대한 이해	하늘과 같은 신성한 존재	생명력 가득한 잠재적 존재
목적	화(禍: 재난·근심), 액(厄: 재앙·불행), 사(邪: 악하고 요사한), 병(病)을 물리치고, 복(福)을 가져오기	생명력의 회복
궁극적 목표	복된 인간/사회, 홍익인간(하늘 닮은 사람)	나와 너의 상생, 자연과의 공생
주(主) 형식	굿	생명굿
보조 형식	치성(고사, 제사), 무꾸리(점, 푸닥거리), 손 비빔(비손)등	춤, 노래, 사설 등 예술적 표현법
종류	목적	치병굿, 액맥이굿, 씻김굿, 조상굿 등	예방굿, 치유굿, 변신굿, 놀이굿, 제의굿
	대상	국가 제의, 마을굿, 개인굿, 천신굿 등	삶의 고통을 느끼는 개인 혹은 집단
주된 양식	영신, 접신, 송신,	체현, 표현, 실험
주 수단	춤과 노래, 사설, 공수/신탁	몸짓, 맘짓, 바탕짓
과정상 초점	신령들(귀신들, 악신/선신……)	생명 현상(사람·사회·자연)과 생명력
과정	1회기=12마당(수일 낮과 밤)	1회기=3~7마당(1박 2일)

수행자	이름	만신(무녀, 무의)	알님지기(수행자)
	기능	사제적, 예언적, 치료적, 예능적	지킴이, 깨움이, 빛냄이
	훈련 방식 (수양법)	허튼굿, 내림굿, 솟을굿(매일 목욕재계−치성)	알님 되기, 이론/실천교육과 훈련
	주 수단	사설, 춤과 노래, 신명	대화, 몸짓/말짓, 추임새, 신명
	주 상태	신들림, 빙의, 엑스터시, 공수(중재, 예언)	나 아닌 것 되기(탈 나)
의뢰자		단주, 몸주(수동적)	알님(능동적)
주 장소		산, 강, 바닷가, 들, 집……	일정한 공간 어디서나
공통점		1. 굿 정신: 만민(백성)을 돕는 일 2. 한국적, 민족적 특성(바탕): 더불어 어울리고, 신명나는 삶 3. 의뢰자/집단 중심 4. 인간, 생명 존중 사상 5. 수행자의 자세/수양 6. 한풀이와 놀이/넋의 씻김 7. 삶의 위기, 어려움에서 벗어나기	

6. 누가 생명굿을 필요로 하는가

　삶의 문제를 가진 많은 사람에게 생명굿이 필요하다. 그러나 그보다는 자기다운 삶을 찾고자 하는 사람들, 이것이 내가 원하는 삶인가 하고 회의할 줄 아는 사람들, 후회 없는 삶을 살기 위해서 상투적이고 껍데기 같은 삶을 벗어 던지기를 원하는 사람들, 삶의 변화와 보다 자유로운 삶을 추구하는 사람들도 생명굿을 찾는다. 그러나 그들은 그렇게 직설적으로 말하지는 않는다. 일반적으로는 다른 사람들과 똑같이 일상의 문제 거리를 가지고 알님이 된다. 하지만 그들은 굿거리 이외의 화두나 문제에 대해 질문하고 깊이 들어갈 경우에도 솔직하게 자신을 있는 그대로 보여 주는 것을 보면 바로 그와 같은 생각을 가지고 살아 왔다는 것을 쉽게 엿볼 수 있다. 생명굿을 필요로 하는 사람들을 대별해 보면 다음과 같다.

- 온갖 힘든 거리들, 골칫거리, 근심거리, 걱정거리 등 현재의 삶의 어려움이나 고통이 생명굿을 찾게 만든다.
- 인간관계의 어려움, 성격 문제, 오래된 상처(폭력이나 성폭력과 관계된), 뿌리 깊은 열등감, 외로움, 한(恨)과 같은 화두
- 사회적으로 부당한 대우, 억압, 착취, 편견과 차별, 제도권의 부조리, 가진 자의 갑질에 의한 고통.
- 우울감, 무기력감, 비관적/염세적 생각, 피해의식, 분노와 화
- 좋지 않은 습관, 중독 현상
- 위기의 사람들, 자퇴 직전, 이혼 직전, 이별/사별의 고통, 사직서를 쓰기 직전의 혼란, 갑작스러운 몸의 병, 삶과 죽음의 문제 등

생명굿을 찾는 꽤나 엉뚱한 사람도 드물지 않다. 고통을 극복하기보다는 위안을 받고자 오는 사람, 사람들의 관심을 끌기 위해 자신의 고통을 과장하거나 울기만 하는 사람, 의도적으로 거짓말을 하는 사람, 뭐든 자기 뜻대로만 하려고 하는 사람, 심지어는 알님지기를 테스트해 보려고 오는 사람도 있다. 어떻든 그들 또한 생명굿이 진짜로 필요한 사람들이다.

7. 무엇이 변화하는가—치유 효과

2~3시간의 생명굿이 끝나고 나면 가장 먼저 눈에 띄는 것은 알님의 몸과 행동의 변화다. 우선 알님의 얼굴색이 달라져 있다. 어둡거나 검다고 느꼈던 얼굴빛이 하얗게, 밝게 빛이 난다. 때론 터무리가 놀랄 정도로 반짝인다. 처음 굿을 시작했을 때보다 목소리가 커져 있고 위축되어 보이던 몸의 자세도 활짝 펴지고 당당해 보인다. 터무리를 쳐다보지도 못하고 바닥만 보던 알님이 터무리를 바라보기도 하고 알님 입장에서 진심으로 와 닿는 터무리의 나누기에 뜨거운 눈물을 흘리기도 한다. 알님의 사유의 변화는 무엇보다도 그

동안 숨겨왔던 자신의 이야기를 터무리 앞에서 당당하게 말하는 행동이다. 어린 시절의 부끄러웠던 가정환경, 부모, 자신의 잘못, 뿌리 깊은 열등의식, 성(性)과 관련된 사건, 그동안 써 왔던 가면들 등등.

생명굿은 통상적인 치유를 목적으로 하지는 않는다. 치유 효과는 주어지면 좋고 안 주어져도 좋다. 치유라고 하는 목적 지향적 양식이 되어 버리면 생명력은 의미가 사라져 버리기 때문이다. 중요한 것은 거리나 화두를 풀어 가는 굿의 과정 중 뜻밖에 부딪히게 되는 자기의 한 면 혹은 자기도 모르는 사이에 터져 나오는 생명의 힘이 훨씬 더 의미가 크기 때문이다. 한마디로 참된 자기와 직면하고 '자기다움'을 찾는 일이다.

그래서 생각한다. 생명굿은 무슨 결과를 기대하는가? 첫째, 알님의 몸, 행동, 생각의 변화다. 몸의 감각을 새롭게 회복하고 생생한 자신의 힘을 느끼고 피상적 감정에서 벗어나 타인과 진정으로 공감할 수 있는 일, 편견과 고정관념, 불필요한 지적 욕구를 내던지고 열린 마음으로, 긍정적이고 능동적으로 사유할 수 있게 되는 일, 모든 만남과 관계가 순수하고 참되게 변화하는 일 등이다. 그래서 남과는 차이 나는 나다움을 되찾는, 곧 나만의 자생력, 상생력, 공생력을 회복하는 일이다. 한마디로 내가 틀렸거나 잘못했다기보다는 세대적 가치, 문명의 흐름에 문제가 많다는 의식과 가치의 전도가 일어나는 일이다.

문제가 하나 있다. 앞에서 언급한 결과 혹은 효과가 얼마나 지속하느냐 하는 문제다. 물론 한 번의 경험으로 작은 것이라도 확실하게 변화가 일어나기도 하지만(예컨대, 모든 게 남편 탓이었으나 그것이 전부 내 문제였다는 것이 밝혀지고 내가 변화하는 일) 많은 알님이 현실로 되돌아가서 쉽게 변화 이전 상태로 되돌아갈 가능성이 높아 보인다. 현실의 벽, 사회적 시대의 힘이 그만큼 막강하기 때문이다.

8. 삶이란 무엇인가

삶은 사는 것, 살아가는 일이다. 살아간다는 것은 목숨을 이어가는 일이요, 매일 생활해 나간다는 뜻이다. 그래서 살맛나는 삶이 있는가 하면 죽지 못해 사는 삶도 있다. 제대로 된 삶, 멋들어진 삶, 의미 있는 삶이 있는가 하면 거짓된 삶, 타락하고 찌든 삶, 노예나 허수아비와 같은 삶이 있다. 이 세상에는 똑같은 바위나 돌멩이가 없고 꽃이나 나무가 단 하나도 똑같은 것이 없는 것처럼 사람들 또한 저마다 다르고 각자의 삶 역시 다 다르다. 바로 이 점이 삶 또는 생(生)의 가장 근본이 되는 원리이며 자연의 이치 아니겠는가.

이기상 교수(2010)는 『글로벌 생명학』에서 어원적으로 다음의 공식을 선보인다. '사르다 → 살다 → 삶 → 사람'이 그것이다. 여기서 '사르다'는 '불을 사르다'처럼 어떤 대상(물체)이 태양 에너지를 받아 정지 상태에서 운동 상태로 나아가는 것을 의미한다. 한마디로 땅과 하늘 사이의 모든 움직이는 것은 '사름'을 명받은 생명이라는 것이다. 다시 말해서, 생명, 삶, 사람은 움직이고 변화한다는 점에서 모두 같은 의미다. 사람이 먼저 있고 그다음에 삶이 있는 것이 아니라 삶을 사는 존재가 사람이라는 뜻이다. 태양이 고정불변의 존재가 아니듯 움직이고 변화해 나가지 않는 사람은 삶을 제대로 살고 있다고 볼 수 없다는 점이다. 삶의 두 번째 이치다.

생명은, 삶은, 인간과 인간의 삶은 모두가 다르다. 왜냐하면 모두가 저마다의 속도와 힘으로 저마다의 움직임을 낳고 변화해 가기 때문이다. 똑같은 상추 씨앗이 없고 똑같은 모습의 상추 또한 없는 것처럼 인간은 저마다 특색이 있고 삶 또한 그에 따라 특별한 삶을 산다. 만약 같은 삶, 같은 삶의 목표, 방식, 습관을 가진 사람이 있다면 그들은 일차적으로 사람이기를 포기한, 길들여진 삶을 살아가는 자들일 것이다. 공장에서 찍혀 나오는 똑같은 물건처럼 그들은 사람이기보다는 노예, 꼭두각시, 허수아비, 로봇, 인조인간 또는 좀비라는 이름에 어울리는 존재일 것이다.

모든 존재의 삶은 귀하고 소중하다. 그 어떤 삶도 다른 삶과 비교해서 폄하하거나 무시될 수 없다. 하루살이의 삶도 인간의 삶도, 삶이라는 의미에서 자신에게는 한 번밖에 없는 유일한 삶이라는 뜻에서 동일하다. 가난한 사람이나 가진 사람, 배운 사람이나 배우지 못한 사람, 남자와 여자, 흑인과 백인, 청년과 노인…… 모두 자신만의 삶을 살아가야 할 권리와 책임이 있다. 그 누가 그 어떤 원리나 근거로 그들의 삶을 평가하고 가치화, 서열화할 수는 없다. 오직 함께 서로 존중하고 아끼고 살아가는 삶밖에 없다. 인류의 오랜 선조들의 삶이 그랬고 문명화가 안 된 소수의 민족 또한 지금도 그렇게 서로 도우며 살아가고 있다.

문제는 모든 존재의 차이가 문명이라는 이름으로 지워진다는 사실이다. 사람들이 갈수록 똑같은 사고방식, 똑같은 생활습관에 젖어 들었다는 것이다. 가축이 우리나 공장 안에서 똑같이 사육되고 모든 식량과 나무와 꽃들이 똑같이 대량생산되듯이 인간 또한 발전이라는 허황한 네온사인 아래서 인형처럼 서로 닮아간다는 사실이다. 그것은 모든 생명체에 치명적인 독이다. 자연을 거스르고 생명의 흐름을 차단하는 인류 최대의 오만과 폭력이며 악이다.

사람이 사람 한 명을 때렸다. 그것은 폭력이 아니라 구타다. 깡패들이 떼거리로 모여 싸웠다. 그것은 폭력이 아니라 패거리 싸움이다. 폭력이라는 말을 함부로 지껄이지 마라. 진짜 폭력이 웃는다. 진짜 무서운 보이지 않는 폭력이 덮어진다. 수많은 종교 전쟁, 민족과 나라끼리의 전쟁, 같은 종교 안에서의 이단 전쟁, 학교 간 실력 경쟁, 학생들 사이의 성적 경쟁, 입시 전쟁, 국가 간의 무역 전쟁, 보수와 진보, 여당과 야당, 경상도와 전라도, 남과 북, 여자와 남자 그들 사이의 눈에 드러나지 않는 경쟁과 전쟁, 폭력이 진짜 폭력이다.

이제 그러한 폭력이 인간 존재, 생명의 존재를 어떻게 통치하고 다스리는지 거친 방법이긴 하지만 몇 가지로 나누어 생각해 보자. 오늘 이 시대를 살아가는 사람이라면 아마도 다음 규정에 큰 이의가 없을 것이다(기준은 2019년도, 한국 사람/한국 사회다).

첫째, 대부분 사람의 삶의 제1차 목표며 가치는 돈(물질)의 가치다(경제).

둘째, 많은 사람이 인간의 삶은 불완전하고, 늙고 병들고 죽는다는 이유 때문에 믿음과 신앙을 통한 완전한 삶, 천국이나 극락을 지향하는 삶을 살아야 한다는 믿음을 가지고 있다(종교).

셋째, 많은 사람이 "인간은 사회적 동물이다. 따라서 생존 경쟁과 적자생존의 원칙을 피할 수 없다. 힘 있는 강한 자만이 더 많이 갖는 일은 너무나 당연한 일이다."라고 믿고 있다(사회).

넷째, 그래서 그들에겐 출세, 성공, 행복은 모두 같은 이름이다. 그 밑바닥에는 여전히 돈이 깔려 있다. 그들은 누구나 하나 같이 맹목적인 행복을 원한다(그러나 실제로 출세, 성공, 권력은 폭력의 다른 이름이다. 그것은 남을 제치고 누르고 올라서야 하기 때문이다). (교육, 문화)

다섯째, "인간이 어떻게 그럴 수 있느냐?" "한국인이라면서 어찌 그럴 수 있느냐?" 이 두 마디는 눈에 보이지 않는 어마어마한 폭력이 숨겨져 있다(도덕, 법).

여섯째, 북한은 언제든지 전쟁을 일으킬 수 있다. 그래서 우리는 미국과 혈맹 관계가 필요하다. 북한은 우리의 적이다. 그들은 공산주의이고 우리는 민주주의 나라다(정치, 언론).

이상 여섯 가지 규정은 진실인가? 사실인가? 참된 삶의 진리인가 아니면 가짜 진리인가? 언제부터 우리는 그러한 신념 아닌 신념, 가치 아닌 가치 기준에 세뇌되어 왔는가? 그리고 누가? 누가 이 나라, 이 사회, 우리를 그러한 조작된 가치 속에 똑같이 얽어맸는가?

여섯 번째로 제시한 사대주의 사상은 삼국시대, 특히 통일신라시대(7세기)부터 있었으니 거의 1400여 년이나 이 땅의 지배적 의식인 셈이다. 그것도 항상 소수의 배운 자, 가진 자들에 의해 주도되어 온 영구히 부끄러워해야 할 노예근성임에도 너무 오래되어서 너무도 당연한 대한민국의 중심 사조가 되어 버렸다(진짜 우리나라는 약하고 힘없고 작은 나라인가? 누가 그렇게 이름 붙여

서 사대적, 매국적인 의존성을 미화하고 합리화하는가? 중국에게, 일본에게, 그리고
미국에게 충성하는 정치인, 언론인, 지식인은 누구인가?)

앞서 제시한 1번과 4번, 돈은 우리 인간에게 실로 치명적인 독이 아닐 수
없다. 언어만큼이나 돈은 인간이 만들어 낸 최고의 창조물일 터인데, 그것들
은 이제 거꾸로 우리의 생명력을 좀먹고 썩게 하고 마비시킨다. 돈과 언어는
인간의 허영과 자만심을 상징한다. 인간의 거짓된 마음과 끝없는 욕심을 드
러낸다. 차라리 가난하고 단순한 삶, 말을 필요로 하지 않는 침묵의 삶이 더
바람직하고 그리워진다. 그 어디를 둘러보아도 돈 냄새, 돈독이 묻어 있다.
구린내가 진동할수록 겉치장이 그에 비례해서 화려하다. 그럴듯한 미사여구
와 구호로 자신이 가장 깨끗하고 나라와 백성을 사랑하는 척 행세한다. 많은
사람이 그 정도 거짓말은 당연하다는 듯 받아들인다. 모두가 서로 모르는 척
감싸고 덮어주고, 오히려 그러한 부패한 인간들을 부러워한다.

2번과 4번은 모순되어 보이는데 실제는 아니다. 이론상으로 종교는 가난하
고 낮은 곳으로 내려와 사랑을 나누어야 하는데 그렇지 않다. 돈을 많이 거둘
수록 훌륭한 목회자가 된다. 기독교, 불교, 천주교 모두 신과 부처의 이름으로
우매한 사람들 위에서 자신의 권능과 성공과 출세와 힘을 즐긴다. 교회와 절
이 웅대해지고 화려해지는 것과 비례해서 신도 수와 돈의 액수가 많아진다.
사회에서의 권력의 크기, 출세와 성공의 잣대도 궁극은 돈의 액수다. 그것은
하나같이 좋은 집, 비싼 음식과 옷, 자동차와 보석의 가격 차이일 뿐이다.

3번은 과학자 찰스 다윈의 말을 왜곡시킨 결과다. 『종의 기원』(박성관,
2010)에서 그가 말한 바는 자연, 생명체들의 생존 투쟁과 상호 의존, 그리고
자연 선택이었다. 그래서 그는 기존의 질서와 계통, 한계를 벗어나 돌파하는
일탈이야말로 무한한 변화를 가져오는 진화와 창조의 힘이라고 말했다. 하
등생물이든 고등생물이든 구별 없이, 모든 생명체는 각자 고유한 특별함을
지닌 존재로서 각 진화의 끝은 기존 종의 소멸과 새로운 종의 탄생과 번영이
라고 말했다. 그런데 오늘날 사회는 상호의존을 생존 경쟁으로, 자연선택을
인위적인 적자생존이라는 말로 바꾸고, 돈을 향한 끝없는 경쟁과 전쟁을 합

리화한 지 오래되었다.

과학자들은 자연 현상을 연구한다. 그러한 현상의 배후의 원리를 나름의 논리로 하나의 법칙을 유추해 낸다. 그 결과, 교묘하게 자연법칙이 먼저 있고 자연 현상은 그에 따라 일어나는 것처럼 믿게 만든다. 그래서 인간도 마치 사회법칙이며 인간의 심리 법칙도 자연법칙처럼 이미 주어져 있는 절대 가치인 것처럼 누구나 믿고 따라야 할 원칙인 양 알게 모르게 인간을 묶어 버린다. 가지와 잎을 마음대로 펼치지 못하는 나무처럼 모두가 기계적으로 알을 낳아야만 하는 양계 공장의 닭들처럼 제반 이론이며 도덕, 법칙들은 인간을 통계화, 획일화, 일반화해서 통제한다. 그게 5번이다.

사람이 어찌 그럴 수 있느냐? 학생이 어떻게 그럴 수 있느냐? 자식이 부모에게, 부하가 상사에게 어찌 그럴 수 있느냐? 각자의 개성과 특이성을 인정하지 않는 그 수많은 획일적 인간주의 사고, 도덕적 불문율……. 그래서 우리는 모두가 같아져 가고, 같아졌다. 각자의 수입에 따라 상류, 최상류, 중류, 중상/중하, 하류 등으로 나뉘고 그 수준에 따라 기호, 습관, 취미, 인생관, 가치관이 비슷비슷해진다. 끼리끼리 뭉치고 떼거리를 만들어 다른 패거리를 차별한다. 이용하고 착취한다. 잘못된 느낌도, 수치심도 없다. 부끄러움도 없다. 다들 자기 잘난 맛에 산다는 말이 맞아떨어지는 상황이다. 각자가 무리지어 자기만의 우물을 파고들어 앉아서 하늘이 무한이 넓다는 걸 모르는 척한다. 아니, 모른다.

삶은 이 지구상에서 모든 생명체에게 주어진 딱 한 번뿐인 생(生)이며 생명이며 살아감이다. 인간 또한 마찬가지다. 삶이 곧 사람이다. 그 말은 어떻게 살아가느냐가 곧 그 사람의 사람됨이라는 뜻이다. 그렇다면 이 땅에 정말 사람다운 사람으로서의 삶을 살아가는 사람은 누구일까? 어떤 사람일까? 얼마나 될까? 그런 사람을 규정하는 순간 또 다른 논리와 폭력의 함정에 빠질 염려가 있지만 우리 한 번 깊이 생각해 볼 필요가 있지 않은가?

앞의 사회적 규정에만 빗대어 말한다면, 다음의 여섯 가지 항이 보다 바람직한 사회적 인간을 그리고 있다고 말할 수 있을 것이다.

① 자신의 삶이 돈에만 얽매이지 않는, 자신 있는 사람

② 그 어떤 신앙도 갖지 않은 자연인

③ 항상 양보하고 남을 돕는 사람

④ 출세, 성공, 행복 등에 초연한 사람

⑤ 주변의 비난, 헐뜯음에 개의치 않는 사람

⑥ 정치가나 언론이 말하는 바를 있는 그대로 받아들이지 않고 회의하고 깊이 사유할 줄 아는 사람

생명력 있는 삶을 산다는 것이 오늘날과 같은 우리 사회에서는 그렇게 쉬워 보이지만은 않는다.

9. 사회를 알아야만 하는 이유

물길의 소리

강은교

그는 물소리는 물이 내는 소리가 아니라고 설명한다.

그렇군, 물소리는 물이 돌에 부딪히는 소리, 물이 바위를 넘어가는 소리,

물이 바람에 항거하는 소리, 물이 바삐 바삐 은빛 달을 앓히는 소리,

물이 은빛 별의 허리를 쓰다듬는 소리, 물이 소나무의 뿌리를 매만지는 소리……

물이 햇살을 핥는 소리, 핥아대며 반짝이는 소리, 물이 길을 찾아가는 소리…….

가만히 눈을 감고 귀에 손을 대고 있으면 들린다. 물끼리 몸을 비비는 소리가.

물끼리 가슴을 흔들며 비비는 소리가.

　　몸이 젖는 것도 모르고 뛰어오르는 물고기들의 비늘 비비는 소리가…….

　　심장에서 심장으로 길을 이루어 흐르는 소리가. 물길의 소리가.

　　시인(강은교, 2016)은 자연을 만나고 작은 물소리에 귀를 기울인다. 물길의 소리가 들린다. 아름답고 소중한 순간의 삶이다. 얽매임이 없다. 자유롭다. 물과 시인이 어울린다. 상생이다. 서로 살아 있다. 거기에는 참된 만남이 있고 사랑이 있고 정성이 깃들어 있다. 사람과 사람의 만남 또한 마찬가지다. 서로가 서로에게 귀 기울이고 더불어 함께 흘러가기이다. 서로가 서로를 생생히 살아 있게 한다. 참된 만남이다. 다음의 시는 또 어떠한가.

대추 한 알

장석주

저게 저절로 붉어질 리는 없다.

저 안에 태풍 몇 개

저 안에 천둥 몇 개

저 안에 벼락 몇 개

저게 저 혼자 둥글어질 리는 없다.

저 안에 무서리 내리는 몇 밤

저 안에 땡볕 두어 달

저 안에 초승달 몇 낱

　　대추 한 알 속에서 자연의 굿판이 열린다. 시인(장석주, 2015) 또한 자신의 내면에서 대추 한 알과 어우러져 만남의 굿판을 펼친다. 모두가 살아 있으며 생명의 힘이 가득 차 있다. 삶은 이토록 너와 내가 겉이 아닌 깊은 속으로, 생명의 호흡으로 느끼고 만나는 것이다. 더불어 함께하는 것이다.

낙동강

강은교

내가 가까이 가자
필사적으로 햇빛을 붙들고 있던 강이 묵묵히 곪은 어깨를 내보였다.

내가 가까이 가자
필사적으로 바람을 붙들고 있던 강 곁, 나무 한 그루가 다소곳이 얽은
허리와 얼룩 잎을 내보였다.

내가 가까이 가자 필사적으로 물을 붙들고 있던 작은 배 몇 척이 헌데
투성이 얼굴을 씻고 있다가 힐끔 나를 바라보았다.

끙끙-끙끙-
신음소리 새나는
보랏빛 입술.

누가 아파하나? 누가 상처받고 있나? 우리다. 우리 모두다. 우리의 몸과 마
음은 지치고 병들어 온 지 오래다. 자연만이 아니다. 우리도 똑같이 얼굴은
헐고 어깨는 곪아 터지고 우리의 마음은 얽히고설키고 얼룩져 있다(강은교,
2002). 참고 견디고 있을 뿐이다. 당연히 그래야 하는 것인 양 말 없이 살아가
고 있을 뿐이다. 그래서 꿈속에서라도가 아니라 꿈속에서도, 현실에서도 아
프지 말자고 소리치고 싶어진다.

꿈속에서도 물소리 아프지 마라

이기인

꿈속에서도 물소리를 따라 간다
한낮에 떠내려가지 못한 나뭇잎이 비로소 떠내려간다
물소리가 물소리를 데리고서 간다
온몸이 부서지는 아픔을 데리고서 간다
꿈속에서도 물소리 아프지 마라

그렇다. 이 시대에 생명굿이 있어야만 하는 이유다. 서로가 서로에게 상처를 주고 아파해야만 하는 이 운명 같지도 않은 삶에서 서로 공감하고 나누고 공명하기 위해선 생명굿이 필요하다. 선조들이 지혜를 담아서 함께 모여 나라를 걱정하고 마을의 안위를 염려했듯이 우리 또한 삶의 문제를 진지하게 이야기하고 다른 사람들과 삶을 향한 열정을 나누고, 그래서 함께 살아가는, 지금의 우리에겐 바로 그러한 만남이, 그러한 시공간이 절실하다.

그러기 전에 우선 먼저 해결을 해야 하는 문제가 있다. 우리가 자연의 서식지며 자연 자체를 모르고서는 그 어떤 동식물 하나도 이해할 수 없듯이 우리 또한 삶의 터전인 사회를 알지 못하고서는 우리가 서로를 이해한다는 것은 불가능한 일이라는 사실이다. 그것은 아프리카의 풍속, 문화, 전통을 모르고 아프리카인을 만나는 일이요 스페인의 역사를 모르고서 〈게로니카〉를 보는 일이며 이 나라의 교육제도며 입시제도, 사회적 가치관, 인간 차별 구조를 모르고서 청소년 자살을 이야기하는 것과 같다.

중요한 건 우리 대다수가 사회를 일방적으로, 자기 편한대로 바라본다는 점이다. 빛이 있으면 어둠이 있고 밤이 있으면 낮이 있다는 가장 평범한 논리조차도 무시된다. 그래서 대부분의 사회 인식이 편견과 얄팍한 선입견으로 가득 차 있다. 그냥 자신의 이익에 부합되는 방식으로 믿어 버린다. 의심하지도 회의조차도 하지 않는다. 더 심각한 일은 회의 정신 자체가 이미 오래전에 증발해 버렸다는 것이다.

　한마디로 먹고 사는 일이 급한데 사회관이 무슨 필요가 있느냐다. 그래서 많은 사람이 오랜 세월 수구 언론이 앞장서서 세뇌시켜 온 정보를 사실인 양 그대로 믿어 버린다. 재벌 중심의 자본의 논리, 가진 자들을 위한 정책, 독재와 위선과 거짓의 미화, 사대주의, 지역감정 부추기기, 북한, 좌파, 빨갱이 사상의 활용, 착취와 억압과 가진 자의 횡포 정당화하기 등 신자유주의적 관념들, 겉치레요 허울뿐인 민주주의 개념 말이다.

　"인간이 사물이 될수록 그들은 오늘날 더욱 사회적이 된다. 그리고 착취로부터의 해방은 아직도 시작되지조차 않았다."고 주장한 라울 바네겜(2006)의 말이 들리는 것 같다. 그는 이미 80여 년 전의 사회와 세상을 향해 일상에서의 혁명의 필요성을 역설했다. 세상은 다시 만들어져야 한다는 것이다. 그는 위계화된 사회조직 자체가 이미 거대한 강탈의 구조요, 그것은 우리의 생각과 꿈까지 쫓아오는 강탈이라고 말한다. 그래서 오늘의 우리는 노예 상인의 시대에서 결코 빠져나온 게 아니라는 말이다.

　실제로 오늘날 우리 사회 역시 권력과 자본의 횡포에서 자유롭지 못하다. 빈부의 격차도, 고통도, 생존 경쟁도 모두 그들이 이끌어 가는 대로 되어 가고 있다. 그들이 검은 속내를 숨기고 금과옥조로 삼는 천편일률적인 구호는 십계명 이상의 효력이 있다. 예컨대, 그 내용은 다음과 같다.

- 내일을 위해 오늘을 참아라. 허리띠를 졸라야 한다(언젠가는 너희도 먹을 수 있게 해 주겠다는 치토스의 환상): 그런 날은 결코 오지 않는다. 지극히 소수인 몇 사람만은 제외하고, 그것은 영원히 되풀이되는 구호다.
- 지금은 위기다. 우리 모두 합심해서 위기를 기회로 잡자(영원히 끝날 것 같지 않은 위기 환상): 그래서 언제나 긴장과 초조, 쫓기는 삶을 살아가게 만든다. 여유 없는 삶의 노예화 작전이다. 위기는 끝없이 계속될 테니까.
- 너를 최고로 만들어라. 네 몸과 실력이 자산이다. 승리자가 되라(성공과 출세의 환상): 그 결과, 모두가 스스로를 채찍질하고 학대하는 것이 성공

의 길이라는 걸 각인시킨다. 반면 수많은 죄 없는 낙오자들, 자살자들이 양산된다. 그것도 매우 당연한 듯이 국가는 웃고 있다.

눈에 보이지 않는 거대 권력과 자본은 이제 "일하느라 힘드실 텐데." 하며, 착취와 노동과 일에 시달리는 사람들에게 안락과 쾌락과 여가를 선물한다. 술과 섹스, 게임과 도박, 영상 산업, 스포츠와 관광, 화려한 놀이터며 휴가 산업으로 밤 문화와 주말 문화, 바캉스 문화며 여행까지 제공한다. 그 역시 많은 돈을 필요로 하는 것은 당연하다. 그런 일시적 쾌락을 즐기기 위해선 더 많이 일하고 더 많이 벌어야 한다는 것을 온몸으로 체험하기 때문이다. 일을 통해 삶의 힘을 소모시키고 얄팍한 돈으로 보상을 해 주지만, 그 돈 역시 교묘한 수단을 통해 다시 회수해 가는 민주주의, 자본주의의 음모. 그럴듯하지 않은가?

반면 우리가 외적으로 가진 것이 많을수록 우리의 정신은 그만큼 텅텅 비어갈 수밖에 없다. 문명이 발달할수록 그에 비례해서 우리의 영혼, 생명의 정신은 메마르고 사라질 수밖에 없는 현실이 되어 버린 지 오래다. 사람을 만나도 가슴은 비어 있다. 고립감과 우울이 심할수록 더 많이 사람을 만나지만 그럴수록 외로움은 커진다. 그래서 환상이 발동한다. 자신이 혼자라는 것을 느끼지 않기 위해서 더 많이, 더 끼리끼리 모이고 더욱 수다를 떤다. 대부분이 먹고 마시고 돈 버는 이야기 아니면 남을 헐뜯는 이야기뿐이다. 그래서 나는 외롭지 않다는 환상, 나도 당당한 이 사회의 일원이라는 환상, 그래서 모두 엇비슷해져 간다.

이제 생각을 해야 한다. 함께 머리를 맞대고 참된 삶을 찾아보아야 한다. 이런 식으로 마냥 좀비 신세로 흘러만 갈 수는 없다(삶에 대한 열정은 출세와 성공을 향한 집착으로, 진정한 만남과 사랑은 이용 가치와 겉치레 형식으로, 자유, 평화, 평등은 속박과 전쟁과 차별을 숨기기 위한 겉껍질로 변질된 지 오래되었다). 최소한 우리가 지금 할 수 있는 것은 모이는 일이다. 생명굿이 필요하다. 이 거대한 사회 기계를 잠시 멈추게 할 수 있는 노래와 춤이 필요하다. 함께 모여서 자유의 함성을 질러볼 수도 있다. 사람들이 진정으로 기뻐하고 즐거워하는 목소리가 듣고 싶다. 깊은 곳에서 울려 나오는 생명의 울림이 그립다.

10. 삶의 문제

이제 구체적으로 오늘날 우리의 사회라고 하는 현실을 들여다보자. 시대 가치를 의심하고 회의할 수 있는 인간의 능력이 고갈된 사회, 모든 인간을 단순 무식하게 정상과 비정상으로 구분해서 차별을 양산하고 있는 사회, 온갖 이론과 지식과 정보가 난무하는 사회가 그것이다.

1) 실종된 회의 정신

우리는 어려서부터 정말 많은 문제를 맹목적으로 외우고 풀었다. 답을 찾는데도 도사처럼 익숙하게 길들여졌다. 정답 귀신이 되도록 훈련된 것이다. 주관식이든 객관식이든 우리는 언제나 남보다 빠른 시간 내에 정답만을 말해야 했고 그렇지 못하면 야단을 맞거나 열등생 취급을 당했다. 그뿐 아니다. 항상 옳은 답과 점수는 인격과 비례했다. 성적표가 우리의 인간 됨됨이를 결정했다. 음악이나 미술은 아무리 잘한들 겨우 음대나 미대 정도의 수준으로, 그래서 뭔가 부족한, 특별한 아이로 격하되기 십상이었다. 10여 년 전부터는 영어 점수가 중심이 되었지만 그 전까지는 언제나 국영수 점수가 중요했다. 역사, 생물, 과학, 사회, 도덕 또한 한 수 아래였다. 그냥 대충하면 되는 과목이었다. 그래서 우리의 어린 시절과 청소년기는 온통 12년 내내 영어, 수학의 해답을 찾고 외우는 데 바쳐졌다.

국어보다는 영어, 역사보다는 수학 점수가 우리의 미래를 결정하는 교육 현실은 마침내 우리 모두를 결과주의, 점수주의 맹신자 혹은 국적 잃은 미국병 환자로 만들었다. 우리는 그 소중한 긴 세월 동안 단 한 번도 문제 자체를 의심해 보거나 문제를 구성할 수 있는 사유의 근본 능력인 회의 정신을 배워 본 적이 없었다. 무언가를 의심하고 회의하고 질문하는 자체가 오히려 금기 시되었다. 더 무서운 건 우연한 경우, 문제 자체 혹은 부모나 선생님이 틀렸 다는 것을 아는 경우에도 우리는 결코 그 사실을 발설해서는 안 된다는 것이 다. 예의에 어긋나고, 버릇없는, 못 배워먹은, 나쁜 태도, 불량 학생으로 낙인 찍히니까. 그래서 결국 우리 모두는 부정, 위선, 거짓, 탈법을 보고서도 입을 다무는 매우 점잖고 고상한 이중인격자로 길들여져 살아가고 있다.

회의 정신이 실종된 오늘날, 하나밖에 없는 정답만을 찾도록 부추기는 사 회는 결국 영어 유치원, 사립 초등학교, 자사고, 일류대학, 일류직장 등 일류 병을 낳는다. 모두가 정상을 향해 줄을 서서 달려야만 한다. 인간이 서열화되 고 계급화될 수밖에 없다. 군대 계급을 뺨칠 정도다. 아니, 눈에 띄지만 않을 뿐 인간에 대한 그러한 규율과 통제는 군대 조직보다 더 무섭고 깊게 전 사회 에 뻗쳐 있다. 인간 각자의 개별성, 그 무수한 다양성, 삶의 오묘한 다원성은 무시되고 바로 그 이름, 인간이라는 이름하에 모두 한결같이 비슷비슷한 인 간이 되었다. 사고방식도, 삶의 방식도, 취미도 모두 말이다. 바로 인간의 사 물화 현상이다. 심리 이론가들이 오만하게도 손쉽게 인간을 도식화할 수 있 는 이유이기도 하다.

정답, 하나, 최고, 그래서 그것은 나만 옳고 너는 틀렸다는, 나 하나 잘되 면 만사형통이라는 이기주의, 수단과 방법을 안 가리고 상승하려는 출세주 의, 심지어는 너를 짓밟고서라도 성공하려는 세뇌되고 주입된 성공주의 일변 도의 사회는 마침내 우리 인간의 제반 욕망마저 모두 같은 걸 원하고 추구하 게 만드는 획일적으로 조작된 욕망 사회를 낳는다. 정말 심각하고 비극적 현 실은 우리 모두 통제되고 길들여진 욕망뿐만 아니라 영혼조차 타락하고 몰락 해 가고 있다는 사실을 전혀 깨닫지 못하고 있는 것이다. 아니, 정반대다. 영 혼 아니라 뭐라도 팔아서 출세해야만 한다는 성공 망상 속에서 살아가고 있 다. 그것이 오늘의 엄연한 현실이다. 인간으로서의 최소한의 윤리의식조차 사라졌다. 그 많은 장관이나 고위 공직자, 국회의원, 검사며 법관, 교육자, 종교인, 대통령을 포함한 그 많은 공인이 보여 주는 땅 투기, 위장 전입, 논문 표절, 부당한 병역 면제, 다운계약서, 세금 포탈, 성 접대와 향응, 차떼기며 사과박스 돈다발, 자녀의 미국 국적, 그리고 상습적 거짓말. 정말 대단한 나라다. 인간으로서의 기본 윤리의 망각과 부정부패 행위가 성공과 출세의 지름길이 되어 버린 현실 말이다. 그렇지 않은가? 정상과 비정상의 뒤바뀜, 이때 우리는 과연 어느 것이 비정상이라고 당당히 말할 수 있을까?

한마디로 우리는 현대 문명에 의해 마치 가축이 사육되듯 그렇게 일방적으로 모두가 함께 엇비슷하게, 아니 똑같이 훈육되고 길들여졌다. 노예들의 복종심, 효도 관념, 어른 공경심, 한쪽 뺨을 맞거든 다른 쪽 뺨도 내놓으라는 왜곡된 미덕이 족쇄처럼 덤으로 주입되었다. 그 결과, 우리는 남과 다르게 사는 것보다 어떻게든 같아지려는 강박 속에 빠져든다. 그래서 우리의 의식, 사고 방식, 가치관, 인생관이 같아진다. 먹는 것도, 취미도, 옷도, 사는 집도, 실내 장식도 비슷해진다. 대부분의 상담이며 힐링이며 정신치료가 갈수록 유형화되고 매너리즘에 빠져드는 이유 중 하나다. 각자의 개성도 독특성도 사라졌다. 진정 그 사람만의 향기, 사유 방식, 느낌을 느껴 보기 힘들다. 진정한 만남 역시 일평생 경험하기 어려운 매우 귀한 현상이 되어 버렸다. 피상적이고 이해득실 가득한 계산적 만남만이 넘쳐난다. 당연히 그럴 수밖에 없는 것이, 그러한 환경에서는 그 누구도 제정신 차리고 살아가기 어렵기 때문이다.

소위 마음 치료자라는 사람들이 만나는 사람들은 온 인간이라기보다는 반쪽 인간일지도 모른다. 어떤 노시인은 넋을 잃고 살아가는 지금의 우리 모습을 무력하고 슬픈 좀비로 비유했지만 우리 모두는 두 눈을 가졌으나 한 눈밖에 보지 못하는 인간, 두 손 중에서 한 손만 잘 쓸 줄 아는 인간, 겉과 속이 다른 인간, 너보다는 항상 '나'가 먼저인 인간, 정신보다는 물질에 탐닉하는 인간, 남자/여자, 젊은이/늙은이, 가진 자/못 가진 자 등 끊임없는 차별 의식에 물든 인간이 된 지 오래된 반쪽 인간이다.

일류병, 하나주의는 모든 인간의 가치관의 획일화를 지향하는 금전만능의 시대와 더불어 언제나 결과주의를 양산한다. 과정이야 어찌 되었든 결과만

좋으면 훌륭한 사람이 된다. 개처럼 벌어 정승처럼 쓴다는 말이, 도둑질을 해
서라도 양반만 되면 뒤탈이 없다는 말로 해석된다. 실제가 그렇다. 입시 부
정, 채용 비리, 학력 위조, 색깔론 시비, 지역 연고주의, 학벌과 파벌, 유전무
죄 무전유죄의 나라, 모로 가도 서울만 가면 된다는 믿음. 그래서 그것은 한
탕주의로 사회를 물들인다. 일확천금을 노리는 사람들의 작은 호주머니조차
도 털어가는 복권 국가, 땅과 집 투기 열풍이며 도박과 사행, 사기, 돈 봉투,
부당한 뒷거래, 상납이 일상이 되어 버린, 고위 공직자들의 비위가 끊임없이
발생하는 나라, 사람들, 우리의 자화상, 일그러진 그러나 미소의 가면을 쓴
대한민국.

　오늘날 상담이나 정신치료 현장에서 우리는 그러한 거짓과 위선, 탈법들,
한탕주의, 이기주의를 괴로워하는 사람들을 본 적이 있는가? 피상적으로라
도 자신의 잘못을 뉘우치며 괴로워하는 내담자나 환자를 만난 적이 있는가?
없다. 거의 아니, 전혀 없다. 왜 없을까? 무엇이 문제일까? 왜 그런지 회의해
본 적이 있는가? 내담자 모두가 법적으로, 사회적으로, 도덕적으로 깨끗한 사
람들이기 때문에? 아니다. 그건 순진한 생각이다. 그런 문제는 상담 가치조
차 없는 누구나 저지르는 당연한 일로 치부해 버리는 우리 모두의 관습적 사
고 때문이거나 아니면 그런 건 심리와는 무관한 지극히 보편적 삶이라는 통
념 때문이다. 우리 모두에게 그건 시장에 가는 일만큼이나 너무나 일상화된
행위라는 의미다. 그렇다면 우리는 지금 상담이니 치료라는 이름으로 무엇
을 하고 있는 것일까? 반쪽 상담, 반쪽 치료에 안주한 전문가? 위선적 지식
인? 아니면 행복한 바보?

　청계천(비리로 얼룩졌지만 감춰진) 공사 때문에 대통령이 되었다는 소문이
전국 각지의 시장, 군수들로 하여금 자기 지역의 하천 정비 사업에 막대한 예
산을 퍼붓게 만드는 나라, 이 나라 이 땅 그 어느 곳에 가도 똑같은 거리, 건
물, 푯말들, 상점이며 휴양지들, 그래서 결국은 한국의 소수 건설회사(대통령
과 관련된)만의 투기 잔치인 4대강 사업으로 전국이 소용돌이 속으로 빠져든
나라. 부정행위를 하더라도 성적만 좋으면 뛰어난 학생으로 인정받고 돈만

많으면 성공한 훌륭한 사람이 되는 나라. 사회적 직급이 높을수록 인격적으로 존중받는 이상한 나라. 그렇기에 자연이 파괴되고 생태계가 돌이킬 수 없는 상처를 입어도 운하만 완성되면, 강변마다 위락시설만 건설되면 과거는 잊히기 마련이라는 황당한 불도저식 논리가 먹혀드는 나라. 우리나라. 그리고 우리나라 사람들.

정답주의, 결과주의는 결국 외형주의, 겉치레, 체면, 껍데기주의를 가져온다. 실속이 없다. 폼생폼사다. 깊이도 인간적 그늘도 없다. 품격도 정성도 사라졌다. 사람을 깊이 사귈 줄도 모른다. 아니 인간과 인간의 만남이, 사랑이 무엇인지조차 잘 모른다. 만남은 오히려 아주 쉽게 오해를 만들고 아주 쉽게 헤어진다. 차라리 안 만나는 게 좋다. 만남은 오히려 인간 불신의 시작이다. 사랑 또한 너무나 손쉬운 미움과 질투의 씨앗이다. 그것 없이는 사랑이 아닐 정도다. 뿐만 아니다. 허례허식에 물든 사람들, 외모 지상주의와 성형 중독자들, 외제차를 부러워하는 사람들, 과시 욕구로 가득 찬 사람들, 거기에 한술 더 떠서 모든 매스컴이며 방송, 바보 상자가 연일 그것을 조장한다. 그래서 실력이 부족할수록 사무실이며 건물, 진료실이며 상담실은 그와 반대로 호화롭게 치장한다.

아이들이 왜 우는지, 왜 학교를 싫어하는지, 선생님에게 혼나고 나서 마음이 어떠한지를 깊게 헤아릴 줄 아는 부모들은 과연 이 땅에 몇 명이나 될까? 울지 마! 뚝! 공부가 싫으면 그만둬! 학교 가지 마! 옷을 그렇게 더럽히다니, 그게 뭐니? 밥 안 먹어? 먹기 싫음 그만 둬! 눈에 보이는 현상, 마지막 결과만 보는 반쪽짜리 부모들, 선생들. 모든 아이를 오직 얌전하고 말 잘 듣고 공부 잘하는 학생으로 만들려고만 하는 어른들, 교육제도며 종교, 경제, 사회, 모든 것에 스며든 국가적 음흉한 음모와 통제와 억압.

생명굿 수행자가 만나는 사람들은 바로 이러한 사회, 대한민국 사람들이다. 다른 한쪽은 그런 사람들에 의해서 끝없이 비교당하고 무시당하는 사람들, 스스로 자책하고 자학하며 죽고 싶어 하는 사람들, 우울과 무기력으로 고생하는 사람들, 모든 걸 사회와 부모 탓으로 돌릴 수는 없지만 때로는 미치도

록 그렇게 살 수밖에 없는 사람들, 알코올, 마약, 섹스, 돈, 중독자들이다. 우
리가 돈을 받고 자주 만나는 사람들, 아니 우리를 먹여 살리는 사람들 말이다.

　진정 우리는 그들에게 얼마나 의미 있는 도움을 주고 있는 것일까! 국가나
사회는 책임이 없는 것일까? 회의하지 않을 수가 없다. 때로는 슬픔과 절망
을, 때로는 이 사회와 나라에 대한 뼈저린 분노를 느낀다. 여성 비하가 심한
나라, 인권존중지수가 경제력에 비해 엄청 낮은 나라, 자살자, 교통사고가 월
등한 나라, 끝없는 군비 경쟁으로, 끝없는 사대주의 근성으로 고생하는 나라,
우리나라. 우리나라 사람들. 한반도의 반쪽, 남한, 남반구 사람들.

2) 정상과 비정상

　정상(normal)의 어원은 직각자(norma) 혹은 규범(normes)이라고 한다. 따
라서 정상인이란 직각자처럼 반듯한, 사회 규범에 잘 적응하는 사람을 일컫
는다. 오늘날 인간은 모두가 남자 아니면 여자로 구분되듯이 정상인과 비정
상인으로 구분된다. "비인간적이야, 비정해, 비과학적이야, 비능률적이야,
비위생적, 비타협적, 비민주적, 비생산적, 비건설적, 비행청소년, 비사교적
인간 등⋯⋯." 인간은 매우 쉽게 평가절하 내지는 비인간화된다. 매우 편리
한 이분법적 잣대다. 한마디로 비정상인은 정상적인 사회생활을 할 줄 모르
는 부적격자 내지는 규제, 감금, 교정 혹은 치료를 받아야만 할 인간이라는
의미다.

　정상의 기준은 무엇인가? 누가 그것을 결정하는가? 수단과 방법을 가리지
않고 사회 적응에 성공하는 것이 실패한 사람보다 정상이라고 말할 수 있을
까? 피부색이 검거나 황색이면 백색에 대해 비정상인가? 소위 문명이 발달
한 나라가 정상이고 국민 총생산이 높은 나라가 정상인가? 내 종교는 정상이
고 다른 종교를 갖는 자는 비정상인인가? 그토록 수 없는 전쟁을 일으키는 나
라며 지도자들은? 자연을 파괴하고 환경을 오염시키며 법의 이름으로 교묘
하게 임금을 착취하고 탈세를 밥 먹듯 하는 거대 기업의 사람들은? 정권의 시

녀로 전락한 언론인은? 가짜 학력, 논문 조작, 불법 투기, 땅 투기, 위장 전입을 일삼는 고위 공직자들은 정상인인가 아니면 교정되어야 마땅한 비정상인인가? 휴대전화, 인터넷에 중독되어 가는 우리는 정상인가 비정상인가? 불안을 느끼거나 우울을 느끼면 비정상인가? 가끔 미친 척하는 행동을 하는 것은? 융통성 하나 없는 국수주의자들, 반공주의자들은? 사대주의자들, 민족적 자존감 하나 없는 미국 일변도의 사고방식에 젖어 있는 자들은? 의사, 상담가, 치료자 등의 이름에 안주해 있는 실력 없는 사람들은? 공부 잘하는 학생들만 사람 취급하는 선생님들, 마음에 안 든다는 이유만으로, 딸이라는 이유만으로 자식을 미워하는 엄마나 아빠는? 계속 큰 평수, 큰 차, 큰 교회만을 찾는 사람들은 정상인가, 비정상인가? 부자만을 위한 대통령, 경제가 최고 가치가 되어 버린 나라의 사람들은? 온갖 편견과 무지와 나태에 찌든 지식인들은 정상인가 아닌가? 끊임없이 노력하고 자신을 갈고닦지 않는 상담가는? 실제 가족관계며 인간관계가 원활하거나 화목하지도 못한 분석가는?

소위 강박, 완벽주의, 우울이나 불안 혹은 자주 무의미에 시달리는 치료자는? 창조성이 결여된 매너리즘에 빠져 있는 수행자는 정상인가, 비정상인가? 인간을 대하면서 인간이 사는 이 현실, 사회 현상에는 무관심한 상담가는? 우리 모두는 오늘날 성공 중독증, 부자 망상증에 빠져들어 가고 있다. 내용이야 어떻든 겉만 그럴듯하면 되고, 과정이야 어떻든 결과만 좋으면 성공하는 세상이기 때문이다. 더욱 심각한 건 우리 자신이 바로 그러한 비정상적 사고의 노예라는 사실조차도 모르고 있다는 점이다. 이제 우리 한 번 깊게 사고해 보자.

우리는 자유로운가? 진정 나다움을 살고 있는가? 후회는 없는가? 나는 치료자라는 이름으로 인간을 병명이나 병리이론으로 만나고 있지는 않는가? 나는 죽은 과거의 이론으로 살아 있는 현재의 인간을 재단하고 있지는 않는가? 나는 인간과 인간의 진정한 만남의 의미를 진실로 이해하고 있는가? 또한 나는 매일매일 처음이자 마지막의 만남인 것처럼 사람들을 만나고자 노력하는가?

우리에겐 정상인, 비정상인 기준이 아닌 보다 시급한 문제가 있다. 그것은 오래되고 낡은 인간 심리가 아니라 사회 심리, 사회적 병리 현상을 일으키는 사람들에 대한 도덕적 기준이다. 예컨대, 정신과 병원에 치료를 받으러 오는 사람을 정신과(병) 환자라고 부른다면 사회적 물의를 일으키고 부정을 저지르는 사람들을 일컫는 용어가 있어야 할 때다. 개인의 모든 정신적 문제를 그 개인 탓으로 돌리려는 오래된 사회적 음모를 벗어나서 사회적으로 정상이라고 하지만 진짜 불건강한, 사회에 해를 입히는 인간들에 대한 사회 병리론이 필요하다. 인간 내면세계뿐만 아니라 사회적, 공적 행위, 경향성 내지는 숨겨진 거짓, 위선, 교만, 이기성, 타락한 정신까지도 아우를 수 있는 새로운 개념들이 강구되어야 한다. 우리는 그런 사람들을 치자(痴子) 혹은 치인(痴人)이라고 할 수 있다. 너무 색욕에 빠져 이성을 잃은 자를 정치(情痴)라고 일컫듯이 어느 하나에(실제로는 여럿이 겹치지만) 집착해서 정상적 판단을 잃어버린 어리석고 의식 없는 자들이기 때문이다. 그 대표적인 몇 가지를 예로 든다면 일반 서민에게서 흔히 보이는 5치와 공직자 중에서 자주 보이는 8치, 그리고 지식인 혹은 전문가들의 6치가 있다. 다음 괄호 안의 환(幻, 허깨비 환)은 환상(幻像)을 쫓는다는 의미다.

서민들의 5치

- **첫(환)치**: 소위 중증 일류병 환자들이다. 첫째가 되어야만 한다는 환상이 그들의 삶을 이끌어 간다. 그들은 어려서부터 선민의식이 주입된다. 철저히 타인과 다르다는 망상으로 길들여진다. 그래서 어떤 수단, 방법, 부정을 저질러서라도 남보다 앞서려 한다. 마음의 아픔, 병이 들건 말건 언제나 일등을 해야만 한다. 특히 성적, 학교, 직장에서의 일류가 삶의 유일한 목표며 가치다. 일등만 알아주는 세상이기 때문이다. 그리고 그것은 의상, 옷, 자동차, 음식 등 의식주 전반에 퍼진다. 한마디로 현실에 의해 조작된 삶의 허구적 행복에 허기지고 중독된 사람들이다.
- **껍(환)치**: 껍데기, 외형, 겉만 번지르한 체면 의식과 과시욕에 찌든 사

람을 일컫는다. 허장성세, 호화 관혼상제며 의식주를 지향하지만 그것은 일류병과 차이가 있다. 일류병이 주로 실력, 능력 중심이라면 껍치는 주로 졸부에서 보는 것처럼 무엇이든 돈과 겉치레로 자신의 무능감 혹은 열등감을 보상하려고 한다.

- 깔(환)치: 타인을 업신여기는 재미, 깔보고 비난하고 짓밟는 재미를 낙으로 삼는 인간들이 여기에 속한다. 오죽 못났으면 그러겠는가마는 아무튼 아주 사소한 권리, 역할, 상황에서도 그들은 타인의 약점 아닌 약점을 잡아냄으로써 자신이 잘났다는 것을 내세운다. 자신이 먼저 잘못했으면서도 큰소리 먼저 치는 부류 또한 여기에 속한다.

- 맹(화)치: 맹목적 환상, 부자 되는 환상, 누군가를 하나님, 교주라는 맹신으로 자신의 영혼을 가득 채운 사람들, 가족이나 주변의 살아 있는 인간과의 만남보다는 수천 년 전에 죽은, 만난 적도 없는 인물에 대한 눈먼 짝사랑과도 같은, 오직 망상적 환상과 세뇌되고 최면에 걸린 듯한 신앙과 믿음 속에서 살아간다. 그들은 자신만이 이 지상에서 신에게 선택된 인간이라는 비이성적으로 마취된 사람들이다.

- 꼴(환)치: 한마디로 사회적 도덕의식이 전혀 없는 사람들이다. 어느 곳에서든 오직 자기밖에 없는 듯 행동한다. 아무에게나 시비 걸고, 아무 데서나 침 뱉고 담배꽁초를 버린다. 그야말로 꼴불견이다. 목불인견, 볼썽사나운 짓은 골라가면서 한다. 지나친 노출증, 고성방가, 짙은 화장, 참을 수 없는 무례한 행동, 세상에서 제일 똑똑한 척하는 자기 자랑과 선전이 그들의 몫이다.

공직자들의 8치

- 돈(환)치: 돈이면 귀신도 부린다는 환상을 가진 사람들이다. 인생이란 것이 '돈이면 다다'. 사람조차도 돈으로 보인다. 돈이라면 물불 안 가린다. 그들에겐 공직자 역할이 곧 돈 긁어모으는 자리다. 그래서 수단 방법 안 가리고 돈 잘 굴러들어 오는 자리, 윗자리를 향해 끊임없이 악전고투한

다. 그러나 겉으로는 가장 깨끗한, 의리 있는 인간인 척을 잘한다.

- **출(환)치**: 출세와 성공의 환상에 목매는 사람들이다. 겉으로는 돈치와 구
분되지만 실제로는 구분이 어렵다. 돈 밝힘증을 드러내놓느냐 철저히
감추느냐 차이이다. 예컨대, 그들은 가문의 영광, 성씨에 따른 인물 이야
기를 버젓이 내세운다. 오래된 조선시대 유교사상의 낡은 유물이며 환
상이 여전히 득세한다. 실제 실력보다는 그런 식의 족보 자랑이 아직도
보편화되어 있기 때문이다. 지역색, 지역 차별 또한 여기에 기생해서 자
란다.

- **짜(가)치**: 한마디로 가짜 인간이다. 하는 말은 대부분 거짓말이고 학력이
며 출신 성분이 상당 부분 조작되어 있다. 이 사회가 그러니 별 수 없지
않느냐가 그들의 변명이다. 그러고서도 아주 당당하다. 가짜 경력, 가짜
논문, 가짜 전문가, 가짜 유학 등. 그들과 사회적으로 물의를 일으키는
사기꾼들과의 차이는 그들이 어엿한 공복(공무원 또는 정치인)이라는 사
실이다. [괄호 안의 가(假, 빌 가)는 거짓, 가짜를 의미한다.]

- **권(환)치**: 권력(욕)에 취해 버린 사람들이다. 서민의 경우 깔치와 비슷하
다. 누구나 자기 앞에서는 굽신거려야 한다고 생각한다. 지극히 권위적
이다. 가족조차도 임금 대하듯 깍듯이 모셔야 한다. 그들이 한 번 행차
할 때마다 온 동네가 요란하다. 높은 자리일수록 시민이 길거리에 도열
해야 한다. 시장에 가서 서민과 사진 찍는 괴상한 취미로 자신의 권력욕
을 감추기도 한다. 아니, 자랑스러워한다.

- **허(환)치**: 자기가 없다. 일종의 인간 허수아비다. 꼭두각시며 기계다. 명
령에 따라 움직이며 지시가 없으면 스스로 할 줄 아는 게 아무것도 없다.
무능하지만 조직에서는 충복이라고 불린다. 말 잘 듣는 충견인 셈이다.
배반도 없다. 그러니 무슨 일이든 시키지 못할 게 무엇이 있겠는가? 그
들은 그저 윗사람이 흘린 콩고물 같은 촌지에도 감지덕지 고마워한다.
한마디로 현대판 노예나 다름없다.

- **아(환)치**: 힘 있는 대상을 향한 아부가 곧 그들 삶의 첫 번째 기준이다. 자

존심이건 애국심이건 그것은 배부른 소리다. 한마디로 사대주의에 찌든 영혼이다. 어쩌다 미국, 중국, 일본, 유럽과 연줄이 닿았고(주로 유학파들) 귀국 후에는 오직 그 나라를 모방하는 데 앞장선다. 그것도 국가 발전이니 선진화니 하는 온갖 그럴듯한 명분을 가지고서. 현재로서는 온 국민 영어 몰입식 교육을 부르짖는 자들이 대표적인 아치들이다.

- **파(환)치**: 혼자 하기에는 불가해서 언제나 끼리끼리 파당을 형성한다. 조직의 힘을 자기 힘으로 착각한다. 항상 우리 편, 우리 조직, 우리 힘, 우리 반, 우리 회사다. 그래서 우리 사회 전반에 걸쳐 틈만 있으면 계파가 만들어지고 파벌이 형성된다. 인간보다는 당리당략이 먼저다. 그들은 공복이면서도 공적 이념이 아닌 사적 계파의 이득에 따라 움직이다. 그렇기에 이 사회며 국가가 썩어가지 않을 수 없다. 때에 따라 간에 붙거나 쓸개에 붙는 수많은 정치인 또한 여기에 해당한다.

- **도(환)치**: 한마디로 양심 불량 인간이다. 허가받은 도둑이다. 탈세는 기본이고 거짓 서류 조작, 논문 위조 또한 버젓이 행한다. 자기만 잘살면 된다는 이 나라 근본 교육의 잘못을 모범적으로 실천하는 사람들이다. "이 정도 가지고 뭘 그래, 난 그래도 약과야."가 그들의 양심이다. 못하는 자가 오히려 바보가 된다. 그리고 그런 도치들이 들끓는, 그런 자들이 버젓이 출세하고 성공하는 나라가 민주주의 국가라고 하는 우리 대한민국이다.

지식인/전문가의 6치

- **명치**: 명함에 새겨진 화려한 알맹이 없는 경력으로 사람들 기를 죽이는 전문가다. 장자 붙은, 무슨 위원이며 회원, 한마디로 뛰어난 사람, 능력이 많은 사람이라는 인상을 풍긴다. 헌데 아니다. 그런 지식인일수록 실력이 없다. 머리가 텅 비었다. 그래서 이것저것 가져다 모은다. 의상이며 사무실, 집기며 커피 잔조차 화려하다. 게다가 말솜씨 좋고 친절하기까지 하다. 능력이 부족하니 그런 걸로라도 생색을 낼 수밖에 없는 처지

다. 앞의 껍치와도 많이 닮았다.

- **폼치**: 한마디로 전혀 전문가가 아니다. 폼만 지식인이요 전문가다. 허울뿐이다. 실력도 지식도 턱없이 부족하다. 그러나 언변은 지식인 뺨친다. 달변이거나 반대로 매우 어눌하다. 티를 내는 것이다. 그래서 처음엔 잘 속지만 나중에는 어렵사리 들통난다. 그들은 대부분 국내나 외국의 저명인사들과의 사진을 족보처럼 모시고 다니는 특징이 있다.

- **감치**: 감정이 완전히 메말라 있는 전문가들이다. 인간적 요소란 찾아볼 수 없다. 온통 이론으로 무장해 있기 때문이다. 그들에게는 그것이 자랑이다. 차가움과 냉정함이 냉철한 이성과 판단력으로 착각된다. 언제나 타인을 판단, 비평, 단정 짓는 데 매우 익숙하다. 거의 병적일 정도로 인간을 만날 수 있는 능력이 결여되어 있다. 그래서 이론만으로 자신을 그럴듯한 전문가로 포장한다. 겉으로는 매우 세련되고 지적으로 보이지만 그와 비례해서 속은 공허로 채워져 있다.

- **박치**: 한마디로 존경받는 박사님이시다. 유명인사요 실력이 짱이다. 매스컴에도 잘 알려져 있고 일반인도 소문으로 잘 알고 있다. 그래서 바쁘다. 돈이 굴러들어온다. 의사라면 3시간에 100명을 보는 건 일도 아니다. 사람이 아니라 기계, 검사 기계 같다. 사람은 안 보고 컴퓨터만으로 진료가 끝난다. 만약 상담전문가라면 워낙 유명해져서 상담보다는 교육, 교육보다는 돈 되는 일에 더 바쁘다.

- **보치**: 그들은 전문가이기 이전에 두목이다. 한 집단의 대장이다. 마치 암흑가의 보스 같다. 뭐든 부하(밑의 사람, 제자들)에게 명령만 하면 된다. 논문도, 번역 사업도, 출판업도 성업 중이지만 사실은 모두가 제자들이 도맡아 한다. 그들은 시간강사만큼이나 현대판 노예다. 정말 잘못되고 부당한 일이다. 그런데도 아무런 뉘우침이 없다. 당연하다. 모두가 다 그러니까. 한국 지식인 사회가 모두 똑같은데, 아니 나라 전체가 다 그런 식인데……. 오래된 권력의 오만과 횡포……. 막을 수 있는 제도 자체가 아예 없다. 미치지 않는 한 아무도 나서지 않는다.

• 게치: 정말 게으르고 안일 무사한 전문가들이다. 지식인 사회에서 제일 흔히 만나는 유형이다. 대학 사회라면 공부보다는 보직이 우선이다. 정치적이고 파벌 형성적이다. 이해득실에 따라 간에 붙었다 쓸개에 붙었다 해서 파치와 다름없다. 나이가 들수록 욕심 또한 늘어난다. 공부 욕심 아닌 자리 보존욕 때문이다. 공부 능력 자체가 부족한 사람인데도 후학을 위해 신사답게 물러설 줄 모른다. 젊어서 받은 박사며, 전문가 자격증만이 그들의 존재를 증명할 뿐이다. 한마디로 어떻게 저 사람이 전문가가 되었나 할 정도다.

이상의 서민 5치와 공직자 8치 그리고 지식인 6치의 공통된 진단 기준은 다음과 같다.

첫째, 자각 증상이 없다. 자신이 잘못하고 있다는 괴로운 생각이나 느낌이 결여되어 있다. 따라서 스스로 치유받고자 하는 마음이 전혀 없다. 오히려 자신이 잘났다고 생각한다.

둘째, 최소 5년 이상 장기적인 경향을 보인다. 그러한 치중 성향은 자주 세습되는 경향이 있다.

셋째, 그들은 공통적으로 의식 있는 다른 사람들에게 혐오감, 불신감, 세상에 대한 절망감 등을 일으키지만 본인 자신은 마치 얼굴에 철갑을 두른 듯이 당당하다(역으로 멋모르는 대중의 부러움을 일으키는 경우도 많다. 실제로 매스컴을 잘 알고, 자신을 상품처럼 잘 포장할 줄 알고, 남을 잘 속이는 능력이 특출난 사람들이다).

넷째, 그들의 행위는 심리 분석과 달리 구체적 증거를 찾을 수 있다. 그러나 만약 증거가 드러날 경우 한결같이 "아니다, 생각이 안 난다."고 거짓말을 일삼으며 만에 하나 어쩌다 '재수 없이 걸러들어' 감옥에 가더라도 금방 자신의 치의 장점을 이용해 쉽게 풀려 나온다.

다섯째, 그들은 자신이 이 사회에서 모든 정상인의 모범으로 살아간다고 믿는다. 그래서 때로는 자신이 얼마나 큰 야망을 가지고 살아 왔는가를 자랑하는, 부끄러움 하나 없는 자서전적 이야기를 책으로 출판하기도 한다(온갖 환치적 이야기, 뒷이야기, 부당한 짓거리는 완전히 빠져 있다).

여섯째, 그들은 하나의 치가 아닌 보통 2~4개씩 겹치는 치를 보이는 경향이 높다.

이상 8치와 5치 그리고 6치에 대해 생각했던 바를 간략히 정리해 보았다(관심 있는 사람들의 보다 깊은 연구를 기대한다).

3) 이론의 횡포

인간에 관한 이론과 지식 중 대표적인 학문이 철학이다. 그것은 과학, 예술 등과는 달리 인간에 관한, 특히 인간 정신에 대한 끝없는 새로운 개념, 관념을 만들어 왔다. 결과적으로 철학은 인간과 사회에 대한 일종의 도덕 명령(예: 형이상학, 중세 서양 철학, 유교 철학 등)이 되었고, 인간의 차이, 다양성을 사유하기보다는 하나의 보편적 이론 속에 인간을 가두는 우를 범해 왔다(르네상스 이후의 계몽사항, 인본주의, 구조주의 등이 그 대표적인 예라 할 수 있다).

반면 인간은 역사 이래로 항상 기존의 이론/지식에 대해 성찰하고 회의하였다. 기원전 5~6세기경 서양의 헤라클레이토스, 동양의 노자가 그랬다. 그들은 "인간은 이렇게 저렇게 살아야만 한다."는 논리를 비웃었다. 왜 자유로운 삶을 구속하느냐는 것이다. 한마디로 인간과 자연의 본래적인 흐름, 끝없는 변화 현상만을 논했을 뿐 인간을 구속하는 인위적 이론 자체를 거부한 것이다. 깊게 사유하고 깊게 회의한 결과다. 그 이후 17세기에는 데카르트, 스피노자, 19세기에는 니체의 회의 사상이 한 시대를 풍미하였다. 그들의 회의 사상은 현대에 와서 1968년, 프랑스의 68사상으로 종합 계승된 듯 보인다.

68사상이란 통상 연대기적으로 1968년, 프랑스의 5월 혁명과 사상적으로 많은 영감을 나누었던 사람들, 푸코, 알튀세, 데리다, 라캉, 부르디외, 들뢰즈

등의 사상을 일컫는다(Ferry, L. 1986). 한마디로 반인간중심주의 사상이라고 말할 수 있다. 왜냐하면 그들 모두가 그동안 인간만의 고유성이라는 모든 규정을 마치 혁명처럼 거부했기 때문이다. 인간중심주의라는 발상 자체가 오히려 인간을 억압하는 원인으로 보았기 때문이다. 예컨대, 인간 이성 안에는 이성에 대항하는 것은 무조건 억눌러 버리는 폭력성이 존재하며(Derrida), 이성의 보편적 규범 또한 무조건 외부성을 부정해 버리며(Foucault), 민주주의는 부르주아들의 이데올로기에 불과하다는 것이다(Bourdieu).

68사상은 푸코로 하여금 지식과 권력을 회의하고 사유하게 한다. 그에게 지식은 전부 권력과 연관된다(Ferry, L. 1986). 모든 지식은 순수한 진리의 탐구가 아니다. 그것은 온갖 정보를 자기 식으로 가공하여 '사실'이라는 딱지를 붙인 것이다. 그 과정에서 권력이 작동된다. 언제나 힘과 배제의 원리가 동반된다. 사회적으로 훨씬 유익하고 좋은 지식일지라도 자신의 입맛에 안 맞으면 폄하, 배제, 도태된다. 따라서 개별 학자들, 전문가들, 지식인들은 단순히 권력의 도구, 지식 공장의 종업원일 뿐이다. 그래서 우리는 모든 이론, 지식을 의심해야만 한다는 것이 푸코의 생각이다.

오늘날에는 우리가 그동안 철석같이 믿어 왔던 보편 개념, 예컨대 민주주의, 정의, 자유에 대해 여러 학자들이 회의의 눈길을 보내고 있다. "민주주의는 죽었는가?"(Agamben, 2010)에서 그들은 오늘날 민주주의를 극소수자만의 통치, 인민 없는 통치, 자격 없는 자들의 권력(놀이), 기업의 권력 밑에 꿇어 엎드린, 껍데기만 남은 텅 빈 기표라고 생각한다. 내용도 빈약할 뿐만 아니라 애매모호한, 기업들의 수익성만을 위한, 자기들만의 체제 정당화 이데올로기라는 것이다. 그래서 네그리(2008)는 21세기 변혁운동의 중심과제는 다중(특이성을 보존하면서도 소통을 통해 공통성을 만들어 가는 능동적 주체: multitude)의 자기 조직화를 통해 절대적 민주주의로 나아가는 것이다. 그동안 당연시해 오던 당 조직이며 대의제를 해체하고 스피노자가 말했던 민주주의처럼 아래로부터 사회관계를 다시 구성하고 다양한 방식으로 자기 조직화해 나가야 한다는 의미다.

마이클 샌델(2018)은 정의를 좋은 삶을 위한 고민이라고 규정한다. 그것은 개인의 삶을 넘어 공동체 의식을 필요로 하는, 인간의 미덕을 장려하는 것과 관련된다. 그래서 그는 정의로운 정치를 시민의식, 봉사와 희생, 소득의 공정한 분배, 도덕과 영적 문제에 진지하게 고민하고 개입하는 등 새로운 정치를 말한다. 과연 그럴까? 그것이 정의인가? 많이 미국적이고, 참 많이 소박하다. 그것은 지금까지의 민주주의가 실체 없는 공허한 이념으로 부르짖은 내용이 아니던가? 그렇다. 정의는 개인이나 시민의식이 아니다. 그것은 권력자들이 자신의 특권적, 이기적, 배타적 행위를 참칭하는 용어다. 역사가 증명하고 있다. 그 많은 종교전쟁은 신의 정의로, 그 수많은 식민지화는 문명의 정의며, 주적(主敵) 개념에 의한 전쟁은 민주화를 위한 정의다. 한마디로 정의는 사라진 지 오래되었다. 이미 오래전에 곧고(正) 의로운(義) 정치체제도, 사회도, 그리고 인간도 찾아보기 힘든 시대가 된 것이다. 그럴듯하게 부르짖었던 도덕 정신, 미덕, 시민의식 말이다. 실천 없는 공허한 구호, 미사여구 말이다. 한마디로 정의는 사전 속이나 우리의 꿈속에 존재하는 개념일 뿐이다. 오늘날 이 지상에는 결코 정의는 존재하지 않는다. 만약 존재한다면 가진 자, 권력자 그들만의 정의일 뿐이다.

그렇다면 자유는? 그것 또한 오늘날 더욱 참담한 개념이 되었다. 독일 철학자 막스 셸러(Frings, M. S., 2003)는 유기체적인 것으로부터 실존적으로 해방되어 있는 정신 자체를 자유라고 생각한다. 강제로부터, 압력으로부터, 유기적인 것(조직기관)의 예속으로부터, 그리고 생명으로부터, 따라서 충동적 지능으로부터도 해방된 정신이 곧 자유라는 것이다. 하지만 셸러의 개념은 너무 추상적이다. 지나치게 관념적이다. 마치 실체가 없는 환상과도 같은 자유 개념처럼 보인다. 차라리 실제적 삶에서 인간은 자유로운 존재인가를 묻는 것이 타당해 보인다. 과거에는 하늘의 뜻, 신의 의지와 인간 스스로의 자유의지가 부딪쳤다면 오늘날에는 인간의 자유의지는 문명사회의 제반 규제와 국가적 통제에 대항하는 의미가 더 강하다. 하지만 과연 그럴까? 예컨대, 우리에게 진정한 언론의 자유가 있는가? 부모나 친구, 사회적 분위기와 전혀 무관한 종교의 자유는 있는가? 결사의 자유는? 회의하지 않을 수 없다. 한마디로 우리는 정의와 마찬가지로 허울뿐인 자유, 자기 위로적인 자유의지의 환상, 잘 규제되고 정돈된 도시의 미로 속을 헤매는 자유만이 주어져 있을 뿐이다. 영혼의 자유, 생명의 자유, 자연이 누리는 자연스러운 순수한 자유는 이미 문명에 의해 중재된 제반 삶의 가치들과 맞바꾸어 버린 지 매우 오래되었다.

정신분석 이론은 어떤가? 정신분석이 처음 나왔던 1900년 초부터 프로이트 이론은 냉대를 받았다(Light, 1980). 1920~1930년대에는 말리노프스키, 마가렛 미드, 루스 베네딕트 등에 의해 프로이트의 '토템과 터부'가 과학적으로 일고의 가치가 없음이 드러났다. 그의 제자였던 융, 아들러, 슈테켈 등이 그를 떠나기 시작했으며, 1920년대부터 정신분석의 치료 효과에 대한 통계적 의문이 시작되었다. 1967년 미국 정신분석학회 자체의 조사 발표(10년간 숨겨왔던) 자료에는 여섯 명 중 겨우 한 명만이 치유된 것으로 나타났다. 1988년 제프리 매슨(Jeffrey Masson)의 『치료에 반대한다(Against Therapy)』에서는 프로이트의 도라 사례가 "프로이트 자신의 이론이 옳다는 증거를 더 많이 찾으려고 환자의 필요는 무시했다."는, 다시 말해서 정신분석은 처음부터 잘못 출발했다는 분석이 나온다. 또한 그는 프로이트뿐만 아니라 융의 반유대주의, 그리고 그들 외에 칼 로저스, 프리츠 펄스, 롤로 메이, 에이브리햄 매슬로, 밀턴 에릭슨 등에서 엄청난 권위주의를 발견한다. 한마디로 정신분석은 거의 다 엉터리요, 치료법으로서 효용성이 없으며(Light, 1980), 추측과 설득에 의한, 실패한, 죽은 관념이기에 폐기 처분하는 것이 당연하다고 말하고 있다.

이제 제반 보편적 심리·상담 이론들을 숙고해 보자. 오늘날 많은 심리상담 치료이론이 프로이트의 정신분석을 토대로 뿌리를 뻗어왔다. 대상관계이론, 라캉 이론, 게슈탈트 이론, 융이며 아들러 이론, 역동 상담 이론 등 대부분은 가치중립적 이론이다. 인간의 가치 판단과는 무관하다. 예컨대, 심리 이론은 인간에 대한 윤리, 도덕적 시각으로부터 초연한 과학적 논리라는 맹목적

확신은 인간을 기존의 낡은 정상/비정상 이론으로 오만하게 구분한다. 그래서 어떻게 하든 사회 현실이 요구하는 잘 적응하는 정상 인간이 일차적 치료 목표가 된다. 사회적 부조리, 인간의 비윤리적 사고며 행위 그 자체에 대해서는 무관심하다. 삶의 구체적 현장과는 멀리 떨어져 있는 상담실에서만 통용되는 추상적 심리 이론이 대부분이기 때문이다. 뿐만 아니다. 그것은 모든 인간의 사고와 행위를 인과론적으로 원인, 동기를 찾아내는 이론이다. 모든 삶에는 필연적 이유가 있다는 결정론적 사고방식의 결과이며 정신분석의 영향이다. 결코 언어화할 수 없는 현상(몽상이며 환상, 절정 경험, 신비 경험 등), 원인 없는 자연 현상, 혼란스러움, 우연, 무의미에 대해 무지하거나 아니면 그마저도 인과론적으로 설명하려고 한다. 설명이 되지 않거나 언어화가 안 되면 무의식적인 것, 본능적인 것, 심지어는 카오스적 현상으로 치부해 버린다. 그래서 인간의 자연성, 야성, 다양성 또한 그러한 이론적 틀 안에 갇히거나 종속된다. 특이성, 예외적 현상, 광기, 비이성적 힘이라는 이름 등으로. 따라서 그것은 지극히 주관적인 이론체계다. 뿐만 아니라 대부분의 이론이 시대적 한계성에서 벗어나지 못하고 있을 뿐만 아니라 보다 객관적인 논리며 증거를 제시하지 못하고 있다. 그런데도 많은 치료자며 상담가들은 인간 심리를 다룬다는 미묘한 지적, 위계적, 권위적 체계를 만들어 보편화시킴으로써 오랫동안 인간을 분석, 판단하는 위엄 있는 전문 세계를 형성하였다. 그리고 다른 인간 문화(예술, 철학, 역사, 사회 경제 등)와는 교류가 없는 자신의 이론만을 참조하는 폐쇄 사회를 형성해 왔다.

　그러한 제반 심리 이론의 중심 개념을 생명의 시각으로 비추어 볼 때 여러 면에서 상호 충돌하는 현상을 볼 수 있다. 예컨대, 대부분의 심리 이론은 모든 인간을 남성/여성만으로 분류한다. 성(性) 중심 이론이 본질적인 것이 되어 버린다. 자식과 아버지, 어머니 관계, 연인 관계며 예술적 창조 행위, 비행과 중독 등 모든 행위가 아이의 성장 과정에서의 양성 간의 문제로 변질된다. 이성 간의 로맨스 드라마로 해석된다. 그래서 결국 모든 인간의 다양성, 다양한 성(중성, 식물성, 동물성……)이며, 사회적·환경적 요인은 모두가 비본질적인 것으로 되어 버린다(생명굿에선 성을 넘어선다).

무의식 기전, 예컨대 검열, 전이 현상 등이 과연 무의식만일까? 의식이 전혀 모르고 있는 무의식 기전이라고 말하는 것은 마치 그러한 무의식이 가장 자연스러운, 자연 발생적인 것이라고 말하는 것과 같다. 실제로 투사며 합리화 등 많은 무의식 기전은 한마디로 의식적 요소를 무의식으로 옮겨간 이론일 뿐이다(Bakhtin, 1998). (생명굿에선 무의식의 언어화가 아닌 온몸/의식의 행위화에 초점을 둔다. 오히려 무의식을 창조하고자 한다). 의식/무의식, 이드/에고/슈퍼에고 간의 힘들의 상호 적대성, 몰이해, 통제와 억압 이론은 마치 인간과 사회 법률 간의 싸움처럼 매우 의식적이다. 그런 투쟁은 두 가지 서로 다른 사상, 두 가지의 이데올로기 사이 혹은 두 명의 적대자 사이에서나 가능한 방식이다. 한마디로 인간의 심리 세계는 온통 전쟁터이고 인간 의식 자체는 항상 철저하게 패배해야만 한다는 것인가?(Bakhtin, 1998)

성격 형성이 유아기의 성장단계 특성에 따른다는 이론은 지나치게 이론을 위한 이론이다. 과연 그런가? 우리의 성격 형성은 자라난 환경, 물질적 토대, 주변 인물이며, 또래, 사회적 영향과는 무관한 것인가? 아버지의 직업이며 가족과의 관계, 조부모의 영향이며 성장 과정의 시대적 · 역사적 요인은 성격 형성과는 무관하다는 말인가? 그러한 서양의 일방적인 발달 이론은 인간을 지극히 단순한 몇 가지 심리적이고 기계적인 논리로 유형화함으로써 인간의 그 수많은 다양성을 무시하는 이론일 뿐이다(생명굿에선 유형화 이론이며 성장단계에 따른 성격 이론 같은 것은 없다). 뿐만 아니라 유아기를, 오이디푸스 콤플렉스를 회고적, 자유 연상적으로 해석한다고 하는데 그것은 과연 순수한 과거 그 자체인가? 현재의 시각에서, 지금 이 순간의 만남의 현장에서의 과거(채색되고, 수정되거나 변형된)가 아닌가? 그리고 기억상의 오류는 어떻게 파악할 수 있는가?

인간은 그 누구도, 그 어떤 천재도 시대적, 환경적 영향을 벗어날 수는 없다고 말한다. 프로이트 역시 1800년대의 유럽 사상에 자주 등장했던 무의식, 이중 심리 관념과 유아 성욕, 억압, 초자아 등 이미 존재했던 개념들로 정신분석이론을 확립하였다(Light, 1980). 아니다. 인간의 정신 역사를 전체적으로 조망했을 때 인류 문명은 항상 이미 주어진 앞선 문제를 회의하고, 그 시대에 새로운 문제를 제기해 온 역사라고 볼 수 있다. 언제나 역사에는 기존의 이론 체계, 진리 개념을 있는 그대로 받아들이지 못하는 사람들이 나타나기 때문이다. 그들은 끝없이 회의하고 의심해 보고 새로운 문제의식을 만들어 냈다. 비록 그 시대의 영향을 완전히 벗어날 수는 없었다 할지라도. 플라톤에 대해 아리스토텔레스가, 중세 사상에 대해 갈릴레오며 코페르니쿠스가, 그 외에도 아인슈타인, 쇤베르크, 세잔 등의 끝없는 변신, 변화의 역사, 그것은 곧 인간의 근원적 본능에서 시작된 생명력, 그 자체의 힘, 사유 능력으로서의 회의 정신이었다.

오늘날 지금 이곳을 사는 상담전문가, 정신치료 혹은 생명굿 전문가라면 우리 또한 우리가 오랫동안 믿고 따랐던 제반 기존 이론, 지식 실천 방법에 대해 끝없이 질문하고 의문을 갖고 새로운 대안을 찾아 나가야만 하지 않겠는가? 우리 자신을 위해서 그리고 우리가 만나는 많은 사람을 위해서. 우리만의 전문지식이 아닌, 우리만의 소통을 넘어서서 많은 사람의 앎과 삶의 괴리를 좁히는 진정한 전문가가 되기 위해서. 지금 모든, 우리에게 필요한 것은 다음과 같은 상담자 내지는 치료자로서의 기본적인 시각의 변화다. 그것은 생명굿의 기본 시각을 반영한다.

첫째, 그 어떤 심리 · 상담 이론이라 할지라도 인간을 완벽하게 이론화, 유형화, 체계화할 수 없다는 근본적인 인식이 중요하다. 왜냐하면 인간의 정신 세계의 깊이뿐만 아니라 그 어떤 기존의 언어만으로는 인간 심리를 모두 표현할 수 없기 때문이다. 인간은 또한 '인간'이라는 이름으로 동일화할 수 없는 다양성과 차이의 존재이며 그 어떤 순간에도 종결지어 말할 수 없는, 바흐친의 언어로 종결 불가능의 존재다(이득재, 2003).

둘째, 인간은 미묘한 심리 너머 복잡다단한 사회적 환경의 영향을 끊임없이 받으며 살아가고 있는 존재다. 사회적, 경제적, 나아가 종교, 교육 등 그 어떤 성장 환경적 요소도 피할 수 없다. 따라서 수많은 예외성, 특수성이 발생할 수 있기에 심리상담 이론은 그러한 시대적 사회 환경이 중요하게 고려될 여지가 있어야만 한다. 예컨대, 완성된 이론체계가 아니라 시대와 장소에 따라 언제든지 변경, 변형해서 응용될 수 있는 가변성을 내포할 수 있는 이론이어야 한다.

셋째, 과학적이라는 이론 혹은 개념의 좁은 틀을 벗어나서 예술, 철학, 여타 과학 등 날로 변해 가는 타 장르들의 영향에 개방적이어야 한다. 그러한 인문학적 제반 분야들과 언제든지 상호 교류가 가능한 개념의 창조를 통해 인간 이해에 대한 확장된 시각을 유지해 나아가야만 한다.

넷째, 인간은 의미를 전달하는 데 40%는 언어를 통해서, 60%는 비언어적 수단을 통해 소통을 한다고 한다. 따라서 향후의 심리 · 상담 이론은 언어적 개념을 넘어서 다양한 몸과 행위에 대한 시각과 개념을 창조해 낼 수 있어야 한다.

다섯째, 마지막으로 서양의 상담 · 심리 이론 일변도의 한국적 현실은 우리를 슬프게 하는 것 중 하나다. 왜 한국 고유의 인간 발달 이론이며 심리 · 상담 이론은 아직 없는가? 지금, 이곳, 이 땅의 사람들에게 진정 도움이 될 이론의 개발은 영원히 불가능한 일인가?

• 제5장 •

생명굿
—실제 편

1. 생명굿의 특성

1) 참된 만남

니체(1881)는 인간에게 가장 위험한 망각은 만남이라고 말한다. "타인을 만나는 것을 잊는 것에서 시작, 사랑할 가치가 있는 것을 더 이상 스스로 발견하지 않는 일로 인생이 끝나버리는 것." 들뢰즈(Heart, 2004) 역시 모든 존재는 그 무엇과의 만남이라고 생각한다. "모든 삶은 다른 어떤 기계와 연결되는 한에서만 작동되고 존재한다. 연결을 제외한 그 어떤 현재적 삶도 존재하지 않는다."는 것이다. 그래서 들뢰즈에게 사랑이란 우리를 가능한 세계로 열리게 하는 다른 사람과의 만남이 된다. 그로토우스키(1975)에겐 연극의 핵심 또한 만남이었다. 자기의 전 존재가 휩쓸려 들어가는 맞부딪침과도 같은 만남, 그래서 그는 연극을 성스러운 시간(Holiday, 삶의 본질을 신성하게 보는 시간), 또는 제의적 예술품(ritual arts)이라고 불렀다.

생명굿에서의 만남 역시 일상적 만남과는 그 의미가 다르다. 한 회기, 지금 이곳에서의 집단적 만남은 무엇보다도 있는 그대로의 자기 노출을 토대로 이루어진다. 마치 공중목욕탕에서 모두가 현실의 옷을 벗어 던지고 있는 그대로의 알몸으로 만나듯 생명굿 참가자들은 그 어떤 현실적 허례허식도 내어 던지고 알마음으로 만나야 한다. 또한 알님은 자신의 내면세계의 인물들과도 진심으로 만나야 한다. 일상 현실에서는 단 한 번도 표현해 보지 못했던 속 깊은 곳에서 우러나오는 만남이다. 그 외에도 관찰자적 입장을 벗어던진 터무리들과 알님의 만남, 알님과 알님지기의 처절한 부딪침으로써의 만남 등이 그것이다.

생명굿에서의 그러한 만남은 마치 제의에서 보이는 수평적 만남이면서 종결 불가능한 만남과도 같다. 우선 러시아의 철학자 바흐친(정화열, 1999)의 말을 들어 보자. 그는 카니발적 세계관을 펼쳐 보이는 가운데 다음과 같은 말을 한다. "우리는 얼굴과 얼굴을 맞대고 이야기하기 위해서 카니발적인 자유가 필요하다. 지난 수천 년간 인간은 서로 만나고 한데 어울렸다. 카니발은 커다란 대화의 열린 구조를 창조해 낸다." 그래서 그의 네 가지 카테고리로 이루어진 카니발적 세계관 중 첫째가 만남이요 접촉이다. 예컨대, 사람과 사람 사이가 좁혀지고 자유롭고, 스스럼없이 사람들 간의 접촉이, 만남이 효력을 발생함으로써 자유로운 몸짓과 솔직한 언어가 탄생하는 것이다. 일상의 질서와 체계를 규정짓는 온갖 구속, 금기, 법칙, 계급적 불평등, 연령 차이, 수직적 위계질서와 그와 관련된 공포, 경건, 예절 형식 등이 제거되는 것이다. 한마디로 제의에 대한 현대적 해석의 요점은 모든 중심, 위계질서가 사라지고 오직 인간과 인간의 만남이, 접촉과 연결이 있을 뿐이라는 이야기이다. 수평적 만남이다. 알님의 사적인 현실, 그만의 만남의 세계라 할지라도 참가자는 모두가 구경꾼의 입장을 벗어나서 보다 적극적으로 진행 과정에 개입하고 보다 창조적으로 굿에 참여한다는 뜻이다.

그러한 만남은 종결 불가능성의 만남을 함축한다. '종결 불가능성'이라는 용어는 바흐친 철학의 중심을 이루는 개념이다(Morson, 2006). 그것은 결코 그 어떤 언어로도 규정되거나 정당화될 수 없는 우주, 자연, 카오스, 무의미의 세계뿐만 아니라 역사, 문화, 인간(자아), 언어의 세계에도 해당되는 말이다. 한마디로 그것은 그 어떤 것도, 인간의 만남조차도 완결되거나 종결될 수 없는, 진행 과정 중에 있는, 되어 나가고 있는(becoming) 단계에 있는, 아직 최후의 말은 말해지지 않는 상태에 있다는 것을 의미한다. 한 인간의 심리 과정도, 인격도, 행위도, 그리고 사회도 지금 이 순간 진행되고 있기에, 그래서 대화도, 인간의 상호작용도 결코 종결 불가능하다는 의미이다. 왜냐하면 모든 것은 그 자체의 잉여, 알 수 없는 틈 구멍을 지니고 있기에, 결코 완전히 알 수 없는 잠재성의 존재이기 때문에, 그래서 그 어떤 것도 그 자체와 일치할 수 없기에 종결 불가능성은 불가피하고 필연적인 현상이 되는 것이다.

2) 만남에 의해 변화된 '나'

남녀가 만나야만 아기가 탄생하고 산소와 수소가 만나 물이 생성되듯 만남은 새로운 나와 너를 생성한다. 그래서 생명굿은 만남을 통한 새로운 나, 변화된 나의 생성이다. 만남이 만남 자체로 끝나지 않는 이유이다. 생명굿에서는 보다 새로운 나의 창조를 위해서 잠시 동안이라도 일상의 익숙한 나를 버릴 줄 알아야 한다. 습관적, 소유적 삶에서 생존의 삶의 무대로 뛰어드는 것이다.

들뢰즈적 개념으로는 탈 '나' 혹은 나 아닌 것 되기이다. "내가 누구이냐 하는 것은 다르게 되기, 자신에게 충실하지 않을 수 있는 자신의 역능(힘)이다."고 들뢰즈는 말한다(Colebrooke, 2004). 왜냐하면 삶이란 자신의 역능을 향상시키는 것이고 자신이 할 수 있는 것을 '극대화하기' 때문이다. 그것은 다시 말해 욕망에 충실하기이며, 체계화되고 잘 조직된 나, 문명화되고 안정적으로 보편화된 나를 해체하는 일이다. 그것은 곧 존재가 인간이라는 본질에 앞서고, 사유와 사유의 결과로서의 나가 존재에 앞서는, 잘 통합되고 익숙한 주체, 고정된 나의 개념에서 벗어나 되어 가는 존재, 생성(becoming)의 존재로 자신을 인식하는 일이다.

그것은 고체적 주체 개념에서 유체적 주체성 개념으로의 전환이며 새로운 주체성의 생성을 의미한다. 예컨대, 한순간 물을 마시거나 자전거를 타거나 그림을 그릴 때 나는 물 마시는 사람, 자전거 타는 사람, 그림 그리는 사람으로 순간순간 다르게 생성된다는 의미다. 만약 앞의 세 종류의 사람이 한 사람인 경우, 그래도 세 명의 새롭게 생성된 사람을 공통적으로 꿰뚫고 지나가는 주체, 나라는 것이 있지 않느냐고 누군가가 말한다면 그건 바로 이 순간 이곳을 사는 사람이라기보다는 결정론자, 환원주의자 혹은 인간이라는 고정관념에 완벽하게 얽매인 사람일 것이다. 변신과 몰입의 의미가 무엇인지를 모르는, 성장이 멈추어 버린 정신일 터다. 어제의 내 몸과 오늘의 몸이 다르다는 것을 믿지 못하는 자일 것이다. 만나고 변화하고 생성되어 가는 자연의 흐름을 인간이라는 이름으로 석회화하고 인간중심주의로 세상을 지배하고자 하는 사고방식일 것이다. 오늘날 우리 대부분은 바로 이 같은 모습으로 살아가고 있다. 엄밀하게는 들뢰즈와 가타리(Bouge, 1995)에게 나라고 하는 통일성의 감각이 존재하는 바, 그것은 리토르넬르라고 하는 일종의 반복적 연속체에 의한 결과라고 말한다. 그러나 저자에게 그것은 몸적 흐름 혹은 유전자적 기억의 결과로 생각된다.

생성은 그래서 인간이 물, 자전거, 화구를 만날 때 일어난다. 만남 없이 변화된 나, 곧 생성이 있을 수 없고 생명 또한 존재할 수조차도 없다. 모든 생성은 만남을 전제로 하고 그것은 연결, 만남을 지향하는 욕망 혹은 자발성 혹은 잠재성의 결과다. 그것은 또한 예상하지 못한 만남, 낯설고 생경한 만남, 결론 없는, 답이 내려질 수 없는 열린 만남이 되어야 한다. 예컨대, 내가 알고 있는 익숙한 아버지의 모습이 아니라 한 명의 구체적인 실존하는 인물로서의 아버지, 결코 내가 꿈에도 생각해 볼 수조차 없는 그런 아버지와의 만남일 때 나는 비로소 새로운 나, 변화된 나의 생성을 보다 생생하게 접하게 될 것이다.

다니엘 스턴(Guttari, 1992)은 『유아의 대인관계 세계』에서 어린이의 언어 이전의 주체성 형성에 대해 훌륭한 탐구를 한 바, 주체성의 형성은 프로이트적인 단계의 문제가 아니라 평생 지속되는 문제라고 말했다. 예컨대, 나와 너를 구분하지 못하는 어린 아기에겐 아직 주체성이 없는 것도 아니고, 라캉식으로 거울 단계에서의 가짜 자기가 생성되는 것이 아니라, 나와 너를 가로지르는 횡단적 주체성이 존재한다는 것이다.

중요한 사실은 우리의 주체성의 생성이 평생 지속된다는 점이다. 하나의 이름하에서 하나로 고정된 주체로 살아가는 존재가 아니라 우리 모두는 어떤 대상과 어떻게 만나느냐에 따라 주체성이 다양하고 새롭게 생성되며 나아가서는 보다 새로운 이름으로 창조된다. 따라서 생명굿 또한 그러한 주체성의 생성과 창조의 장을 보다 적극적이고 능동적으로 활용해야 한다.

바흐친(Morson, 2006)은 성격과 인격을 구별해서 이야기하였다. 그에 의하면 성격(character)은 주어진 것, 심리적, 사회적 특징들, 본성상 객체화되고 종결된 어떤 것이다. 인격(personalities)은 자신의 기본적 정체성을 변경시킬 능력이 있는 진정한 다른 사람이다. 따라서 인격은 종결 불가능한 존재요 자유롭고 대화적인, 결코 객관적 인식에 종속되지 않는 자로 나타난다. "한마디로 성격은 전적으로 주어진 것이고 인격이란 늘 창조되고 있는 것이다." 다시 말해서, 생명굿은 곧 우리 자신의 인격을 되찾는 일이다. 딱 한 번 주어진 내 삶의 의미를 근본에서부터 되찾는 과정이다. 나의 인격이 성격 속에 파묻혀 사라지지 않도록 나라는 존재, 주체를 일으켜 세우는 일이다.

눈에 보이는 것, 선전과 광고물에 의한 습관적 마취 상태로부터 우리는 굽은 허리를 곧추세우는 일이 시급하다. 언론과 매스컴이 이끄는 대로 믿고 따라가다 보면 우린 어느새 알게 모르게 그들 마음대로 조작할 수 있는 여론이라는 괴물의 한 표로 전락하게 된다. 삶은 지칠 대로 지쳐 있는데, 창백한 미소와 웃음으로 마치 기계처럼 하나님 나라를 소리쳐 찬양하는 사람들, 교회 한 번 안 나갔다고 죄책감에 시달려야만 하는 모순된 종교적 제도들, 그리고 그걸 조장하는 사람들, 어디를 둘러보아도 똑같아져만 가는 가치관, 똑같은 삶의 방식, 사고방식, 인생관……. 무엇보다도 그러한 삶이 곧 최선의 삶인 양 훈계하고 가르치고 주입하는 교육제도, 교육자, 선생, 위정자, 지식인. 생명굿은 분명히 지금까지 만족해 왔던 허울 좋은 온갖 치료적 울타리를 박차고 나와야 할 책임감을 가질 수밖에 없다. 닳고 닳아가는 우리 각자의 인격에 불을 지피고 다시 새롭게 활활 타오르게 해야만 한다. 우리의 주체성을 새롭게 창조해 나가면서 생존해야만 한다. 우리의 영혼이 얼마나 이 시대의 문명에 의해 착취당하고 있는가를 보고 느끼고 체험할 수 있어야 한다. 결코 이 시대, 우리의 문제를 천편일률적인 어린 시절의 문제, 한술 더 떠서 충분히 기억할 수도 없는 유아기 시절 탓으로 돌려서는 안 된다. 거기에는 모든 인간이 다 똑같다는 전체주의 사상이 짙게 물들어 있다. 인간만이 지구상의 왕이라는 전제 군주적 발상과 인간은 동물 수준을 벗어날 수 없다는 자기 비하적 발상의 모순이 공동의 토대를 이루고 있다.

생명굿은 지금 이곳에서의 만남과 변화다. 과거가 아닌 미래를 향해서 이 순간 나의 주체성을 생성-창조해야만 한다. 우리에겐 과거를 파고들고, 알 수 없는, 의식 없는 무의식 세계를 헤매고 다닐 시간이 없다. 의식 세계만 하더라도 너무 깊고 오묘하고 의식과 행위만 헤아려서도 우린 충분히 새로운 인격을 창조해 나갈 수 있다. 그리고 그것은 생명굿적으로, 다시 말해서 여럿이 더불어, 새로운 만남을 통해서 가능하다.

3) 생명력의 회복

생명굿 마당에서 새로운 만남을 통한 주체성의 창조란 곧 나, 나와 너, 현실의 경계를 허무는 일이다. 인간, 사회, 문화라는 고정된 관념의 벽을 허물고 자유로워지는 것, 그래서 내 안의 나와 너 사이, 사회의 이면에 숨겨진 에너지, 잠재성이 터져 나와 흐르는 것을 말한다. 가슴 옥죄고 사고를 통제하는 기존의 고정관념의 벽, 그 경계를 무너뜨리고 도도히 흐르는 강물처럼 우리의 생명력이 흘러넘치게 하는 일이다.

아르또(Tonelli, 2001)는 연극을 체험하는 목표를 보편적인 인간의 한계와 능력을 뛰어넘어 우리가 현실이라고 부르는 것의 경계를 무한대로 확장하는 것이라고 말했다. 단순히 벽을 허물고 경계를 확장하는 정도를 넘어서서 우리가 이 지상에서 생존한다는 것은 무한대로 우리의 생명력을 발산해 나아간다는 것을 의미한다. 류정아(2003)는 축제의 인류학에서, 축제란 인간의 기본 속성(예: 자유롭고자 하는, 자연과 더불어 살고자 하는 등등)의 흐름을 차단하는 것들을 파괴하는 행위로 규정하고 그 예로서 기득권적 권력, 불평등적 모순, 억압과 갈등, 세속적 허울과 위선, 세속적인 허상 등을 지적하였다.

우리에겐 힘이 있고 에너지가 있다. 그것을 생명력, 욕망, 자발성, 힘의 의지, 창조성, 기(氣) 등 뭐라 명명해도 명칭이 중요한 것은 아니다. 문제는 그러한 타고난 힘이 우리가 태어나는 순간부터 차츰 메말라 가고 약해질 수밖에 없는 환경에서 살아가고 있다는 사실이다. 더욱 무서운 사실은 기존의 문화나 사회 안의 그 어떤 제도나 사람들도 그러한 생명의 힘에 주의를 기울이지 않는 현실이다(물론 말로만 부지런히 떠들어대는 사람들이 없는 건 아니다). 부모도 형제도, 선생도, 친구도, 사제도, 스님도, 그 어떤 한 사람도 우리의 타고난 에너지에 섬세하게 귀 기울이지 않는다. 오직 한 가지 목표가 있다면 자신조차 매우 익숙하게 길들여져 온 인간이라는 이름, 그래서 그 이름값을 하는, 타인 눈치 보기, 공부 잘하기, 능률과 실질을 사랑하기라는 틀 속에 가두는 일이다. 그래서 초등학교 3~4학년만 되어도 본래적인 생명력은 바닥이 나 버린다. 그럴 듯한 인성교육이라는 것도 사회적 도덕과 예절 가르치기다. 훌륭한 부모 교육조차도 모두가 똑같은 아이 만들기 교육이며, 소위 좋은 부모들 역시 선생들과 합작해서 어떻게든 내 아이만 앞장서기에 매진한다.

생명굿은 다르게 되기다. 엇비슷한 가치관 아래 유사한 사고방식을 갖고 살아갈 수밖에 없는 현실에 의문을 품고 저항해서 나의 욕망(힘)이 열망하는 나 되기다. 그것은 곧 기존의 나로부터 벗어난, 나 아닌, 나 아닌 것 되기, 새로운 주체성으로 나아가기이며 나와 현실의 경계를 넘어서기다. 그것은 나의 몸, 니체식으로는 보다 더 큰 이성을 되찾는 일이다. 나의 무뎌진 감각을 예리하게 갈고 닦는 일이다. 나의 한계를 한계로 인정하지 않는 일이다. 현실이라는 유령에게 더 이상 놀아나지 않는 일이다.

몸은 우주, 자연처럼 매 순간 변화, 생성되어 가는 존재다. 어제의 몸과 오늘의 몸은 결코 똑같지 않다. 몸은 그래서 그 어떤 구속도 원하지 않는다. 정신과는 달리 몸은 자신의 자연스러운 내적 흐름을 차단하는 것은 그 무엇도 허용하지 않는다. 예컨대, 공기(들숨과 날숨)의 흐름을 막아 보라. 어떤 현상이 일어나는가? 김용옥의 말대로 심(心)은 신(身)에 환원되지 않는가?

인간은 생각으로 사는 게 아니라 몸으로 살아간다는 이 단순한 사실이 오늘날 우리에겐 인정하기 어렵고 힘겨운 사실이 되어 버렸다. 지식과 교양, 교육 수준과 학벌이 몸에 앞서 몸을 가리고 의견, 관념, 사고가 우리의 삶을 지배하고 있다. 그러나 하나만 생각해 보자. 어느 것이 더 정직한가? 몸인가, 마음인가? 어느 것이 거짓이 없는가? 감각인가, 사유인가? 어느 것이 우리를 진

정으로 살아가게 하는 생명력, 에너지를 담지하고 있는가? 몸이다. 우리는 몸
존재다. 몸이 먼저다. 몸(mom)이 있고 난 연후에야 맘(mam)이 있다. 그래서
맘(moam) 굿은 맘에 의한 통제와 금기를 푼다. 오랜 세월 마음에 의해 감금당
해 왔던 몸과 행위의 한계를 넘어서고자 한다. 막혔던 몸의 흐름을 되찾아 역
으로 마음 또한 그 경계를 넓게 확장시킨다(맘굿은 생명굿의 과거 명칭이다).

생명굿의 경계 확장은 이제 한 걸음 더 나아가 나와 세계와의 경계조차 허
물어 버리는 작업이 된다. 나와 너의 구별, 경계, 차이를 넘어선다. 간극이 없
다. 모두에게 개방된다. 거짓 진지성, 위선적 어른성 대신에 아이적 솔직성이
들어선다. 모두의 역할 경계가 사라지고 역할이 확장된다. 한 마리의 강아지,
이름 없는 들꽃, 윤동주처럼 여린 잎새와 별빛에게로 문이 열리고 우주적 존
재로 확장된다. 동물 되기, 식물 되기, 바람 되기를 통해 인간의 경계가 무너
진다. 일상의 벽을 넘어 신명의 세계로 나아간다. 지구상의 인간을 넘어 우주
인이 되는 것, 우주적 존재감이 충일한 주체성으로 다시 태어나는 일, 그것이
곧 인간 경계를 확장하는 일이다.

콕스(류정아, 2003)에게 제의는 두 번째 삶이 된다. 첫 번째 현실적 삶과 따
로 존재하는 삶이 아니라 그 삶의 경계를 허무는 삶, 그 삶을 확장하는 삶이란
의미다. 그것은 마치 배우가 자신을 죽이고 역할 속에서 새롭게 태어나는 것
과 유사하다. 생명굿에서는 제의에서와 마찬가지로 시간과 공간의 경계가 사
라지고 확장된다. 효율성, 경제성 중심의 일상적 시간이 몰입과 흥분, 혼돈과
신명의 시간으로 압축되거나 확대된다. 탄생과 죽음의 경계, 청소년과 노년
사이의 벽이 사라진다. 긍정/부정, 사랑/미움, 숭고/타락, 악함/순수함 등의
경계 또한 무의미해진다. 내 집, 내 것, 내 마음, 내 세계가 너의 집, 너의 것,
너의 공간으로 변한다. 오랫동안 숨겨 왔던 것이 공개되고 일상적이고 습관
적인 말투가 사라진다. 그래서 웃음과 눈물이 동시에 공존하고 희극과 비극
이 순식간에 자리를 바꾼다. 우리의 몸과 마음을 가두는 온갖 경계를 넘어 생
명력을 회복하는 일, 새로운 종결 불가능성의 참된 만남, 그리고 이를 통해 변
화된 새로운 나로 태어나기, 이상이 생명굿의 기본적인 세 가지 특성이다.

2. 생명굿의 기본 방식

여기서 말하는 방식은 앞에서 언급한 생명굿의 특성을 살릴 수 있는 구체적인 방법을 대별한 내용을 일컫는다. 예컨대, 완전한 일탈을 위한 방식(들), 제의적 언어화 방식, 몸의 극대화 방식, 몰입과 변신 방식, 그리고 집단 행위화 방식이 그것이다. 그러나 이러한 구분은 생명굿을 진행하는 데 일종의 목표지향적인 의미가 있을 뿐 엄밀하게 나뉘는 방식은 아니다. 서로 겹치거나 섞여 사용될 수 있으며 상황에 따라 다양하게 변형될 수 있는 방식이다. 또한 기존의 과거의 맘굿에서 사용하던 방식 중에서도 생명굿에 유용한 것들은 그대로 혹은 수정 · 보완하여 활용하였다.

1) 완전한 일탈을 위한 방식

생명굿의 세계에 들어가기 위해서는 모든 참가자는 가능한 한 최선을 다해 현실로부터 일탈된 몸과 맘 자세를 요구받는다. 물론 완전한 일탈이란 있을 수 없겠지만 그것은 그만큼 철저한 일탈을 필요로 한다는 의미다. 그것은 일상에서의 상투적인 사고방식(생각, 의견, 관념 등), 습관화된 평가, 비교 의식 및 고정관념, 그리고 현실적 · 사회문화적 가치 기준, 도덕 의식부터 자유로울 수 있어야 함을 뜻한다. 마치 큰 맘 먹고 현실을 벗어나서 바다나 산에 심취해 물이 되고 바람이 되듯 새로운 만남, 새로운 나의 세계에 몰입하기 위해서 그것은 필수적인 과정이기 때문이다. 모든 참가자는 참여 자체, 자신의 행위에 책임을 지는 자이기 때문이다.

그것은 나아가서 선, 진리, 이념, 이데올로기가 생겨나기 이전의 인간 상태로 존재하고자 하는 자세다. 온갖 계율들, 신(神)의 율법조차도 벗어나기이며 아직 그 어떤 언어적 사유 이전의, 호기심과 예민한 감각과 신선한 자유감 속에 존재하기다. 매순간 새로움과 경이로움을 느낄 수 있는 맘 상태로 나아가기 위해서 내 자신의 이름이며 현실적인 '나'를 털어내는 과정이다.

(1) '나' 버리기

- 온갖 '나'를 상징하는 것들이 나의 몸에 묻어 있고, 붙어 있고, 칠해져 있고, 삼켜져 있고, 매달려 있다. 나의 세포 하나하나에 끼어들어 있고 녹아 있고, 접혀 있으며 깊게 젖어 있다. 그것들은 덩어리로, 먼지와 같이, 물처럼, 그물처럼, 바위처럼 다양한 형태로 내 맘 속에, 나의 피부에, 내장에 들어 있다.

- 그것들은 어떻게 떼어 낼 것인가? 손으로 떼어 내고, 털어내고 뽑아내고, 끌어내고, 터뜨리고, 녹여 낼 건가? 닦아 내거나 긁어내고 토해 내거나 아니면 벗어 내거나 들어 올린다. 눈에 보이지 않는 그것들을 가시화해서 일종의 장애물, 내가 자발적이 되는 데 방해물, 위험물로 대처하고 그것들을 뚫거나 해체, 파괴, 돌파, 폭파시킬 수도 있다(또는 언어화해서 종이나 카드에 쓰고 그것들을 다양한 방식으로 처리할 수도 있다).

- 이제 그렇게 떼어 낸 것을 어떻게 처리할 것인가. 동굴 속에 가두거나 묻을 것인가? 땅을 파고 묻거나 산 위에서 가루처럼 뿌릴 것인가? 예컨대, 강물에 흘려보내기, 바다 깊은 곳에 버리기, 불태우기, 지구 밖으로 날려 보내기 등이 있다.

(2) 통과의례

일정한 공간을 다음과 같은 명칭의 두 구역으로 나눈다(공간 나누기). 현실 세계/굿판 세계, 현실계/꿈 · 상상 세계, 일 · 노동 마당/놀이 · 자유 마당, 어둠/밝음, 질서/무질서, 나 되기/나 아닌 것 되기, 과거/현재 등 전자와 후자 구역 등.

- 공간 나누기는 다양하게 변형할 수 있다. 예컨대, 무대가 있는 강당이라면 무대와 바닥, 의자에 앉아 있기/서기, 겉옷을 입기/벗기, 누워 있기/

서기, 소집단으로 뭉쳐 있기/떨어져 나오기 등이 있다.
- 아직 마음 결정이 안 된 사람들을 위해서 중간지대인 제3의 구역을 마련
할 수도 있다.
- 우선 전자 구역에서부터 작업을 시작한다. 소집단별 토론, 소집단 대항
토론 등의 형식을 빌어서 후자 구역으로 가는 데 문제점, 방법 등을 논의
할 수 있다.
- 다양한 통과의례식을 마련한다. 가령, 어려운 장애물을 설치하고 통과
하기, 가상 혹은 실제 술 마시기, 가상의 마약이나 약초, 연기 마시기, 주
사 맞기, 통과 문을 지키는 수문장과 대결하기, 질문에 답하기(예: 미쳐서
정신병원에 가도 좋습니까 등), 선서하기, 도깨비 방망이로 엉덩이 맞기,
물로 세례하듯 뿌리기 등이 있다.

(3) 축하의식
현실로부터의 완전한 일탈을 축하하거나 재확인하는 과정이다.

- **확인 과정**: 가상의 꿈의 세계, 우화, 전설이나 민담을 간단하게 몸짓으로
보여 주기, 성 역할 바꾸기, 동식물 되기, 아이 되기, 점쟁이 되기, 3단계
를 거쳐서 차츰 광기의 세계로 빠져들어 가는 파티 장면, 시장 놀이, 가
상의 서커스, 운동경기 놀이, 큰 소리 지르기
- **축하의식**: 새로운 이름을 짓고 축하해 주기, 나누기, 가상 혹은 실제의 떡
과 술로 잔치하기, 모두의 생일잔치 열기, 미래의 환상적 꿈 이야기하기,
현재의 마음 상태를 몸으로 조각 혹은 표현하기, 다양한 감정을 표현해
보기, 모두가 벌ㆍ나비ㆍ꽃ㆍ새가 되어 서로를 격려하고 축하해 주기,
한마음으로 축하 합창(즉흥극 형식의 노래)과 춤추기, 안아 주고 업어 주
기, 가상의 결혼식(예: 창녀와 사제, 목사, 삶의 신과 죽음의 신), 터무리들의
의견에 따른 즉흥 난장 파티 등

2) 제의적 언어화 방식

생명굿에서는 일상적 언어, 일상적 말투에서 벗어나야 한다. 일상적 언어 사용 방식은 어려서부터 알게 모르게 자신이 자라난 사회, 문화적 환경의 영향을 받아온 결과물이기 때문이다. 시간과 장소에 따라 어느 정도의 변화, 변형은 일어날 수 있을지라도 그것은 대부분 상호 의사소통을 위해 '통일된' '표준화된 언어'다. 그것은 대체로 자기(나)라고 하는 정체성에 고착된, 습관화된 언어이며, 자신의 직업과 '사회 계급적 관례'에 얽매여 있는 언어 방식이다(여기서 논의되는 근본적인 내용은 대부분 바흐친의 연구에 의한, 바흐친의 사상이라고 말해도 과언이 아니다. 그러나 하나하나의 내용을 인용하고 인용 부분을 밝히기에는 어려움이 크다. 나의 생각과 서로 얽혀 있어서 엄밀히 구별해 내기가 쉽지 않기 때문이다. 그러나 인용 부호를 사용한 문장 혹은 저자명이 들어 있는 내용은 분명한 바흐친의 말이며 가능한 밝히도록 노력하였다). 본 제의적 언어화에서는 그래서 언어 자체, 소리화, 욕설화, 유모어화, 그리고 언어화와는 반대 개념이라고 말할 수 있는, 즉 언어화가 안 되는 웃음을 포함시켜 논의하였다.

(1) 언어 자체

제의적 언어는 내용, 의미, 표현 방법에서 일상적 언어 사용과는 많이 차이가 난다. 예컨대, 말의 의미보다는 표현 자체에 중요성을 두고, 설명하기보다는 느끼는 바대로 말한다. 예의 바르고 상대를 배려하기보다는 자기중심적이고 무례하다(현실적 시각에서 볼 때 무례하고 자기중심적이라고 말하는 것이지, 그런 평가적 관념은 여기서는 무의미하다). 현실적인, 단음색적인, 편안하고 안정적인 말투라기보다는 음성 변화가 심한, 안정적이지 못한, 즉흥적이고, 마치 아무 생각 없이 내뱉는 듯한 언어가 사용된다. 존칭어가 사라지고 몸에서 우러나오는 본능적이고 감각적인 언어, 매우 직접적이고 반응적인 언어다.

바흐친(2006)에 의하면 하나의 의미만으로 수렴되는 구심적 언어가 아니라 양의적인 언어, 쉽게 자신의 정체성이 변화되는 변신성 가득한 언어, 그 무엇에도 열려 있는 개방성, 가치 전도적인, 지나치게 과도한, 나아가서 기이한 언어가 된다. 현실에서는 숨기는 것이 바람직했던 내용이 공개되고(섹스 등) 생사가 연결되며 개인을 벗어나서 공동체적인 삶의 언어로 탈바꿈된다는 것이다.

(2) 소리화

언어는 나아가서 자주 소리화된다. 여러 개의 문장이 한 문장으로 압축되거나 한 단어, 하나의 음으로 소리화된다. 쏟아지는 말 대신에 "어이~" 하고 큰 소리로, 단말마로 표현되거나 큰북을 울려 나오는 북소리가 된다. 바흐친(Eagleton, 1997)은 소리란 시간 속의 하나의 사건이라고 말한다. "우리의 의지, 감정, 사고가 총체적으로 들리는 청각적인 것이다."라고 말한다. 현실에서의 일상적 말은 성대와 사고 작용의 결과이지만 큰 소리, 비명, 절규, 신음소리, 탄식 등은 온몸이 움직이는, 몸이 머리끝에서 발끝까지 모든 세포가 공명하고 총동원되어 나오는 소리다. 그래서 그러한 소리는 우리의 잠재된 에너지를 일깨우고 숨겨지고 접혔던 기억이 되살아난다. 몸의 곳곳에 스며 있던 감정이 일시에 소리와 더불어 분출된다.

그것은 길들여지지 않은 야성의 언어다. 아직 언어를 배우지 않았던 아기들의 원초적 표현 방식이다. 그것은 우리가 자연이 되는 자연 자체의 소리이며 자연의 소리에 공명하는 소리다. 사람 들끓는 시장터의 시끌벅적한 생명력 넘치는 소리다. 그래서 소리는 때로, 즉흥 멜로디, 음률로, 때로는 서사시적 타령조로 읊어진다. 개인의 삶의 단편이 공동체적 운명으로 은유화되거나 처절한 한순간의 장면이 거대한 교향악이나 한 편의 시처럼 즉흥적으로 읊조려지거나 크게 낭독된다. 언어는, 우리 맘의 표현은 패러디, 욕설, 농담, 유머로, 나아가서는 웃음이 된다.

(3) 욕설화

욕은 한마디로 매우 압축된 언어다. 열 마디 말보다 한마디의 욕설이 몇 배 직접적으로, 생경하게 있는 그대로의 맘을 드러낸다. 위장, 위선이 필요 없다. 지금 이 순간 최상의 언어적 표현의 하나로 욕설이 창조되어 터져 나간다. 그것은 그래서 마치 직격탄처럼 상대의 가슴에 날로 내리꽂힌다. 의미는 단순하다. 생각으로 치장하거나 머리로 받아들여지는 언어가 아니라 몸으로 느끼는 언어다.

바흐친(2006)에게 욕설은 가장 고대적인 언어가 된다. 공식적인 언어로는 표현 안 되는 비공식적 언어, 살아 있는 의사소통의 언어다. 의미가 충만한 언어다. 그래서 그의 축제적 언어는 성스러운 것, 격언들을 패러디하기, 대지나 육체의 생산력을 표현하는 외설스러움, 모든 가치의 상대성, 권위에 대한 의심, 즐거운 무정부 상태를 목표로 하는 희화화 방식으로 표출된다(욕설에 대한 고정관념이나 편견이 심한 사람, 아직 나 아닌 것 되기의 세계에 몰입하지 못했거나 탈 '나'가 안 된 사람, 특히 평소에 자신의 감정을 표현하기 싫어하거나 직접 화법보다는 간접 화법식의 대화를 즐겨 하는 사람, 평소에 욕을 너무 많이 했던 사람 혹은 욕할 사람이 너무 많은 사람은 욕설화가 쉽지 않을지 모른다).

(4) 유머화

유머와 웃음이 없는 생명굿을 상상하기 어려울 만큼 유머와 웃음은 생명굿에서 필연적인 요소다. 실수로 터져 나온 듯한 가벼운 욕설, 전광석화처럼 순식간에 좌중을 웃음판으로 몰아가는 농담, 때론 장황하게 과장되어 늘어놓는 사설이며 유머러스한 언행 모두 예기치 못한 상황에서 팽팽하게 긴장된 시공간을 꿰뚫고 지나가듯 굿판을 요지경으로 뒤흔든다. "뭐 그리 대단한 일이라고 이 멋지고 화려한 사기꾼의 세상에서……." "살고 죽는 일이 어디 임신하고 유산하듯 우리 손으로 맘대로 바꿀 수 있는 일이던가?" 평소에 아무렇지도 않던 말이 적절한 상황 속으로 내던져지노라면 그것은 그 순간 웃음 폭탄으로 변한다.

유머는 적의가 가득찬, 남을 헐뜯는, 거만한, 음란한 유머 등 다양하다 (Maslow, 1968). 풍자(satire)도 기지(wit), 조롱(ridicule), 아이러니(irony), 비꼬기(sarcasm), 조소(cynicism), 냉소(sardonic) 및 욕설(invective)의 형태로 표현된다(Pollard, 1978). 그 외에 농담(jokes), 패러디(parody), 해학 혹은 희화화(burlesque) 등 경박/진지, 사소한 것/교훈적인 것, 유치한 것/세련된 것 등 상황에 따라 다양하게 응용될 수 있다.

중요한 점은 생명굿에서의 그러한 다양한 언행은 대부분 긍정적인 의미로 활용된다는 것이다. 상대방을 무안하게 하고 깔보거나 고통을 주는 언행일 경우라도 그 의미는 상대방에 의해서 보다 적극적이고 유익한 것으로 해석되고 받아들여진다. 예컨대, 상상하기 힘든 고난과 아픔 속에서 성장한 주인공 혹은 한 인물에 대해 "어허, 그년 참 운명 한 번 더럽고 고약하다. 원, 세상에 그 어떤 잡년 잡놈이 그 따위로 개 같은 세월을 살아올 수 있단 말인가." 하고 넉살스럽게 조롱하는 것이다.

바흐친(2006)에 의하면 유머며 농담은 우리에게 완전한 해방감과 현실로부터의 거리─격리감을 가져다준다. 또한 '과장된 경탄의 소리' '갑자기 터져 나오는 사투리' '외설스러운 말' '대답할 수 없는 질문들' 등의 표현도 우리를 웃음의 세계로 이끈다.

(5) 웃음화

바흐친은 웃음 속에서 제2의 계시가 일어나고 제2의 진리가 선포된다고 믿는다. "세계란 몸 연극이 공연되는 장소다. 몸이 태어나고 교섭하고 죽고 성장하고 먹고 마시고 배설하는 연극─몸 연극은 사적이고 개인적인 몸이 아닌 보다 더 큰 민중의 집합적인 몸의 연극이다."(제2의 진리). 제2의 계시는 (모든) 진리들의 상대성, 부정인 동시에 긍정이며 조롱인 동시에 승리로서의 위기, 독백적인, 한 가지 목소리에 대항하는 변화와 위기의식, 그리고 죽음 (종말)을 거부하면서 죽음을 승화시키는 양의성의 진리를 계시함을 말한다.

절망과 비탄의 순간에 터무리도, 알님도 함께 웃는다. 포복절도할 만큼 폭소(웃음)의 기운이 적막과 비애를 꿰뚫고 지나간다. 지극히 도덕적이고 권선징악적인 현실이, 온갖 위계적·가부장적·권위적 인물이, 세계가, 사회가 미풍 같은 웃음 하나로 맥없이 무너진다. 이 삶이 불완전하다고 내팽개치고 업신여기는 것은 무엇인가? (배부른 사람들의 배꼽) 누가 죄의식을 고취하고 회개의 눈물을 흘리게 만드는가? (양파와 고춧가루)

웃자. 웃자. 가벼워지자. 하늘을 날자. 말도 안 되는 것이 너무 많은 세상, 해방이다. 자유다. 생명굿은 웃음굿이다. 웃자, 웃자. 울다가도 웃고 절규하면서도 웃자. 웃지 못하는 사람들은 "죽음과 종말을 미리 다 계산해 놓은 사람들, 자신의 지배체제 유지를 위해 죽음의 공포를 필요로 하는 통제적 문화의 대변자들"이다. 일상에 휘말려들어 단 한 번도 일상으로부터 일탈을 꿈꾸어 보지 못한 자들이다. 꿈도 상상력도 없는, 행여 한 가지라도 실수할 새라, 허점을 보일 새라, 빼앗길 새라 긴장의 눈빛을 풀지 못하는 사람이다.

"무심한 방관자로 삶에 임해 보라. 그 많은 비극이 희극으로 탈바꿈할 것이다. 춤추는 사람들이 일시에 우습게 보이게 하기 위해서는 무도회장에서 귀를 틀어막고 음악의 선율을 듣지 않는 것으로 족하다."(Bergson, 1989)

"진정으로 위대한 모든 것은 웃음의 요소를 포함해야만 한다. 안 그러면 그것은 위협적이고 무시무시한, 거들먹거리는 것이 된다. 웃음은 장벽을 들어 올리고 길을 깨끗이 치운다. 웃음은 대화의 여지를 만들어 내기 위해서 폭력과 위협을 깨끗이 치운다(Bakhtin, 1987)." 예컨대, 결판이 나기 힘든 두 인물의 논쟁(싸움)이 극에 달하는 순간 두 사람을 중세시대로 데리고 가 무사도를 발휘해서 칼싸움으로 승부를 결정짓게 하는 것이다.

3) 몸의 극대화 방식

몸의 극대화는 나, 의식의 극대화가 아니다. 몸이 말하게 하고 몸이 느끼고 몸이 표현하게 하는 방식이다. 실제로 우리 몸은 마음만큼이나 왜소화되고 평균화된 지 오래다. 우리 몸의 감각과 감정, 에너지, 잠재성은 위축되어 있으며 온몸이 아닌 부분별, 기능별로 혹사당하고 있다. 유행 따라 조작되는가 하면 찢겨지고 변형된다. 못 먹어 아사하는 지역과 너무 먹어 비만해져 가는 지역이 지상에 공존한다.

인류 역사 자체는 먹을거리를 빼앗고 뺏기는 역사였음에도 역설적으로 몸 천시의 역사였다. 비록 오늘날 너나 할 것 없이 몸에 투자하는 비용이 날로 늘어나고 있는 추세이지만 그 역시 자세히 들여다보면 몸을 귀중히 할 줄 모르는 외형적인 치장거리, 상품화, 투자의 대상, 욕망의 근원 정도로 치부되고 있다. 프로이트 및 그의 제자들 또한 육체를 직접적으로 다루지 않는다 (Bakhtin, 1998). 그들은 심리에 나타난 신체적 반영만을 탐구한다. 다시 말해, 그들은 마지막까지 모든 유기적인 것(몸)을 자기 관찰에만 종속시켜 그것을 심리화해 버리는 것이다(성감대 학설이 곧 신체적인 것의 심리화의 대표적인 예이다).

우리는 우리의 몸을 몸과 몸으로 만나고 충돌하게 해야 한다. 굿판을 통해서일지언정 활짝 열어젖히고 풀어내고 어울려야 한다. 시대적·국가적 이데올로기, 문화사회적 맥락이 풀어놓은 맹목의 기운에 휘말려 마취되어 가기 전에 깨어 있어야 한다. 우리 몸이 그리고 마음이 자연의 흐름을 타고 흐를 수 있도록 하기 위해서, 우리의 잠재된 역량이 더 이상 숨겨지거나 억압받지 않고 화산처럼 터뜨려져 나올 수 있도록 하기 위해서.

(1) 몸들의 충돌

몸이 몸들 위에서 구른다. 몸속에 파묻히고 눌린다. 몸들이 엉킨다. 쭈그러드는가 하면 꿈틀거리고 펼쳐진다. 빠르게 그리고 느리게 뒹굴면서 회전한다. 튀어 오르는가 하면 얼싸안고 부딪히는가 하면 뿔뿔이 흩어진다. 물처럼 흐르다가 맴돌고 쏜살같이 달린다. 꺼졌다 다시 타오르고 또다시 꺼져 한 줌의 재가 된다. 파도처럼 밀려왔다가 높이 물보라가 되어 승천한다. 주저앉는다. 용솟음치다가 바람처럼 날아간다.

혼돈이다. 범벅이다. 눈물, 콧물, 땀물…… 몸물들이 얽히고 섞인다. 하나가 되는 듯한 순간 산산조각이 나고 한 몸처럼 으르렁거리다가 스멀스멀 사라진다. 몸들의 교향악이다. 몸들의 별 되기, 우주 되기, 몸들의 축제다. 모래알 하나에 역사가 숨 쉬듯 몸들의 신화, 몸들의 전설이 만들어진다.

(2) 몸들의 열림

충돌과 만남을 넘어서 몸들이 열린다. 가슴이 열리고 두 팔과 귀와 눈이 열린다. 너를 향해 세계를 향해 열린다. 혈관이 열리고 피가, 백혈구와 적혈구가 튀어나온다. 위와 장이 곡예를 하며 척추 뼈들이 하나둘씩 고통을 토해 낸다. 심장이 두 개, 세 개로 분열되고 머리카락 한 올로 내 몸은 다섯이 되고 열이 된다.

나는 한 줌의 빛이 되어 내 몸속을 탐사한다. 그곳은 일종의 사막과 대양과 밀림이다. 뇌 속에 저장된 온갖 환상의 기괴한 모습의 영상들, 이미지들이 앞다투어 뛰쳐나온다. 열린 내 몸, 구멍들, 세포 하나하나로부터 온갖 지저분한 것이 쏟아진다. 팔려간 영혼, 썩은 냄새 나는 간 덩어리, 녹슨 심장 조각, 헛바람 가득한 허파, 편견과 오만으로 물들어 있는 뇌세포 핵들, 사대주의로 물든 핏물, 거짓과 위선과 모함과 변명으로 가득 찬 쓸개 세포들…….

(3) 몸의 풀림

몸 소리가 들린다. 귀를 기울여 보자. 몸이 노래한다. 몸이 말하고 몸이 공명한다. 통곡과 웃음소리, 침묵의 소리, 쿵쾅거리다가 둥둥거린다. 절규하다가 박장대소한다. 두근거리고 술렁이며 울먹인다. 비명은 풀어놓아야 한다. 단말마들이 허공을 달리게 하라. 피를 토하듯 숨이 멈추는 순간까지 온몸으로 소리를 터뜨려라. 지구를 건너 다시 내 귓가에 울려 퍼지도록.

몸 감각을 무디게 만든 빗장을 풀어라. 오감과 육감을 넘어 내 온몸의 감각이 숨을 쉴 수 있도록 하라. 귓구멍 속의 거미줄을 걷어 내고 눈 속의 티끌을 닦아 내야 한다. 그래야만 우리는 우리를 있는 그대로 만날 수 있다. 대자연을, 온 우주를 있는 그대로 내 몸으로 만나고 받아들일 수 있다. 우리 모두가 우리의 감각을 신선하게 가꿀 수 있다면. 나아가서 빛이 소리가 되고 촉각이 그림이 되며 하나의 소리가 시가 되고 냄새로 화하듯 **몸각**은 서로가 서로를 향해 열리게 해야 한다.

이제, **몸감**을 풀어헤칠 때다. 몸이 흐느끼게 하고 몸이 웃게 하자. 온몸으로 느끼고 온몸으로 표현토록 해 보자. 이성의 그늘에서 숨죽여 온 감정을 풀어놓자. 열등한 것으로 몸과 함께 변덕쟁이, 믿을 수 없는 것으로 취급받아 온 세월을 넘어서 자유롭게 그들에게 날개를 달아 주자. 마음껏 울고 소리 지르자. 마음껏 아파하고 실컷 미워해 보자.

그래서 몸기가 풀리게 하자. 우리의 숨겨졌던 에너지, 기, 자발성이 용솟음치게 하자. 잠자고 있는 창조성을 촉발시키고 두려워했던 우리의 광기를 풀어놓자. 미친 듯이, 아니 미치자. 절정으로 나아가자. 끝은 없다. 그것은 힘이다. 생명력이다. **몸끼**다(여기서 몸각은 몸의 감각, 몸감은 몸의 감정, 몸끼는 몸의 기를 일컫는다. 예컨대, 쑤시는 느낌이나 타는 느낌은 몸각이고, 흐르는 눈물, 빨개진 얼굴은 몸감이며 몸이 느끼는 활력은 몸끼다).

(4) 몸의 어울림

이제 함께 잔치를 벌이자. 몸과 몸으로 만나서 열리고 풀리고 엉킨다. 풀리고 열린 몸으로, 맘으로 마지막 몸 갈증과 우주적 허기짐을 달래고 채워 보자. 떡과 술이 필요하다. 노래와 춤도 있어야겠다. 난장, 무아의 세계, 절정의 시간, 카타르시스, 뭐라 불러도 좋다. 그것은 몰입이요 몸들의 어울림이다. 몸들의 향연이다. 함께 더불어 놀자. 창조하자. 생존하자. 몸과 맘이 맘으로 한데 어우러지고 나와 네가 한 맘으로 어우러지면 바로 그 순간 생명굿은 우주 놀이, 신들의 축제가 되지 않겠는가? 이제 조금 더 구체적으로 그러한 몰입과 변신, 집단적 행위화의 방식을 살펴보자.

4) 몰입과 변신의 방식

몰입한다는 것은 인간이 자신의 전 에너지를 한 곳에 집중시킨다는 것을 의미한다. 독서삼매가 그렇고 아이들의 놀이가 그렇다. 밀려드는 파도에 아랑곳하지 않고 모래놀이에 열중해 있는 아이들, 음악이나 춤에 빠져드는 사람들, 음식이나 섹스에 탐닉하기 등 한마디로 자신에 대한 의식을 잃고 몰아의 경지에 들어가는 변신의 상태가 곧 몰입의 경지다. 시간이 압축되고 순간적으로 '나'라고 하는 일상의 자기가 상실된다. 탈 '자기의식'의 상태, 새로운 상황으로의 도취이며 변화다.

(1) 탈자기 방식

탈자기 기법은 앞에서 언급된 '나' 버리기와 유사하지만 다르다. '나' 버리기는 일상적인 현실의 '나'를 상징화하고 그것을 벗어난다고 하는 목표가 뚜렷한 일종의 통과의례 기법이다. 반면, 탈자기 기법은 아직 '나' 버리기가 부족한 상태, 지금 이 순간에 몰입하지 못하거나 소위 저항을 내보이는 상태에서 보다 확실하게 변신을 하기 위한 방식을 일컫는다.

- **성격 바꾸기**: 예컨대, 완벽하고 빈틈없는 성격의 인물을 털털하고 야생적인, 원시시대의 인간으로 변신시키기 또는 불쌍하게 느껴지는 알님의 상대방을 거칠고 무례한 인물로 바꾸기 등
- **특수 훈련**: 몸을 단련하고 원하는 행위를 과감히 시도할 수 있는 시범을 통해서 몸을 훈련시키기 또는 목소리나 욕하기 훈련, 가상 상황에 들어가서의 언행 훈련 등
- 가면을 이용하여 변신하기
- 분장과 의상을 이용하여 변신하기

(2) 미시화 방식

- **부분화 기법**: 한 인물을 부분으로 나눈 다음에 어느 한 부분만 상대하는 방식이다. 예컨대, 이성/감성/내향/외향, 과거의 나/현재의 나/미래의 나, 긍정적 부분/부정적 부분/중립적 부분 또는 몸의 일부분(가슴, 팔, 심장 등)이나 하나의 세포, 하나의 머리카락 되기 등

- **확대 기법**: 영화에서 사용되는 클로즈업 기법처럼 어느 한 장면에서 어느 한 인물이나 그의 대상 인물 또는 주변 환경의 일부분을 확대시키는 방식이다. 예컨대, 알님이 만지작거리고 있는 유리컵, 대상 인물의 시계, 공원의 가로등이나 낙엽 등

- **시간차 기법**: 순식간에 재빨리 지나가 버렸지만 매우 의미 있는 어느 판에서 진행 과정을 1초 혹은 5초 단위로 나누어 재시도해 보는 방법이다. 예컨대, 사랑하는 사람과의 결별 장면에서 한 사람이 "난 네가 싫어." 하고 뒤돌아설 때, 그 말을 하기 직전의 나, '난' 하고 말하는 순간의 나, '네가' 하는 순간의 나, '싫어' 하는 순간, 그 말을 끝내는 순간, 뒤돌아서는 순간 등

(3) 거대화 방식

미시화 방식이 몰입과 변신을 돕기 위한 현미경적인 방식이라면 거대화 방식은 망원경적인 과장 방식이라고 말할 수 있다.

- **힘주기 방식**: 원하는 수만큼 자신의 부분 붙여 주기 또는 필요에 따라 다양한 수호천사, 광대, 나의 그림자, 또 다른 성격의 나 등을 창조해 함께 장면을 이끌어 가도록 하는 방식이다.

- **역할 모방 방식**: 홍길동, 산신령, 도깨비, 주몽 등 역사나 만화, 소설 속의 인물을 모방한다.

- **대리인 방식**: 어느 특정 집단(예: 경찰, 아프리카 흑인, 녹색연합, 정의구현사제단, 노조 등)의 대표자 혹은 그 집단을 의미하는 대리인이 되는 방식이

다. 예컨대, 이 세상에서 매 맞는 아이들의 대리인이 되는 것이다.

5) 집단 행위화 방식

생명굿은 궁극적으로 집단적 행위화를 위한 과정이면서 집단적 행위화 그 자체라고 말할 수 있다. 생명굿은 터무리가 모여야 가능한 방식이며 제의 또한 집단을 전제로 하기 때문이다. 따라서 완전한 일탈을 위한 방식, 제의적 언어화, 몸의 극대화, 몰입과 변신을 위한 방식은 결국 집단 행위화 방식에 수렴된다. 생명굿의 특성으로서 새로운 만남과 변화된 '자기', 그래서 생명력 회복을 통한 나의 경계를 확장하는 의미 또한 집단적 행위를 통해서 더욱 심화될 것이다.

(1) 여러 명의 알님

여러 명의 알님 방식은 마치 하나의 장터가 어물전, 포목전, 양곡전 등으로 나뉘듯이 다양한 주제의 알님들이 곳곳에 소집단을 이루어 굿을 진행하는 방식이다. 동시에 시작하는 방법, 봉화불이 하나둘 타오르듯 순서대로 진행하는 방법 또는 시작 단계만 순서대로 보여 주고 각 집단별로 진행하는 방법 등이 있다. 이때 알님지기는 소집단별로 한 명씩 자원하거나 집단 전체가 굿을 이끌 수도 있다.

(2) 판 속의 판 방식

판이 진행되는 도중에 해당하는 인물은 관객이 되고 터무리들이 굿마당에 올라가서 특정 판을 진행하는 방식이다. 예컨대, 알님의 뼈아픈 이별의 판이 끝나고 나서 터무리들은 앞의 판을 보면서 행여나 떠올릴 수 있었을지도 모르는 우리의 이산가족의 역사(일제에 의해 사할린으로 떠나는 사람들, 위안부 사건 혹은 6 · 25 전쟁으로 인한 이별 등등)를 재현한다. 또는 터무리 중 한 사람의 또 다른 이별 사건을 판으로 만들어 보거나 상징적으로 이승과 저승으로의 나뉨을 극화할 수도 있다.

(3) 특정판 방식

판 속의 판 방식과 유사하면서도 특정판 방식은 알님을 포함해서 터무리 전체가 특정한 상황을 설정하고(물론 지금까지의 굿의 흐름과 가능한 한 일치하거나 유의미한 상황) 터무리 전체 혹은 일부가 판을 창조하는 방식이다. 예컨대, 특정한 이유로 세상을 떠난 혼령을 위한 망자 천도의식(예: 씻김굿), 저승이나 구천 세계의 형상화, 모든 인간의 탄생 장면, 우리 모든 참여자가 한순간 꿈꾸는 이상향, 꿈의 세계 등이다.

(4) 전통제의를 활용하는 방식

생명굿에서는 때로 전통적 제의 형식 자체를 변형, 응용할 수 있다. 예컨대, 알님 혹은 터무리 중 한 명이 사제나 무당이 되어 집단을 이끄는 일, 제의적 가상의 신을 초빙하고 맞이하고 함께 놀고, 보내는 일, 다양한 희생제의 형식, 시공간을 정화하는 의식, 재생 혹은 환생의 문 통과하기, 초혼굿, 진혼굿, 부정거리, 길 닦기, 매듭 풀기, 곡하면서 상여 나가기 등이다.

3. 생명굿 진행 과정

생명굿을 할 수 있는 터(장소)와 터사리(소품/악기)가 준비되고 알님지기가 굿을 시작할 수 있는 '마음의 준비'가 갖추어지면, 굿 한마당은 세 개의 거리 순으로 진행된다. 각 거리는 여러 개의 작은 판으로 나뉠 수 있고, 각각의 판은 건너뛰거나 생략할 수도 있다.

'마음의 준비'는 지기에 따라 다양한 방식으로 이루어진다. 심호흡을 하거나 명상을 할 수도 있고 가볍게 몸 풀기를 시도할 수도 있다. 이때 알님지기가 다시 한번 마음속으로 다짐하고 명심해야 할 사항은, 첫째, 알님을 하느님처럼 귀하게 모신다는 생각이다. 둘째, 지기로서의 생애에 알님을 처음이자 마지막으로 만난다는 마음의 자세다. 셋째, 무언가를 하려고 하기보다는 알님을 진정으로 만난다는 사실이 무엇보다도 중요하다는 걸 잊지 않는 일이다. 마지막으로, 이러한 모든 사실조차도 잊어버리고 마음을 비우는 일이다.

1) 앞거리

사람들이 하나둘 모이기 시작해서 본거리의 터 열기 판이 시작되기 이전까지의 준비 단계를 앞거리라고 한다. 통상 한 마당의 5퍼센트 이내로 3시간이 한 마당인 경우 10분 이상 되면 안 된다. 왜냐하면 생명굿을 찾아온 대부분의 사람이 생명굿이 뭔지 알고 오기 때문이다. 그런데도 굳이 장황하게 생명굿을 설명한다든지 불필요하게 시간을 오래 끄는 것은 본거리의 시간만 낭비하는 꼴이 된다.

- 만남판: 모이는 사람들끼리 자연스럽게 서로 만나고 반기는 시간이다. 통상 20~30분이 소요되는 일종의 관객의 마음 준비 시간이기도 하다. 따라서 이 시간은 앞거리 시간에서 제외된다. 차를 마시거나 음악 감상, 작은 연주회, 창(판소리, 민요) 시연, 동양화 시연, 붓글씨 연습 등 다양한 시도를 해 볼 수 있는 시간이다.
- 알림판: 생명굿에 대한 이해를 돕는 시간이다. 무엇보다도 터무리(관객)가 어떤 마음가짐으로 관여하는 것이 바람직한지를 알려 줘야 한다. 짧은 시간 안에 굿에 대한 편견이나 오해를 해소시키고 일상에서 습관화된 생각이나 관점을 바꾸어 놓아야 한다. 예컨대, 타인 눈치 보는 일, 망설임, 후유증에 대한 두려움, 문제해결이나 반드시 답을 찾겠다는 환상, 진실을 직면하는 데 오는 두려움, 자신도 모르게 비밀이 드러나지는 않을까, 미쳐 버리지는 않을까 하는 공포 등 때에 따라서 참가자 상호 간의 신뢰를 바탕으로 하는 비밀 엄수의 약속도 필요하다.

• 놀이판: 놀이판은 통상 생략하는 경우가 많다. 참여자들은 자발적으로 오기 때문에 알님을 서로 하려고 하는 경향을 나타낸다. 따라서 굳이 알님으로 나서도록 흥을 돋을 필요가 없다. 본거리 중 알님 나오기에서 가끔 드물게 알님이 나오지 않은 경우에는 분위기를 바꾸고 알님으로 나올 수 있게 마음 준비를 시키려는 의도로 놀이판을 열 수도 있다. 예컨대, 서로 간에 삶의 어려움을 이야기하기, 살아 있음을 느꼈던 때를 회상해 보기, 고통이나 환희의 경험을 소리로 표현하기 또는 아예 모든 부담감을 떨쳐 버리는 의미로 서로를 알아가는 놀이를 할 수도 있다.

2) 본거리

터 열기(혹은 닦기)가 시작되고 알님(들)이 나와서 굿판을 이끌어 가고 판이 마무리된 후 터 닫기까지의 본마당을 말한다.

(1) 터 열기판

생명을 상징하는 빛(호롱불, 촛불 등)을 밝히고 징을 울려서 굿마당의 시작을 알린다(한마디로 제의적 생명굿을 상징한다). 그 외에도 상황에 따라서 정한 수 떠놓고 빌기, 굿마당을 비로 쓸거나 정화수를 뿌려서 정화하기, 간이 고시례(신령님이나 수호 장승에게 마당을 잘 지켜달라고 기원하기 등)를 진행할 수 있다.

(2) 알님 나오기판

굿판을 이끌어 갈 알님들이 나온다.

(3) 알님 가림판

통상적으로는 한 명의 알님만을 가려내야 한다. 그 방법으로는 윷 던지기, 가위바위보 등이 있다. 우연을 이용한 것이다. 그 외에 터무리가 선택하는 방법, 알님들끼리 상의해서 결정하는 방법 등이 있다.

(4) 거리 내기판

알님이 알님지기의 '거리 묻기'에 의해 자신의 내면에 들어 있는 굿거리를 내보인다. 소위 걱정거리, 근심거리, 골칫거리 등이다. 장황한 이야기나 설명이 아니라 하나의 단어, 느낌 혹은 최소한의 한 문장, 그림, 이미지, 몸짓 등으로 표현한다. 때에 따라서 알님지기는 알님이 내놓은 거리 외에 긴급한 것, 핵심이 되는 거리나 평생의 화두, 정서적 특성이 있는 굿거리를 요구할 수도 있다. 만약 거리가 세 개 이상 복잡해지면 알님지기는 다양한 방식으로 거리들을 표시해서 잊지 않도록 노력한다. 예컨대, 천이나 빈 의자로 표시하기, 쪽지나 칠판에 쓰기, 터무리로 하여금 암기하게 하기 등의 방법을 이용한다.

화두와 거리

① 화두와 거리의 차이

- 거리는 알님의 현재 문제, 스트레스나 갈등, 힘든 상황을 일컫는다면 화두는 알님의 오래된 문제, 굳은 습관이나 성격, 경향 등을 일컫는다.
- 거리는 시간적으로 최고 1~2년 내의 문제라면 화두는 10년 이상 된, 변화시키고 싶었으나 잘 되지 않았던 문제다.
- 거리는 현재의 알님의 핵심과 먼 거리에 위치해 있다면 화두는 알님의 핵심 가까이 있는 문제라고 할 수 있다. 여기서 '핵심'이란 알님의 생명력이 제대로 작동하지 못하게 가로막고 있는 가장 중요한 장애물을 일컫는다.
- 따라서 거리를 풀어가기 위해서는 중요한 요점을 만들고 그것을 압축해서 핵심을 찾아낸다면, 화두는 곧바로 핵심으로 나아갈 수 있는 장점이 있다.

② 거리를 벗어나야 할 이유

알님의 모든 거리가 그런 것은 아니지만 때에 따라서는 거리를 벗어나거나 빗나가야 할 필요가 있을 때가 있다. 예컨대, 거리만 집착할 경우 행여 알님이 계산했을지도 모르는 한 방향으로만 나아감으로써 내면의 진실이 무엇인지 모를 수 있다. 요점이나 핵심을 찾는 일도 어려워지고 잘못하면 겉핥기식의 피상적 흐름만으로 마당이 끝나 버릴 수도 있다. 거리를 벗어날 수 있는 객관적 방식은 알님의 말하는 태도, 자세, 표정, 습관 등 비언어적 실마리를 놓치지 않는 일이다. 특히 말과 말의 행간, 말에 대한 반응에 민감해야 한다. 주관적 방식으로는 거리 외에 평생의 화두는 없느냐고 직격탄을 날리는 방법, 거리를 무시했을 때의 반응을 확대, 과장하는 법, 타인 혹은 제삼자 시각에서 거리보다 더 중요한 문제를 찾아보는 방법, 남이 알면 안 되는 습관이나 비밀을 찾아 나가는 방법 등이 있다.

(5) 첫판

굿거리에 따라 처음 만들어 보는 장면이다. 이 첫판은 매우 중요한데, 왜냐하면 알님지기가 알님을 진정으로 만나고 있느냐의 여부가 드러날 뿐만 아니라 알님이 어느 정도 일상을 벗어나 있는지(벗기판), 거리의 강도가 어느 정도인지(걸름판), 몸짓과 소리 등을 어느 정도까지 드러낼 수 있는지(맛보기판) 등을 밝혀내는 판이기 때문이다. 한마디로 여기서 말하는 '참된 만남'은 마당 전체에 영향을 미칠 만큼 중요하다는 의미다.

- 벗기판: 일상적 사고방식, 습관(말투, 표정, 몸짓 등)에서 어느 정도 벗어났는지 측정하거나(백분율) 질문을 통해 그렇지 못하게 하는 방해 요인을 찾아보는 판이다.
- 걸름판: 거리가 여럿인 경우 강렬도의 순번을 정하거나, 거리가 하나인 경우 지금의 현실에 미치는 영향력을 알아보거나 아니면 다른 거리를 (더 의미 있는) 찾아보는 판이다.

- 맛보기판: 주로 목소리의 크기를 실험하거나 욕설, 행위 가능성 등에 대해 물어보거나 실험을 해 보는 판이다.

참된 만남

참된 만남 없이 상대방을 알고 이해한다는 것은 불가능하다. 안다는 것은 언어도, 지식도 아니다. 사람이 아파한다는 것을 머리로 아는 게 아니라 그 아픔의 고통을 내가 느낄 수 있어야 한다. 이해한다는 것은 그 사람의 고통이 이리 저리해서 발생했다고 아는 것이 아니라 오히려 내가 모르는 그 사람만의 이유가 필연코 있을 것이라고 느끼는 것이다. 아는 것이 아니라 느끼는 것, 그래서 오늘날 참된 만남은 어렵다. 대부분의 사람이 머리로, 언어로, 생각만으로 만나기 때문이다. 머리로, 이성으로 만나는 사람들은 티가 난다. 얼굴 표정이 자연스럽지 못하고 약간 긴장되거나 굳어 있고 말투도 부드럽지 못하다. 한마디로 감정이 없다는 것이 뭔지 모르는 사람처럼 보인다.

두 사람이 대화를 하고 있는 모습을 보면 참된 만남인지 아닌지를 알 수 있다. 우리는 대부분 상대방의 말이 끝나자마자 내 말을 하는 버릇에 길들여져 있는데 이것은 대화(dialogue)가 아니라 독백(monologue)이다. 상대가 이야기하는 것을 귀담아 듣는 것이 아니라 대충 감을 잡고서 미리 자기가 할 말을 생각하고 있기 때문에 일어나는 현상이다. 그래서 자주, 상대가 아직 말을 마치기도 전에 상대의 말을 끊고 자기 말을 시작한다. 이런 버릇은 자주 반복된다.

대화는 상대방의 말에 대해 내가 반응하면서 시작된다. 바람이 불면 잎새가 흔들리듯 상대방의 말에 내 느낌이 출렁이고 그에 따라 내 몸의 반응은 자연스럽게 드러난다. 크건 작건 자세나 표정이 달라지고 그래서 말한 상대방은 자신의 말이 상대에게 어떻게 다가갔는지를 보고 느끼게 된다. 그것은 곧 공감이며 긍정이다. 참된 만남은 공감적이고 긍정적 반응들이 매 대화마다 쌓여 나가면서 차츰 상대방을 더욱 깊게 느끼는 과정이라고 말할 수 있다. 예컨대, 눈빛, 표정, 손짓 하나에도 민감하게 반응하는 만남 말이다.

(6) 둘째, 셋째, 넷째판 등

첫판 이후의 진행되는 순서에 따라 판의 이름을 붙인다. 여기서 중요한 것은 알님의 '감정'을 찾고 증폭시키는 일이다.

- **되돌림판**: 하나의 판이 지워지고 그 이전의 판으로 되돌아갈 때의 판의 명칭이다.
- **새로운 판**: 하나의 판이 지워지고 새로운 판으로 나아갈 때의 판의 명칭이다.
- **고비판**: 전혀 예상치 못했던 순간에 매우 중요한 판이 만들어질 때의 판의 명칭이다.
- **꼭지판**: 알님이 보여 줄 수 있는 최상의 마지막 핵심이라고 판단될 수 있는 화두 혹은 요소가 드러나는 경우의 판의 명칭이다.
- **살판**: 소위 카타르시스, 무아지경에 도달한 판을 일컫는다.

감정 찾기와 증폭

인간의 감정이란 꽃의 향기처럼 그 사람의 현재 상태를 알려 주는 실마리이며 몸 맛 혹은 몸 색이라고 말할 수 있다. 그래서 바람직한 긍정적인 몸 색을 풍기는 사람에게는 사람들이 기쁜 마음으로 다가가고 부정적인 감정에 휩싸인 사람과는 관계를 갖지 않으려고 할 것이다. 그 결과, 전자는 자신의 감정을 당당하게 드러내며 살아가지만 후자는 스스로 자신의 감정을 억압하고 내면으로 깊숙이 숨기려고 할 것이다. 문제는 이 숨겨진 감정이다. 화, 미움, 원망, 시기, 질투, 분노 등 대부분 외부 요인에 대한 부정적인 반응으로 형성된, 압축된 감정 덩어리는 사람들이 제대로 자신의 생명력을 발휘할 수 없게 만드는 장애물로 작용한다.

생명굿이 알님의 생명력을 찾아 나서는 일이라면 우선 그런 감정의 덮개를 벗겨 내지 않으면 안 된다. 조금은 무리를 해서라도 부정적 감정의 실마리들을 찾아내서 빼내고, 잘 빠져나오지 못한 경우엔 강냉이를 튀기듯 감정을 증폭해서 터트려야 한다. 알님지기가 판을 만드는 데 반드시 해야만 하는 일이다. 예컨대, 직접 화법을 사용하는 것, 큰 소리를 내보는 것, 한 두 단어의 의미 있는 말을 큰 소리로 반복하는 일, 방망이를 이용하는 일, 북을 치며 말하는 일 등이 모두 감정 증폭과 배설을 위한 일이다. 알님의 감정을 증폭, 극대화시키는 이유는 또 있다.

① 감정을 극대화하다 보면 터져 나오는 감정 속에는 다른 감정이 섞여 있거나 다른 감정의 흔적이 드러나는 경우가 있다. 예컨대, 현재 화나는 감정을 표출하는 순간인데 슬픔이나 공허감, 외로움 혹은 알 수 없는 그리움 같은 감정이 묻어 나오는 경우다. 그것은 판이 바 뀔 수 있는 실마리로 작용할 수 있다.

② 감정 표출의 정도는 일견해서 알님의 에너지 수준 또는 생명력의 정도를 가늠해 볼 수 있 는 척도가 된다. 감정 표출의 몰입도가 높을수록 그 밑에 흐르는 생명력의 강도가 크다고 볼 수 있기에 알님지기는 알님의 감정 표출을 가능한 한 극대화시켜야 한다.

③ 감정이 극대화되어 터져 나오는 어느 한순간, 그 소리며 몸짓은 알님이 지금까지 살아온 전 인생을 혹은 오랫동안의 아픔과 한(恨)을 드러내는 징후로 작용하기도 한다. 마치 그가 살아 왔던 삶이 한순간으로 응축된 것처럼 보인다.

④ 감정이 증폭되어 끝없이 올라가다 보면 때로는 전혀 예상치 못한 반전이 일어나기도 한 다. 예컨대, 분노가 극에 달하는 어느 순간, 전혀 예상치 못했던 통곡의 눈물이 터져 나온 다든가, 지극히 간단명료한 하나의 단어, 단말마와 같은 언어가 폭발하듯이 쏟아진다든 가 아니면 극도의 공포나 완벽한 침묵에 빠져들기도 한다.

(7) 끝판

굿마당이 마무리되는, 알님이 원하거나 지금까지의 판을 종결시키는 마지막 판을 말한다.

(8) 나눔판

터무리가 알님과 비언어적, 신체적 교감을 나누는 판이다.

(9) 터 닫기판

알님이 느낌을 말하고, 터살이들을 치우고, 참여했던 모든 덧님, 떼님이 나와 고마움을 상호 표현하고 '징'을 울림으로써 빛을 끄고 터를 닫는 과정이다. 통상 생명굿은 터 닫기가 끝나면 한 마당이 마무리된다.

3) 뒷거리

뒷거리는 본거리가 끝나고 일정 시간 쉬고 나서 열린다.

(1) 돌아보기판

터무리들이 그동안의 굿마당에 대한 궁금증을 함께 풀고 해소하거나 알님지기와 질의응답 시간을 갖는 등 서로 간의 느낌을 나누는 판이다.

(2) 되살리기판

아쉬웠던 판, 다시 한번 보고 싶거나 해 보기 원하는 판을 동일한 알님 혹은 터무리 중 한 명이 알님이 되어 진행한다. 새로운 시각, 의외의 진행은 또 다른 의미와 감동을 준다.

(3) 뒷풀이판

참가자 모두가 한 몸이 되어 술과 음식으로 잔치 형식의 뒷풀이를 갖는다.

덧거리

덧거리는 뒷풀이판이 끝난 후 혹은 생략된 후에 알님지기며 수련생들이 따로 모여서 굿마당 전체를 다시 한번 되돌아보는 시간이다. 특히 수행자로서의 마음가짐과 자세를 배울 수 있는 중요한 시간이다.

4. 판 만들기

수행자(알님지기)의 굿놀음에서 중요한 것은 판 만들기(장면 설정)다. 굿놀음이 벅차거나 뿌듯했다는 것은 그만큼 판을 잘 만들었다는 의미이기도 하다. 반대로 굿놀이가 시원찮았다든가 기운이 빠졌다는 것은 판을 제대로 만들어 내지 못했다는 뜻이다. 따라서 수행자의 굿마당 수행 능력은 판 만들기의 힘과 비례할 만큼 판 만들기는 매우 중요한 수행자의 덕목 중 하나다.

1) 판 만들기의 바탕(=base)

- 시간적으로 지금, 현재, 판이 이루어지는 이 순간이다. 모든 과거, 미래도 현재로 수렴된다. 기억 또한 기억 착오나 기억 왜곡과 관계없이 지금, 현재의 기억이 중요시된다.
- 공간적으로는 이곳, 무리가 모인, 어울림(공동체)의 터다. 지하실, 사무실, 가정집, 공원, 들판, 바닷가, 산기슭, 어떤 곳이냐는 중요하지 않다. 만남과 관계가 이루어질 수 있는 곳이라면 바로 그곳이 판이 이루어지는 터가 된다.
- 판의 기본 바탕은 만남이다. 두 힘의 만남, 제반 요소들의 부딪침, 충돌, 연결, 관계, 끌어당김과 밀어냄, 참과 빔, 끌림과 반발, 접힘과 펼침 등이다.
- 만남의 기본요소는 인간의 욕망(잠재력)과 우주만물의 생명력이다. 그것은 한 개인의 의식과 잉여를 넘어서 있다. 그것은 세계의 생성, 변화, 창조/진화의 에너지이며 동근원적 세계로의 열림을 지향하는 힘이다.

2) 판 만들기의 재료(=material)

- **기본 재료**: 판의 기본 재료는 알님이나 터무리 또는 알님지기가 지금 이 순간 제시하는 터(굿)거리 혹은 화두다. 그것은 크게 때거리(시간적 요소), 곳거리(공간적 요소), 뜻거리(개념적 요소)로 나뉜다. 때거리와 곳거리는 대개 사건 혹은 문제 거리를 뜻하고 뜻거리는 주로 감정, 의미 등 정신적 거리를 말한다. 굿거리는 다양한 실마리(=단서)를 제공하기 때문에 의미 있는 실마리는 굿거리와 함께 판의 기본 재료라 할 수 있다.
- **몸 재료**: 마당에 참여한 모든 사람의 말소리, 행위(몸짓과 동작), 형상, 감각, 감정, 직관, 분위기 등을 몸 재료라 한다. 한마디로 사람들이 드러내는 제반 요소가 모두 몸 재료다. 그중에서 가장 중요한 바탕짓(3대 요소)은 말짓, 몸짓, 느낌이다.
- **터 재료**: 터 재료는 터무리, 터사리, 터환경으로 나뉜다. 터무리는 판을 만드는 데 매우 중요한 요소다. 터무리가 없으면 알님도, 알님지기며 판도 이루어질 수 없기 때문이다. 한마디로 나무나 풀이 땅과 대기가 없으면 자랄 수 없듯 터무리는 땅이며 대기는 터환경이다. 터사리는 전통 굿 마당에서 사용되는 무구(소품, 도구)처럼 판을 만들고 진행하는 데 도움이 되는 제반 도구들을 말한다. 터환경은 터가 의미하는 시공간적 분위기, 터무리이며 모두가 알게 모르게 조성하는 판의 흐름새 등을 일컫는다. 터환경은 판의 진행에 보이지 않는 제반 긍정적, 부정적 영향을 미친다.

3) 판 만들기의 틀(형식=form)

기본 형식 = 으뜸 형식 = 비언어적, 짓(말짓, 몸짓, 느낌짓)

- **체현화**: 말(언어)을 넘어서서 길들여진 몸을 넘어서서 온몸으로 드러나도록 한다. 삶은 그 어떤 것을 모방하거나 재현하는 것이 아니라 자신을 있는 그대로 펼치고 표현하는 과정을 뜻한다. 그것은 익숙한 자아를 넘어서서 몸짓의 의미를 극대화하는 방향으로 나아간다.
- **실험화**: 판은 일상을 벗어나 자신과 세계를 향한 도전과 모험을 지향한다. 존재(existence)함은 체험(experience)하는 것이요, 실험(experiment)한다는 뜻이다. 그것은 압축과 확장, 미시화와 거대화 등 나를 넘어서(탈나) 나의 경계를 넓히고 너와 세계로 나아감을 의미한다.
- **놀이화**: 판은 때로 아이들의 순진무구한 놀이, 세계의 놀이(니체적 표현)처럼 이 세계를 있는 그대로가 아닌 과장과 축소, 희화화, 유모어, 반어법, 욕설과 난장이 가득한 판을 지향한다. 현실, 노동, 일을 벗어난, 나를 벗어던지는 놀이판이야말로 신명, 신바람을 일으킬 수 있다.
- **예술화**: 판은 때로 수많은 이미지, 상징, 은유로 가득 찬다. 그것은 예술적 창조가 이루어지는 토대다. 시와 노래와 춤이 어우러지고 존재이며 삶 그 자체가 하나의 예술품처럼 빛을 발하기도 한다. 그것은 또한 우리 삶의, 생명의 의미를 형상화한다.
- **제의화**: 생명굿은 궁극적으로 제의화를 꿈꾼다. 그것은 모든 존재의 만남과 화합, 모든 존재의 생명의 불꽃을 타오르게 하는 어울림의 마당이며 존재의 근원성에서 맞닿는 축제다.

4) 판 만들기의 종류(방법=method)

- **판 짜기**: 수행자의 판 짜기는 판 만들기의 기본이다. 수행자가 어떤 재료, 거리, 실마리를 어떤 몸짓, 어떤 형식으로 판을 짜는가는 지금 이순간의 알님과 수행자의 교감에 달려 있다. 판 짜기가 상황에 적합할수록 전체 판의 진행은 활력을 높여갈 것이다.
- **판 키우기**: 수행자가 터무리나 곁님 등의 힘을 모아서 극적 분위기를 높

이고, 소리이며 감정의 밀도를 고조시키는 방향으로 나아간다. 판을 과장, 확대, 극대화해 나가는 방법이다.

- **판 줄이기**: 판 키우기와 반대로 모든 군더더기를 제거하고 요점만 남기는 판을 말한다. 예컨대, 터를 압축해서 알님의 손바닥으로 옮긴 후에 그곳의 핵심을 찾거나 초점을 맞추게 한다.

- **판 지우기**: 잘못 나아간 판, 요점을 벗어나거나 표현이 걸맞지 않는 판을 지운다. 새로운 실마리나 재료로 새로운 판을 짜거나 기존의 판을 수정해서 다시 시도(되돌림 판)한다.

- **판 모으기**: 터무리가 나와서 알님에게나 터무리에게 의미가 깊은 판을 동시에 여러 군데에서 같은 방식으로 또는 다르게 만들어서 진행한다. 이때 알님은 대개 구경꾼이 된다.

- **판 갈기**: 현재 진행 중인 판에서 맡은 일이나 사람을 새로 바꾸어서 판을 만드는 것으로, 판 갈기는 알님과는 관점이 다른 제2, 제3의 시각을 드러내기 위해 주로 시도된다.

- **판 놓기**: 알님이 스스로 자신의 판을 꾸미도록 수행자가 일정한 공간으로 물러나서 구경꾼이 된다.

- **판 물려주기**: 알님이 일정시간 동안 수행자가 되도록 한다. 알님이 자신의 거리를 어떻게 판으로 만드는가를 알 수 있는 기회를 제공한다.

판을 만들 때 판의 명칭은 사람, 장소, 사건 중 하나를 사용한다(앞에서 말한 고비판, 꼭지판 등의 명칭은 굿의 진행 과정상의 함축적 의미를 나타내는 명칭이다). 예컨대, '아버지 판' '거실 판' 그리고 '훈계하는 판'이 그것이다. 셋 중 어느 것을 사용하느냐는 알님지기의 선택에 달렸다. 일단 판의 명칭이 결정되면(사람, 장소, 사건 중 하나가 선택되면) 이제는 그 판을 어떤 방식으로 표현하느냐가 남는다. 마치 설계도를 보고 그것을 3차원의 입체, 모형을 만드는 일처럼 알님지기와 알님의 대화를 토대로 사람의 몸(주로 알님의 몸), 행동, 짓, 혹은 사물(의자 등)을 이용해서 입체화하거나 행위화하는 일이다. 방식은 여러 가지다. 중요한 건 상황을 단숨에 파악할 수 있도록 단순, 명료해야 하고 목적은 알님의 반응, 특히 감정 반응을 불러일으킬 수 있는 방식이어야 한다. 예를 들어 보자.

- **상징화 방식**: 아버지를 상징하는 의자가 알님을 상징하는 의자 위에 놓인다. 위의 의자가 아래 의자를 거칠게 누르기 시작하면 밑의 의자가 넘어지거나 접혀진다.
- **구체화 방식**: 아버지 의자를 알님과 멀리 떨어진 곳에 놓고 알님이 직접 화법으로 말하거나 아버지가 화를 내며 훈계하는 판을 만든다.
- **형상화 방식**: 어린 시절 아버지가 네 명의 자녀를 무릎 꿇게 하고 엄하게 훈련한다. 그다음에는 모든 가족이 집 안에 있는데 아버지만 밖으로 돈다(모든 것이 빈 의자로 표현된다).
- **예술화 방식**: 알님이 북을 치면서 판소리조로 읊는다. "아이고 내 인생아, 숨 한 번 크게 쉬지 못하고 눈치만 보면서 살아온 내 인생아~~~."
- **도표화 방식**: 알님과 아버지 사이에 일어났던 중요한 사건을 그림 혹은 막대기로 연대순으로 표현한다.
- **큰 소리화 방식**: 답답하고 억울했던 어느 한때를 큰 소리로 표현하도록 한다.
- **집단화 방식**: 아버지가 알님에게 했던 말 중에 중요한 말을 터무리가 아버지가 되어 알님에게 쏟아붓는다.

그 외에도 다양한 방식으로 알님 상태를 표현할 수 있는데, 5장 생명굿의 기본 방식(193쪽)에 따르면 된다.

5) 판 이끌기의 의미

- 알님지기가 판을 이끈다는 것은 알님이 자신의 힘과 같은 방향이든 다

른 방향이든 만나는 대상과 힘겨루기를 하도록 이끌어 간다는 의미다. 같은 방향의 힘인 경우, 그것은 화해, 공존, 상승, 고조, 긍정, 축하 등으로 불리고, 서로 다른 힘이라면 마찰, 충돌, 파괴, 해체, 분열, 분리 등으로 불릴 것이다. 어떻든 힘과 힘의 만남은 어떤 방법으로든 알님을 변화시킨다. 만남 이전의 알님과 만남 이후의 알님은 분명히 차이가 있다(만남과 변화의 의미).

• 판을 만든다는 건 알님이 일상적인 어투, 겉치레의 말, 형식적이고 습관적인 말과 행동을 벗어던지고, 속말, 숨겨진 맘, 감정적인 언행을 할 수 있도록 이끈다는 의미다. 말보다는 행동으로, 겉모습보다는 속내를, 생각보다는 본능적인 몸의 말을 드러낼 수 있도록 돕는다는 것이다. 현실, 일상을 벗어난 굿마당이기에 표현 방법은 비현실적이고 비일상적일수록 의미가 더 클 것이다(일상적 사유 방식을 뒤엎는 표현의 의미).

• 판을 이끈다는 건 알님지기가 무조건 알님의 말만 믿고 알님의 굿거리를 따라 상투적으로 판을 짜는 기술자가 아니라, 굿거리를 밑바탕의 재료로 온갖 실험을 하고 도전과 모험을 감행한다는 의미다. 그런 실험 정신이 없으면 알님의 생명력은 결코 드러나지 않을 것이기 때문이다. 광석을 캐내는 것만으로 다이아몬드를 얻을 수 없고, 야구 이론을 완벽하게 안다고 홈런을 칠 수 없는 이치와 비슷하다. 광석을 뜨거운 불에 용해시키고 제련하는 모험이 뒤따라야 보물을 얻을 것이며, 이론을 무시하고, 미친 척 방망이를 휘둘러야 홈런이 나오지 않겠는가? 그것은 신명나게 울고 웃고 놀고 욕하고 미친 듯이 온몸을 내던지도록 알님을 자극하고 도발하는 일과도 같다(실험과 도전의 의미).

• 궁극적으로는 알님으로 하여금 예기치 못한 고비판으로 나아가도록 하는 것을 의미한다. 그래서 절정의 꼭지판도 좋고 무아지경의 살판도 좋다. 왜냐하면 그것은 알님의 생명력이 분출하는 꼭짓점이자 분화구요, 제대로 된 삶을 시작할 수 있는 살판 나는 나를 만나는 순간이기 때문이다(생명력 분출의 의미).

- 다른 의미로는 알님의 심성(흙길: 알님만의 특이성, 잠재성)을 넘어서서 야성(불의 길: 원초적 동물성), 본성(물의 길: 자유로움 그 자체), 그리고 천성(바람의 길: 탈 인간적 순수성)을 드러내는 방향으로 판을 이끌어 간다는 의미다. 이것은 인간의 4원소의 길*로써, 넋으로 향하는 디딤돌이라고 말할 수 있다.

6) 판 만들기에서 두 가지 오해

(1) 지기는 알님의 굿거리를 가지고 판을 만드는 사람이라는 오해

시인(알님)이 시를 읊으면 그 곁에서 시를 종이 위에 쓰는 사람이 알님지기인가? 아니다. 작가가 어떤 문제를 이야기해 주면 그것을 무대 위에서 형상화시키는 사람이 지기인가? 아니다. 알님지기는 연출가가 아니다. 그렇다고 알님의 내적 고백을 들어주고 충고해 주는 사제도 아니며 치료자도 상담가도 아니다. 그는 만신이다. 그는 신들과 어울려 놀듯이 알님과 노는 사람이다. 신명나게 때로는 미친 듯이, 때로는 화내고 달래고 어르면서 알님으로 하여금 자신의 껍질을 부수고 알몸이 되어 춤을 추도록 하는 사람이다.

한마디로 알님지기는 자신이 먼저 스스로 알몸이 되어 알님의 알몸과 진실로 만나고자 노력하는 사람이다. 그래서 꾸밈이 없고 솔직하다. 연출가, 상담가, 사제, 치료자처럼 내담자 위에 있는 존재도 아니요, 거리를 둔 만남, 전문가로서의 지식 판매인도 아니다. 그는 ~인 체 하는 것 자체를 모른다. 그가 아는 것이라고는 생명, 생명력, 모두가 귀한 생명의 존재라는 사실뿐이다. 그래서 그는 온몸으로 알님과 어울릴 줄 안다.

무용수가 무대에서 온몸으로 춤을 춘다. 그는 온 마음이다. 숨길 것이 아무것도 없다. 척하거나 꾸밈이 없다. 온 맘으로 음악이 되고 움직이고 새가 되

---

* 속내와 4(원소)길의 차이는 속내가 의식 차원, 고정된 필연의 차원이라면 4길은 무의식의, 예기치 못하는 우연의 차원이라는 것이다.

거나 바람이 된다. 야구 선수가 타석에 들어서면 마음 비우고 날아오는 공에 의식을 집중한다. 가수는 청중 앞에서 오직 한마음으로 노래에 몰입한다. 알님지기가 알님을 만나 판을 이끄는 일도 이와 똑같다. 어떤 잡념도 다 비우고 알님을 만나려고 몰입한다. 판을 만드는 것이 능사가 아니다. 굿거리를 가지고 판을 만드는 일은 웬만한 사람이면 누구라도 할 수 있다. 알님지기는 판을 만드는 기술자이기 이전에 알님을 만나는 사람이다. 솔직하게 알님과 맞짱을 뜨는 만신이다.

솔직하다는 건 무조건 알님에게 이끌려 간다는 것도, 지기 멋대로 알님을 이끌고 가는 것도 아니다. 그것은 사랑하는 사람과의 만남과 유사하다. 온 마음으로 상대를 있는 그대로 긍정, 수용하면서 '아니다'라고 생각되면 언제든지 아니라고 말할 수 있는 관계다. 그 역도 마찬가지다. 내가 틀렸을 경우, 언제든지 솔직하게 인정하고 사과하는 관계, 그래서 서로가 만남 이전의 나와 너에서 만남 이후의, 변화된 새로운 나와 너가 되는 관계 말이다. 그것은 비록 겉으로는 싸우고 언성을 높이는 것처럼 보여도 서로 간 따뜻한 신뢰를 바탕으로 하는 싸움이요, 때로는 비난과 욕설이 하늘을 찌를 듯해도 그것은 서로가 서로를 아끼는 마음과 사랑이라는 것을 둘 다 이해하고 있는 언쟁이다.

우리가 솔직하지 못한 것은 평소의 습관 때문이다. 어렸을 때부터의 잘못된 교육 때문이다. 그래서 우리는 남 앞에서는 거의 무의식적으로 이런 생각에 빠져든다. 잘해야지. 멋있게 해야 해. 인정받아야지. 칭찬받아야지. 틀리면 안 돼. 실수하면 안 돼. 능력 없다고 생각하면 안 돼. 그리고 이유 모를 긴장과 불안, 사람들의 시선, 눈빛 등을 느낀다.

도대체 생명의 세계에서, 굿의 세계에서 옳고 그른 것이 어디 있는가? 잘하고 못하고가 어디 있는가? 틀리면 어떻고 맞으면 뭐가 어떻다는 것인가? 가장 기본적인, 그리고 현실에서 가장 근본적인, 차이와 차별 하나 구분 못해서 알님지기가 굿마당 위에서까지도 잘해 보려고, 남에게 싫은 소리 안 들으려고 척하고 꾸미는 짓을 한다는 것은 있어서는 안 되는 일 아닌가?

왜 아이가 될 수 없는 것이여? 왜? 왜? 왜 미친년이되고 미친놈이 되지 못하는가 말여. 정신 똑바로 박힌 사람이라는 소리, 능력 있는 지기라는 소문이 듣고 싶은가? 평소의 나를 버리고 탈나가 되어서 노는 것이 그렇게 힘든 일인가? 말로는 청산유수면서, 생명굿이라고 떠들면서 생명력 하나 보이지 않은 지기는 어떻게 설명할 것인가? 왜 정신줄 못 놓는가? 뭐가 도대체 무서운가? 기계와 같은 현대인, 기술자가 되려는가? 적당히 남을 속이면서 살려는가? 알님지기는 만신이 되어야 해. 제 넋을 잃어버린, 정신 나간 만신이어야만 해. 다들 제정신 차리면서 외롭게 소외되어 가는 이 세상에 한두 명 미친 만신이라도 있어야, 그래야 이 지랄같은 세상을 더불어 이겨내고 살아갈 힘이라도 찾아볼 수 있을 것이 아닌감?

알님지기는 쉬우면서도 어려운 길이라는 건 알아. 하지만 알님에게 질질 이끌려서 판이나 만드는, 판 만들다가 한 마당이 끝나 버리는, 판 기술자가 아니라 생명의 냄새를 쫓아가는 사냥꾼 같은 만신이라는 걸 잊어서는 안 된다 이 말이요.

(2) 알님이 대상과 만났을 때, 속말(안 했던 말)을 한다는 오해

알님이 대상 한 사람을 만났을 때, 직면과 충돌이 알님 중심으로 너무나 일방적이고 상투적인 경우, 알님은 자기 속말만 쏟아놓으면 된다고 생각하는가? 그럼 그 말을 들은 상대는 속말, 아닌 말로 더 지독한 말을 할 수는 없는 것인가? 알님과 알님지기의 만남 또한 지극히 일상적이고 형식적인 면은 어떻게 생각하는가? 예의를 잘 아는 지기? 의젓하고 품위 있는 지기? 모든 것을 다 아는 듯한 전문가로서의 지기?

모든 만남에는 알게 모르게 고통이 따른다. 사랑의 고통이 만남의 고통 중에서 가장 큰 고통을 줄 수 있기에 사람들은 사랑을 회피하는 게 아니겠는가? 그러나 생각해 보라. 고통 없는 탄생이 이 세상에 어디 있으며, 고통 없는 성장과 변화가 어떻게 일어나겠는가? 생로병사를 벗어나는 길이 참된 삶인가?

그래서 고통은 나쁜 것인가? 아니다. 삶 속에 죽음이 접혀 있듯이 삶 속에는 고통 또한 같이 들어 있다. 문제는 고통을 어떻게든 피하려는 인간들의 욕심이요, 망상이다. 생명은 고통 없이는 자랄 수 없다. 생명력은 고통 자체를 이겨내는 힘이기 때문이다.

그렇다면 알님지기가 알님을 제대로 만나는 것도 아픔이 뒤따르지 않겠는가? 매 판을 거듭할수록 알님은 자신의 생명력과 부딪칠 수밖에 없는, 그래서 진실을 깨달을 수밖에 없는 고통을 감수해 나가는 과정 말이다. 적당한 선에서 손쉽게 뭐가 이루어지겠는가? 안 그런가? 알님지기가 알님을 끝없이 자극하고 도발하고 화를 내게 하고 미칠 지경까지 이끌고 가야만 하는 이유다.

대부분의 사람이 현실에서 나름대로 무장을 하고 안 다치며 살아가려고 발버둥을 친다. 그래서 내면의 성장이나 변화는 20대 이전에 끝나 버리고 외적인 변화만을 추구하는 현대의 좀비가 되어 버렸다. 짙은 화장이며, 장신구, 명품 옷이며 신발, 시계. 그리고 예의, 배려, 우아함, 세련미, 존중 등을 앞세워 참된 만남을 회피하면서 살아가고 있다. 하지만 생명굿은 현실과 반대로 나아가는 삶이 아니던가? 그런 모든 잡다한 것을 한순간에 쓸어 버리고, 생명과 만남과 변화를 가로막는 온갖 쓰레기를 벗겨 내고 알몸으로, 민낯으로 만나는 곳 아니던가? 알님지기부터 손수 모범을 보이지 않는다면 생명굿은 이미 죽은 거나 마찬가지 아니겠는가?

생명력은 쉽게 드러나지 않는다. 겉껍질이 너무 두껍기 때문이다. 인간이라는 이름의 온갖 치장, 잘못된 교육에 의한 쓸모없는 앎이며 상식, 허울, 온갖 착각이며 편견의 벽이 오히려 인간을 왜소하게 만들어 버린 것이다. 그러니 그런 벽을 뚫고 들어가려면 보통의 방식으로는 어림도 없다. 강력한 망치와 쇠고챙이가 있어야 한다. 그것으로 피가 흘러도 눈 딱 감고 알님의 생명의 지하수를 뚫고 들어가려는 미친 만신이 필요하다.

알님이 속말을 했다고 끝나는 것이 아닙니다. 사실 엄밀하게 말해서 속말은 이미 현실에서 혼자서 수없이 해 본 말에 불과합니다. 그것은 알님의 의식에 들어 있는 뻔한 사유 방식에서 나온 말이지요. 그렇다면 과연 알님지기는 어떤 방향으로 나가야 할까요? 알님의 상대가 되던가, 제삼자가 되어 알님의 속을 더 발칵 뒤집어 놓아야 하겠지요. 아니면 알님의 몸을 통해서 알님의 의식이 아닌 몸의 말이나 무의식의 말을 표현할수 있도록 도와야 하겠지요. 그 일은 과감한, 고통의 의미를 진심으로 이해하고 있는 알님지기만이 할 수 있는 일이지요. 아니면, 알님지기 자신이 알님과 직접적으로 충돌하든가 또는 서로가 산산조각이 날 정도로 부딪치던가 해야겠지요. 미친 척 하고요. 아니, 진짜로 미쳐서요.

5. '짓'에 대하여

짓은 몸짓을 말한다. 그것은 무한하다. 같은 몸짓이라도 상황에 따라서 다른 의미를 갖거나 다르게 변형되어 사용되기도 한다. 짓은 판을 만드는 토대다. 짓을 얼마나 잘 활용해서 판을 만드느냐가 중요하다. 적절하게 활용된 짓은 그 어떤 말보다도 더 많은 것을 드러내 준다.

알님의 온몸을 누르기 할 때, 터무리가 몇 명 필요한가? 어느 정도의 강한힘으로 누를 것인가? 알님으로 하여금 반응하도록 유도하려면 어떻게 하는것이 좋은가? 누르는 시간은 어느 정도가 적절한가? 그 기준은 무엇인가? 알님이 반드시 빠져나와야 하는가 아니면 그 전에 누르기를 중단하고 다음번의다른 짓으로 넘어가야 하나? 후유증은 있는가, 없는가? 있다면 그것은 무엇이고 어떻게 해소해야 하는가? 짓 하나에도 수많은 질문이 따르고 그 모든 선택은 알님지기의 판단에 달려 있다. 따라서 판을 만드는 방식뿐만 아니라 다양한 짓에 대한 세밀한 공부와 연구가 필요하다.

짓은 무조건 적용해서는 안 된다. 알님지기는 스스로의 몸을 움직여 사전에 시도해 보고 그에 따른 여러 가지 질문을 만들어 답을 찾아내야 한다. 그길만이 계속 발전적으로 짓을 수정 · 보완해 가면서 자기 것으로 만들 수 있다. 편의상 짓은 기본짓, 바탕짓, 짓모음으로 나누었다.

1) 기본짓(구체적인 목적을 위한 짓)

(1) 1차 기본 자세를 확인하기 위한 것
- 느리게(한 글자씩) 말하기······다짐, 명료화
- 고함치기(기압 소리, 야호)······목소리 실험, 감정 표현
- 큰 소리로 말하기(한 문장, 속말)······감정 유발 및 심화
- 고하기(하늘, 땅, 산천, 조상신)······고백, 약속, 노출(〈사진 5-1〉 참조)
- 반복(단어, 단 문장)······감정 심화

(2) 2차 감정 표출을 위한 짓
- 때리기(방망이)(〈사진 5-2〉 참조)
- 던지기(방석, 오자미, 방망이, 바윗돌 등)
- 바닥치기(손, 방망이, 베개 등)
- 북치기
- 벽치기(손, 주먹 등)

(3) 3차 몸의 힘을 느끼도록 하기 위한 짓
- 온몸 누르기(〈사진 5-3〉 참조)
- 둘러싸기(이불 덮어씌우기)
- 끌어당기기
- 사지 잡고 누르기
- 벽에 부딪치기

(4) 4차 몸의 힘을 발산하기 위한 짓

- 뜀뛰기……답답할 때
- 맴돌기……안절부절못할 때
- 뒹굴기…… 떼를 쓸 때 아니면 이러지도 저러지도 못할 때
- 막춤 추기……기분전환, 신명
- 발광하기……미칠 것 같은 때

(5) 5차 위로의 몸짓

- 껴안기
- 감싸기
- 재우기
- 업어 주기
- 축하하기

〈사진 5-2〉 때리기

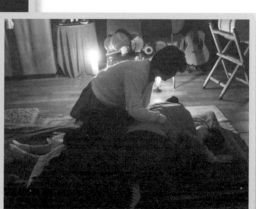

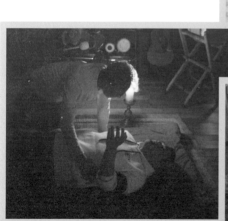

〈사진 5-1〉 하늘에 고하기

〈사진 5-3〉 누르기

2) 바탕짓

(1) 소리짓: 비언어적, 소리 자체에 초점 맞추기

- **큰 소리**: 그 자체, 하늘/신 등에 고하기, 연설하기, 가상의 증폭기계 대기 등
- **온몸소리**: 단발마, 목구멍 소리(괴성, 꺼이꺼이 울음 등), 뼈/살 부딪치는 소리, 몸을 두드리고, 뒹굴고, 뛰고, 포복절도(요절복통), 극한의 고통/신음, 절규 등
- **동물 소리**: 다양한 동물 소리
- **물건 소리**: 시계, 종, 대포
- **자연 소리**: 폭포, 천둥, 큰 파도, 소낙비, 태풍

(2) 소리떼짓

- 알님의 소리짓을 따라잡거나 함께하거나 메아리 형식으로 소리 지르기
- 격려의 소리: 함성, 박수, 발 구르기, 책상 두드리기
- 비난의 소리: 야유하기, 욕하기, 시끄럽게 하기, 소란 피우기(으아쌍), 아우성
- 축하의 소리: 노래하고 춤추거나 악기 연주하기
- 추임새, 어루화, 지화자 얼씨구 등

(3) 말짓

- **느낌말**: 감정이 섞여 있는 말
- **벙어리말**: 말을 강조할 때, 한 음씩 끊어서 느리게, 크게 말한다.
- **줄임말**: 한 문장, 한 단어, 한 음으로 요약해서 말한다.
- **되풀이말**: 중요한 단어나 문장을 여러 번 반복한다.
- **밑말**: 말의 뒷면, 지나가는 이미지나 생각
- **속말**: 말하고 싶었으나 못했던, 감추고 있는 말

- **참말**: 꿈, 환상, 몽상처럼 무의식적인 본능적인 말
- **정말**: 옳건 그르건 사실이라고 믿고 하는 말
- **몸말**: 비언어적인 몸의 자세, 태도, 표정 등으로 드러나는 말
- **혼잣말**: 독백
- **곁말**: 대화 중의 혼잣말
- **옆말**: 대화 중 터무리에게 하는 말
- **빈말**: 의미 없는 말을 위한 말

(4) 새 말짓

- **말을 물체화하기**: 풍선, 물방울, 들장미, 의자, 천 등으로 표현하기
- **물체 소리를 말로 하기**: 안 들리는 물체 소리를 말로 표현하기

  ㉾ 나비의 날아다니는 소리, 신발 끄는 소리, 사랑이 깊게 익어 가는 소리
- **이방인의 말**: 의미나 뜻도 없는, 외국의 말
- **무의미의 말**: 의미 없는 지껄임, 옹알거림
- **새로 만든 말**: ㉾ 하람-하늘이 점지하여 보내 온 사람

(5) 몸짓: 몸들의 형식에 따라[몸의 극대화 방식(200쪽) 참조]

- 몸들의 충돌
- 몸들의 열림
- 몸들의 풀림
- 몸들의 어울림

(6) 몸짓(몸의 위치/형태에 따라)

- **멀리/가까이**: 대상에 따라서 멀어지고 가까워지기
- **위로 향하기**: 하늘, 별, 신, 넋 등 허공을 향한 자세
- **장소 바꾸기**: 구름 위, 숲속, 대나무 숲, 산 위, 비밀의 동굴, 바다 밑, 커튼이나 가림막 뒤

- 의자 이용하기: 의자 위, 의자 등 뒤, 의자 밑, 곁에 서거나 앉기, 의자 뒤 집고 쓰러지기 등
- 말짓 따르기: 말짓을 강화하거나 말짓에 알맞은 몸짓
- 사라지기: 가상으로 알이 터에서 사라지거나 터무리 사라지게 하기

(7) 몸짓(주체에 따라)

알님짓

- 빠져나오기, 벗어나기, 갈라서기/등 대고 앉기
- 끼어들기
- 만지기, 얼싸안기, 겨루기
- 부딪치기
- 밀기/당기기, 끊기/자르기, 쫓아가기/도망가기
- (장애물) 넘기, 치우기
- 깨뜨리기(두들겨 보기), 지우기, 불붙이기, 던지기, 쫓아내기
- 동상 세우기
- 숨쉬기, 물 마시기, 쉬기, 멈추기
- 목 풀기, 몸 풀기
- 즉흥 노래하기, 춤추기(〈사진 5-4〉 참조)
- ~되기

곁님짓

- 누르기(등, 어깨, 몸통, 가슴……), (팔다리) 잡기
- 씌우기(이불, 천, 사람 등), 가리기, 덮기
- 가로막기, 치우기, 버리기
- 얽매기, 조이기, 붙잡기
- 꾸미기, 품어 주기, 돌보기, 보살피기

- 업어 주기, 감싸기, 거들기
- 버티기, 같이 걷기
- 따지기, 대거리

터무리짓

- 비웃기, 욕하기, 자극하기(건드리기)
- 축하하기, 격려하기
- 나누기, 뽑기
- 돌아다니기
- 불특정 다수, 대중, 국민, 특별 집단 되기
- 난장/장터 만들기
- '판' 되풀이하기
- 떼 춤, 떼 노래, 악기 연주하기
- 둘, 넷, 다섯 등으로 짝짓기, 편싸움하기, 재판하기
- 풀, 나무, 꽃, 벌, 나비 등 되기

수행자짓

- 같이 걷기, 살펴보기
- 손잡기, 두 손 잡기, 등에 손 올리기
- 보살피기, 감싸기, 거들기, 지지하기(〈사진 5-5〉 참조)
- 꼬투리 주기, 선문답하기, 유머
- 과장하기, 반대로 나가기, 질문하기, 혼잣말하기
- 건드리기, 따지기, 거스르기
- 일반화하기, 요약하기, 요점 잡기, 사설 혹은 아니리(판과 판 사이를 연결하는 말)
- 추임새 넣기, 알님 혹은 곁님되어 말하기
- 침묵하기, 터 빛이나 터사리 활용하기, 즉흥시 · 노래하기

〈사진 5-4〉 즉흥 노래하기

〈사진 5-5〉 지지하기

(8) 전반적 진행상의 기본자세

- 올림새/내림새 → 알님의 감정, 몰입의 정도, 몸짓 · 말짓의 정도
- 빠름새/느림새 → 전반적 진행의 속도
- 치킴새/낮춤새 → 알님에 대한 수행자의 상황 변화에 따른 자세 변화
- 길 내기 → 알님의 몸과 맘 세계에 대한 대략적인 길잡이로써의 방향
  - 흙길: 보다 내면으로, 깊이, 묻혀 있는, 모든 걸 수용하는 마음(심성)
  - 물길: 보다 자유로운, 보다 넓은 곳으로 향하려는 마음(본성)
  - 불길: 광기, 통제 안 되는 금기의 세계, 부도덕, 정신병적/몽환적 환상, 이미지, 꿈과 같은 상태(야성)
  - 바람길: 자연, 우주와 함께하는, 근접한, 넋과도 같은 상태(천성)

바탕짓의 필요성

• 일상적, 습관적 사고에서 벗어나도록 돕는다.

• 지금 이곳에 몰입하게 한다.

• 언어적 한계를 넘어서게 한다.

• 요점을 명료화한다.

• 몸으로 느낄 수 있도록 돕는다.

• 모호한 개념이나 생각을 구체화한다.

• 숨겨진 감성, 의도를 드러나게 돕는다.

• 굿 진행 과정에 속도와 깊이를 더한다.

• 자신을 보다 객관화시켜 만날 수 있도록 돕는다.

• 예기치 않은 반응을 유발시킬 수 있다.

3) 짓모음

(1) 텃밭짓: 주로 굿마당 한 판 만들기에서 기본적으로 활용되는 것들

• **확인짓**: 알님의 솔직성 정도, 놀이성 정도, 지금 이 순간 왜 그 화두(거리)
인지 등을 확인하는 것

• **연습짓**: 주로 목소리 연습을 직접 시키거나 누군가 훈련 선생을 초대해
연습시키는 짓

• **설명짓**: 생명굿 혹은 맘굿 등에 대한 오해나 편견이 있으면 설명해 주는 짓

• **보충짓**: 알님에 대한 다른 사람들의 생각, 견해 등을 알아보는 짓

• **직설짓**: 알님이 설명을 하려고 할 때 언제나 대상에 대해 설명하기보다
는 직접 화법으로 말하도록 이끄는 짓

(2) 놀이짓

- **풍자짓**: 유머, 해학, 농담 등을 통해 굿판에 웃음과 여유를 던지는 짓
- **즉흥짓**: 어느 한순간, 유언장 쓰기, 묘비명 만들기, 연설하기, 시간 여행 하기, 자신의 이야기를 신화나 전설로 꾸미기 등 상황에 적합한 즉흥적 인 짓
- **재판짓**: 심판의 날 저승사자나 옥황상제에게 심판을 받거나 현대의 재판 정처럼 판검사와 변호사를 통해 재판을 받도록 하는 짓

(3) 변신짓

- **몰입과 변신**
  - 탈자기짓(2장 기본 방식 참조)
  - 미시화짓
  - 거시화짓
  - 역설화짓
- **사람 탈 벗기**: 악마/천사되기, 벌레나 동식물 되기, 물건 되기 등
- **분신 만들기**: 손오공이 몸의 털을 뽑아 똑같은 자신을 여러 명 만들어 내 듯 다양한 성격 혹은 과거, 미래의 나의 모습을 동시에 여러 명으로 분리 시키는 짓

(4) 느낌짓

- **감각짓**: 집단의 시선이나 호불호에 대한 감각, 들숨과 날숨이 몸을 통과 하는 감각, 동물적 감각을 회복시켜 냄새를 맡거나 소리를 듣고 어둠 속 에서도 무언가를 보는 감각을 일깨우는 짓
- **감정짓**: 가능한 모든 말과 자세를 감정을 충분히 넣어 표현하도록 하는 짓
- **짝꿍짓**: 만일 외로움이 중심 단어라면, 외로움과 유사한 의미의 말, 외톨 이, 쓸쓸함, 버려짐, 왕따, 소외감 등을 떠올려서 그에 대한 기억을 불러 일으키는 짓

- **부채짓**: 예측 불허의 예외 반응이 나타나거나 표현될 때 적극적으로 그 점을 부각시키고 고무시키는 짓. 또는 무질서, 혼돈을 촉진시키거나 행위, 몸짓을 극대화하거나 알님만의 특이성, 장점을 크게 부각시키는 짓 등 바람을 일으키는 부채질 짓
- **몸살짓**: 오랫동안 몸이 아프거나 고통받았던 부위를 찾아내는 짓

(5) 그림짓

- **꿈짓**: 꿈 이야기를 표현하는 판
- **몽상짓**: 환상, 백일몽, 공상, 순간 이미지 등을 판으로 꾸미는 짓
- **그림짓**: 어떤 강렬한 감성 상태를 그림으로 표현한 후 다시 몸짓을 통해 구체화시키는 짓
- **예술짓**: 춤, 시, 노래, 마임, 글자 쓰기, 영상화, 만화화, 창극화 등 예술적 표현으로 이끄는 짓
- **형상짓**: 감정, 비밀, 숨기고 싶은 이야기, 생의 역사, 현재의 나의 모습 등 무엇이든지 사물(컵, 천, 의자 등)로 구체화시키는 짓, 중요한 한 장의 사진이나 일기장의 어느 한순간도 형상화가 가능하다(사진 〈사진 5-6〉, 〈사진 5-7〉, 〈사진 5-8〉 참조).

〈사진 5-6〉 가족 형상

〈사진 5-7〉 생애 형상

〈사진 5-8〉 내적 속성들의 형상

(6) 미친짓

- **잔혹짓**: 친족 살해, 사회 또는 파괴와 폭파, 자살, 고문 등 기타 공포를 불러일으키는 짓
- **광기짓**: 옷을 찢거나 날뛰는, 미친년놈 되기, 가족 버리기, 마약이나 술 마시기, 새처럼 날아다니기, 벌레나 개미, 거미와 대화하기 등
- **쌍놈짓**: 불온, 불손한 말투, 반말 짓거리, 욕설 등 못된 짓 골라하기
- **싸움짓**: 무엇이든 양가적인 것, 힘의 대결을 이끌 만한 것은 싸움을 불러일으키는 것 ⑩ 겉/속, 의식/불능, 현실/꿈, 장/단점 등
- **바꿈짓**: 알과 지기가 위치 바꾸어 말하기, 새로운 부모와 친부모 바꾸기, 아버지와 아들이 나이 바꾸기, 전생과 후생 뒤바꾸기 등

(7) 우리짓

씻김짓

- 알씻김: 불 지르기(종이, 신문지 옷), 물로 씻기, 흙, 모래, 진흙 바르기―떼내기, 바람에 말리고 씻기
- 사자씻김: 상징물(흰 천, 종이꽃, 흰 종이, 모자 등) 씻고 닦거나 태우기, 넋 건지기/물·불로 정화하기, 인형에게 주문 걸기, 머리카락 태우기
- 무리씻김: 충동 상태 들어가기(소리, 몸짓, 음악 등), 아우성(함성)치기, 바닥치기(소리짓), 서로 서로 짝 지어서 털어 주고/씻겨 주기(몸짓), 이름, 단어 반복해서 소리쳐 주기(말짓)
- 터씻김: 물(정화수), 술 뿌리기, 비질하기, 향/초 사르기, 징/북/꽹과리, 천/새끼줄 경계 긋기, 벽수, 천하대장군(여장군), 솟대, 당산나무 등 세우기

저승짓

- 사자 모시기/만나기/사자 보내기[〈사진 5−9〉 참조]
- 저승 가기/환생하기/귀신 만나기/옥황상제 만나기
- 유산한 아기 만나기/벌 받기/사죄하기/이별하기/넋 보내기
- 자살하기/유언 남기기/세상과 작별하기
- 염하기/상여 나가기/안장하기/고사 지내기

무녀짓

- 넋 달래기: 사설/타령, 춤추기, 절하기
- 빙의되기: 그 사람 되기, 속마음 되기, 물건 되기, 동자승 되기
- 공수 주기: 야단치기, 예언하기, 점치기, 덕담 주기
- 치성 드리기: 빌고 빌기, 넋두리하기, 통곡하기
- 변신하기: 아기 되기, 산신령/현인 되기, 죽은 자 되기, 점쟁이 되기

- 판수짓: 장단이나 가락 맞추기

제의짓

- 입문식, 성인식, 기타 통과의례
- 조상 모시기, 신 모시기(청신—송신)
- 하늘에 고하기, 고시례, 제물 바치기
- 잔치 열기/춤추고 노래하기/난장판 벌이기(〈사진 5—10〉 참조)

민담짓

- 전통 소설, 옛이야기 응용하기(심청전, 홍부놀부전, 귀신 이야기)
- 전설, 동화, 신화 응용하기(바리데기, 단군신화 등)
- 민요(팔도 민요 부르기—변용하기)
- 유세차 축문/격문/조문 읽기(사연, 가문의 내력, 까닭 등)

몽땅짓

- 모두 함께: 노래, 춤, 얼싸안기, 소리 지르기
- 사라지기: 알님, 터무리, 알님지기
- 초대하기: 마당에 한 번이라도 나왔던 모든 사람
- 동시다발: 남녀차별의 판, 가정 폭력의 판, 기타 유의미 판을 모두 같은 형식으로 동시에 만든다.

땜방짓: 지기의 위급 상황에 대처하는 알님지기만의 짓

- 응급조치
- 앞판 다시
- 전판 요약
- 거리 확인—거리와 판 끝기의 연관성
- 알님이 꼭 하고 싶었던 것 중에 빠진 것

우수리짓(덤)

- 자기 보기(만나기)
- 시간 여행 : 잊혀진 기억을 연상하기
- 계절 여행
- 새로운 짓: 새로운 번호/연도/창안자 이름 쓰기
- 기타 짓

〈사진 5−9〉 사자 모시기

〈사진 5−10〉 춤추고 노래하기

6. 막힘 현상

생명은 순탄하게 살아가지 않는다. 안과 밖으로 끝없는 도전과 자극, 저항에 부딪치면서도, 바로 그러한 장애물을 넘고 통과해 나가는 과정 혹은 흐름 자체가 생명이라고 할 수 있다. 생명굿 또한 평탄한 진행을 보이지 않는다. 다양한 우연의 요인이 얽히고설키면서 알님지기는 한 마당의 판을 이끄는 데 있어서 다양한 어려움, 막힘 현상에 부딪치게 된다.

1) 지기의 기본적인 막힘 현상에 대해

주춧돌이 없으면 집은 곧 무너진다. 깊은 강을 건너야 하는데 다리도 없고 배 한 척도 없다면 강을 건너가지 못할 것이다. 생명굿 또한 가장 기초적인 문제에서 막힘이 일어나면 안 한 것보다 못한 결과를 가져올 수 있다. 제아무리 생명굿에 익숙한 지기라도 기본적인 막힘에 대해서는 완전하게 숙달하고 있어야 한다.

(1) 사전 준비 부족

지기가 자신의 마음을 충분히 비우지 못하는 것
일상의 잡다한 일로 머릿속이 꽉 들어차 있는 상태에서 굿판에 들어서면 안 된다. 최소한 전날 저녁에라도 굿판을 그려 보고 마음을 비우고, 당일, 시작 전 10분 이상 명상을 하듯 마음을 비워야 한다. 무엇보다도 잘하려는 마음, 실수에 대한 두려움, 무언가 보여 주려는 자만심을 비워 내야 한다.

사전에 굿마당에 대한 충분한 예상/상상의 결여
터무리의 특성, 계절/날씨/기후적 요인, 식사 등 시간적 요인, 장소적 요인

(방음 문제, 마이크 문제, 소품, 의상 등), 기타 주최 측이 바라는 사항, 예외적이 거나 돌발 사태 등에 대한 예상 등 사전에 마음 준비를 하지 못하면 진행을 잘해 나가기가 어렵다.

(2) '탈 일상'의 문제
- 녹음, 촬영 금지, 휴대전화 끄기, 몰래 문자를 보거나 보내지 않기 등
- 화장실은 미리 다녀오기, 옆 사람과 소근거리지 않기, 종이나 노트에 기록하지 않기, 끝나기 전에 자리에서 일어나는 것 금지 등
- 터무리의 만남이 사교 모임이 되지 않도록 할 것
- 지금, 이곳에서 일어난 일에 대해 비밀 엄수를 숙지시킬 것
- 지기의 평범한 일상적 말투나 태도, 예의 등은 탈 일상, 놀이마당에 들어가는 것을 알게 모르게 방해한다는 것을 명심할 것
- 알님이 아는 사람과 함께 와 있는지, 누군가의 강요에 의해서 알님이 되었는지, 생명굿에 대한 기본적인 이해가 있는지, 미리부터 각본을 짜 왔거나 자기만의 목표가 세워져 있는지 등을 알아서 적절하게 대처할 수 있어야 한다.

(3) '시간'의 문제
- 약속된 시간 내에 판을 끝내야 한다.
- 알님이 등장할 때까지의 시간적 여유와 기다림이 필요하다.
- 진행 중에 알님이 알아차릴 정도로 자주 시계를 보는 행위는 옳지 않다.
- 지기가 혼자 뭔가를 생각한다고 '멍'한 태도로 서 있기보다는 그 순간 무슨 생각을 하고 있는지를 이야기하고 알님의 의견을 묻는 게 바람직하다.

2) 알님의 3대 막힘의 주요 원인

(1) 솔직성의 부족

개방성과 솔직성 자체의 결여, 자기 자신과 직면하는 것에 대한 두려움, 숨기고 있는 것이 드러나는 것에 대한 공포, 자신의 내면에 뭐가 들어 있는지 모르는 것에 대한 두려움 등이 솔직한 표현을 방해한다.

(2) 몰입성의 부족

지기는 알님이 다른 사람들의 시선을 잊어버리고 자신의 문제에 몰입할 수 있도록 충분히 도와야 한다. 그러나 알님 입장에서 혹시 그러다가 미치지나 않을까, 예상 외의 비도덕적 정서나 행위가 튀어나오지 않을까, 그리고 흐트러진 자세, 속옷이나 알몸이 보일까봐 염려하는 마음, 일그러진 외모, 표정 등에 신경을 쓰다 보면 몰입 정도가 떨어질 수밖에 없다. 중요한 것은 평소, 일상의 자기, 나라는 관념에서 빨리 벗어날수록 진실된 굿판으로 나아갈 수 있다는 점이다.

(3) 실험성 부족

사람들은 변화를 원한다고 말을 하지만 사실은 변화하는 것을 두려워한다. 그래서 감성적이 되기보다는 이성적이 되려고 안간힘을 쓰고 습관적으로 현실적, 일상적인 자신으로 되돌아가려는 탄성을 보인다. 그 결과, 알님은 수동적이 되고, 자신과 부딪쳐보려는 처음의 의지가 약화되기 십상이다.

3) 알님지기의 막힘의 주요 원인

(1) 자신이 달라지는 것에 대한 두려움(자기 동일성의 유지-탈나 의식의 부족)

일정한 '자기'라는 관념/주체성이 흐트러지는 것을 힘들어하는 알님지기가 많다. 예컨대, 유치원생을 만나거나 노인을 만나거나 말하고 행동하는 것이

거의 똑같은 경우다. 마치 갑옷을 입은 듯 언제 어디서나 말투 하나 잘 달라지지 않는다. 아마 어려서부터 애어른, 모범생 소리를 듣고 자랐음에 틀림없다. 통쾌하게 웃지도, 깊은 통곡도 해 본 적이 없는 사람들, 그런 사람들이 이 사회에는 너무 많다. 사회적 지위가 높을수록 오히려 그러한 태도가 먹혀든다. 일견 점잖고 세련되어 보인다. 권위와 위엄이 있어 보인다. 천만에, 아니다. 이미 생명이 다한 사람들이다. 좀비다. 좋게 말해서 기계화된 인간이다.

알님이 흥분 상태에 있는데도 오히려 지기의 목소리는 착 가라앉아 있다. 몸이 민첩하게 움직이며 알님을 도와주어야 하는데 속도며 시간이 안 맞다. 누군가 길을 가다 넘어지면 재빨리 달려가 일으켜 주어야 하는데 아니다. 하등 바쁠 것 없다는 걸음이다. 매번 어떤 알님을 만나도 똑같은 자세, 똑같은 말투. 변화가 없으니 재미가 있을 리 없다.

중요한 건 그들이 그러한 자신을 당연시 여기는 태도다. 오히려 변신을 잘하는 지기가 가볍고, 피상적이며 깊이가 없고 진실하지 못하다고 믿는다. 자기야말로 자기만의 의젓한 무게 있는 자세를 가졌다고 우쭐댄다. 자기를 돌아볼 수 있는 내성 능력이 거의 없다.

그들 대부분은 완벽주의자다. 그래서 실수하는 것, 흠 잡히는 짓을 가장 싫어한다. 타인의 비난을 끔찍하게 받아들인다. 자존심이 매우 강해 보이지만 실상은 아니다. 속이 텅 빈 경우가 더 많다. 심하면 매우 권위적이고 독단적으로 보인다. 실수에 대한 두려움이 많기에 그 어떤 것도 새로운 것을 실험하거나 도전하는 것을 싫어한다. 한마디로 생명굿에 발을 잘못 들여놓은 것이다. 그런데도 그런 유형의 지기들이 굿을 하겠다고 한다면 무슨 이유일까? 제사보다는 젯밥 때문일 터인데 그것이 무엇일까?

(2) 알님의 행위/감정 표현에 대한 두려움

굿을 좋아하지 않는다. 머리로는 이해했을 수 있지만 가슴은 아직 못 받아들이고 있다. 그래서 모든 '짓'이 저급해 보인다. 심한 감정 표현은 견디기 힘들 만큼 인간의 감정에 대한 편견이 있다. 왜냐하면 인간은 어떤 상황에서도 이성적이고 합리적이어야 한다고 믿기 때문이다. 특히, 알님의 공격성, 파괴성, 잔인성 등 폭발적인 감정의 분출을 견디지 못한다. 그래서 그럴 가능성을 처음부터 차단한다. 지기가 말이 많아지고 설명이 길어지는 이유다. 알님이 그 어떤 감정 속으로 빠져드는 것을 보호하는 차원에서, 이성적으로 슬기롭게 대처하도록 돕기 위해서 지기는 최선을 다한다. 어쩔 수 없이 감정 표현이 필요한 경우에는 다른 지기들이 하는 방망이 '짓'을 하긴 하되, 약 10여 차례, 알님이 숨이 가쁘거나 쉼이 필요한 틈을 빌어 화제를 다른 것으로 능숙하게 돌려놓는다. 감정 표현은 그 정도면 충분하다는 뜻이다.

　그러한 지기는 사람들에게 여러 언어로 포장된다. 이성적이고 점잖다. 능수능란하다. 자상하다. 부드럽다. 여유 있어 보인다. 알님을 잘 보호한다. 함부로 자극하지 않는다. 반면 거친 막말을 하는 사람에 의한 평은 좋지만은 않다. "도대체 뭘 하자는 건지 모르겠다." "마치 엄마처럼 감싸기만 하는구먼." "도대체 알을 만나고 있는 거야 뭐야?" "감정 없이 말로, 머리로만 하는 굿판은 처음 보네. 직면도, 도전도, 실험도 없는 판이라 지루하구먼." "상담도 저런 식으로 하는 건가? 큰 소리 한 번 지른 적 없이 왔다갔다 하다가 끝나는 것 아냐?"

　이성적인 지기는 원인을 캐고 드는 걸 좋아한다. 지금 이 순간의 몸짓, 감정짓의 표현보다는 과거 중심, 현재 문제의 과거 원인을 밝히는 데 초점을 둔다. 일견 그럴듯해 보이지만 아니다. 현재의 너와 내가 만나는 데 자신이 없기 때문에, 현재의 너를 아는 게 지겹기 때문에, 현재 이 순간의 너의 마음을 아는 게 두렵기 때문에 처음부터 끝까지 초점을 두는 것은 과거 문제일 뿐이다.

　그는 아마도 현실에서는 비정상적일 정도로 화를 잘 내거나 자기통제가 부족한 사람인지도 모른다(같이 사는 가족에게 특히 그럴 수 있다). 그러나 사회적 관계에선 그와는 정반대로 자기 통제력이 강하고, 좀처럼 감정에 흔들리지 않는 사람처럼 보일 수 있다. 아니면, 어려서부터 감정 표현이나 행동이 거친 부모나 형제자매로 인해 자신은 한 번도 제대로 자기 표현을 해 본 적이 없는 사람일 수도 있다. 왜냐하면 그럴 기회도 없을 뿐더러, 그런 순간이 오면 더 큰 힘이 그를 억눌러 버렸기 때문이다. 그래서 그는 내면적으로 그런 사람들, 감정 표현을 쉽게 하는 사람들, 행동이 거친 사람들을 무시하고 업신여겨왔기 십상이다. 한마디로 의식적이든 무의식적이든 감정적인 사람들에 대한 경멸이 자기 자신조차 완벽히 통제하게끔 만든 것이다.

(3) 지나친 개입에 대한 두려움

이러한 두려움이 있는 알님지기는 일견 알님을 매우 존중하는 것처럼 보인다. 자신의 생각보다는 언제나 알님의 생각을 먼저 물어보고, 알님이 원하는 대로 잘 따라 해 주기 때문이다. "알님을 지기 마음대로 이끌지 마라. 알님을 존중하고 따라다녀라."가 그들의 금과옥조다. "네 멋대로 하지 말고 알님이 하고 싶은 걸 하도록 도와라."가 그의 좌우명이다.

그러나 이 말은 지기가 알님을, 때로는 능동적으로 이끌고, 밀어붙이고, 도전하거나 직면시키고, 놀리고 사과하고, 약을 올리고 속내를 드러내게 하고, 충돌하고 실험하는 다양성 가운데 의미가 있는 말일 뿐, 지기가 언제나 수동적으로 행동해야 한다는 뜻은 아니다. 예컨대, 장구를 배우러 장구 고수에게 갔는데, 장구채 잡는 법만 가르쳐줄 뿐 무조건 두드리라는 것과 같은 무책임한 짓이다. 강약, 고저, 가락은 둘째 치고 아무렇게나 두드리는 소리를 잘했다고 하는 고수라면, 차라리 문을 닫아야 하는 게 아닌가? 헌데 아니다. 그들은 이렇게 항변한다. "스스로 깨달아야지요. 뭘 가르칩니까? 그건 남을 교묘하게 지배하는 짓이에요. 좋은 스승은 제자를 뒤따라가는 법이지 앞장서서 이끌지 않아요."

어느 한 분야의 최고의 고수, 달인 경지에 오른 사람이라면 이 말도 수긍이 간다. 마치 선불교에서처럼 "따라오든 말든 다 네 뜻이지요."다. 하지만 알님지기의 경우 천하의 만신이라도 아니다. 그건 무책임한 짓이다. '난 당신 인생에 눈곱만치도 개입하지 않겠소. 내가 왜 그래야 한단 말이오? 난 내 인생도 바쁜데 당신 인생까지 껴안을 마음은 추호도 없소.' 하는 마음으로 어떻게 사람을 만나고 도울 수 있겠는가?

지기가 알님의 삶에 관여하는 것은 개입도, 간섭도 아니다. 그건 관심이고 만남이고 충돌이다. 모든 생명체가 서로 만나서 자극을 주고 반응을 하듯이 그것은 모든 생명체의 운명이다. 자기 혼자 크는 나무나 꽃은 없다. 자기 혼자 새끼를 낳는 동물은 없다. 누군가를 만나 좋아하고 미워하고 부대끼고 영향을 주고받아야 새 생명이 탄생하는 이치와 같다.

착한 아이 증후군? 그렇다. 수동적이고 알님에게 의존적인 지기는 어려서부터 항상 말 잘 듣고 착하게 살아온 아이였는지도 모른다. 한 번도 자기주장을 해 본 적 없는, 아니 오히려 자기주장을 하는 짓은 버릇없는 것으로 배우고, 그래서 자기를 내세우는 데 두려움이 많을 수 있다. 잘못해서 그 사람에게 상처를 주면 어떻게 해? 내가 책임져야 하잖아. 아냐. 난 다른 사람에게 비난받는 것 싫어. 괜히 잘못 나서서 손가락질 받기보다는 그냥 가만히 기다리고 있으면 중간은 가지. 실패하는 것보다는 낫잖아.

수동 의존적인 알님지기는 무섭다. 한마디로 그 깊은 속을 알 수 없기 때문이다. 겉은 온화하고 다정하게 보인다. 자주 미소를 짓고 편안하다. 그러나 왠지 멀리 느껴진다. 때론 속이 텅 빈 것 같고 자기가 없는 것처럼 보이다가도 때론 어두컴컴하게 느껴지기 때문이다. 그 친절하고 부드러운 표정 뒤의 세계가!

(4) 알님의 고통을 직면하는 데 대한 두려움

일견해서 알님에게 공감도 잘하고 감정도 풍부한 지기처럼 보인다. 자신 있어 보이고 즉흥성, 순발력, 직관적 감각도 좋아 보인다. 한마디로 크게 흠 잡힐 만한 단점이 안 보인다. 멋있고 화려하다. 막히는 데가 없어 보이니 멋있고, 말솜씨가 그럴듯하고 끊임없이 판을 만들어 내니 화려할 수밖에 없다.

과연 그럴까? 그랬으면 좋겠다. 그런데 아니다. 속 빈 강정인 경우가 많다. 교묘하게 알님을 만나는 것을 회피한다. 은근슬쩍 알의 고통을 외면한다. 공감하는 것 같은데 아니다. 예컨대, 알님은 어떤 상처에 대한 기억으로 절망 혹은 분노에 빠져들고 있는데, 알님지기는 공감은 말로(진실한 표정이 아닌)

하고 우선 급하게 표현을 서두르는 행위가 그것이다. '표현하는 것이 중요하니까'다. 함께 그 아픔 속으로 들어가지를 못하는 것이다. 함께 그 감정의 밑바닥을 헤엄쳐 들어갈 만큼 정신적 여유가 없다. 기다림, 침묵, 정지, 운명의 한 중요한 순간, 그 의미를 다 놓치는 것이다.

왜 그럴까? 지기가 알님과 지나치게 자기 동일시를 해서? 그래서 자기 고통이 다시 올라오는 게 싫어서? 그건 비겁한 짓이다. 이 순간 알님만 아파하고, 난 지기니까 안 아파해야 된다고? 빠져들어선 안 된다고? 도대체 뭐가 지기의 공감을 가로막고 있을까? 아니면 알님의 고통이 지기 자신의 고통에 비해서 너무 크거나(감당 못할 정도) 아니면 아주 작게 혹은 시시하게 느껴져서? "그것도 고통이라고 내놓는 거니? 웃겨, 정말. 난 외로움이면 외로움, 슬픔이면 슬픔, 절망이면 절망, 저 밑바닥까지 다 맛본 사람이라고. 그 정도 고통을 고통이라고 생각한다면 집어치워. 그냥 참고 살아!"

그들은 매우 현실적이다. 계산이 빠르다. 말 주변이 좋고 인정받기를 좋아한다. 겉으로 드러난 자신의 허상, 타인의 인정을 자기라고 믿는다. 세상과 인간에 대해 모르는 게 없을 정도로 박학다식할 수도 있지만, 한 인간, 인간의 저마다의 고통을 직면하기 어려운, 아니 두려워하는 치명적인 약점을 보완하지 않는 한 그의 삶은 어쩌면 그 누구보다도 공허할 가능성이 높다.

(5) 놀이 정신의 부족

노래나 춤과 평생 담을 쌓고 지내는 사람이 있다. 생전 욕 한 번 해 본 적도 없고 쌍소리나 농담도 해 본 적이 없는 사람도 의외로 많다. 쌍말하는 질 낮은 정치인들보다는 나아 보이지만 술 한 잔에 우스갯소리 한 번 못해 본 삶이라면 글쎄. 착한 사람이라기보다는 고지식한, 답답한 사람이라고 말할 수 있을 것 같다. 여름에도 목 단추를 잠그고 상의를 입는, 바람 한 점 통과할 수 없는 사람 말이다. 실수도 없고 허점도 없고 빈틈 하나 보이지 않는 올바르다고 보기보다는 융통성이 없는, 우는 법도 없고, 크게 웃는 짓도 안 하는, 마치 엄숙 그 자체인 사제마냥 언제나 진지하고 심각한 사람들.

이런 사람들은 결국 생명굿을 그만둘 수밖에 없다. 너무 힘들고 팍팍하게 느껴지기 때문이다. 자신을 고쳐볼 생각도 해 보지만 그게 어디 쉬운 일인 가? 굿을 떠나지 못한다고 해도 대부분 이런 지기들은 신앙고백과도 같은 소 위 심리 분석, 말 중심의 굿판을 이끌게 될 것이다. 언제나 진지하고 언제나 심각한 모습으로.

문제는 놀이 정신을 아는 사람들이다. 현실에서도 적당히 잘 놀고 유머도 통한다. 노래나 춤도 멍석을 깔아 놓으면 곧잘 한다. 쭈뼛거리거나 사양하지 도 않는다. 그런데 심각하다. 이런 사람들 대부분이 놀이도 잘해야만 한다고 생각한다. 노래라면 음정이나 가사가 틀리면 안 되고, 춤도 음악에 맞추어서 추어야 한다고 믿는다. 그러니 그게 어디 놀이인가? 의무요, 일이지. 한마디 로 놀이를 마치 무슨 업무 보듯이 대하는 지기들이 문제다.

일과 놀이는 분명히 다르다. 놀이는 또한 게임이나 오락과도 다르다. 일이 며 게임, 오락 등은 목표가 있다. 달성해야 할 목표 말이다. 하지만 놀이에는 목표도, 목적도 없다. 일정한 원칙이나 규칙, 틀이 없어 자유롭다. 맞고 틀리 고, 옳고 그른 것도 없으며 해도 그만 안 해도 그만인 것이 놀이다. 그러나 게 임이나 오락을 놀이로 착각하는 사람들은 우선 즐거워야 한다는 조건을 신봉 한다. 그 필요성이며 꼭 해야 한다는 의무감, 잘못되면 책임감까지도 심각하 게 받아들인다. 진짜 노는 것이 무언지 모르는, 일 중심으로 머리가 짜여 있 는 사람들이다.

놀이 정신은 삶을 어느 정도 일정한 거리를 두고 객관화시켜 볼 줄 아는 사 람들의 자유로움에서 나온다. 마치 훌륭한 시인들이 그러하듯이. 반면 삶에 파묻혀서 열심히, 단지 열심히 앞뒤 헤아리지 못하고 삶에 쫓겨 사는 사람들 은 놀이의 자유로움, 현실적으로 아무런 이득도 쓸모도 없는 일에 자기를 잊 고 몰입할 줄 아는 힘이 없다. 굿, 생명굿은 우주적, 지구 자연의 시각에서 볼 때 하나의 멋진 놀이판이 아니던가.

4) 초보 알님지기의 장애물: 평소 습관과 성격, 인간관계의 버릇

축구 선수가 야구를 새로 시작하려면 이제 발로 공을 다루는 것이 아니라 손으로 공을 던지고 받고 치는 걸 열심히 익혀야만 하는 것과 같은 이치로, 지기가 되기 이전의 자신의 일정 경향을 버려야 하는데 그러지 못해서 많은 어려움을 겪게 된다. 오랫동안 산에서만 자랐지만 나이 들어 바다 생활을 할 수밖에 없는 경우, 아주 쉽게 바다 생활에 적응해서 비린내 나는 수산물을 오히려 본토박이 바닷가 사람들보다 더 잘 즐기는 사람이 있는가 하면 10년을 노력해도 산에서의 버릇을 쉽게 못 내려놓아 힘들게 지내는 사람도 있을 것이다. 전혀 낯선 외국에 나가서 고향에 온 것처럼 편안하게 잘 지내는 사람이 있는가 하면, 향수병에 걸려 적응을 못하는 사람들도 많은 것과 같은 현상이다. 그러한 차이는 어디에서 오는 걸까? 초보지기들은 왜 오랜 시간을 노력하는데도 쉽게 변신하지 못할까? 왜 스스로 자신이라는 장애물에 부딪쳐서 힘들어하는 걸까?

첫째, 생명력, 특히 생존력과 생기력 부족 때문 아닐까? 무언가 시작했으면 끝장을 보고 말겠다는 그런 각오, 결단력 혹은 내공 말이다. 바로 그 힘의 의지의 강약 차이가 참된 고수의 길을 걷느냐 그냥 편한 대로 무늬만 전문가의 길을 가느냐 하는 차이를 만들어 내는 것 같다.

둘째, 강렬한 일상의 힘이다. 생명굿 마당에 서는 시간은 아주 짧은 데 반해 일상에 돌아가(과거의 자기 자신이 되어 버리는) 사는 시간은 삶의 대부분을 차지한다. 예컨대, 야구 1시간 연습하고 23시간 일상생활로 돌아가는 것과 야구 15시간하고 9시간만 일상에서 지내는 것은 하늘과 땅만큼 차이가 날 것임에 틀림없다. 한마디로 공부와 훈련 시간의 부족이요, 노력의 부족이다.

셋째, 두 번째와 유사하면서도 다른 이유다. 아니 더욱 중요한 이유이기도 하다. 예컨대, 진짜 전문가들은 일상이 따로 없을 정도로 온통 자신이 하는 일에 모든 시간을 쏟아 붓는다. 잠을 자고 꿈을 꿔도 일에 대한 꿈을 꿀 정도로 몰입한다. 알님지기, 생명지기가 되는 일은 생명 마당에서만 되는 일이 아니다. 자신이 지기로서 살아가기로 맹세했으면 일상의 삶 또한 지기다운 삶으로 서서히 바뀌어 나가야만 한다. (삶 따로, 지기의 삶이 따로 있는 것이 아니다.) 그렇지 못하면 일상의 '나'라는 장애물이 끝없이 지기를 따라다니며 괴롭힌다. 이제 그 실례를 보자.

(1) 이해의 문제
- **굿에 대한 이해가 잘못됨**: 짓이 아닌 말 중심, 감정 아닌 머리 중심, 알님에게 뭔가 도움을 줘야 한다는 생각, 문제를 해결해야 한다는 믿음, 실수하지 말고 잘해야 한다는 생각 등
- **알님에 대한 이해**: 함부로 도전, 도발하면 안 된다는 생각, 앞뒤 볼 것 없이 무조건 화를 돋우고 방망이를 쥐어 주어야만 한다는 생각, 알님의 인생 전체를 파헤쳐 보겠다는 무책임한 자세 등

(2) 만남의 문제
- 알님을 제대로 쳐다보지도 않고 눈도 안 마주치고 잘 듣지도 않는다.
- 알님에 대한 선입견, 편견, 첫인상에 대한 판단, 첫 화두에 대한 지레짐작 등이 계속 작용한다.
- 자신이 알고 싶고 보고 싶고 자신 있는 부분만 건드리고 그렇지 않으면 슬쩍 지나쳐 버린다.

(3) 성격상의 문제
- 권위적이고 배려심이 부족한 성격
- 지나치게 남을 의식해서 제대로 할 말도 못하는 성격
- 매사에 부정적, 비판적인 성격으로 꼬치꼬치 캐묻는 성격
- 정직하지 못하고 얼렁뚱땅, 적당히 잘 넘기는 성격
- 열정, 능동성, 적극성이 부족한 성격
- 실수를 했을 경우, 솔직하게 말하고 다시 하면 되는데, 그걸 감추려고 하

다 보니 그다음부터는 알님에게 집중을 못하는 때도 많다.

(4) 태도상의 문제

뭐든 다 알고 있는 척한다. 상황에 걸맞지 않는 미소가 흐른다. 마음씨 좋고 자애로운 할아버지, 할머니 모습 이외에는 다른 태도가 없다. 목소리가 작고 힘이 없다. 머뭇거리고 생각이 많고 소극적이다. 행위나 감정 표현에 익숙하지 않다. 강렬한 감정을 직면하지 못한다. 한 주제만 붙잡고 늘어지거나 빙빙 돈다.

초보지기는 그러한 '나'라는 장애를 돌파해 나가기 위해선 끊임없이 자신을 뒤돌아보아야 한다. 사실 무슨 일이건 자신을 뒤돌아보는 일이 가장 어렵고 쉽게 지쳐서 포기하기가 쉽다. 그래서 대부분의 사람이 어느 선까지만 가면 더 이상 발전을 못 하고 무늬만 있는 죽어 있는 전문가가 되는 것이다. "이 정도면 먹고 살 수 있는데…… 뭐 더 노력한들……." 하고 안주해 버린다. 소위 자기와의 싸움에서 패배한 것이다. 그러면서도 스스로를 변명, 합리화한다. 더 이상 자기를 보려 하지 않는다. 더 이상 다른 사람의 비판이나 충고도 잔소리로 치부한다. 삶을 사는 게 아닌, 사는 척, 아는 척, 그게 그들의 삶이다. 아니다. 참된 지기는 그래서는 안 된다.

"끝없이, 죽는 날까지, 초심으로 돌아가 자신을 갈고 닦는 일, 그것이 진정한 알님지기의 삶이다."

7. 알님지기

1) 알님지기에 대한 단상

우리말 '지기'는 창고지기, 문지기처럼 어떤 대상이나 사물을 지키는 사람을 일컫는다. 그는 그것을 단 한시도 마음을 놓지 못하고 지키고 보호하고 해를 입지 않도록 돌보는 사람이다. 한마디로 그는 그 대상에 대해 그 누구보다도 잘 알고 있는 사람이다. 한자어 '지기지우'는 자신의 속마음을 알아주는 동무나 짝궁을 말한다. 그렇다면 수행자로서 알님지기는 일차적인 의미에서 알님을 가장 잘 아는 사람, 알려고 노력하는 사람이라고 말할 수 있다.

알님지기는 알님을 만나는 순간, 이 세상 누구보다도 알님을 깊이 이해하려는 사람이요, 있는 그대로를 인정하고 가장 깊이 있게 만나고자 하는 사람이다. 그는 그래서 알님을 결코 겉모습만으로 판단하지 않는다. 나이며 성별, 직업, 사회적 위치 등으로도 보지 않는다. 많은 사람이 알고 있고 본인도 그렇게 알고 있는 상투적인 '나'라는 주체로도 보지 않는다. 알님지기는 알님을 오직 생명을 담지하고 있는 고귀한 생명의 존재, 알님으로 본다. 알님지기는 알님 속의 생명을 지키는 사람이지 눈앞에 보이는 인간, 그 개인을 보호하는 사람이 아니기 때문이다. 오히려 그 사람이 자신의 생명을 하찮게 여기거나 짓누르는 짓을 하면 그에게 도전해서 화를 내고 그 짓을 하지 못하게 하는 사람이다. 왜냐하면 알님이 되는 대부분의 사람은 생명에 관심이 있기보다는 지금 당장 자신을 괴롭히는 일상사를 해결하려는 데 마음을 쏟기 때문이다.

그들은 자신의 소중한 생명 의식에 대해 잘 모른다. 배운 바도 없다. 오직 아는 것이라고는 자아라고 하는 좁은 틀 안의 자기뿐이다. 그것도 자신이 스스로 창안하거나 만들어 낸 자기가 아니라 어려서부터 주입된, 교육받고 훈육된 자기상을 자기로 착각한다. 그러니 언제 어떻게 자기다운 생명의 삶을 살아갈 수 있을지 모른다. 그래서 그들은 자신이 알든 모르든 누군가, 자신을 자유롭게 해 줄 수 있는, 알님지기, 생명굿판을 찾아오는 것이다. 아닌가? 그들이 왜 알님지기를 만나러 오겠는가? 고민을 상담하려고? 아니면 인생 문제를 해결하려고? 그럼 알님지기 당신은 그들의 문제를 해결해 줄 능력이 있는가? 그 어떤 문제를 들고 와도 속 시원하게 풀어 줄 수 있느냐 말이다. 아니다. 알님지기는 문제를 해결해 주는 사람이 아니다. 그는 소위 상담가나 치료자가 아니다. 그는 상담이나 치료를 믿지 않는다.

그는 오직 알님 속의 생명만이 눈에 보이는 사람이다. 만신이 사람 속의 넋, 혼령, 귀신만을 보고 사람이 아닌 그들만을 상대하듯, 알님지기는 알님으로 부르기 이전의 한 주체에는 관심이 없고, 알님이 된 순간의 알님이 지니고 있는 생명력에만 관심이 있다. 주체며 자아, 인간이라는 껍데기는 오히려 생명을 덮고 있는 방해물로 본다. 그렇지 않겠는가? 인간이라는 이름으로 역사는, 인류는 얼마나 많은 반생명적이고 파괴적인 일을 서슴없이 자행해 왔는가? 국가나 종교라는 이름으로 전쟁을, 민족이나 피부 색깔에 의한 차별을, 인간과 인간의 능력의 차이라는 이름의 온갖 제도적 불평등과 모멸을, 계급장과 가진 자의 오만은 온갖 착취와 억압을 정당화시켜 오지 않았는가?

알님지기는 말 그대로 알님을 지키는 자다. 사람이 아니다. 생명을 돌보는 자이기에 그 생명을 담지하고 있는 인간을 귀하게 존중하는 것이지 인간 자체를 맹목적으로 존중하는 것이 아니다. 그는 알님을 그러한 생명의 측면에서 자연과 우주로 연결된 존재, 거대한 삶의 흐름의 존재로 인식하고 믿고 소중히 여긴다. 마치 어둠 속에서 자외선 안경을 착용한 자처럼 그는 박제화되고 사회와 문명에 의해 생명력의 고갈을 겪고 있는 알님들의 숨겨진 생명력을 투시할 줄 아는 사람이다.

그는 알님과의 만남에서 언제든지 기꺼이 상처받는 것을 두려워하지 않는 사람이다. 잡초지기가 잡초 때문에 풀독 오르는 걸 두려워해야 하는가? 마당지기가 온몸이 땀과 먼지로 얼룩지는 걸 싫어해서 되겠는가? 그는 온몸으로 알님을 만나기 때문에 작은 상처라도 나지 않을 방법이 없다. 생명은 생명끼리 부딪치고 아파하고 상처받으며 커간다는 걸 알기 때문이다. 알님지기가 바로 그러한 열린 마음으로 알님을 만나야 알님 또한 그러하지 않겠는가? 기꺼이 자신을 열고, 그 어떤 위험도 무릅쓰고 자신의 생명력을 분출시키고자 하지 않겠는가?

상처받는 것이 두려운 지기는 아마도 온몸이 아닌 머리만으로 알님을 만나려고 할 것이다. 눈에 보이지는 않지만 나와 너 사이에 가상의 삼팔선을 긋고, 서로가 서로를 아프지 않게, 적당한 선에서 타협하고, 모험도 없고 실험도 없는, 그저 판이나 만드는 흉내나 내다가 끝내는 정도의 만남으로 나아갈 것이다. 그는 현실의 삶에서도 그렇게 살아가고 있음에 틀림이 없다. 진정 자기 자신의 생명력으로 사는 것이 아니라 삶 비슷한, 허울 속에서 그것을 삶으로 알고 살아가고 있을 것이다.

알님지기는 매 순간, 온몸으로 살아가는 사람이다. 어제도 내일도 중요하지 않다. 지금 이 순간의 만남에 전력투구한다. 그러니 웬만한 상처쯤이야 당연한 게 아닌가. 오히려 상처나 아픔이 없는 것이 의아할 정도다. 몸의 기운이 다할 때까지, 손해 보고, 비난받고, 미쳤다고 손가락질 당해도, 그까짓 대수라고, 그는 당당하다. 제대로 살고 있기 때문이다. 그는 생명에만 관심이 있기 때문이다. 그렇다. 그는 수행자다. 스스로 고행을 선택한 자다. 그 어떤 만남도 소중히 여기며 매번의 만남을 통해서 아파하고 상처받고 그리고 변화해 나가는 존재로서의 진정한 삶의 수행자다.

원래 샤먼이라는 말은 이해하는 자, 들뜬 자, 꿰뚫는 자의 뜻이었다. 마치 만신이 수많은 혼령에 빙의되는 것처럼 샤먼적 수행자요 만신인 알님지기는 상황에 따라, 알님에 따라 자유자재로 자신을 비우고 변화할 줄 아는 사람이다. 그는 일상의 삶과 죽음, 선과 악, 질서와 무질서, 남과 여, 그 모든 음양 세계를 넘나들 줄 아는 사람이다. 그는 물이 되어 알님을 깨끗이 씻겨 내고, 불이 되어 알님을 송두리째 불태우며, 바람이 되어 함께 자유의 춤을 출 줄 아는 자다. 그래서 그는 현실적으로 성공하거나 좋은 사람이라는 이름을 듣지 못한다. 그는 결코 현실에 동화될 수 없는 자유로운 영혼을 지녔기 때문이다. 그는 언제든지 떠나는 자, 단독자, 고독자다. 자기 수행자요 이방인, 에뜨랑제, 아웃사이더다. 그는 방랑자요 우주적 시각에서 생명 지킴이다.

나는 아직도 많이 부족하다. 알님지기로서도, 자유인으로서도. 완전히 미치는 것도 부족하고 알님과 함께 같이 뛰고 뒹굴고 소리 지르고 춤추고 노래하는 것도 부족하다. 완전한 탈나도 미숙하고 나 아닌 것 되기도 미흡하다. 더욱 분발하고 수행해 나가는 수밖에 없다. 마지막 이 판을 떠나는 날까지.

2) 알님지기가 갖추어야 할 기본 능력

(1) 생명굿 전문가로서
- 자신에게는 엄격한 자기 수행자
- 생명굿에 대해서는 생명 전파자
- 인간에 대해서는 인간 신뢰자
- 사회에 대해서는 반시대적 회의론자
- 자연에 대해서는 생태 사상가

(2) 시대와 우리를 이끄는 자로서
- **솔직성**: 가장 기본적 능력으로서 나와 타인에게 정직하기
- **수용성**: 인간/세계의 예측 불가능성, 종결 불가능성, 생명의 다양성 수용하기
- **몰입성**: 지금 이 순간, 대상에게 열려 있고 탈나가 가능한 너 되기
- **운명애**: 고통, 외로움, 죽음, 병 등 삶의 부침을 껴안을 수 있는 자

(3) 3-6지기로서

알은 생명을 상징한다. 알은 생명을 담고 있는 잠재적 생명체다. 인간 또한 끝없는 진화의 생명력을 갖추고 있는 잠재적 생명체다. 인간은 완전히 성숙한 존재도, 성장이 끝나 버린 존재도 아니다. 오히려 그의 잠재력이, 진화의 가능성이, 변화, 생성의 생명력이 퇴화해 가고 있다고 말할 수 있다. 예컨대, 생명력보다는 기계력이, 지혜보다는 지식이, 정의와 자유보다는 차별과 의존이, 감각과 영혼의 확장보다는 감각의 마비와 영혼의 빈곤이 갈수록 심해지고 있다. 생명체의 멸종, 지구 자연의 황폐화, 이상기온 현상 등은 어제 오늘의 일이 아니다. 독재적 자본주의와 부정부패는 폭력사회, 피로사회, 향락사회를 만들어 내고, 차별 의식, 광신주의, 허례허식을 만들어 냈다. 한마디로 인간의 정서는 메말라 가고 사유는 획일화, 표피화되면서 온갖 물질적 풍요

가 그 자리에 대신 들어서고 있다.

중요한 건 인간과 자연의 생명력의 고갈이다. 인간의 가축화, 노예화, 로봇화다. 그러한 사실에 대한 망각증이다. 세월호 사건을 생각해 보라. 아직까지도 그 어떤 원인 하나 속시원하게 밝혀진 것 없다. 매스컴은 마치 서로 짜고 맹세라도 한 듯 침묵하고 있다. 그 당시 청와대의 7시간 또한 여전히 암흑 속에 묻혀 있다(국민 우매화 작전이 장난 수준을 넘어선 것 같다). "400여 명의 사람이 부당하게 바다에 빠져 죽었다."는 사건, 결코 있을 수 없는 그 사건 속에는 독재적 자본주의의 적폐가 고스란히 들어 있다. 인간천시사상(가축처럼 길들이기, 목숨 값을 돈으로 환산하기)이 그것이요, 도덕과 가치관의 실종(주입식 교육, 사고의 빈곤, 자기 상실, 극단적 이기주의 팽배 등)이 그것이요, 국가 기능의 몰락(책임 회피와 거짓말, 구호와 선동정치, 사대주의 등)이 그것이다.

사랑과 자비는 어디 있는가? 자유와 신뢰, 평화는 어디 있는가? 공존공생의 정신, 더불어 아끼고 돕는 마음은 어디로 사라졌는가? 조용한 아침의 나라, 미풍양속과 예의범절의 나라는 왜, 어떻게 자취를 감추고 말았는가? 이제 우리는 어디에서 인간다운 인간, 생명력 충만한 살아 있는 인간을 만날 수 있는가? 오, 티 없이 맑은 아이들의 웃음소리, 해맑은 아이들의 미소, 천방지축 바람처럼 뛰노는 아이들이 사라져 버린 나라…… 대한민국.

알님지기가 필요하다. 꺼져만 가는 알의 생명력을 되살리려는 알님지기가 많아야 한다. 이제라도 정신 가다듬고 마지막 안간힘을 다해서 인간과 자연의 생명력을 회복시켜 나아가야 한다. 한 명, 또 한 명, 작은 노력이 절실하다. 차이를 존중하고 항상 생명을 중심으로 사유할 줄 아는 사람, 정직하고 겸손하되 때로는 불의와 맞설 수 있는 당당한 사람들이 있어야겠다.

아마 그러한 알님지기의 됨됨이는 세 가지로 요약해서 생각해 볼 수 있을 것 같다. 알 지킴이, 알 깨움이, 그리고 알 빛냄이가 그것이다. 산지기, 문지기처럼 알님지기는 말 그대로 알님을 지키고 보호하는 자다. 어떤 상황에서도 알님의 생명력을 책임지고 지켜 내는 자다. 그는 적극적이고 능동적이다. 그 어떤 핑계도 대지 않는, 앞서 가는 자, 알님 지킴이다. 반면 알님은 하나의 제대로 된 생명체가 되기 위해서 알의 껍질을 깨고 밖으로 나와야 한다. 인간에게 그것은 모든 장애물을 깨부수고 자신의 내적 생명력을 발휘토록 하는 일과 같다. 그렇다. 온갖 인연의 사슬, 고정관념, 자기비하적 부정으로 물든 자아의 벽을 깨트리고 새롭게 태어날 수 있도록 돕는 이, 알님을 일깨우는 이, 그가 곧 알님지기다. 이제 인간은 스스로를 긍정할 수 있어야 한다. 스스로 자신의 삶을 개척하고 창조해 나갈 수 있도록 도와야 한다. 알, 생명, 인간을 진심으로 받들어 모실 수 있는 자, 알 빛냄이, 알님지기다.

　이상 알님지기로서의 알 지킴이, 알 깨움이, 알 빛냄이, 세 가지 됨됨이를 각각 둘로 나누어서 여섯 가지 됨됨이로 조금 더 구체화해 보자.

알 지킴이

- **앞선이(능동자)**: 매사에 능동적이고 적극적으로 생각하고 행동하는 사람이다.
  - 굿판에서 알님이 반드시 해낼 것이라는 믿음을 잃지 않는다. 왜냐하면 겉의 인간보다는 내면의 생명력을 신뢰하기 때문이다.
  - 생명굿에서 지기는 매사에 자신감을 가지고 모범을 보이는 사람이다. 물론 때로는 수동적이거나 침묵하거나 무한정 기다릴 줄도 안다.
  - 그는 일상에서도 때에 따라 '나'라는 고정된 이미지를 버리고 능동적으로 변신할 줄 안다.
  - 그는 스스로 자신을 적극적으로 갈고 닦으며 수련을 게을리 하지 않는다.
- **짐받이(책임자)**: 자신의 삶과 생명굿에서 맡은 바 모든 책임을 다하는 사람이다.
  - 알님과 인간의 전 인생에서 '지금 이 순간'의 중요한 의미를 확신하고 있다.
  - 굿에서 단 한 번의 만남의 소중함, 처음이자 마지막일 수 있는 삶에의 실험이며 도전의 의미를 깊이 이해하고 있다.

－삶의 과정에서 그 어떤 '탓'도 하지 않는 자존감과 명예심을 가지고
있다.

－실제로 지기는 우주와 자연에 대한 경외심과 책임의식을 가진 사람
이다.

알 깨움이

- 떼냄이(혁명자): 알님의 생명력을 좀먹는 모든 것을 찾아내서 제거하는 사
람이다.

  －알님의 삶과 생명력을 방해하는 모든 장애물을 인식, 부수고 떼어 내
  는 사람이다.

  －굿에서 알님만의 특이성을 차별하고 억압하는 제반 제도, 관념, 형식,
  고통, 의식을 인지하고 낱낱이 걷어 내는 사람이다.

  －시대의 모순, 부조리, 불의, 거짓 등에 항거하고 싸울 용기와 실천력을
  키워 나가는 사람이다.

  －매일매일의 삶이 타성에 빠져들지 않도록 시를 사랑하며 언제나 오늘
  과는 다른 나를 꿈꾸며 변화해 가는 사람이다.

- 알 씻김이: 알님의 몸과 마음, 넋을 정성을 다해 씻어 냄으로써 다시 태어
남을 느끼도록 돕는 사람이다.

  －몰입과 정화의식을 통해 알님의 몸과 마음을 깨끗이 닦아 내는 사람
  이다.

  －굿에서 알님으로 하여금 과거의 온갖 고통, 왜곡, 기억에서 벗어나서
  자유롭고 당당한 사람으로 일으켜 세우는 사람이다.

  －사회에 대한 올바른 지식과 신념으로 자신과 타인의 잘못된 사회적 고
  정관념을 벗겨내 주는 사람이다.

  －일상에서 독서나 명상을 통해 자신의 넋을 맑게 유지하려고 노력하는
  사람이다.

빛냄이

- **받듬이(긍정자)**: 알님과 모든 생명체를 긍정하고 존중하며 아끼는 사람이다.
    - 알님이 스스로 자신을 긍정하고 수용, 사랑할 수 있도록 돕는 사람이다.
    - 굿마당에서 어떤 일이든, 누구든 받아들이고 차이를 존중하며, 편견을 갖지 않고 차별하지 않는 사람이다.
    - 현재의 있는 그대로의 '나'를 깊이 이해하고 받아들일 줄 아는 사람이다.
    - 모든 살아 있는 것에 대한 애정이 있으며, 자연과 우주를 품에 안을 줄 아는 사람이다.
- **새롬이(창조자)**: 알님과 더불어 자신과 시대를 넘어서 새롭게 창조적인 삶을 이끌어 나갈 수 있는 사람이다.
    - 알님과 함께 언제나 표현의 새로움을 추구하는 사람이다.
    - 생명굿의 이론과 실천 면에서 항상 창조적으로 사유하고 연구하며 변화시켜 나가고자 노력하는 사람이다.
    - 실제 일상에서 어느 한 분야라도 자기만의 작은 창조 작업을 지속적으로 실험하는 사람이다.
    - 개인적으로 시대의 가치관과 기준을 뛰어넘어 자신만의 윤리를 만들 줄 아는 자유로운 인간이다.

3) 알님지기가 갖추어야 할 특별한 능력

알님지기는 알님만을 지키는 것이 아니고 생명굿도 지키고 보호하고 이끈다. 따라서 알님지기는 생명굿 전반에 관해 연구하고 깊게 이해해야 한다. 한 걸음 더 나아가서 생명 정신과 굿정신(무교의 생명관 포함)을 이어받을 뿐만 아니라 자신의 삶에 실천적으로 적용해야 한다. 참된 지기가 되기 위해서는 이론과 실천이 일치하고 지기로서의 삶과 일상의 나의 삶이 일치해 나가는 방향으로 노력해야 한다. 보다 더 요구되는 특별한 능력은 다음과 같다.

- 한 인간, 알님을 이해하기 위해서 오늘날의 사회의 특징을 누구보다도 더 깊이 꿰뚫고 있어야 한다. 그래서 최소한 세 가지 개념을 부수거나 해체하지 않고서는 알님의 내면에 깊숙이 들어갈 수도, 속 깊은 곳의 생명력도 찾아낼 수 없게 될 것이다.
- 그다음에는 모든 생명체의 가장 기초적인 생명 현상에 정통해야 한다. (※ 제2장 생명 편의 생명 현상 참조)
- 마지막으로 알님의 내면 깊이 감추어져 있는 생명력을 드러내야 한다.

(1) 생명 정신

생명의 정신은 생명, 그 자체의 힘(=생명)이다. 곧 생명의 힘(생명력)은 그래서 다음의 몇 가지 힘으로 세분화시켜 각각의 정신을 이야기해 볼 수 있다.

- 생존력(生存力) → 자생 정신
- 생기력(生氣力) → 생기 정신
- 생동력(生動力) → 생동 정신
- 상생력(相生力) → 상생 정신
- 공생력(共生力) → 공생 정신
- 생성력(生成力) → 생성 정신

이상 여섯 가지 생명 정신을 각각 두 가지씩 더 세분화해서 생각하면 모두 열두 가지의 생명 정신을 추출할 수 있다.

- **자생 정신**: 잡초 정신, 실험 정신
- **생기 정신**: 기 살리기, 투명하기
- **생동 정신**: 깨어 있기, 자유롭기
- **상생 정신**: 존중하기, 함께 살기
- **공생 정신**: 단순하기, 순수하기

• 생성 정신: 새로워지기, 넘어서기

이제 열두 가지 생명 정신을 실천적 측면에서 구체화시키면 다음과 같다.

• 잡초 정신
　－그 어떤 강한 힘에도 눌리거나 순종하지 않는 탈 사대주의, 탈 노예
　　근성
　－안전, 안정된, 정착된 삶보다 뜨내기, 이방인 정신으로 살아가기
　－그 어떤 고통, 어려움, 외로움 등 악조건도 껴안고 끈질기게 살아남기
• 실험 정신
　－낯설고 새로운 것에 개방적이고, 새로운 연결과 접속을 시도하기
　－문제의 답을 찾는 것이 아니라 삶에 문제를 제기하고 질문하고 실험
　　하기
　－수동적 · 반응적 삶에서 벗어나 보다 능동적 · 적극적으로 홀로서기
• 기 살리기
　－이론, 지식, 관념의 앎의 삶이 아니고, 삶 자체를 살아가기
　－어떤 훈육/교육에도 길들여질 수 없는 야성을 되살리기
　－신기, 광기, 신명을 되살리고 북돋아 나아가기
• 투명하기
　－겉과 속이 일치하는, 있는 그대로 민낯의 솔직성으로 살아가기
　－자신과 세상에 대해 떳떳하고 당당하기
　－몸과 마음이 일치하는, 몸의 정직성에 귀 기울이기
• 깨어 있기
　－무조건 믿지 않고 의심하고 회의할 줄 아는 사유 능력 키우기
　－현상(안정, 보상, 희망, 위로 등)에 만족하지 않고 뒤집어 보기
　－내가 사는 이 사회, 환경, 세계에 무관심하지 말기

- 자유롭기
  - 시대와 문명의 가치에 물들지 않고 자유분방하기
  - 부정, 부조리, 위선 등에 저항하기
  - 궁극적으로는 앎, 소유, 정보로부터 자유롭기
- 존중하기
  - 인간의 그 어떤 차이도 차별하지 않고 존중하기
  - 명령하고 지배하고자 하는 욕망에서 벗어나 명령어를 불식시키기
  - 상호 정성을 다하고 겸손함으로 만나기
- 함께 살기
  - 가능한 한 모두 함께 나누고 먹고 마시고 잔치하며 살아가기
  - 참된 만남을 통해 서로 변화하고 서로 사랑하며 살아가기
  - 낱 생명, 개인이 아닌 온 생명, 자연 전체의 시각으로 서로를 도우며 살아가기
- 단순하기
  - 겉치장이나 꾸밈을 모르는, 검소함으로 살아가기
  - 하찮은 작은 일에도 소홀함이 없는 마음으로 살아가기
  - 복잡하고 어렵고 전문적인 지식보다는 쉬운 말, 우리말로 말하기
- 순수하기
  - 두뇌, 입력된 정보, 과거 기억이 아닌 지금 이 순간의 감각으로 있는 그대로 보고 듣고 느끼기
  - 때 묻기 이전, 나와 너를 구분하기 이전의 아이의 마음으로 자연과 세상을 바라볼 수 있도록 노력하기
  - 과거로의 회귀, 미래로의 투사가 아닌 지금 이 순간, 이곳의 삶에 매 순간 충실하기
- 새로워지기
  - 끊임없이 새로운 나를 향해 나아가기
  - 내 속의 수많은 다양성, 잠재성을 일깨우기

-보다 창조적으로, 습관화된 일상에서 벗어나려고 노력하기

• 넘어서기

-시대를 넘어서서 거스르는 초인과 같은 삶을 지향하기

-우주, 자연과 한 몸 되기

-생과 사를 넘어서서 무구함을 추구하기

(2) 오염된 사회적 관념의 해체

생명굿의 이론 편에서 현대사회의 중심이 되는 문제점은 회의 정신의 실종, 정상과 비정상의 양분화와 차별 의식, 그리고 이론의 횡포라고 말했다. 따라서 여기에서는 보다 실천적인 측면에서 소위 사회적 역할이라는 개념을 해체하고, 차별 의식도 해체하고 우리의 언어적 사유 방식을 해체하는 방식을 논한다. 우리의 일상적인 사고방식 자체가 수많은 왜곡된 정보와 교육으로 길들여져 있기 때문에 삶의 밑바탕을 제대로 볼 수 있기 위해서는 최소한 앞 세 가지 개념에 대한 확고한 자세가 필요하기 때문이다. 무엇보다도 마당을 이끌어 가는 알님지기 자신이 앞으로 논의하게 될 세 가지 해체 개념에 대해 뚜렷한 자신만의 확신이 있어야 한다.

왜곡된 언어와 사유체계의 해체

인간은 언어로 사유한다. 언어는 대부분이 내가 태어나기 이전에 사회화되어 있다. 거의 명령어 형식이다. 그래서 인간 각자가 자신의 말과 소리를 낸다는 건 거의 불가능한 일처럼 보인다. 소수의 시인만이 언어를 자기 식으로 의미를 새롭게 부여하고 자신의 목소리를 낼 수 있을 뿐, 우리 대부분은 무의식적으로, 상투적으로 사유하고 말하며 살아간다. 따라서 생명굿에서는 그런 일반화되고 보편화된 언어며, 언어 의미를 뒤집어 보아야 한다. 왜냐하면 생명은 각자의 특이성이지 보편성이 아니기 때문이다. 한마디로 상식적이며 그릇된 사유체계며 언어를 해체하는 실험이 필요하다.

실험이란 성공과 실패를 두려워하지 않음을 의미한다. 그것은 완성이 아

닌 과정이다. 미완성 상태를 즐긴다. 그 자체가 생명력의 회복을 증거해 주기 때문이다. 고체화, 결정화는 생명의 죽음이다. 생명굿이 줄기차게 추구해 온 바다. 아니, 삶의 실험 그 자체가 생명굿이며 삶의 굿이다. 이 시대에 매몰되거나 먹혀들어가지 않기 위한 우리 몸의 처절한 생존 투쟁이다. 따라서 탈언어적 생명굿의 실험은 끝없이 계속되어야만 한다. 무한의 가능성을 항상 열어 두어야 한다. 비언어적이라고 하는 온갖 예술 장르가 대부분 언어적 의미화에서 벗어나지 못하는 이유도 바로 완성미라는 의식과 이성의 덫에 갇히기 쉬운 약점을 내포하고 있기 때문이다. 생명굿은 역설적으로 오히려 몸을 통해 새로운 의미와 새로운 언어를 창조할 수 있는 가능성을 탐구해 나가야 한다.

그것은 시간을 빗나가게 하고 공간을 새롭게 창조하는 데서도 가능하다. 과거와 미래를 뒤바꾸고 나와 부모의 나이를 뒤바꿀 수도 있다. 사회적 시간의 흐름과 나의 삶의 흐름의 시간이 빗나가거나 충돌할 것이며, 진화의 역사를 거슬러 올라가 내가 강낭콩이나 침팬지의 원조가 될 수도 있다. 모든 공간이 생명력 가득 찬 새로운 공간으로 탄생되며 알님 또한 새로운 의미의 존재로 배치된다. 예컨대, 황홀의 공간, 꿈의 나라, 마법의 공간, 양자역학적 공간 혹은 무중력의 공간 등이 그것이다.

실험은 탈언어, 몸을 넘어 우리의 원초적 생명력의 해방으로 나아가야 한다. 모든 인과성과 필연성을 넘어 이해 가능성조차 뛰어넘어 카오스적 세계로 나아가야 한다. 그때 비로소 생명력은 본래의 의미를 되찾게 될 것이다. 사물과 함께 놀이하는, 우주적 삶, 우주적 확장과 자유, 탈언어적 몸의 세계, 그래서 탈 사회, 탈 인간, 너 되기…….

생명굿에서 상투적 언어와 사유체계를 해체하고자 하는 실천적 측면은 다섯 가지 측면에서 살펴볼 수 있다.

첫째, 나를 규정하는 언어에서 벗어나기

인간을 언어화해 통제하는 것 중에서 일차적인 것은 이름이다. 이름은 인간을 철저히 규정한다. 마치 액체 상태의 진흙을 하나의 벽돌로 고체화하듯 이름은 인간에게 거의 절대적인 힘을 행사한다. 그것은 주민등록번호처럼 인간이 태어나서 죽을 때까지 벗어날 수 없는 족쇄로 작용한다. 일종의 낙인이다. 그것은 스스로 선택한 것도, 자신이 작명한 것도 아니기 때문이다. 뿐만 아니다. 이름에는 집안 성씨와 남녀가 구분되어 있다. 평생 한 번 주어진 남녀 역할과 가문 내의 역할을 벗어나서는 안 된다는 의미다. 무한한 가능성의 존재요, 창조적 인간의 모습이 이토록 초라해질 수 없는 상황이다. 하물며 인간은 자유로운 존재라는 말은 얼마나 모순인가? 이름, 가문, 고향, 민족, 국가 등 이미 운명처럼 태어난 순간부터 주어진 것들에 갇힌 존재가 아닌가? 닭장에 갇혀 사는 닭처럼 이미 자유를 잃어버린 존재 말이다.

이름은 또한 많은 경우에 인간 고통의 근원이 된다. 이름값도 못한다느니, 문중에서 너 같은 인간은 제거해야 한다느니, 인간은 이름이나 성씨보다 못한 존재로 비하된다. 뿐만 아니라 인간 스스로도 이상적인 자신과 현실의 자신 사이의 괴리에 일평생 마음고생을 할 수밖에 없다. 마치 삶의 이유가 오직 자신의 이름을 더럽히지 않는 것인 양 인간은 자의 반 타의 반 자신의 이름의 노예가 된다. 처마 밑에서 비를 피하듯 이름 아래 자신을 숨기고 감금한다. 반면 겉에 드러난 이름에 걸맞은 나는 내면의, 이름 지을 수 없는 다양한 욕망, 열정과 꿈들, 잠재성과 충돌한다. 그것들은 드러나서는 안 되는 것들이다. 타인이 결코 알아서는 안 되는 세계다.

생명굿이 개입하는 곳은 바로 그러한 내면의 세계다. 이름에 갇혀 한 번도 제대로 드러난 적이 없었던 또 다른 나의 모습, 가능성, 다양성을 찾아내어 꽃피우는 일이다. 존재 그 자체가 있는 그대로의 향기를 내뿜게 하고 잘못된 이미지, 왜곡된 나의 이름 밑에 숨겨진 진실, 이상을 자유롭게 숨 쉬게 하는 일이다.

이름뿐만 아니다. 인간을 근본적으로 규정, 통제하는 것들은 많이 있다. 생리적 차이로서의 남녀, 나이, 직업, 가족관계, 종교, 학벌 등이 그것이다. 모두가 한결같이 영원히 벗어날 수 없을 것 같은 철가면처럼 작용한다. 나이 때문에 우리는 그 얼마나 우리의 소중한 단 한 번의 삶을 바쁘게 채찍질하며 살고 있는가? 학벌이며 직업은 또 얼마나 우리 삶의 행불행의 근거가 되고 있는가? 가족 내에서 첫째냐 둘째냐 아니면 아들이냐 딸이냐는 가장 자연적인 사실마저 운명을 좌우하고 성격마저도 바꿔 놓을 만큼 위력이 대단하다. 한 번 선택한 종교는 죽는 날까지 거의 맹목적으로 변하지 않는다. 바로 그런 것이 우리의 하찮은 선민의식과 천민의식, 열등감과 우월감, 성공과 실패감을 낳는 토대가 되고, 인간과 인간의 만남에 결코 허물 수 없는 장애물, 벽으로 작용한다. 소외의 근원이다.

생명굿은 바로 거기서, 그러한 제반 벽을 허물고 남은 알몸에서 시작된다. 현실에서는 영원히 벗어날 수 없을 것만 같은 당위성의 갑옷들을 벗어 던지고 원초적인 진실한 만남을 체현한다.

둘째, 인간의 다양성을 가로막는 보편 개념 흩트리기

피부색에 의하면 사람은 보편적으로 백인과 유색인으로 나뉘고 유색인은 황인과 흑인으로 나뉜다. 한국인은 황색인에 속한다. 과연 그럴까? 한국인은 황인종인가? 결코 아니다. 한국인의 피부색은 열거할 수 없을 만큼 다양한 색으로 이루어져 있다. 백색에서 흑색까지 그 사이 어디엔가 속하는 피부색을 지니고 있다. 이때 그 사이의 수많은 피부색이 있다는 것은 곧 색의 다양성을 의미하며, 그러한 개개인의 다양성을 통칭, 일반화해서 황인종이라고 말하는 것은 보편 개념을 가지고 이야기하는 것이 된다. 여기서 흩트린다는 말은 그러한 개념에 현혹되지 않고 오히려 그 개념 자체를 깨트리고 들어가서 그 밑의 다양성을 이끌어 냄을 의미한다.

이 시대에 인간을 옭아매는 너무나도 많은 보편 개념, 그것은 마치 인간이 먹고 자는 본능에서 영원히 벗어날 수 없을 만큼 인간이 벗어나기 힘든 것들이기도 하다. 좋다/나쁘다, 옳다/그르다, 잘했다/못했다 등의 가치 판단에서 시작해서 좋은 사람/나쁜 사람, 예쁘고/밉고, 잘생기고/못생기고, 우리 편/네 편, 가진 자/못 가진 자, 배운 자/못 배운 자, 잘난 놈/못난 놈, 정상인/비정상인 등 그러한 것들은 인간을 판단하고 규정하고 배척하고 천시하며 인간 스스로 자신을 자학하고 열등감을 갖게 만든다. 단순한 일시적 상황이 아니다. 마치 이름이나 성별처럼 한 인간 평생을 좌우할 만큼 힘을 발휘하는 개념이다.

뿐만 아니다. 교양인/무식한 인간, 선인/악인, 귀부인/부인/아줌마/여편네, 서울 사람/지방 사람, 믿는 자/안 믿는 자, 전라도/경상도/충청도 사람, 양반/상놈, 사무직/노동직 등 인간을 철저하게 두 파로 나눈다. 우리 편 아니면 네 편(적의 편)이라는 유아적 사고방식에서 우리는 한 발자국도 더 나아가지 못한 것이다.

"난 사람들 앞에서는 말을 잘 못해요." 말을 잘해야 똑똑하고 좋은 사람이라는 고정관념(오히려 말 잘하는 인간은 속이 텅 빈 경우가 많지 않던가?). "난 느리고 게을러요." 빠릿빠릿하고 재빠른 인간들이 우리의 모범이라는 말인가? 여유 하나 없는, 자신의 이기적 목표 달성에만 재빠른 인간들이? "난 너무 잘 울어서 탈이에요." 울음이 메말라가는 세계에서 그것은 인간을 가리키는 훌륭한 지표가 아닐까? "난 너무 외로움을 잘 타요." "난 자주 우울함을 느껴요." 이때 너무, 자주의 기준은? 왜 사람들은 그런 감정은 부정적이고 나쁜 것으로만 여기는 것일까?(고정된 의미) "난 사람을 잘 사귀지 못해요." 사람은 사람들끼리 잘 어울릴 줄 알아야 한다는 보편 개념이 일단 작동하면 자신의 특수성, 어려서부터 사람 사귈 기회가 별로 없었던 환경에서 생긴 자신만의 특성을 타인의 기준에 따라 자책하게 된다.

난 너무 내성적이야. 난 너무 현실 감각이 없어. 난 지나치게 감성적이야. 난 너무 조심성이 많아. 난 너무 소심해서 탈이야. 난…… 난…… 모두가 보편 개념하에서의 자학들이다. 자기 비난이요 자기 비하다. 거꾸로 생각해 보자. 외향적이고 현실감 높고 이성적이며 조심성 없는, 겁 없는, 대범한 인간……. 오히려 그런 성향은 부정을 저지르고도 눈 하나 깜박이지 않는 위선자들, 이중인격자들, 사기꾼들, 위정자들의 전반적인 경향성이지 않을까?(부패한 정치가, 무능한 교수, 부정직한 사람일지라도 어떻게든 돈이나 권력, 명예만 있다면 그런 성격의 사람들이 되고 싶다는 욕망의 표현일 수도 있다).

생명굿에서는 그러한 보편 개념을 용납해서는 안 된다. 그 의미를 철저히 파고들어 고정관념화된 개념들을 부수고 알님 스스로 새로운 개념을 창조해 내도록 도와야 한다.

셋째, 상투적 사유체계 해체하기

생명굿에서 가장 흔히 나타나는 현상 중 하나는 알님의 습관적 반응 혹은 생각이다. "난 큰 소리를 못내요. 크게 소리 지르면 목이 아파요. 소리가 안 나와요. 난 그렇게 소리쳐 본 적이 없어요." 등등. 그러고는 대다수가 결과적으로는 자신도 놀랄 만큼 큰 소리를 낸다. "하…… 내가 그렇게 큰 소리를 낼 수 있다니…… 놀랐어요."라고 말한다.

"왜 폭력적이 되어야 하는데요. 왜 그걸 두드려야 하는데요? 난 파괴적인 것이 싫어요." 등 미움, 절망, 분노 등을 표현하는 방식에도 거의 자동적인 거부 반응을 보인다. 그런 식으로 행동해 본 적도 없을 뿐만 아니라 자신은 파괴적이고 나쁜 사람이 아니라는 습관적 반응이다. 신문지로 만든 몽둥이로 의자나 바닥을 치는 행위가 폭력적이라는 사고방식은 과연 어떤 것일까? 자라 보고 놀란 가슴이 솥뚜껑 보고 놀란다는 의미일까? 인간에 대한 진짜 폭력이 뭔지조차도 모르는, 오히려 불쌍할 정도의 상투적 사고체계를 자주 본다.

문명인이 된다, 교양인이 된다, 인간이 된다는 의미는 바로 그러한 상투적 사고체계를 남보다 앞서서 받아들여야만 한다는 의미일까? 많은 사람이 그 어떤 문제든 척하면 삼천리식의, 잠시 생각해 볼 여지조차 없는 즉각적인 반응을 당당하고 자랑스럽게 내보이니 말이다. 말하는 사람은 자기식의 의견이요 생각이라고 말하지만 그렇게 믿고 말하는 것 자체까지도 마치 입력된 녹음기에서 반복되어 흘러나오는 말처럼 자동적이다. 자기는 없다. 이미 '나'라고 고정된 정보, 10년이고 20년이고 변함없는 나의 사고만이 습관적으로 되풀이될 뿐이다.

너에 대한 반응이며 대화 또한 마찬가지다. 즉각적이고 자동적이다. "아파? 침 맞아. 한방 가. 무슨 무슨 뿌리를 다려 먹으면 백발백중이야. 어디에 있는 누구 의사에게 가 봐. 감쪽같이 나을 거야." 등등 누군가가 아프다고 말하는 순간 듣는 모든 사람이 자기식의 치료자, 치료 안내자가 된다. 순간적이다. 나의 아픈 경험과 너의 아픔이 겉만 같을 뿐 성격도, 발병 원인도, 모두 다르다는 것을 생각할 수 없다. 너를 돕겠다, 너를 위해 좋은 말을 해 주겠다는 식의 사고 또한 일방적이고 상투적이다.

인간에 대한 생각뿐만 아니다. 세계, 국가, 사회, 종교, 돈, 교육 등에 대한 사고방식 역시 천편일률적이고 고착화되어 있다. 사람과 사람 사이의 차이가 거의 없을 뿐만 아니라 한 번 입력되고 믿고 있는 사실은 쉽게 고쳐지지 않는다. 오히려 자신의 생각을 바꾸는 것 자체가 마치 자존심을 손상당하는 것처럼 느낀다. 신문 하나 바꿔 보기 힘들고, 다니는 교회나 절 하나 마음대로 바꿀 자유조차 없다. 서로 다른 학교 동창회끼리 모이는 건 꿈도 꿀 수 없다. 상호 시각이 다른 학문 간의 교류 또한 불가능하다(학회끼리 만나는 것은 더더욱 어렵다). 일찍이 어려서부터 상투적, 고착적, 일면적 사고체계가 마치 진리인 양 주입되어 있어서 그런 생각을 한다는 사실 자체만으로도 엄청난 불안을 유발한다.

자동사고, 상투적 사유체계는 항상 자주, 상대에 대한 비난, 원망, 싸움을 유발한다. 상대 입장이 되어 보는 시간적 여유가 없기 때문이다. 나만 아니라 너도 옳을 수 있다는 사유의 잠재력이 고갈되어 있기 때문이다. 인간과 인간의 만남, 인간과 자연의 만남이 진정한 만남이 되기 위해서는 그러한 습관적 사유체계가 해체되어야 한다. 침묵과도 같은 깊은 사유가 들어서야 한다. 상투성은 노예나 로봇의 특성이기 때문이다.

넷째, 사회, 문화 현상 밑바닥의 음울한 의미 들춰내기

한국은 오래전 미국의 속국 내지는 식민지가 되었다. 이제 미국의 한 주라도 되려는 양 한때 어떤 대통령은 앞장서서 몰입식 영어 교육을 독촉한 바 있다. 반대하는 사람이 별로 없을 만큼, 그리고 대부분의 국산 상품명이며 가게 이름이 영어라야 오히려 장사가 잘되는 나라일 만큼 국민 대다수가 이제는 아무런 저항감 없이 미국화되어 가고 있다(이런 현상을 비참해 하거나 슬퍼하는 사람은 아직도 시대가 어떤 시대인데 한글 운운하느냐 혹시 민족주의자 아니냐는 비난을 감수해야 할 것이다).

　무조건 아파만 할 일도 아니다. 처음이야 어찌 되었든 해방 이후 70년간이나 미국 물을 먹다 보면 자연스레 검은 머리, 황색 피부 미국인이 되어 갈 수밖에 없을 것이다. 한 나라의 정치, 경제, 국방 문제가 미국의 손에 달려 있고 덩달아 교육, 문화 예술, 학문, 종교마저도 미국식이 되어 온 지 70년이면 오히려 미국화 안 된 게 이상한 인간일지도 모른다(이완용이 어려서부터 국가의 대신이 될 때까지 오랫동안 일본 문물을 접한 결과가 결국 나라를 팔아먹는 역할이 당연하고, 오히려 나라를 위해 자신은 훌륭한 일을 했다고 자부하는 행위를 무조건 비난만 할 수는 없다는 식의 이치와 같다).

　이 사회, 문화의 이면의 의미, 드러난 현상 배후의 숨겨진 뜻을 살피고 들추어내는 일은 쉽지 않다. 이 땅에서 사회적 진실을 드러내는 것 자체가 그렇게 쉬운 일은 아니다. 왜냐하면 한마디로 저마다 먹고사는 데 바쁘기 때문이다. 누가 사회문제에 신경을 쓰겠느냐. 저 혼자 잘 먹고 잘 살면 됐지 골치 아프게 남의 일까지 간섭할 필요가 어디 있느냐는 것이다(우리 모두는 그런 식으로 교육받고 자라왔다. 그러니 이제 누굴 원망할 수 있겠는가?)

　사실이 그렇다. 우리나라는 오랫동안 굶주려 왔다. 가난했다. 50~60년 전만 해도 먹고 입을 것이 항상 부족했다. 허기, 굶주림이 우리의 화두였다. 이제 어느 정도 먹고 입고 자는 문제가 해결되었는가 싶어도, 아니, 여전히 하루 먹고 살기가 힘든 사람들이 있는 반면, 많은 사람은 이미 허기를 채우고도 남아 과식 상태에 처해 있음에도 여전히 정신적 굶주림에 시달리고 있다. 악착같이 내 것을 긁어모으는 데 혈안이 되어 버린 사람들, 가난한 사람이든 국회의원, 교수, 장관, 법관이든 거의 다 똑같다. 사회 도처에서 교묘히 법을 피해(아니 법 같은 것 우습게 여기고) 우리 가족, 나만 배부르면 된다는 거지 근성이 아직도 우리를 붙잡고 놓아주지 않는 현상이 끊임없이 일어나고 있다.

한국인이면 누구나 아는 너무나 지당한 이야기, "내 자식 잘 되어야지, 훌륭한 사람이 되어야 해."의 의미는 간단하다. 좋은 대학, 좋은 직장, 그리고 돈 많이 버는 일이다. 자식 교육이며 학교교육이 모두 똑같다. 70여 년 이상 변할 줄 모른다. 사회적으로 성공하는 것은 명예도, 학문도, 도덕도, 그리고 성인군자가 되는 것도 아니다. 성숙한 자, 지혜로운 자, 남을 위하는 사람이 되어야 한다는 의미도 아니다. 여전히 정신적 굶주림에 마춰되어 있는, 오직 부자, 돈밖에 보이지 않는, 다른 사람이야 어찌되건 말건 떵떵거리는 배불뚝이, 부자, 졸부라도 되는 것이 인생 최대의 목표다(도박과 복권 중독의 나라가 그 일면을 보여 준다). 그래서 신뢰, 양보, 우애, 겸손, 상호협동보다는 경쟁성, 능률성, 공부 실력만이 인간을 판단하는 기준이 되어 버린 슬픈 사회, 모두가 오직 앞과 위만 쳐다보며 달려가는 잘 사육된 개나 말들을 연상시키는 음울한 사회, 그리고 그 중심에는 인간 교육이라고는 전혀 없는, 오직 성공, 출세에 눈이 먼, 그에 필요한 지식만을 판매하는, 온 국민을 상품과 돈의 노예로 찍어내는 천편일률적인 교육제도가 버티고 있다.

"무얼 걱정하세요, 기도하면 하나님께서 다 들어주시는데."라는 대형 교회의 대형 간판이 오늘의 우리나라 종교의 일면이다. 마치 그 옛날 성행하던 사이비 종교 같다. 공산당식 세뇌? 영혼의 마취? 그것은 마치 프로야구며 각종 스포츠에 열광하는 우리 모두를 연상시킨다. 일상의 스트레스를 해소하는 매우 건전한 스포츠 현상처럼 보이는 것들이 사실은 미국식 돈벌이를 흉내내는 자본주의의 음흉한 전략이요, 독재 시대에 위정자들이 인위적으로 만들어 낸, 마치 로마 시대 사자와 검투사들의 피 흘리는 싸움을 즐기던 어리석은 백성같이, 우리 삶의 그럴듯한 환각 현상이라는 것을 아는 사람은 얼마나 될까?

예술은 유일하게 인류 문명사에서 인간 정신을 맑게 일깨우는 역할을 해 왔다는데 우리의 예술은 어디에 있는가? 펜은 총이나 칼보다 더 강하다고 하는데, 타락할 대로 타락한 우리나라 언론이 제대로 된 정의로운 펜을 일으켜

세울 날이 과연 있을 것인가? 대통령을 확실하게 견제하라고 세워진 입법부가 입법부 역할을 제대로 하는 날을 기다리는 것은 나만의 망상인가? 오히려 가진 자의, 권력자의 작은 범법 행위에도 추상같은 벌을 집행할 수 있는 진정한 사법관은 우리나라에는 결코 존재하지 않을 것인가?

우리 모두 굶주림의 망령에서 벗어날 수 있는 날은 언제일까? 또 북한을 철천지 원수마냥 증오하는 사람들의 마음이 풀릴 날은 언제 올까? 남들처럼 호의호식을 못해도 정말 인간처럼 함께 얼싸안고 행복한 미소를 지으며 살아갈 수 있는 날은 과연 찾아질 것인가?

우리나라는 여전히, 아직도 정신적으로 미숙한, 그래서 한마디로 겉치레 좋아하는, 알맹이 없는 쇼의 나라라고 하면 지나친 표현일까? 예컨대, 서민을 위한다는 대통령의 이미지는 시장에서의 몇 컷 사진이면 족하지 않았던가? 마치 조선시대의 왕이 보여 주던 친농 행사 같은 상징적 행위가 마치 진실인 것처럼 충분히, 어리석게 사실로 먹혀 들어가니 그 힘든 짓도 하는 게 아니겠는가? 사회, 문화 현상, 겉에 드러난 그럴듯한 장면, 말, 소리, 광고……. 정신이 제대로 든 사람이라면, 미국화에, 세계화에 아직도 민족적 자존심을 가진 사람이라면, 음울하고 아픈 현실이지만 그 뒤안길의 의미를 깊이 음미할 수 있지 않을까? (기약 없는 희망사항이요, 참된 생명굿 마당이 펼쳐지기 위한 우리의 기본 자세이기도 하다).

다섯째, 이 시대의 중심 화두 뒤집어 보기

탈언어화의 의미는 한마디로 언어에 놀아나지 않는다는 것이다. 언어가 지시하는 사건이나 현상을 맹목적으로 믿거나 동화되지 않는다는 뜻이다. 놀아나지 않는다는 뜻은 그 언어를 만들어 낸 주체의 의도대로 내가 이끌려 들어가거나 행위하지 않는다는 것이다. 예컨대, "하나님은 여러분을 사랑하십니다."고 강조하는 목사(왜 그럴까? 왜 그렇게 침이 마르도록 그 이야기를 반복하는 걸까? 누구나 아는 이야기를 새삼스럽게 말이다). "너 알지? 엄만 너 없으면 못살아. 엄만 널 얼마나 사랑하는데……."라고 자주 자신의 사랑을 강조하는 엄마들(진짜일까? 말뿐일까? 왜 자꾸 같은 말만 되풀이하지?) "경찰은 민중의 지팡이"(?), "국회의원은 시민의 심부름꾼, 머슴"(?), 상점들은 "고객이 왕"(?)이라고 한다. 일 년 열두 달 지속되는 백화점과 대형마트의 바겐세일, 일 년 열두 달 지속되는 교회 헌금, 허구한 날 지속되는 공허한 말장난으로 가득 찬 신문이며 티브이, 해마다 똑같이 되풀이되는 뭔가 조작된 듯한 정치꾼들의 위기 상황, 그리고 그에 따른 "경제를 살리기 위해 허리띠 졸라매자."는 오너들의 천편일률적인 위협(임금을 올려달라고 하지 말라는)에 찬 목소리들. 이제 이 시대의 중심 화두 몇 가지만을 뒤집어 보자.

- **민주주의**: 민이 주인인 나라는 아니다. 오히려 대통령, 장관, 각종 의원들, 사법부, 검경들, 관이 우위인 나라다. 그들은 결코 민의 소리를 듣지 않는다. 그들만의 당 조직에 의해서 만들어진 정책을 가지고 민을 설득하거나 밀어붙인다. 선출을 위한 선거 또한 민주적이지 않다. 진정한 민의 대변자가 선출되는 것이 아니라 우매한 민들을 교묘히 선동하고 조작하는 지역감정, 말뿐인 요란한 일시적인 구호와 선전 등으로 선출된다. 한마디로 그들은 일상에서 결코 국민을 제대로 대하거나 만나지 않는다. 그들은 그들만의 주거지, 그들만의 클럽, 그들만의 단골집, 필드, 장소에서 그들끼리의 만남이 있을 뿐이다. 충실한 그들만의 언론을 우군 삼아서.

- **자본주의**: 이제 국가 개념은 사라지고 재벌, 다국적 기업들의 경영 개념, CEO 개념이 국가를 대신한다. 모든 것이 경제 관념, 이득과 효율성, 개발과 돈벌이 개념이 주가 된다. 전 세계가 그러한 추세에 있다. 민주, 정의, 자유, 평등, 복지 등 국가의 가장 기본이 되는 개념은 성공, 출세, 생산과 소비, GNP, 이윤 등의 언어로 대치된 지 오래다. 고용의 유연성은 모든 사람을 취업과 실직의 고통과 위험에 빠뜨리고 있으나 그들은 아랑곳하지 않는다. 매년 새롭게 고용 계약을 맺어야만 하는 폭력과 협박(예컨대, 내년의 계약을 성립시키기 위해선 올해 간과 쓸개 다 빼놓고 헌신적

으로 일해야만 한다는 무서운 저의)이 대표적인 예다. 기묘한 인간 지배요, 합법적인 착취다(그로 인해 발생하는 정신적으로 피폐해져 가는 인간들, 삶의 허무와 무능력감에 고통받는 사람들, 경쟁심으로 인한 이기적 행태, 자살, 알코올중독, 범죄, 사회적 불신과 불안 등은 계산되지 않았다).

　　자본의 세계화, 글로벌화는 서양, 백인 중심의 지구 재편을 의미한다. 특히 미국 자본 중심의 재편이다. 정보화시대라고 말하지만 시민은 기껏해야 휴대전화, 인터넷의 정보 안에서 만족하고 제 세상인 양 헤엄치고 다니도록 풀어놓고서 그들은 세계의 모든 비밀 정보를 소유하고 있다. 소위 무소불위의 우위의 입장에 서 있다(부 또한 그들에게만 편중되어 있다).

- **4대강 살리기**: 4대강 죽이기다. 그들에겐 자연이 절대 눈에 띄지 않는다. 모든 것이 개발의 대상이요 개발 이익만 눈에 들어올 뿐이다(서민들의 주택 또한 그들이 오래 머무는 삶의 터전으로 인식되기보다는 낡은 집 헐고 새집 지어야 한다는 상투적인 논리에 의한 재개발 사업의 대상일 뿐이다). 4대강이 개발되고 그 주변의 모든 땅 위에 위락 시설이 건설된다면 그 수익은 가히 천문학적이 될 것이다. 돈 쓸 줄 모르는 사람들을 끌어들여서(관광, 도박 등으로 주머니 털게 하는 미래의 구상) 돈도 벌고 박수도 받고 이름도 알린다면 일석삼조 아닌가?

- **남북 문제**: 내세는 항상 외세와 더불어 존재한다. 북한 문제는 언제나 그래왔듯이 국내 문제와 얽혀서 터트려진다. 그러나 겉으로는 항상 대의명분을 앞세운다. 핵무기! 큰 나라는 핵무기 가져도 되고 작은 나라는 안 된다는 기묘한 힘의 논리다. 더 웃기는 것은 스스로 핵무기를 포기한 남한이 북한에게 빨리 미국에게 핵무기 버리고 우리처럼 두 손 높이 처들라는 식의 협박이다. 그동안 보내왔던, 화해의 방식 중 하나였던 쌀조차도 보내 주지 않으면서(더더욱 코미디는 천안함이다. 이건 처음부터 끝까지 국제적 망신이고 쇼이고 삼류 희극이다. 싸워 보지도 못하고 사라져간 젊은이들을 생각하면…… 할 말을 잃는다). 북한은 항상 국내 정치(예: 촛불시

위, 4대강 사건, 방송과 언론 문제, 부자 감세 등등) 문제에 등을 돌리게 하는, "애들아, 우리만 쳐다보지 말고 저쪽 동네 나쁜 애들 쳐다봐. 위협적이지 않니? 전쟁도 불사하는 애들이야." 하는, 슬프고도 아픈 정말 나쁜 전략이다(미국은 아예 월남전, 이라크전, 이란전 등을 끊임없이 도발했다. 새로 만든 무기들을 실험하는 목적도 포함해서).

생명굿은, 보편적 언어와 사유체계를 해체하는 일은 결코 쉬운 작업이 아니다. 특히 이 시대의 중심 화두뿐 아니라 문화, 사회의 제반 현상의 이면의 의미를 찾는 일 또한 쉬운 일이 아니기 때문이다. 의미를 밝힌다 해도 사람마다 그 의미가 다 다를 수 있기 때문이다. 뿐만 아니다. 탈언어화를 시도하고 행위한 직후, 우리는 재언어화될 수밖에 없는 존재라는 사실이 또한 생명굿을 어렵게 만든다. 예컨대, 이름을 버리고, 무명의 존재로 생명굿을 끝마치고 난 직후, 알님은 본래의 자기 이름을 되찾아 쓸 수밖에 없는 현실, 결코 그 어떤 언어로부터도 탈출할 수 없는 숙명과 같은 인간 존재 의식 말이다.

그러나 언어 해체적인 생명굿의 존재 이유는 크다. 의미가 깊다. 비록 언어로부터 단 한순간, 단 한 발자국도 벗어날 수 없는 존재일지라도 생명굿이 존재하는 한 끝없이 그 언어의 괴력에, 허위의식에, 거짓된 언어를 만들어 내는 주체에게 저항할 것이기 때문이다. 우리의 생존을 위해서, 뿐만 아니라 우리의 생명력이 인위적으로, 인공적으로 짓밟히고 잡아먹히지 않도록 하기 위해서다.

역할의 해체

생명굿에서 유의할 점은 또 하나, 역할이다. 우리는 사회적 역할을 너무나 당연시하는 데 길들여져 있기 때문이다. 예컨대, 누군가가 대학교수라고 하면 개개인의 특성보다는 일반화된 교수라는 개념을 가지고 그 사람을 본다. 사람은 간 데 없고 역할만 살아 돌아다니는 격이다.

역할은 비실체적 개념이다. 그것은 실재하는 것처럼 보이지만 실체가 없는 가상적 개념이다. 학생과 학생 역할, 선생과 선생 역할이 다른 것과 같은 이치다. 학생이 선생 역할을 흉내 낼 수 있고 선생이 학생 역할을 모방할 수는 있어도, 그는 여전히 학생이거나 선생이다. 그들은 역할을 하는 것이 아니다. 배우가 어떤 역할을 맡았다고 했을 때, 배우의 실체는 인간이지만 그가 맡은 역할은 아무리 실재와 똑같다 해도 그 역할은 실재하지도, 실체가 있는 것도 아니다. 그 인물은 누군가, 작가의 상상력 속에서 나온 비실재적 개념일 뿐이다.

한마디로 역할이란 사람이 어떤 일을 하는 데 있어서 드러나는 보편적 특성(일이나 행위 중심)을 일컫는 용어다. 예컨대, 어머니와 어머니 역할은 다르다. 어머니는 자식이 있는 여인을 일컫지만(구체적 실체), 어머니 역할은 많은 어머니가 해야 하는, 하고 있는 제반 어머니들의 특성 가운데 보편적이고 일반화된 특성만을 한데 묶어서, 어머니는 이래야 한다는, 소위 일정한 규정을 내리는 개념이다(추상적, 개념적 실체). 문제는 사람들이 자기라고 하는 주체와 하고 있는 일의 역할을 아주 쉽게 혼동하고 있다는 점이다. 심지어 많은 사람이 자기 자신과 역할을 동일시하고 다른 사람도 자기처럼 겉에 드러난 역할만으로 그 사람을 쉽게 단정 짓거나 차별한다. 청소부라는 직업을 가진 실재 사람과 청소부라는 역할은 다른데도 사람들은 청소부를 평생 청소만 하는 사람인 양 무시하거나 그 사람 스스로도 자신을 낮추어 보는 경향을 갖는다.

다시 말해서, 하고 있는 일과 인간이라는 하나의 주체적 인간은 분명히 다른데도 대부분의 사람은 사람을 대할 때, 그가 하는 역할로 그 인격까지, 그 인간됨됨이까지도 판단해 버린다. 판사나 의사는 인격이 훌륭한 사람이고, 이발사나 운전기사는 그렇지 않은 사람인가? 절대 아니다. 국회의원이나 장관 부인은 인품이 고귀하고 소방대원 부인이나 세탁소 집 아주머니는 성품이 안 좋은 사람인가? 결코 아니다. 그렇지 않다는 것을 잘 알면서도 우리는 거의 자동적이고 상투적으로 그런 식의 역할에 대한 환상과 믿음을 가지고 살아간다. 오랜 세월의 문명이라는 이름의 인간 차별과 계급 사회가 우리를 그렇게 마비시켜 버린 것이다. 모 회사 사장이 사장 역할을 자기 자신으로 착각하거나 동일시하면 '그'라는 사람은 사라지고 역할만 남는다. 그는 그 이전, 사장이 되기 이전과 다른 사람처럼 행동하고, 마치 그 사장 역할이 자신이 평생 해야 할 역할인 양 믿고 행동하게 된다. 한마디로 주위 가족이나 많은 직원에게, 오직 사장이라는 역할, 형식, 겉껍질 같은 권위나 비인간적 요소들로 가득 찬 가짜 인물로 비칠 것이다. 그럼에도 우리는 그가 상식 이하의 인간, 사장일지라도 그 앞에서 굽실거리거나 그를 부러워하거나 아니면 자기 처지를 낮추어 생각하는 것을 당연시하고 살아가고 있다.

더 큰 문제는 우리 모두가 그러한 사실을 아는 듯 혹은 모르는 척 하면서 살고 있다는 사실이다. 왜냐하면 우리 모두가 그런 식으로 겉에 보이는 역할이 바로 나라는 착각에 빠져 살고 있기 때문이다. 역할에 도취되었기 때문이다. 사람이 역할을 지배하는 것이 아니라 사람이 역할의 허수아비가 되어 버린 것이다.

그래서 오늘날 인간성은 사라지고 원리 원칙과 법과 일정한 규정만 따지는 역할들로 가득 찬 사회가 되어 버렸다. 주체, 인간, 실체는 사라지고 텅 빈 좀비와도 같은 역할자만이 판치는 세계가 된 것이다. 거의 모든 이 세상의 영화며 드라마가 바로 그러한 역할에 대한 환상을 부추기며 사람들의 시간과 돈을 합법적으로 탈취해 간다. 지금의 삶의 역할보다는 항상 더 나은 역할에 대한 굶주림, 열망을 무제한으로 충족시켜 주는 것이다. 그렇지 않으면 선이 악을 물리치거나 가난한 사람도 언제든지 노력만 하면 부자가 될 수 있다는 이 사회에 대한 거짓된 위로들, 또는 사회적으로 뒤처진 사람들의 고통을 통해서 자신이 그보다는 잘 살고 있다는 그릇된 자기애적 위안을 제공해 준다. 거의 대부분의 영상 매체는 현실과는 동떨어진 이야기를 끝없이 현실인 것처럼 묘사해서 실재 현실을 그럴듯하게 치장하고, 현실의 실재, 위선과 거짓과 착취와 권력의 어두운 면을 감춘다. 그리고 사람들은 낮에는 땀 흘려 일하고 밤에는 그들이 제공하는 향락과 오락에 빠져든다. 스마트폰, 바보 상자 앞에서 중요한 삶의 많은, 정말 많은 시간을 소비시키고 무기력하게 만드는, 문화라는 이름의 온갖 오락 게임, 도박, 연속극, 영화. 장자의 꿈 이야기처럼 내가 역할인지, 역할이 나인지, 내가 잠을 자면서 꿈을 꾸고 있는 것인지, 아니면 꿈속에서 나라고 하는 인간이 실재의 나인지 분간하기 어려운 시대를 살아가고 있다고 말할 수 있을 것 같다. 그렇다. 누가 우리를, 이 인간 세계를 문명의 발전이라는 이름으로 이렇게 단순 무식한 인간으로 살아가게 하고 있는지 깊게 생각해 볼 일이다. 이 중요한 하나밖에 없는 나의 삶을 제대로 나답게 살기 위해서는 말이다.

역할은 대부분의 경우, 일시적 현상이다. 그것은 한 개인이 맡고 있는 일, 행위, 그리고 그의 능력과 관련된 개념이다. 배우가 수많은 역할을 하는 직업이라는 것도 역할의 일시성 때문이다. 아주 드물게 어떤 배우는 자신이 맡은 역할에서 벗어나지 못하고 죽거나 폐인이 되는 경우도 있지만, 그것은 예외적인 경우이고, 역할은 실제로 한 주체가 임시로 또는 가상적으로 다른 사람의 행위, 특성을 모방하거나 잠깐 동안 그 사람이 되는 듯한 착각에 빠질 경우를 일컫는 말이다. 문제는 역할 환상이다. 자신과 자신이 맡은 일시적인 역할에 대한 혼돈과 지속적인 믿음이다. 평생을 살아가야만 하는 나와 내 인생의 어느 한순간 잠시 맡게 되는 역할을 구분하지 못하는 일이다. 오늘날 대부분의 현대인이 여기에 빠져들었다는 것 또한 과언이 아니다. 예컨대, 한 아버지가 '아버지는 이래야만 한다.'는 생각으로, 명령하고 지배적이고 위엄 있는 모습의 아버지로서, 평생 그런 아버지 모습을 가지고 살아간다면 자식들은 어떠할까? 끔찍할 것이다. 실제로 대부분의 아버지는 늙으면 조금은 변한다고 하지만 그것만으로는 충분하지 않다. 실제 아버지 역할은 아기의 탄생에서부터 아이가 어느 정도 자신을 찾게 되는 나이(아이에 따라 다르겠지만 약 6~7세경)까지다. 그 이후에는 아이들의 반응과 요구에 따라 친구가 되거나 자상한 할아버지, 따뜻한 형, 믿음직한 삼촌, 듬직한 이웃 아저씨, 자상한 선생님, 다정한 애인 등 수많은 역할이 가능하다. 어머니들 또한 마찬가지다. 길어야 아이들이 사춘기를 맞이할 때까지만 어머니 역할이 필요할 뿐이다. 그냥 어머니로 존재해야 한다. 아이가 더 성장함에 따라서 친구로, 애인으로,

누나나 여동생으로, 할머니로 얼마든지 다양한 역할을 맡아 할 수 있다. 우리 나라 어머니들은 평생 어머니 노릇을 하며 사는 것만이 훌륭한 어머니라고 배워 왔다. 아이들이 스물, 서른이 되도, 아니 예순이 되어도 어머니에게는 마음 못 놓는 아이일 뿐이다. 매사에 간섭하고 매사에 섭섭해 한다. 평생 한 일이 어머니 역할밖에는 없기 때문이다. 또 그렇게 사는 것이 사회적으로 너무나 훌륭한, 당연시되어 온 삶이기 때문이다(직업을 가지고 살아온 어머니들 또한 마찬가지다. 오히려 더 아이들에게 집착하는 경우도 많다).

역할은 일시적이다. 사시사철 옷을 갈아입듯이, 외출할 때는 외출복으로, 잠잘 때는 잠옷으로 옷을 바꿔 입듯이 역할은 우리가 이 세상을 살아가는 도중에 잠시 잠시 바꾸어 입는 옷과 같은 것이다. 그렇다면 옷이 곧 나일 수는 없지 않은가? 옷이 날개라지만, 옷이 그 사람을 나타낸다고 하지만 아니다. 그건 옷 장사들이 만들어 낸 말일 뿐이다. 사치를 조장하고 겉만 번드르르한 세상의 잘못된 말이다. 부자일수록 비싸고 좋은 옷을 입는가? 아니다. 절대 아니다. 졸부나 그렇다. 진짜는 외양에 신경 쓰지 않는다. 진정으로 자신의 삶을 사는 사람들은 역할에 빠져들지 않는다. 역할을 지배한다. 역할에 먹히지도 역할로 사람을 대하지도 역할로 으스대지도 않는다. 그건 다 자신감이 부족한 인간이나 하는 짓이다. 못난 인간일수록 역할이 많고 화려하다. 작은 명함 안에 이름 석 자면 될 것을 그런 사람일수록 무슨 장이니 위원이니, 이름 보다는 역할에 묻혀 있다(우린 그런 사람을 부러워하거나 믿으면 안 된다. 그런데도 우리는 부러워한다). 어떻게 옷이 사람일 수 있겠는가. 예컨대, 우리나라 정치인들이 그렇다. 하다못해 작은 한 도시의 구의원일지라도 어떻게 한 사람이 그 많은 역할을 할 수 있는지 의심스러울 정도로 역할이 많다. 아니, 역할이 많을수록 더 훌륭해 보이기까지 한다. 국회의원쯤 되어 보라. 한 사람이 갖는 역할의 종류와 무게는 타의 추종을 불허할 것이다.

세상은 왜 이렇게 비정상적인 흐름이 너무나 당연시되고 있는가? 사람들이 사람이 아니라 괴물이 되어 가고 있는데도 오히려 박수갈채를 보내는 세상, 백성을 대변한다는 사람들이 한 번 역할을 잡으면 그 어떤 거짓말을 해도 그러러니 하고 넘기고 봐 주고 또 믿어 주는 어리석기 짝이 없는 사람들의 세상. 우리는, 이 나라 백성은 대통령, 국회의원, 장관, 대법관, 검사, 경찰 역할이며 직업 이전에 참된 인간, 역할에 파묻히지 않고 단 한 번도 거짓말을 하지 않는 진실한 사람, 참된 인물을 영영 기대할 수 없는 것일까?

오늘날 "인간은 사라지고 역할만 살아서 돌아다닌다."는 말은 현실을 제대로 반영하는 말이다. 더욱 무서운 것은 역할이 하나의 운명처럼 죽을 때까지 벗어날 수 없는 올가미나 족쇄로 작용한다는 점이다. 이름, 나이, 남녀, 출생 순위, 성씨(가문), 학벌, 직업 등이 그것이다. 태어나서 한 번 주민등록번호로 입력되면 죽는 날까지 그 번호로 살아가야 하는 것과 똑같은 이치다. 남자는 평생 남자로 살아야만 하는가? 생각해 보자. 남자란 무엇인가? 여자 같은 남자면 안 되는가? 어린애 같은 남자, 사슴이나 토끼 같은 사람, 부끄럼 잘 타고 말 주변 없는 사람, 섬세하고 부드러운 사람은 남자가 아닌가? 한 인간 안에는 수많은 내가 들어 있는 게 아닌가? 실제로 우리는 상황에 따라 변신하면서 살아가고 있지 않은가? 아이를 대할 때와 노인을 대할 때가 다르고 친구, 애인, 자식, 부모 대할 때마다 조금씩 다르게 말하고 행동하지 않은가? 이름도, 나이도 사실은 그렇게 중요한 의미가 없다. 우리가 소나무를 참나무나 자작나무로 부르건 영어나 독일어로 부르건 나무와는 하등 관계없는 용어라는 것과 같은 맥락이다. 소위 역사에 훌륭한 이름을 남긴 사람들, 그들은 살아생전에 자신의 이름에 집착하며 살았을까? 아닐 것이다. 자신의 이름 몇 글자는 단지 다른 사람과 구별하기 위한 수단이었을 뿐, 그들은 거의 이름을 의식하지 않고 삶 자체를 열심히 살았을 것으로 생각된다. 나이도, 성별도 잊어버리고 살았을 것이다. 한마디로 내세울 만한 특징이나 자신감이 없는 인간일수록 가문이며 이름, 학벌, 나이를 따지고 들 것이다. 겉껍질, 옷과 같은 걸 자신으로 여기는 허약한 사람들 말이다.

역할은 운명도, 나 자신도 아니다. 그것은 이 세상 살아가는 동안 편리함을 위해 잠시 빌려 쓰는 집이며 가구와 같은 것이다. 마음만 먹으면 언제든지 훌훌 털어 버릴 수 있는 나를 임시로 대변하는 기호들일 뿐이다. 십자가가 한 종교를 상징하고 붉은색이 정지를 의미하듯이 이름이며 나이, 남녀, 학벌 등 또한 나를 상징하는 표시일 뿐이지 그게 나의 전부가 절대 아니다. 인간이란 매일매일의 사고와 행동을 통해 삶을 이어가는 생명력 가득한 존재이기 때문이다. 하나의 이름, 몇 가지 역할로 자신을 가두기에는 인간은 훨씬 큰 존재다.

그렇다. 더 심각한 문제는 그러한 역할 사이에는 만남이 존재하지 않는다는 사실이다. 사람과 사람, 사람과 자연이 만나는 것이 아니라, 장사꾼 역할과 손님 역할이 만나고, 의사 역할과 환자 역할이 있을 뿐이다. 사람은 사라지고 역할 가치가 대신하는 세상, 맨 몸의 그 사람의 있는 그대로가 아닌, 그 사람의 성격이며 가치관, 기질(이것들도 살아가면서 바뀔 수 있다)이 아니라 그의 겉모습, 역할, 옷치장만으로 평가되고 만나고 관계 맺는 것이 너무나 당연시된 세상이 된 지 오래되었다. 그런 세상에는 사랑도, 신뢰도, 참된 우정도 싹트기 어렵다. 거래와 계산과 이해득실이 먼저다. 세상이 갈수록 삭막해져 가고 정이 메말라 가는 이유요, 끝없는 경쟁과 아귀다툼에 피로만 더해 가는 사회가 될 수밖에 없는 까닭이다. 자연을 대할 때도 마찬가지다. 산에 오르고 꽃 한 송이를 바라보고 밤하늘을 올려다보는 모습도 사람마다 다 다르다. 그 다름이 인간으로서 다름 때문이라면 좋겠지만 아니다. 직업과 역할에 따라 다르다. 순수함이 없다. 아직 문명의 지식에 덜 오염된 아이들이 자연을 대하는 것과도 다르다. 예컨대, 자연을 만나고 자연과 대화하기 위해서 산을 찾는 사람과 몸의 건강을 위해 산을 찾는 사람과의 차이를 생각해 보라. 국회의원이 등산 조직을 만드는 것과 산악인이 조직을 만드는 것은 하늘과 땅만큼의 차이가 난다.

사람은 고귀한 존재다. 한 사람, 한 사람이 저마다 귀한 생명을 지닌 존재다. 그 어떤 척도나 기준으로도 차별하고 서열을 매겨서는 결코 안 되는 존재다. 돈의 가치로, 능력 순으로, 학벌이나 직업, 역할로 사람을 차별해서는 안 된다. 그러한 사회라면 우리 모두 정신 차리고 저항해야 한다. 우선 나 자신부터 역할과의 동일시를 그만두어야 한다. 그 길이 바로 가장 인간다워지는 길의 시작이기 때문이다.

역할은 그러나 긍정적인 면이 있다. 역할은 쉽게 해낼 수 있는 것이 아니기 때문이다. 그것은 많은 시간과 노력을 필요로 하는 일이다. 몰입과 연구가 필요하다. 잠시일지언정 나를 내던지고 그 역할을 맡는 일이 어찌 손쉬운 일이겠는가? 아버지가 되는 일도 어려운 일인데, 제대로 된 아버지 역할을 하는 일은 훨씬 더 어려운 이치와 같다. 아이가 어렸을 때, 청소년기, 청년기, 장년기를 거쳐 성장해 나갈 때마다 그에 걸맞는 역할의 변화와 노력이 필요하지만 실제 우리 대부분은 그런 노력을 게을리 하고 아주 쉬운 것으로 생각한다. 그러나 아니다. 역할은 결코 쉽지 않다. 그것은 비록 일시적이고 비실체적이지만 그 어떤 역할에도 그 나름의 가장 기초적인 기준과 원칙이 숨겨져 있기 마련이다. 그런데도 사람들은 아주 쉽게 그 역할을 맡는다. 능력도, 그런 자세도 갖추지 않은 사람들이 사회적으로 중요한 역할을 맡았을 때의 병폐를 생각해 보라. 그래서 국가적으로 중요한 역할에는 그 역할을 잘하겠다는 선서식이 있는 것이다. 하지만 오늘날에는 그런 정신도 무용지물이 되어 버렸다. 정파적 이익과 낙하산식 자리 차지, 그리고 직업윤리가 거의 다 사라져 버렸기 때문이다. 막말로 소나 돼지가 다 정치판에 끼어들어 돈 정치를 하기 때문 아니겠는가. 전혀 자질이 없는 사람이 대통령이 되는 나라의 비극을 생각해 보라. 문제가 그 이상 심각할 수 없다. 역할을 통해 우리가 배울 것이 많지만 그중 한 가지는 비록 일시적이지만(평생 가는 것이 아닌) 역할을 충실히 따름으로써 거꾸로 자기 자신을 변화시킬 기회가 주어진다는 점이다. 내가 좋은 선생이 되기 위해서, 좋은 부모가 되기 위해서 노력하다 보니 내 인생관 자체가 변하고 내 자신이 달라지는 느낌은 바람직한 게 아니겠는가?

문제는 보다 이상적이고 보다 훌륭한 역할자의 자세와 원리가 주어져 있는데도 대부분의 사람은 자기 식으로 역할을 규정하고 자기 뜻대로 자기가 그 역할을 가장 잘할 수 있다고 맹신하는 일이다. 변화도, 발전의 기회도 스스로 막아 버리고 편법을 쓰더라도 그 역할만 맡게 되면 만사형통이라는 식의, 탐욕적인 인간이 역할을 맡는 일이다. 그들은 결코 노력하지 않는다. 그들은 절대 자신을 갈고 닦지 않는다. 그 역할이 주는 권력과 사회적 위치에 중독된 것이다. 그런 면에서 생활의 달인이 백 번 훌륭하다. 배운 자일수록 노력을 게을리 하는 거꾸로 가는 세상, 그것이 우리의 현실이다. 역설적이지만 인간은 사라지고 역할이라는 감옥에 갇힌, 우리는 누구인가? 왜 이렇게 되어 버렸는가? 어디서부터 손을 써야 하겠는가? 곧 우리 자신의 모습이다.

역할은 오늘날 현대인에게 새로운 우상이 되어 버렸다. 하나의 새로운 미신(迷信)처럼 받들어 모시는 '역할 숭배' 내지는 '역할 도취'에 빠져듦으로써 현대인은 자신과 역할의 괴리에서 일어나는 갈등과 고통조차도 느낄 수 있는 감수성조차도 사라지고 없는 듯하다. 오히려 자신과 역할, 공과 사, 겉과 속의 이중성을 너무나 당연하게 받아들이고 살아가고 있다. 나, 생명의 존재, 유일무이한 특이성의 존재가, 보편적이고 누구라도 그 역할을 대신할 수 있는 로봇 인간처럼 역할 기계로 타락해 버렸다. 가족 사이에는 역할과 위계(형식)가 인간적 따뜻함을 대신하고, 남자와 여자라는 역할 개념과 그에 따른 힘의 불균형은 남녀 사이의 우정과 사랑과 신뢰를 저버렸고 낮은 데로 임해야 한다고 말만 앞세우는 종교계는 이미 역할(상, 중, 하)에 고착화된 지 오래다. 참된 예술가와 정치가는 없고, 그렇고 그런 예술인, 정치인만 판치는 세상, 진정한 학자는 사라져 가고 교수 역할, 사이비 학자 역할(예: 어용지식인)만 들끓는 상아탑이 된 지도 무척 오래되었다.

생명굿에서는 역할과 개개의 인간 자신을, 역할과 자신의 삶을 분리할 수 있는 지혜가 필요하다. 알님지기는 단순한 역할 놀이를 벗어날 수 있어야 한다. 시대의 희생자, 역할 맹신자가 되지 않기 위해서라도 외적·사회적·공적 역할에 대해 심사숙고할 수 있는 자세 변화가 필요하다. 나와 쉽게 동일시되는 역할이라는 검은 올가미에서 벗어나 참된 나, 생명력 가득한 지금 이 순간의 내 안의 삶에의 열정, 삶의 의지를 다시 한번 되돌아봐야 할 것이다.

차별 의식의 해체

세상 만물은 서로 다르다. 같은 돌멩이, 똑같은 모래알이 없고, 같은 꽃, 나무가 없듯이 같은 사람도 없다. 유사성은 있다고 말할지언정 동일성은 없다. 차이뿐이다. 그것이 자연의 이치고 우주의 섭리다. 그런데도 인간은 각각의 차이를 인정하고 수용하는 것이 아니라 차이 자체를 차별의 근거로 이용하고 있다. 자신이 남과는 다르다는 우월감을 충족시키는 데 사소한 차이, 말도 안 되는 차이를 들이댄다. 그렇다. 오늘날 인류 문명의 제반 문제는 차별 의식에서 발생한다. 차이의 존중이 아니라 차이를 차별로 바꿔치기해 온 인간의 역사 자체가 인류 문명의 제반 심각한 모순과 병폐의 뿌리라는 의미다.

인간이 산다는 것 자체가 곧바로 무얼 먹고 사느냐 일진대, 먹거리 자체가 어쩌면 차별의 근원이라고도 말할 수 있을 만큼 더 좋은 음식, 더 비싼 것에 대한 인간의 욕망은 끝이 없을 지경이다. 이 지상에서 단 한 번 주어진 인간의 삶의 목표가 남보다 더 잘 먹고 잘 입고 잘 사는 것이 되어 버린, 비교와 경쟁과 차별의 문명 말이다. 한마디로, 어떻게든 남과는 다른, 남보다는 우위에 서고자 하는 인간의 탐욕이 바로 모든 차별의 근원이다. 너와는 차이나는 나, 나만이 너보다 더 잘나고 잘 살아야만 한다는 아집 말이다. 그 얼마나 정신이 허약하고 비어 있는 인간이면 그럴까? 스스로 자족할 줄 모르는 병든 인간임에 틀림없다.

하기야 인간은 신조차도 유일신이 되기를 갈망했다. 그러니 다신교는 모조리 우상숭배라고 폄하될 수밖에 없지 않겠는가. 그리스 신화도 한 명의 대장 신 제우스, 힌두 신화도 우주의 창조주 브라흐마, 불교도 완전한 깨달은 이 붓다 한 사람이다. 그리고 그 많은 신의 서열과 우열, 깨달은 자들의 권능과 계급. 무엇보다도 신과 인간의 차이, 그로 말미암은 차별 의식 또한 인간이 스스로 고안해 낸 게 아닌가. "나는 신을 안다. 모신다. 그러니 나는 너희 인간과 다르다."라는 의식에서 시작된 그 깊은 차별 의식. 그래서 서양 기독교와 천주교에서 인간은 죄인이 된다. 신이 자신과 유사하게 인간을 만들었는데도 버릇없이 원죄를 저질러 그 유사성마저 잃고 죄인으로 격하되어 버린 것이다. 그러니 살아가는 동안 평생 회개해야만 다시 하늘나라에 들어갈 수 있다. 이 지상에서 볼 수 있는 모든 차별의 극치가 아닐 수 없다. 현실의 무시/천국 숭배, 인간 폄하/신의 영광, 신의 어린 양과 이교도며 무신론자들, 천사와 악마 등.

그에 뒤질세라 인간 세상에서 한 명의 추장이나 왕이 등장한다. 귀족 계급이 등장하고 신분 제도가 자리를 잡는다. 본격적인 차별의 역사의 시작이다. 신권과 왕권이 정치권과 사제권으로 바꾸면서 인간의 서열화와 차별화는 더욱 교묘해졌다. 자연에 대한 무차별한 차별과 착취, 피부색과 종교적 차이에 대한 전쟁과 식민 지배, 여성에 대한 성차별, 아이들에 대한, 그리고 비문명화 종족에 대한 무시와 차별. 이제 인간은 어머니 뱃속에서부터 차별을 당하면서 태어난다. 여전한 남존여비사상, 형제자매 간의 서열, 그리고 아이를 원치 않는 부모들에 의해서 버려진, 태어나 보지도 못하고 사라져 간 많은 아기들.

인간은 결국 차별을 하지 않고서는 살아갈 수 없는 '차별의 인종'이 되어 버렸는가? 차별화된, 특별한, 유별난, 독특한 존재여야만 하는가? 이 지구상에서 인간이 펼치고 있는 짓거리를 보라. 가만히 앉아서 매일 천문학적 숫자의 돈을 긁어모으는 소수의 사람이 있는가 하면 먹을 물, 음식이 없어서 굶어 죽어가는 수많은 사람이 있다. 무기를 대량생산해서 떼부자가 되는 몇몇 사람 손에 의해 세계 곳곳에서는 끊임없이 전쟁이 일어나 사람들이 쉴 사이 없이 죽어 가고 있다. 인신매매, 마약 중독, 도박 중독으로 피폐해져만 가는 사람들로 인해 돈을 버는 자는 누구인가? 담배 중독, 술 중독으로 삶을 포기한 사람들 뒤에는 누가 웃고 있는가?

음식 한 조각, 밥 한 숟갈을 먹어도 고마움을 표현하면서 겸손한 삶을 살아가는 사람들이 있다. 유일신에게 '일용할 양식을 주어서 고맙다.'고 모두가 천편일률적인 기도를 하는 것이 아니라, 죽어서 인간의 먹거리가 된 동식물 자체에게 고마움을 전하는 일 말이다. 한마디로 유일신 사상과 인본주의사상이 바로 모든 차별의 근원 아니겠는가? 말 그대로 사랑의 종교요, 인간중심주의 사상이라면 최소한의 양심은 살아 있어야 하지 않는가? 아침에는 기도

하고 오후에는 법이라는 이름으로 차별과 착취를 자행하고 저녁에는 회개 기도라도 하는 건가?

더욱 무서운 건 소수의 가진 자들이 펼치는 이중, 삼중의 더러운 놀이다. 예술이라는 이름으로, 권선징악이라는 허울 좋은 미명 아래 그들이 매일매일 대량생산해 내는 드라마며 영화는 무엇을 의미하는가? 죽고 죽이고 복수하고, 악인을 찾아내고 벌주는, 언제나 정의가 이기는 이야기들의 홍수. 그것은 이 사회에 대한 거짓 환상을 심어 준다. 온갖 불의가 불의로 보이지 않게 되고, 있지도 않은 정의가 항상 존재하는 듯한 환상 말이다. 그래서 사람들은 마취되어 간다. 마치 정의로운 사회, 공정한, 악인은 발붙일 곳이 없는 올바른 국가에서 살아가고 있는 듯한 착각 말이다. 차별과 착취에 대한 불만을 단 한 번이라도 당당하게 표출해 보지도 못하고, 대신에 깜깜한 극장이나 골방, 어둠 속에서 대리만족으로 자위하면서 살아가고 있다. 그들은 이 세상이 왜 이렇게 잘못된 방식으로 흘러가고 있는지 생각해 볼 여유도, 의식조차도 없다. 사람들은 진정한 삶의 모습이 무엇인지도 모르는 채, 그들이 보여 주는 온갖 환상에 영혼마저 찌들어간다. 그저 눈앞의 당근만 보고 쫓아가는 당나귀 신세다. 한마디로 하늘의 높이며 산의 높이가 숫자로 표현되는 만큼이나 이 지상의 모든 인간 또한 서열화된 숫자로 하늘부터 땅까지 계급화된 피라미드 형식으로 나뉘고 차별되고 훈육되고 있다.

인간은 태어나는 순간부터 타인과 구별하기 위해 이름을 부여받는다. 차별의 시작이다. 성과 이름에 따라서 나는 평생 우리 가족이어야만 한다. 우리 가족은 우리 학교, 우리 교회, 동창생, 동문, 같은 고향, 같은 직업 등으로 끼리끼리 뭉치고 나와 다른 소속자에게는 마음을 열지 않는다. 무서운 차별 의식이다. 한 인간이 죽는 날까지 짊어지고 가야만 하는 소속이며 계급 그 자체가 엄청난 차별을 전제하고 있다. 대부분의 인간 폭력과 전쟁에 의한 대량 살육이 모두 거기서 발생한다. 가족애, 애향심, 애교심, 애국심, 우리 편, 하나님 편 등의 차별이 전쟁을 불러일으키고, 남에게 지고 살지 마, 속지 마, 속 보이지 마, 믿지도 마, 울지 마, 성공해, 일등, 승자 독식, 선의 경쟁 등 태어나면서부터 주입된 잘못된 고정관념이 폭력의 뿌리다.

차별의 세계, 순위와 서열의 세계, 그 속에서 살아가는 우리는 어떤 모습인가? 한마디로 사회 구성원 대부분이 큰소리부터 치고 보는 사람, 바람만 불어도 터져 버릴 것만 같은, 언제 터질지 모를 화를 가득 안고 살아가는 사람, 눈곱만치의 손해도 안 보려는 사람, 양보가 뭔지를 전혀 모르는 사람, 그저 내 한 몸 잘 먹고 잘 살면 되는 사람들이 되어 버렸다. 서로 돕고, 조금씩 서로 양보하고, 손해도 좀 보고, 서로 간에 겸손하고 검소하게 살아가는 사람들의 세계는 꿈에서나 있을 법한 일이다. 모두가 마치 악에 받친 사람처럼 살아가고 있다. 차별을 안 당하려고 온갖 치장과 허세가 난무하고, 돈이라면 사족을 못 쓰는 인간이 되어 버린 지 오래라 도박과 사기와 돈놀이가 일상이 되어 버린 나라, 그래서 일확천금이라는 황당한 놀이를 공식적으로 만들어 낸 나라……이게 나라가 국민에게 할 짓인가?

사람들의 심성은 날로 피폐해져 가고 있다. 우울증이 늘어나고 자살자 수가 하늘을 찌른다. 경쟁과 차별이 필수인 나라에서 살아가려면, 끝없이 남을 경계하고 불신해야만 한다. 남과 나를 허구한 날 비교하면서 살아야 한다. 마치 저주받은 운명처럼 빠져나올 수 없는 덫에 걸린 삶, 나의 모든 힘을 내 삶에 쏟아붓는 것이 아니라 남을 의식하고 남에게 무시당하지 않으려는 데 힘을 더 쓴다. 그럴듯하게 꾸미고, 척하는 데 모두가 도사가 된듯하다. 그러니 얼마나 힘들고 쉽게 지치겠는가. 하루하루가 마치 전쟁을 치루고 난 듯 파김치가 된다. 그렇다. 다른 사람을 있는 그대로 존중하고 받아들이는 삶, 남을 의식하지 않고 오로지 자신의 일에만 충실한 삶, 언제 어느 곳에서도 마음이 열려 있어서 스스로 자유로운 사람들이 거의 사라지고 있다. 유행에 둔감하고, 마음이 따뜻하고, 사람을 조금도 의심하지 않는 진짜 사람들을 찾아보기 힘들다. 차별 의식이 인간을 철저히 망가뜨려 온 결과다.

또 한 가지, 잊어서는 안 되는 일이 있다. 부패하거나 위선적인 인간, 거짓되고 타락한 인간이나 조직, 부정과 불의의 인간에 대해서는 온 힘으로 저항해야 한다는 사실이다. 그런데도 대부분의 사람은 이 점을 혼동하고 있다. 마치 독재자를 사랑이라는 이름으로 감싸주듯이, 죄는 미워하되 사람은 미워해서는 안 된다는 묘한 논리로 그런 인간에게 너그러운 척한다. 아니, 보고도 못 본 척한다. 아니, 그런 일을 하도 많이 겪어 보아서 감각이 무디다. 아무렇지도 않다. 오히려 그렇게라도 해서 돈이라도 많이 번 사실을 부러워할 정도다. 사실 이 정도면 인간이 타락할 대로 타락한 게 아닌가? 아니, 이것은 사는 게 아니지 않는가? 이런 세상에서 마음씨 착한 사람들은 어떻게 살아갈 수 있겠는가? 마음이 아이처럼 때묻지 않고 여린 사람들은? 가진 것 없이 태어난 아이들은? 순수한 사람들, 사람을 잘 믿는 사람들, 감정이 예민하고 쉽게 상처받는 사람들은?

　생명굿에서는 기본적으로 인간 차별 의식을 해체해야 한다. 그 누가 알님이 되었든 잘난 척하는 사람, 뽐내는 사람, 남을 업신여기거나 무시하는 사람을 눈여겨보아야 한다. 왜냐하면 그런 사람들과 아무리 생명굿을 잘 이끌어 간다고 해도 그러한 근본적인 차별 관념이 깨지지 않는 한 생명력은 쉽게 우러나오지 않을 터이기 때문이다(자본주의 자체가 돈을 매개로 인간을 차별하는 세계라는 걸 우리는 잠시도 잊지 말아야 한다).

(3) 알님에게서 생명력을 찾는 일

생명(력)의 속성(양태 → 드러나는 특성)을 부각, 확대시키기
- 몸/행위의 실천적 특성
  - 몰입성: 나를 버리고 잊고 대상에 빠져드는가?
  - 정직성: 겉과 속이 일치하고, 그 어떤 것도 감추지 않는 솔직성이 있는가?
  - 실험성: 실패, 좌절을 두려워하지 않고 도전하려고 하는가?
- 사유상의 특성
  - 긍정성: 모든 부정, 의심을 버리고 자신과 타인, 세계를 긍정하는가?
  - 능동성: 알님지기에게 이끌려 가기보다는 스스로 앞장서는가?

　　　　　　-수용성: 자신에게 불리한 상황, 대상도 모두 받아들이는가?

- '아이 되기'상의 특성

　　　-순수성: 아이와 같은 무분별성이 보이는가?

　　　-호기심: 사소한 것에도 관심을 보이는가?

　　　-경외심: 생명체에 대한, 자연에 대한 감탄과 경외감을 보이는가?

생명(력)의 속성(변형태 → 겉의 양상이 달라져 보이는 특성)을 드러나게 하기

- 광기

　　　-힘과 힘끼리 충돌시켜 사건을 만들라! 증폭시키라!

　　　　㈜ 알님과 알님이 만나고 있는 대상과의 부딪침/알님과 지기, 터무리
　　　　　의 기(氣)가 맞부딪치기

　　　-언어를 깨트리라: 문법을 도치시키고 비틀기/새로운 언어를 만들어
　　　　내기/욕하기

　　　-상식을 뛰어넘으라: 야수처럼 놀게 하라/원시적 야만성, 무식성을 고
　　　　취하라

　　　-미쳐 지랄발광하게 만들라: 난장판 만들기

- 망상

　　　-과대망상, 피해망상 등 사소한 것을 극대화하라.

　　　-세상의 질서, 인간다움에 시비를 걸라.

　　　-꿈에서나 있을 법한 일을 찾으라.

　　　　㈜ 시공간 뒤집기, 우연을 필연으로 만들기/모든 질서, 관념의 그물을
　　　　　깨부수기/불가능성을 가능한 것으로 바꾸기

　　　-악마적 상상력을 끄집어내라.

- 분노

　　　-극한 감정의 표현을 고무하라.

　　　-증오, 미움, 원망 등의 에너지를 극대화하라.

　　　-숨겨진 두려움, 타살, 살해 충동, 미칠 것 같은 감정을 파헤치라.

- 한(恨)
  - 못다한, 되돌릴 수 없는 운명에의 여한을 드러내라.
    - 예 수단, 방법을 가리지 말고 한풀이시키라.
  - 생의 위기에서 시간을 거꾸로 되돌려 꿈꿔왔던 세계를 표현케 하라.
  - 알님의 한을 터무리, 나아가서 민족의 한까지 승화시키도록 하라.
- 넋
  - 몰아지경, 카오스 상태를 유도하라. 예 광란의 춤, 노래, 몸부림 등
  - 인간의 탈을 벗어던지고 벌레, 곤충, 새, 나무, 꽃, 자연, 별 등이 되게 하라.
  - 불이나 바람처럼 모두가 경계를 녹이고 함께 흐르게 하라.
- 변화
  - 세상을 다르게 보기를 시도하라(관점 변화, 거꾸로 보기 등)
  - 무뎌진 감수성을 자극해서 새로운 몸 감각을 느끼고 수용하게 하라.
  - 변신을 통한, 또 다른 나를 체험케 하여 자유로움을 만끽하게 하고 생명의 춤을 추게 하라.

생명력을 통제, 억압하는 관념(개념)을 찾아 깨부수기

- 생명(=삶)을 대하는 태도에서(스피노자적 견해)
  - 생명을 천시하는 개념: 종교, 영생, 순결
  - 생명을 폄하하는 개념: 후회, 연민, 선악, 죄의식, 원한
  - 생명을 부정하는 개념: 겸손−검소−간소−순수를 무시하고 저의, 올바름 등의 관념/환상 추구
  - 생명을 비교하는 개념: 자기 비하, 경쟁의식, 타인 지향, 목표 지향의 삶
  - 생명의 공허화: 허무, 우울
  - 생명을 위로하는 것: 희망, 안정, 안전, 보상
  - 생명을 질식시키는 것: 소유, 법칙, 의무감, 지배욕
  - 세뇌를 통한 것: 훈육, 노예화, 복종, 통제, 위협, 길들이기

- 생명을 조직화하는 방식에서(들뢰즈적 견해)
  - 영토화 수단: 가족, 친족, 지역, 계급, 종교, 전통, 국가, 관습, 사회(마치 쇠사슬로 묶어 두는 것과도 같은 족쇄)
  - 코드화: 체계화(규칙, 원리), 동류화, 성, 선후배, 가문
  - 주체화: '나'라는 주체가 중요하다고 믿게 하기(쉽게 통제하기)
  - 유기체화: 기관, 조직, 심리 등으로 조각내기(지배, 노동 착취 목적)
  - 의미화: 가치, 도덕, 행복, 정의, 미인 등 실제로 존재하는 듯한 착각
  - 언어화: 삶의 흐름을 분절, 고착화하는 일
- 탈인간화를 방해하는 요소들에서(최헌진의 견해)
  - 인간이란, 사람됨이란, 한국인이란…….
  - 남자가, 여자가, 아이가, 어른이 되어 가지고는…….
  - 직업에 따라: 선생이, 교수가, 목사가, 신부가…….
  - 혈연에 따라: 아버지가 되어서는, 엄마잖아, 자식된 도리, ○○ 씨 집안

4) 강신무가 아닌데 어떻게 굿을 하나

전통굿은 강신무나 세습무에 의해서 이루어진다면 현대화된 생명굿은 알님지기에 의해 이끌어진다. 따라서 알님지기가 전통굿을 한다면 문제가 되지만, 생명굿은 오히려 알님지기가 더 효율적으로 진행할 수 있다. 말하자면 강신무가 생명굿을 이끄는 것이 거의 불가능한 것과 같은 이치다. 그렇기 때문에 그 둘은 같으면서도 다르고 다르면서도 같다고 말할 수 있다. 이제 그 점을 살펴보자.

(1) 둘 다 사람들을 돕는 일을 주업으로 한다

나보다는 다른 사람의 아픔을, 내 일보다는 다른 사람의 몸과 마음의 병을 돌보고 치유한다. 사람을 구분하거나 차별하지 않는다. 도움이 필요한 사람이면 누구나 참여가 가능하다. 그러나 그 방법에는 여러 가지 차이가 있다.

- **종교성/비종교성**: 강신무는 종교성이 강하다. 사람보다는 신을 모시고 신에게 기도하고 경배한다. 굿을 할 때건 하지 않을 때건 끊임없이 신과 대화하고 신의 뜻을 받는다. 신의 도움 없이는 강신무는 무녀가 아니다. 아무것도 할 수 없다. 반면 알님지기는 생명론자로서 종교성이 없거나 약하다. 그는 신을 받들기보다는 현존하는 사람을 받든다. 마치 강신무가 신을 모시듯 알님지기는 내담자, 알님을 신처럼 모신다. 존중한다.
- **빙의/탈나**: 강신무는 신에 의해 빙의된다. 조상신, 동자승이 강신무에게 내려온다. 그래서 자신은 사라지고(몰아) 변신된다. 그 신의 목소리로 공수를 내리고 도움을 준다. 알님지기는 의식적 노력으로 나를 벗어나 너(알님)의 세계에 들어간다. 탈나 과정, 나 아닌 것 되기라는 백지 상태를 지향한다. 그래야만 너를 제대로 보고 만나고 도울 수 있기 때문이다. 그 역시 몰아요, 변신이다. 그러나 여기서의 변신은 강신무의 변신과는 다르다. 강신무가 여러 명의 신으로 변신한다면 알님지기는 알님의 태도, 상태에 따라 개구쟁이, 어린이, 현자, 동반자 등 다양한 변신을 하기 때문이다.
- **의존/독립**: 강신무의 굿에서 내담자는 거의 전적으로 강신무에게 의존적이다. 굿을 맡겼으니 믿고 기다려야 한다. 신의 계시를 들어야 한다. 그러나 생명굿에서 알님은 독립적이다. 기다리지 않는다. 스스로가 앞장서서 자신의 이야기와 사연을 풀어 나간다. 물론 때로는 알님지기에게 의지해서 도움을 받긴 하지만 기본은 알님에게 달려 있다. 알님지기는 그저 알님을 따라가는 사람, 돕는 사람일 뿐이다. 또 그렇게 이루어진 굿이어야 보다 더 큰 보람을 맞이할 수 있다.
- **밖의 신/내 안의 신**: 모든 인간, 모든 만물에 신성이 깃들어 있다는 믿음은 둘 다 공통적이다. 그러나 강신무는 자신이 모시는 신만을 자기 속에 받아들여 신탁을 내린다. 반면 알님지기는 내 안의 신성을 이용한다. 내 안의 순수 어린이, 지혜로운 자, 탈 인간적인 넋의 소리 등 다양한 속성을 믿고 있기 때문이다.

실제 형식 면에서 공통점도 많다. 왜냐하면 생명굿은 전통굿에서 유래했기 때문이다.

- 노래를 못 부르고 춤을 못 추는 강신무는 없다. 신을 모시고 놀고 보내는 모든 과정에 춤과 노래, 사설이 들어간다. 알님지기는 강신무만큼은 아니어도 때에 따라 노래며 춤을 출 줄 안다. 차이점은 강신무는 일정한 고정된 가락과 음을 따른다면 알님지기는 상황에 알맞은 즉흥적인 흐름을 따른다는 점이다.
- 둘 다 다양한 악기며 소품을 사용한다. 강신무에겐 '무구'라 불리고 알님지기에겐 '터살이'로 불린다. 공통적인 것으로는 북, 장구, 꽹과리, 징, 그리고 초, 향로, 정화수, 색 천, 부채며 방울 등이 있다.
- 둘 다 신명과 놀이 정신을 중요하게 여긴다. 둘 다 일단 신바람이 나면 (강신무가 신들리거나 알님지기가 몰아지경에 빠져들면) 해학과 욕설, 울음과 웃음이 쉴 새 없이 터져 나온다. 일상을 이미 넘어선 상태다. 나와 타인의 경계가 사라지고 한마음이 되는 순간이다.

(2) 두 사람은 모두 인간과 공동체에 대한 마음이 남다르다

차이가 있다면 강신무가 이승과 저승세계를 다 같이 아우르는 더 큰 세계를 지향한다면 알님지기는 죽은 사람보다는 지금 현재 살아 있는 사람들, 그들이 이루고 있는 사회에 더 큰 관심을 보인다는 점이다. 다시 말해, 강신무는 굿 정신이 더 강하고 알님지기는 생명 정신이 더 강하다고 말할 수 있다. 삼라만상(죽음 넘어서)과의 공생과 생명체들과의 상생의 차이다. 따라서 강신무는 '넋'의 세계에 치중한다. 넋 건지기, 넋 씻기기, 넋 보내기 등 넋에 조금이라도 어둡거나 더러움이 묻었으면 닦아 내고 보낸다. 왜냐하면 저승으로 올라간 넋이, 조상이, 조상신이 살아 있는 이승의 사람들에게 영향을 미치기 때문이다. 반면 알님지기는 인간을 몸, 마음, 넋으로 굳이 분리하지 않는다. 넋 씻기기는 산 자가 죽은 자를 직접 만나서 한이나 고통, 원을 풀어 주는 형식을 취한다.

두 사람 모두 조상을 극진히 모신다. 그리고 모두 모여 흥겹게 마시고 먹고 노는 것을 즐긴다. 잔치다. 잔치판 없는 굿은 생각하기 어려울 정도로 둘 다 많은 사람이 함께하는 것을 의무로 여긴다. 그러기에 특정 장소도 없다. 교회 나 절처럼 일정한 곳에서 모이는 것이 아니라 내담자가 원하는 곳, 있는 곳이 라면 바닷가든 산속이든 들판, 마당이건 어디서든 굿은 열린다. 일정한 형식 을 갖추고 그곳을 정화하면 훌륭한 굿마당이 되기 때문이다.

(3) 운명과 선택

강신무나 세습무가 되는 것은 일종의 운명이다. 전생이 어떻든 현세의 업 이 어떻든 그들은 필연적으로 만신이 될 운명을 가지고 태어났다고 볼 수 있 다. 피할 수 없는 신병, 그리고 신 내림 굿을 통해 그는 신을 받아들여야 한 다. 신어머니 밑에서 훈련을 쌓아야 한다. 마치 무조건, 바리데기가 버려진 운명에서도 만신의 신이 되듯이, 삼신할미에 의해 모든 생명이 점지되어 태 어나듯이 강신무는 신의 점지에 의해서 강신무가 된다.

알님지기가 되는 일은 일종의 선택이다. 그러나 단순한 직업으로서의 선 택이 아니라 일평생을 다 바쳐서 생명굿을 하겠다는 서약과 함께하는, 거의 운명적인 선택에 의해 알님지기가 탄생한다. 왜냐하면 그 또한 강신무처럼 오랜 기간의 훈련과 공부, 자기 수련 과정을 거쳐 일정한 시험에 통과해야만 하기 때문이다. 아무나 쉽사리 될 수 있는 것이 아니다.

강신무, 알님지기 모두 시험이 끝나고 자격을 얻었다고 해도 거기서 끝나 는 것이 아니다. 오히려 더 길고 긴 수련 과정, 매일매일의 수행자적 삶이 기 다리고 있다. 강신무는 보다 신력을 강하게 하기 위해서, 알님지기는 보다 더 생명력을 높이기 위해서 끊임없는 노력을 해 나가야만 한다. 현 시대처럼 무 늬만 전문가가 되어선 안 되기 때문이다. 진정한 경지에 오르고 오를 때까지, 죽는 날까지 겸허히 자신을 비우고 굿과 생명 정신을 이어 나가야만 한다. 일 종의 인간으로서 사명의식이요, 책임감이다. 두 사람 모두, 순수 한국인, 민족적 자존감을 지켜 나가는 민족주의자임은 두말할 필요도 없다. 그들은 '지킴이'다. 우리의 전통, 굿을 지키고, 민초들을 지키는 마당지기, 잡초지기, 알님지기들이다. 우리의 산과 강, 마을을 지키는 파수꾼들이다. (오늘날 참된 강신무들이 사라지고 없어지는 것이 가슴 아프다. 무교, 굿에 대한 탄압의 역사도 그렇지만, 신병 앓는 이들을 정신병 취급해서 약물 치료를 하려는 현 시대가 너무나도 싫다.)

5) 알님지기(수행자)의 수련법

(1) 매일 수련법
- **명상법**: 마음 비우기, 탈 '나'의 상태, 세계/자연에 마음 열기 등
- **질문법**: 스스로 자문자답 질문지에 답하기
- **대화법**: 촛불과 대화, 기타, 돌멩이, 꽃, 풀, 별, 그림이나 사진과 대화 나누기
- **단련법**: 목소리 훈련, 사물놀이 연습, 기타 창, 판소리 등
- **글쓰기법**: 그날그날 짧게라도 느낌이나 생각을 글로 쓰기

(2) 수시 수련법
- 시 암송하고 느낌 적기
- **감수성 훈련**: 음악 감상, 그림 감상, 소설 읽기, 전시회 감상 등
- 생명, 굿 공부
- **사회 공부**: 역사, 사회학 등 관심 분야 공부
- **인간 공부**: 예술, 철학 등 관심 분야 공부

(3) 수련짓
- **재현짓**: 자신이 진행한 생명굿 마당을 인형, 작은 물건(돌, 병, 종이 등) 등으로 다시 한번 요약해 보고, 더 절실한 방법(짓, 판 만들기 등)을 찾는 짓

→ 반성한 것, 새로운 면 등을 기록한다.

- **상상짓**: 사람 많은 곳(기차, 버스, 백화점, 지하철 등)에서 또는 자연(별, 달, 해, 구름, 산, 나무 등)에서, 상상력으로 가상의 생명의 굿판을 만들어 보는 짓
- **단독짓**: 혼자서 빈 의자를 이용해 다양한 상황/인물과 함께 굿판을 만들어 보거나, 자신이 알이 되고 빈 의자가 알님지기가 되어 판을 짜 보는 것
- **동료짓**: 자신의 실제 삶의 문제, 수행자로서의 문제, 그리고 동료의 문제 등을 함께 모여 나누기를 하거나 간단히 판을 만들어 보고 토론하는 것
- **창조짓**: 순간순간 새로운 '짓'을 창조해서 실제 현장에서 실험해 보고 유익한 '짓'이면 정식 '짓'으로 등록하기

6) 자문자답 질문지

자문자답 질문지

----

1. 나는 왜 생명굿을 하고 있는가?

2. 나는 생명굿 정신으로 살아가고 있는가?

3. 나는 매번 알님들을 진심으로 만나고 있는가?

4. 나는 겉모습과 속마음이 일치하는 삶을 살고 있는가?

5. 나는 매사에 긍정적이고 능동적인가?

6. 나는 평생 동안 생명굿을 해 나갈 각오가 되어 있는가?

7. 나는 생명굿을 더 깊고 넓게 확장시켜 나가기 위해서 그만큼 열심히 노력하고 공부하고 있는가?

8. 나는 동료지기들을 진심으로 신뢰하며 함께하고 있는가?

9. 나의 영혼은 자유로운가?

10. 나는 그 어떤 삶의 시련과 고통도 기꺼이 껴안고 살아갈 준비가 되어 있는가?

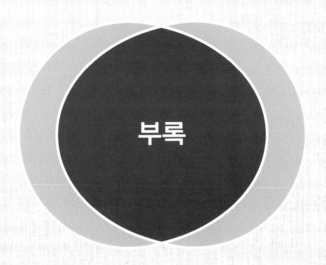

부록

생명의 담론

서론

생명에 관한 담론은 매우 넓고 깊다. 종적, 과학적으로는 유전자 연구에서부터 외계 생명체 연구까지, 횡적으로는 종교, 철학, 예술, 생태학 등 광범위한 분야에서 생명을 논하고 있다. 이 논의에서는 생명굿에서 생명 개념을 보다 잘 이해하기 위한 마음으로, 무교, 동학사상, 기철학 이외의 생명에 관해 논한다.

먼저 논의에 앞서 혼돈을 피하기 위해 자주 등장하는 용어들을 정의하면 다음과 같다.

'생명'은 만질 수 있고 볼 수 있는 구체적인 개념이 아니다. 생명은 생명체를 태어나게 하고 자라고 살아가게 하는, 일반적, 현상적 개념이다. '생' 혹은 '삶'은 같은 뜻으로, 보다 구체적인, 생명체가 살아 움직이고 살아가는 것 자체를 뜻한다. '생명력'은 생명 현상을 발생시키는 근원적인 힘을 뜻한다. 따라서 그것은 기 혹은 성(동양철학), 욕망(들뢰즈), 힘의 의지(니체), 에너지 등으로 논의되기도 한다.

종교적 담론

유교에서는 몸과 마음을 분리해서 논한다(이기동, 2003). 몸은 '모음'이라는 뜻으로, 수많은 물질적 요소가 모여서 이루어진 집합체로써 마음의 작용에 의해서 운용된다는 것이다. 마음 중에서 살려는 마음, 살려는 의지를 성(性)

이라고 한다. 성은 모든 생명체에 공통적으로 나타나는 현상으로, 그것은 천명(天命)과 같다. 그래서 『중용』에서는 "하늘이 명하신 것을 성이라 하고, 성을 따르는 것을 도라고 한다."고 말한다. 따라서 사람을 포함한 모든 생명체의 삶에서 나타나는 가장 근원적인 현상은 모두 원동력으로써의 이성의 작용이 된다. 그러나 이성은 알기가 어렵다. 그래서 격물치지, 다른 것에 나아가서 그것을 관찰하여 성을 아는 것을 통해, 성을 이해하고 성을 실천하여 하늘과 하나가 되는 것을 이상으로 생각하였다.

기독교에서는 모든 생명을 하나님이 준 것, 창조한 것으로 믿는다. 이 세상 만물을 하나님이 만들었다는 것이다. 중요한 건, 그중에서 인간이 다른 생물보다 우월하고 다른 생명체들을 지배하는 위치에 있다는 믿음이다. 왜냐하면 하나님이 인간을 자신과 비슷한 형태로 만들었기 때문이다.

불교에서는 태어나고 늙고 병들고 죽는 일, 생 그 자체가 고(苦)다. 육신 그 자체가 고라는 것이다. 그래서 고의 소멸을 도라고 믿는다. 제행무상(諸行無常), 생물이건 무생물이건, 존재 조건(모든 구성요소)으로부터 자유롭지 못하다는 것이다. 겉만 변화할 뿐 그 밑바탕은 언제나 똑같기 때문이다. 그래서 불교에서는 궁극적으로, 더 이상 생사윤회의 고통이라고 하는 생을 받지 않는 해탈의 경지를 갈구하게 된다. 그러나 그것은 최상의 상태를 일컫는 말이요, 실제 세상 만물은 모두가 서로서로 연결되어 있다고 본다(연기설). 나 하나를 위해서는 다른 모두가 필요하다는 뜻이다. 즉, 인간과 다른 생명체 사이에 차이가 없기에 모든 생명체는 반복되는 삶과 죽음을 통해 다른 존재가 될 수 있다(윤회설). 그래서 인간은 다른 존재를 죽여서는 안 된다는 불살생의 계율이 나온다. 오히려 어려움에 처한 생명을 풀어 주는 방생을 권한다.

힌두교의 리그베다 경전에서는 인간뿐만 아니라 동물, 식물 모두가 브라흐만의 창조물이요 신의 현현이기에 잘 보존, 보호해야 한다고 말한다. 나무나 풀도 힌두신의 모습이며 강도 여신이다. 힌두교의 요가 철학에서는 '쁘라나'는 숨, 호흡, 생명, 활기, 바람, 힘을 의미한다. 그것은 곧 생체 에너지로, 흙, 불, 물, 공기, 기 다섯 가지 물질적 요소의 활동 주체다. 인간에게 있어서 그것은 일곱 개의 차크라에 응집되어 있다. 물라나다 차크라(회음부)는 쿤달리니라고 하는 생명력이 있는 곳으로, 우주 에너지인 샥티가 뱀의 형태로 또아리를 틀고 있는 생명의 근원지다. 이 에너지가 머리 부분에 있는 사하스라라 차크라에 도달하면 인간이 우주와 합일하는 범아일여의 상태라고 하는 해탈을 체험하는데, 바로 그 길로 가는 방법이 요가수련이다(김순금, 2003).

과학적 담론

리처드 도킨스는 1976년 『이기적 유전자』에서, 유전자의 목적은 자기복제요, 그래서 영원한 생명을 누리는 데 있다고 말했다. 인간은 그들이 잠시 빌려 타고 가는 생존 기계에 불과한 존재라는 것이다. 그래서 우세한 유전자만이 오랜 생존에 성공할 수 있다는 것이다. 그러나 반론도 만만치 않은데, 그 중 하나가 적응론이다. 유전자의 우수성이 아니라, 어쩌다 운 좋게 적응에 성공한 생명체의 유전자만이 생존해서 대를 잇는다는 것이다.

뿐만 아니다. 인간과 인간 외의 객관 세계를 이분화한 믿음에 도전하고 나선 마투라나(칠레의 과학자)는 세계란 생명체의 감각 구성물에 지나지 않는다고 말한다. 즉, 개미나 물고기 등도 다 자기 나름의 세계를 가졌다는 것이다. 모든 생명체가 자기 탄생과 함께, 각각 하나의 세계를 만들어, 자기 생성(오토포이에시스)하는, 자신을 제작하는 존재라는 것이다. 특정 세포의 특징을 구성하고 결정짓는 것은 세포 내의 한 가지 구성요소(예컨대, 유전자)가 아니라 상호작용 그물 전체라는 것이다. 유전자뿐만 아니라 세포의 다른 성분도 유전에 깊이 관여한다는 뜻이다. 특히, 마투라나의 업적은 그의 자연표류이론에 있다(강신주, 2011). 모든 생명은 자신의 삶의 과정에서 우연히 마주치는 것들과 결합함으로써 자신을 새로운 형태로 만들어 낸다는 것이다. 즉, 지금까지 믿어 왔던 자연 선택을 부정하고, 마치 방랑하는 예술가처럼 생명체는 자연 표류하면서 다양한 생명종으로 진화해 왔다는 것이다.

다윈 또한 오래전에 유사한 생각을 나타낸 바, 생명체는 기존의 질서, 계

통, 한계를 벗어나 돌파해 버리는 일탈이야말로 무한한 변화와 진화의 힘이
요 창조의 힘이라고 말했다. 하등이든 고등이든 구별 없이 모든 생명체는 각
자 고유하고 특별한 존재로, 어버이들로부터 가장 멀리 벗어난 것들이 가장
번성하고, 마침내 종의 한계를 벗어나 새로운 종으로 창조된다는 것이다(박
성관, 2010).

그는 자연에 대한 모든 섭리이며 법칙을 부정했는데, 그게 다 인간중심주
의요, 목적론적 사상이라는 것이다. 진화의 세계에서는 어떤 방향도, 지향점
도 없으며, 오직 개체의 차이, 변화에 따르는 무제한의, 다양하고 끝없이 진
화해 나가는 장엄함만이 있다고 말했다. 자연법칙이 따로 있는 게 아니라, 그
것은 그러한 대자연의 현상을 반영하는 일부 이론에 불과하다는 것이다.

철학적 담론

플라톤은 삶(생)을 영혼이 육화된 존재로 보면서, 생을 덧없는 하나의 현상
으로 폄하한다. 소크라테스는 철학이란 죽어 가는 것, 죽어 있다는 것을 공부
하는 일이라고 말하고, 그 역시 삶 자체를 중요시 여기지 않았다. 데카르트,
헤겔, 칸트 등 기라성 같은 철학자들 또한 사유, 절대정신, 이성을 삶에 있어
서 보다 우월한 가치로 보았다. 17세기에 와서야 서양 철학사에는 그리스에
서 시작된 제반 형이상학, 이데아론, 교부철학에 의문을 던지고 삶 자체에 시
선을 돌린 철학자가 네덜란드에 나타난다. 그는 스피노자다.

스피노자(1632~1677)는 "삶을 천시하고 폄하하고 부끄러워하는 자들, 그
래서 환영(선악의 규범, 정의론, 제반 이상론이며 관념들 등)에 만족하는 자들을
자기 파괴적인 인간들"이라고 생각했다. 그들은 온갖 법칙이며, 규율, 소유며
의무(죄의식이며 양심의 가책 등), 지배 이론으로 삶을 뒤덮어 버리고 삶을 질
식시켰다는 것이다. 그리고 인간이 삶과 하나되는 덕목들로는 겸손, 검소, 순
수, 간소함을 말했다. 그는 심지어 희망, 용기, 삶의 목적조차도 믿지 않았다.
인간에 대한 모든 초월적 가치며 가치 판단 자체를 평가 절하한 것이다. 왜냐

하면 그것들은 생을 사는 것이 아니라, 생(삶)과 유사한, 흉내 내는 그 어떤 걸 살고 있는 것이기 때문이다.

그 뒤를 이어서 니체(1844~1900), 베르그송(1859~1941)이 '생의 철학자'로 등장한다. 니체는 인간으로부터, 그리고 삶으로부터 모든 껍데기, 형이상학적 관념, 신 관념을 망치로 두들겨 부순다. 그리고 알맹이로서 생을 사유한다. 생에 있어서 중요한 것은 작용/반작용하는 하나의 흐름, 곧 힘의 의지다. 그러한 힘이 서로 싸우고 변화하고 창조해 나가는 연속적인 과정이 생명이며 그 결과가 삶이라는 것이다. 정지되어 있거나 안정된 삶은 삶이 아니라는 것이다.

니체가 볼 때, 철학을 퇴화시킨 자는 소크라테스다. 그는 생을 재단하고 측정하고 한정 지어야 하는 것으로, 그래서 사유를 더 높은 가치들(신성, 진, 선, 미)의 이름으로 한계를 설정했다는 것이다. 그 결과, 소크라테스로부터 헤겔주의자까지, 철학사는 인간의 오랜 복종의 역사였다. 신을 죽이고 그 자리를 인간이 차지한 이후, 스스로, 자발적으로 무거운 짐을 지는 존재가 되고 그래서 그들은 생을 훨씬 추하게 만들었다는 것이다. 한마디로 생의 능동성과 긍정성이 패배하고, 반동적인 생, 부정적인 생이 승리한 것이다. 그래서 온갖 사상, 높은, 이상적 가치들이 생을 단죄하고, 별로 이성적이지도 않은 종교며 국가, 제반 의무며 가치들이 진리니 이성이니 하는 이름으로 인간을 길들이고 순응시키고 복종시켜 왔다는 것이다(Deuleze, 1995).

그는 생존 경쟁, 약육강식, 자연선택이론도 인간을 병들게 하고 노예화하는 것들로 판단한다. 왜냐하면 삶은 그 자체로 충분히 정당하고 충분히 성스러운 것이기 때문이다. 그는 아파하고 한탄한다. "교양인, 지성인, 국가조차도 돈(화폐경제)에 넋을 잃고 있는, 이토록 세속화되어 버린 세상에 대해, 사랑과 선의가 이처럼 빈약한 세계에 대해, 학문계가 이토록 거짓말로 물들고 야만화되고 세속화된 것에 대해." 그래서 그는 진정 삶을 사랑하는 자, 모든 삶의 가능성을 찾아 나서는 자, 그 어떤 정신적, 신체적 고통도 긍정으로 받아들이고 생성하고 창조하는 인간, 자기 자신을 넘어서는 인간을 찾아 나선다. 초인 사상의 시작이다.

베르그송에게 생명은 문제해결의 과정이다(황주영, 2005). 그래서 생은 생의 약동에 의해서 끊임없이 창조적으로 진화해 나가는 것이다. 지속이고 흐름이다. 미지의 사태, 미래, 예외적 환경, 장애물 등에 부딪쳐서 그때마다 어려움을 해결해 나가는 과정이다. 그런 의미에서 그에게는 인간 자체가 이미 문제해결이 끝나버린 존재다. 인간이라는 효율적 양식에 길들여지고 갇혀버린 존재라는 것이다. 대표적인 예가 현실적이고 시계적 시간에 맞추어져 버린 삶을 살아가는 인간의 모습이다. 삶 자체인 흐름이며 변화며 의미의 시간이 아닌, 실체적이고 온몸으로 체험된 시간을 살아가는 존재가 아닌, 규율화된 시간에 길들여져서 로봇처럼 살다가는 인간들.

들뢰즈(1925~1995)에게 생명이란 제대로 된 삶의 출발점이다. 제대로 된 삶이란 지금까지 철학이 논해 왔던 삶도, 오늘날 우리가 알고 있는 삶도 아니다. 그렇다고 무슨 고귀한, 이상적인 삶도 아니다. 그에게 삶이란 마치 진화가 아무런 목적도 방향도 없이 창조적으로 진행되는 흐름처럼 삶 또한 그렇게 정착하거나 안정되지 않고 유목민처럼 정처 없이 흘러가는, 그러나 매 순간 차이를 만들어 내고 창조적으로 살아가는 삶이다. 어떠한 기존의 틀도 거부하는, 그냥 길을 걷다가 만나는 재료를 가지고 예술품을 만드는 방랑자처럼 살아가는 삶이 들뢰즈에게는 주어진 생명에 가장 걸맞은 삶이 된다.

그래서 그의 '생명' 개념은 지금까지 논했던 제반 '생명' 개념과 차원이 다르다. 이해하기가 어렵다. 그는 철저하게 가장 근원적인 물음에서 존재론을 시작하기 때문이다. 신지영(2009)의 들뢰즈의 존재론에 대한 설명은 다음과 같다. "존재는 일관적이지도 안정적이지도 등질적이지도 않은 흐름이다. 이 흐름에 일치하는 것, 그것이 바로 이 혼돈으로서의 우주에서 살아갈 길이 될지도 모른다. 이 흐름에 일치한다는 것은 자아의 일관성과 대상의 안정성을 허구로 인식하는 데서부터 시작된다." 예컨대, 생명은 살아 있는 유기체(흐름의 고체화)가 아니다. 유기체는 오히려 생명을 가둘 뿐이다. 그러면 그것은 유기(화학)물질인가? 아니다. 유기화합물은 무기물(탄소, 수소 등)로 되어 있지 않은가? 그래서 생명은 세포 조직이며 기관화를 거부한다. 그러니 그 결과 생성된 인간화도 거부한다. 그것은 그래서 인간, 주체 안에도, 대상 안에도 없다. 눈으로 볼 수도 없고 만질 수도 없다. 그것에는 선악도, 목적도, 기원이나 의미도 없다. 그냥 존재할 뿐이다. 마치 무위자연이라는 말, 음양이라는 개념이 존재하듯, 그것은 다양한 이름으로 불리지만 명료하게 정의 내릴 수 없는 개념으로 존재한다.

들뢰즈의 텍스트에서 생명을 일컫는 용어들을 뽑아 보면 다음과 같다. 내재성(내재면), 잠재성, 특이성, 차이 자체, 사건, 사이 존재, 관계 혹은 만남, 접촉, 연결 존재, 추상 기계 등이다. 이해를 돕기 위해 들뢰즈 자신과 들뢰즈를 해석한 사람들이 사용하는 용어들은 다음과 같다. 열린 전체, 생명 이전의 수프 상태, 전반성적 의식, 사방으로 퍼져 나가는 무한한 속도 혹은 빛, 스스로 존재하는, 비개인적 생명, 사유 이미지, 사유/개념의 환경, 평등하고 다양한 것들의 생산 원리, 현실적인 것의 생산 원리 등.

그의 생명론은 혼돈스러워 보인다. 명료한 정의가 내려져 있지 않기 때문만이 아니라, 문맥에 따라 다양한 이름으로 불리기 때문이다. 생명의 속성상 그럴 수밖에 없을 것이다. 들뢰즈에게 생명 개념은 자유 그 자체와 같다. 그 어떤 생의 목적도 방향도 틀도 없는 생명의 순수 자유로움. 마치 바람이나 물처럼 스쳐 지나가는 상황에 따라 형태가 달라지고 이름도 달라지지만 그 자체는 자유로움 자체인 것과 같은 이치다. 양자역학에서 양자 파동이며 양자 도약처럼 그것은 또한 그 어떤 것에도 얽매임 없이 존재하지만 제반 현실을 존재하게 하는 근원적 존재로서의 양자와도 유사하다.

이제 그가 생명이 아니라고 말한 상태, 니체보다 더 깊이 들어가서 깨트리고 있는 기존의 철학 개념 몇 가지를 살펴보자. 그러면 그가 말하고자 하는 생명 개념이 조금은 더 와 닿을 가능성이 높다. 첫째가 초월적·외재적 개념으로써 신이며 이데아론이다. 생명이 자체적으로 진화 발전해 온 게 아니고 신에 의해서, 생명 바깥의 다른 전능한 존재에 의해 만들어졌다는 것이 과연 있을 법이나 한 일인가? 그런데도 인류 역사는 오랜 세월 그러한 믿음을 지탱해 왔고, 여전히 지금도 그렇게 믿고 있는 현실이다. 한마디로 피조물의 운명이다. 거기에는 진화론도, 생명론도 발붙일 곳이 없다. 맹목적인 믿음뿐이다. 두 번째는 인간, 주체, 대상 속에 생명이 깃들어 있다는 생각이다. 마치 인간이 자연을 점령하고 아름다운 새며 물고기들을 새장이나 어항 속에 가두어 키워 온 역사처럼 인간은 자신의 생명을 자신의 내부에 있는 것, 그래서 자신이 마음대로 할 수 있는 것으로 통제, 억압함으로써 생명이 지니는 많은 속성, 예컨대 그 무한의 잠재성이며 자유로움을 지워 버렸다. 생명은 인간 속에서, 인간에 의해, 의식이라고 하는 제반 규정과 틀들 사이에서 질식당해 온 것이다. 그러니 이제 생명을 논하려면 우선 새장을 열어서 새를 자유롭게 날려 보내야 하지 않겠는가? 물고기들을 다시 강이나 바다로 돌려보내 주어야 하지 않겠는가? 실제로 인간이 애쓰지 않아도 항상 존재할 것으로 믿었던 물이며, 공기, 흙이 오랜 인간의 무관심과 착취로 오염되어 버린 이치와도 비슷하다. 생명이 주체나 대상에 존재하지 않는다는 의미가 바로 그것이다. 생명을 비인간화시켜 사유하는 일, 생명을 그 자체, 자유롭게 풀어놓고 사유하는 일이다. 인간, 개체, 대상 속에 분리해서 처넣은 생명으로 하여금 본래적인, 인간이 사유하기 이전의, 오염되기 이전의 상태인, 전사유적인 상태로 돌려놓고 그 존재를 논하는 것, 그것이 들뢰즈가 생각하는 생명 개념이다.

  그는 인간의 자발적 기억이며 자발적 사유 또한 불신한다. 그것들에는 새로움도, 신선함이며 자유로움도, 진실도 들어 있지 않다고 보는 것이다. 기껏해야 자신이 기억하고 싶은 것, 사유하고 싶은 것만을 사유하기 때문이다. 그는 오히려 비자발적 기억이나 비자발적 사유가 참된 사유라고 생각한다. 그 어떤 기존 관념에도 물들지 않은, 생명 그 자체에서 올라오는 순수 사유며 기억들, 그래서 삶 가운데 우연히 만난, 사소하게 던져진 어떤 것에 온몸을 던져 사유하는, 나의 통제된 의식이나 사유 너머의 비자발적 능력의 활성화야말로 진짜 의미 있는, 생명력 있는 경험이기 때문이다. 마치 사랑에 빠진 사람이나 뭔가에 미친 사람처럼 자신의 의지와 관계없이 터져 나오는 생명의 분출과 같은 경험 말이다.

그러나 필자는 생명이 완전히 주체나 대상 밖에 있다고 보지는 않는다. 왜냐하면 생명 존재를 그러한 공간 개념으로 사유할 경우, 이해가 어렵기 때문이다(베르그송이 참된 생명을 사유하기 위해서는 공간 개념을 시간 개념으로 바꿔야 한다는 맥락과도 상통한다). 그래서 생명이 주체 내면에도 시간적 의미에서 잠재되어 있다고도 생각해도 무리는 없다고 본다. 양자역학에서는 안과 밖, 이곳과 저곳의 의미가 별로 중요하지 않은 이치와 같다. 그래서 만약에 생명이 인간이라는 생명체 내부의 존재라고 말할 경우에는 조건부로써, 그 생명은 이미 인간화되어 버린, 자유로움을 상실한 것으로 생각해야 한다. 생명굿에서 말하는 생명 개념도 바로 이러한 경우다.

생명은 잠재력이며 관계성이다. 그만의 특이성이다. 그래서 언제든지 새로운 상황이나 대상을 만나면 새로운 나가 생성되고 새로운 사유가 시작된다. 사랑하는 사람을 만나서 내가 사라지고 네가 되듯이 생명은 끝없는 되기의 과정이다. 그렇기 때문에 들뢰즈는 인간의 관습적이고도 뻔한, 자아의 일관성, 자아동일성을 매우 슬프게 바라본다. 그것은 부자유며 불평등이기 때문이다. 그것은 생명을 희생한 대가이기 때문이요, 시대가 세뇌시킨 편집증이며 파시즘이기 때문이다. 우연도, 만남도, 창조도 없는 천편일률적인 고착화된 세계에 대해 들뢰즈는 별도로 자신의 욕망이론(안티 오이디푸스)으로 설명하고 있다.

들뢰즈에게 욕망은, 인간에게 국한되어 설명되는, 생명의 힘이다. 생명의 힘이기에 그 또한 끝없이 되어 가고자 하는 무의식적 흐름이다. 닫히거나 갇히는 것에 반발하고 파괴적이다. 그렇지만 욕망은 오랜 기간, 문명에 의해 영향을 받아 왔다. 교묘하게 통제당하고 규율화되고 관습화 교육을 받아와서 고착화, 노예화된 지 오래되었다. 그 결과, 생생한 삶의 흐름이 언어화, 분절화되어 버리고, 인간은 가족, 지역, 종교, 학교, 국가에 영토화당하고, 사회적 계급, 신분, 선후배, 성별 등으로 체계화되고 그에 따라 분류되어 일정한 규율이 주어진다(코드화). 몸과 심리를 조직화해서 지배하고 착취하며, 주체화를 통해 인간을 인간 아래 예속화시킨다. 가치며 도덕, 행복 등의 의미를 만들어 내서 그 또한 자유로운 욕망을 통제하고 지배한다.

나의 욕망을 자유롭게, 생명답게 풀어 주기 위해서는, 첫째, 파괴적이고 혁명적인 잠재력(생명)을 활용해야 한다. 그것은 생명의 사유적 힘이다. 삶에 대한 온갖 이론, 관념은 삶에 가면을 씌워서 인간과 인간의 참된 만남을 방해한다. 인간과 이 세계와의 접촉을 훼방한다. 그렇다면 그러한 당위성, 상식, 정체성을 깨트리는 새로운 생생한 사유가 필요하다. 둘째, 나의 앎, 생각, 개념, 의견, 지식이 나의 참된 삶은 아니라는 것을 깨닫는 일이다. 그것들은 주입되고 세뇌된 것들이다. 비자발적으로 내 삶에서 우러나온 것들이 아니다. 내가 지금 그것들에 의존해서 살고 있지만 그건 나에게서부터 시작된 것도, 나의 삶도 아니다. 그래서 나는 나로부터 이탈이 필요하다. 나를 벗어나 다른 것들과의 접촉, 만남이 필요하다. 몰입과 혼연일체가 필요하다. 새로운 나의 창조, 되기가 절실하다. 세 번째는 시대로부터의 일탈이다. 반시대적으로 되기, 시대를 거스르기다. 결정론적인 고정된 길에 대한 저항이다. 자기동일성을 강요하는 시대에 부단히 벗어나고자 하는 의지가 필요하다. 그것이 생명의 길이기 때문이다.

예컨대, 푸코가 말하는 생명정치와 비슷한 맥락이다. 그는 자유를 획득하려면 우리는 자신의 생명 차원에 각인된 지배 권력의 흔적과 싸워야 한다고 말한다. 그것은 곧 지배 권력, 자본주의, 신앙체계와 결탁한 교육에 물든 인생에서 결코 나타난 적이 없었던 속성, 훈육되지 않은 채 불쑥 드러나는 속성과 자신을 일치시킴으로써 자신을 해방하는 일이다(강신주, 2011). 그는 말한다. "인생의 시작부터 사물화되어 버린 오류, 왜곡, 악습, 의존성의 심층부에 가해지는, 결함 많은 교육이며 훈육", 그래서 "국가 속에서 살아가는 대다수 사람은 주종관계라고 하는 원초적 폭력, 즉 원초적 수탈이라는 사건을 망각하고 있다."고 본다. 자기 스스로 자기를 만들어 가는 구성하는 주체가 되지 못하고, 벽돌이나 기왓장이 구워지듯 구성된, 나라는 주체에게 과연 자유가 있는가 하고 묻는다[들뢰즈도 자신의 욕망의 흐름을 이야기할 때, 액체 상태의 진흙을 이야기한다. 어떤 용기(그릇)를 만나느냐에 따라 무한한 형태로 생성되는 힘으로서의 생명력이, 인간의 경우 처음 주어진 하나의 용기에 들어가서 고체화되는, 그래서 잠재력이 죽어버린 상태로 살아가고 있다는 비유적 이야기다).

결론

인간의 오랜 역사에서 태양 중심주의, 인간중심주의, 인본주의사상의 폐단은 어제오늘의 일만은 아니다. 한마디로 그것의 가장 큰 폐해는 자연의 무분별한 착취와 인간 사회 내의 주종관계 확립이라고 말할 수 있다. 유일신 밑의 수많은 이단의 신들, 부처 밑의 수많은 보살, 그리고 그들을 따르는 수많은 사제 계급들, 군대며 학교, 사회 계급들(들뢰즈는 모든 존재는 생명의 측면에서 모두가 평등하다는 존재의 일의성을 이야기하였다).

들뢰즈의 생명론은 마치 최한기의『기학』을 보고 있는 것 같은 착각을 준다. 이와 기가 따로 있는 것이 아니라 기의 운행과 조화에 의해 만물이 생겨난다는 기 일원론 말이다. 아니면 주자학의 태극론 혹은 음양론과도 유사하다. 물론 근본적인 면에서 차이는 있다. 태극이며 기는 모두가 초월적인 관념론이요, 들뢰즈의 생명론은 비록 선험적이기는 해도 경험론이라는 점이다(여기서 선험적이라는 말은 초월적이라는 말과 상반되는, 모든 가능한 경험의 가능 조건이라는 뜻이다). 천의 기와 땅의 기가 합해져서 사람이라는 존재가 형성되었다는 유교 사상은 들뢰즈의, 생명이 주체나 대상의 안과 밖에 존재한다는 의미와 일맥상통하는 점이 있다고 볼 수 있다. 아무튼 들뢰즈의 생명철학은 다음과 같은 점에서 생명굿을 하고자 하는 필자에게 보다 넓은 사유 방식을 일깨워주었다.

- 생명은 자유다. 속박을 싫어한다. 정체되고 고착되고 고체화되는 것에 무한히 저항한다. 그래서 생명은 반항이고 혁명이며 파괴다. 탈 나이며 반시대적이다.

- 그것은 무한의 잠재성이다. 무엇과 만나고 어떻게 연결, 접속되느냐에 따라 생명은 무한의 '되기'를 간직하고 있는 잠재적인 힘이다. 다양성 그 자체다.
- 그것은 일상의 시간을 넘어선다. 우연이며 우발성이다. 새로움이며 창조다.

생명굿 사례 연구[1)]

−생명력 3단계 현상 분석을 중심으로−

이 글은 '생명굿'의 세 명의 알님(내담자)에 대한 사례다. 생명력의 현상 개념으로서 자생력. 상생력. 공생력을 토대로 알님지기(상담자)가 알님을 어떻게 이끌고 판을 만들며. 그러한 진행이 어떻게 알님의 생명력에 치유적 변화를 일으키는지를 분석하였다. 그리고 3대 생명력 개념의 의의 및 추후 연구 방향을 논의하였다.

생명을 정의하는 일은 어렵다. 그러나 생명은 모든 생명체를 살아가게[생(生)=삶]한다. 일종의 힘이다. 따라서 생명은 생명력이라고 말해도 무리는 없다. 하지만 생명력 또한 규정이 쉽지 않다. 예컨대, 인간의 창조력을 정의하는 일이 결코 간단하지 않은 원리와 비슷하다. 그래서 우리는 흔히, 거꾸로, 생명력이 일으키는 제반 바깥 현상을 통해서 생명력, 나아가서는 생명을 이해하려고 시도한다. 마치 바람을 볼 수는 없지만 바람이 하는 일을 통해 바람의 존재를 알 수 있는 것과 유사한 이치다.

생명 현상은 무수히 많다. 자극과 반응, 우발성, 예측 불가능성, 복잡성, 실

---

1) 이 글에서 사례 내용을 게재하도록 세 명의 알님에게 허락을 받았음.

험성(기형, 돌연변이 등), 생로병사, 연결 접속과 생성, 변화의 현상, 공존, 공생, 기생, 저항 현상……. 인간의 경우, 생명 현상은 무엇보다도 몸을 통해 드러난다. 숨을 쉬고 영양분을 섭취, 배설하고 성장과 번식을 통해 삶을 이어나간다. 더불어 몸은 감각하고 지각하고 사유하며 느끼고 움직인다. 생각이 멈추고 행동이 멈추고 호흡이 멈추어지면 그것은 죽음이다. 생명의 끝이다.

문제는 오늘날 문명의 발달과 비례해서 뭇 생명체의 무분별한 파괴며 통제다. 인간의 생명력 또한 문화인이라는 가면과 체면, 예의 아래서 오랜 세월 훈육되고 왜곡됨으로써 생기와 생기발랄함이 사라지고 있다. 시대와 문명의 힘이 생명의 힘을 서서히 고갈시켜 감으로써 수많은 좀비 현상을 일으키고 있다는 사실이다. 어떻게 할 것인가? 이대로 그냥 생각 없이 흘러가는 삶을 수동적으로 살아갈 것인가?

아니다. 생명력 회복의 굿판이 필요하다. 휘황찬란한 낮 문화를 잠시 잠재우고 혼돈과 어둠의 밤 문화, 난장판이 필요하다. 우리 전통굿 형식을 빌어 생명력을 되찾는 대동 마당이 절실하다. 그것은 곧 우리가 인간다움, 우리다움, 자연다움이라는 생명력 있는 삶을 살아갈 수 있는 참된 만남의 장이기 때문이다.

따라서 생명굿은 "모든 존재의 생명다움을 추구하는, 이 시대정신을 넘어서서 생생하게 생존하고자 하는 사람들의 실천적인 삶의 양식이다."고 정의된다(최헌진, 2013). 그래서 그것은 각 개인이 생존력을 회복하고 스스로 자유로워지기를 원하며, 세상과 이 사회의 고정된 틀을 벗어나서 나와 너를 넘어 더 큰 대동세계로 나아가고자 염원한다.

생명의 중요성

우리 전통 무교에서는 삼라만상에 생명이 깃들어 있다고 믿었다(양종승, 2017). 생물이건 무생물이건 인간, 하늘, 바다, 땅, 동식물 모두 살아 있다는 것은 공생공존의 의식에서 나온 믿음이었다. 그것은 마치 어린아이가 주변의 모든 사물을 차별하지 않고 자기와 같은 살아 있는 것처럼 대하는, 그래서 아끼고 보존하려는 마음과 유사하다. 나와 너를 차갑게 구분하기 이전, 인간이 만물의 영장이라고 세뇌되고 교육되기 이전, 그래서 인간중심주의, 인본 사상에 물들기 이전, 우리 선조들은 그러한 지상의 만물과 더불어 상생과 공생의 정신으로 삶을 살았었다.

칠레의 과학자 마투라나(강신주, 2011)는 인간과 인간 이외의 객관 세계를 이분화해 온 오랜 주체/대상이라는 믿음에 도전하고 나선다. 이 세계란 생명체의 감각 구성물이요, 모든 생명체가 자기 탄생과 함께 각각 하나의 세계를 만들어 나가는, 자기생성(오토포이에시스)하는 존재라는 것이다. 그래서 모든 생명은 자신의 삶의 과정에 우연히 마주치는 것과 결합함으로써 자신을 새로운 형태로 만들어 낸다.

다윈 또한 진화의 세계에는 그 어떤 방향도, 지향점도 없다고 말한다(박성관, 2010). 오직 개체의 차이, 변화에 따르는 무제한의 다양하고 끝없이 진화해 나가는 장엄함만이 있다는 것이다. 한마디로, 어버이들로부터 가장 멀리 벗어난 것이 가장 번성하고, 마침내 종의 한계를 벗어나 새로운 종으로 창조된다는 것이다. 우리의 자생적 동학혁명사상 또한 한마디로 모든 생명체가 제 결대로 제대로 사는 것을 지향한 생명사상이다(박맹수, 2014). 생명은 생명 속에서 태어나서 생명과 더불어 살아가고 생명과 더불어 자기 변화를 이룩해 나간다는 것이다. 그것은 사람을 포함한 모든 생명을 살리고자 하는(접화군생, 接化群生) 뚜렷한 목적의식으로 이루어진 실천적인 학문이다. 그래서 그것은 귀천과 등위에 차별이 없는 신분 공동체요, 남녀차별이 없는 양성평등의 조직이며, 있는 사람과 없는 사람이 서로 돕고 서로 도움을 받는 생활 공동체적 조직을 지향하였다.

니체와 베르그송은 스피노자의 뒤를 이어 '생의 철학자'로 불린다. 니체(Deleuze, 2007)는 인간과 삶을 뒤덮고 있는 모든 껍데기, 형이상학적 개념, 추상 관념을 망치로 두들겨 부순다. 그리고 알맹이로서 생(生)을 사유한다. 생에 있어서 중요한 것은 작용/반작용하는 하나의 흐름, 곧 힘의 의지다. 그러한 힘들이 서로 싸우고 변화하고 창조해 나가는 연속적인 과정이 생명이고 그 결과가 삶이라는 것이다.

베르그송에게 생명은 곧 문제해결의 과정이다(황주영, 2005). 그렇기 때문에 생은 생의 약동에 의해서 끊임없이 창조적으로 진화해 나갈 수 있다. 그러나 인간만은 유일하게, 문제해결이 끝나버린 존재다. 인간이라는 효율적 양식에 길들여지고 갇혀버린 존재라는 것이다.

들뢰즈에게 생명이란 제대로 된 삶의 출발점이다. 예컨대, 그에게 인간의 욕망은 생명의 힘이다. 생명력 자체이기에 욕망은 끝없이 되어 가고자 하는 무의식적 흐름이다. 하지만 욕망은 오랜 기간 문명에 의해 교묘하게 통제당하고 규율화되고 관습화 교육을 받아와서 고착화, 노예화된 지 오래다. 그 결과, 인간은 가족, 지역, 종교, 학교, 국가에 의해 영토화당하고 사회적 계급, 신분, 성별, 선후배 등으로 체계화되고 그에 따라 분류되어 일정한 규율이 주어진다(코드화). 몸과 심리를 조직화해서 지배하고 착취하며, 주체화를 통해 인간을 인간 아래 예속화시킨다. 가치, 도덕, 행복 등의 의미를 만들어 내서 그 또한 자유로운 욕망을 통제하고 지배한다(황주영, 2005). 중요한 건 생명의 힘이다. 파괴적이고 혁명적인 힘을 담지하고 있는 생명력, 예컨대 푸코의 말처럼(강신주, 2011) 그동안 훈육되지 않은 채 불쑥 드러나는 속성과 자신을 일치시킴으로써 자신을 해방하는 일이다.

생명력의 3단계 현상

생명굿은 인간의 생명력을 지향한다. 왜냐하면 그것이 가장 근원적이고 제대로 된 삶의 출발점이기 때문이다. 그래서 생명굿 한 마당은 일종의 생명력의 발전 과정으로 간주한다면 크게 3단계로 나누어 생각해 볼 수 있다.

- 1단계: 알님(내담자)이 홀로 서는 자생(自生)의 단계
- 2단계: 모든 대상과 만나고 관계를 맺는 상생(相生)의 단계

• 3단계: 나와 너를 벗어나서 우리가 되는 공생(共生)의 단계

물론 각 단계는 뚜렷하게 구분되지도 않고 순차적이지도 않으며 서로 겹치거나 순서가 뒤바뀌어 나타날 수도 있다. 그러나 한 그루의 나무의 성장 과정을 살펴보면 위의 3단계, 생명력을 보다 쉽게 이해할 것이다.

하나의 씨앗(알=생명 덩어리)은 일정한 조건만 갖추면 뿌리와 떡잎을 낸다(1단계, 자생의 단계). 홀로서기다. 동시에 뿌리는 흙, 물, 미생물 등과 연결, 접속하여 만나고 잎은 바람과 빛과 조우하면서 서서히 변화하고 성장해 나간다. 서로의 만남이고 상생이다(2단계, 상생의 단계). 그리고 마침내 우거진 잎들, 꽃향기며 나뭇가지, 잎과 열매는 뭇 생명체들에게 최상의 휴식처며 먹이 사냥터며 위로처가 된다(3단계, 공생의 단계).

생명굿은 처음 시작된 지 4년(2012년 9월 시작)밖에 지나지 않았다. 따라서 치유 효과 면에서 일반적인, 정신, 사유, 행위, 몸의 변화 외에 이렇다 할 만한 검증 방법이 없었다. 특히 생명력 자체의 규정이 쉽지 않았기에 생명력을 회복한다는 목적을 지녔음에도 아직까지는 제대로 된 효과 검증이 이루어지지 못했다. 이에 이 글에서는 생명력을 현상적으로 자생력, 상생력, 공생력 3단계로 나누고, 각각의 힘이 지향하는 현상과 아울러 알님의 자가 평가서와 소감문, 전문가들의 평정 점수를 통해 생명굿의 치유 근거로서 3단계 생명력 현상을 분석하고자 하였다. 그 목적은 다음과 같다.

첫째, 기존의 '나' 중심, 과거 중심, 문제해결 및 원인 규명 중심의 치유 형식을 벗어나서, 인간의 근본 바탕으로서의 생명력과 자생력(예: 홀로서기)이 어떤 현상으로 왜곡되어 드러나고(유사 생명력 현상) 어떻게 생명굿에서 치유적 힘으로 작용하는가?

둘째, 나와 너의 관계에서 생명력(상생력)은 어떻게 드러나거나 숨겨지고, 그것은 어떻게 변화의 힘으로 작용하는가?

셋째, 나/너를 넘어서서 생명굿에서 공생력은 어느 정도 발휘될 수 있는가?

요약하면 〈표 1〉과 같다.

〈표 1〉 생명력의 3단계 현상			
생명력	자생력	홀로서기 다양성의 나 특이성의 나	⇒ 나다움
	상생력	바탕성(내 안의 성향) 경향성(너를 향한 성향) 솔직성(나를 표현하는 형식)	⇒ 우리다움
	공생력	낯선 타자와 함께 사회/세계와 함께 자연/죽음과 함께	⇒ 자연다움

이 아홉 가지 개념은 각각 나다움, 우리다움, 자연다움을 이루는 생명의 힘의 현상 개념이다. 그리고 그 세부 내용 혹은 의미는 〈표 2〉와 같다.

〈표 2〉 생명력의 치유적 3단계 생명 현상 개념

주 개념	보조 개념	생명 현상	유사생명 현상
1 단 계 ㅣ 자 생 력	1. 홀로서기	(1) 타인에게 의존하거나 인정받으려는 욕구는 없는가?	의존성
		(2) 혼자 있을 수 있고, 외로움을 긍정, 수용하는가?	의타성
		(3) 스스로 자기 자신이 자유로운 사람이라고 생각하는가?	탐닉성
	2. 다양성의 나	(1) 자신의 다양한 면(성향)을 통제하지 않고 수용하는가?	획일성
		(2) 자신이 세월 따라 내적으로 변화하고 있다고 믿는가?	고착성
		(3) 자신의 예외적인 잠재성(예: 광기)을 발휘할 수 있는가?	자책성
	3. 특이성의 나	(1) 나만의 고유성(특징)이 있는가?	합리성
		(2) 나이, 성별, 이름, 역할에서 자주 벗어나는가?	완벽성
		(3) 지금 이 순간의 실존(몸나)을 절실하게 자주 느끼는가?	강박성
2 단 계 ㅣ 상 생 력	4. 바탕성	(1) 나는 열등감(단점)이 있고, 관계에서 그걸 자주 숨기나?	열등성
		(2) 나는 있는 그대로 자신을 드러내지 않고, 꾸미거나 척하나?	자만성
		(3) 나는 자주 인간으로서 부끄러움을 느끼는가?	이기성
	5. 경향성	(1) 나는 주위 사람에게 얼마나 따뜻한 사람인가?	냉정성
		(2) 나는 매사에 얼마나 능동적이고 솔선수범하나?	수동성
		(3) 나는 인간 존재를 얼마만큼 긍정하고 믿는가?	부정성
	6. 솔직성	(1) 나는 얼마나 솔직한 사람인가?	기만성
		(2) 나는 얼렁뚱땅 마음에 없는 말을 얼마나 자주 하는가?	예의성
		(3) 나는 참되고 진실한 사랑을 어느 정도 하였다고 생각하는가?	꾸밈성
3 단 계 ㅣ 공 생 력	7. 낯선 타자와 함께	(1) 나는 낯선 타인을 어느 정도로 의심하거나 두려워하는가?	자폐성
		(2) 나는 낯선 타인을 어느 정도로 차별하거나 업신여기는가?	차별성
		(3) 나는 사회적 약자를 얼마만큼이나 배려하는가?	폭력성
	8. 사회/세계와 함께	(1) 나는 사회 현상에 어느 정도 관심을 갖고 살아가는가?	무관심
		(2) 나는 사회의 부조리한 제도 개선에 얼마만큼 관심을 갖고 있나?	무지성
		(3) 나는 사회적 어려움에 처한 사람들과 어느 정도 공감, 동참하고 있나?	무감동
	9. 자연/죽음과 함께	(1) 모든 생명체의 생태학적 현상에 어느 정도 관심이 있는가?	두려움
		(2) 질병, 노화, 죽음을 어느 정도 긍정적으로 인정하고 받아들이나?	정서불안
		(3) 자연(동식물 포함)을 얼마만큼 따뜻하게 수용하는가?	천박성

방법

생명굿의 진행 과정 및 척도

생명굿은 한 회기 평균 5마당(격주 주말, 토~일)으로 이루어지고, 한 마당은 평균 2~3시간 동안 진행되었다. 각 마당별 알님지기(상담자)의 자격 및 관련 경력은 〈표 3〉과 같다. 필자가 사례 (다)의 알님지기이고, 사례 (가)와 사례 (나)의 진행을 함께 도우며 자문하였다.

이 연구를 위한 특별 마당은 2016년 5월 28일(토) 오후 1시부터 29일(일) 오후 4시까지 진행되었다. 사전 고지 없이 생명굿이 시작되는 당일 연구 목적의 비디오 촬영, 노트북 기록, 그리고 매 마당이 끝나면 '알님의 자가 평가지'와 '참가소감문' 쓰기, 전문가 여덟 명의 평가가 있다는 것을 설명하고 사전 양해를 구했다. 필자가 자문 형식으로 때에 따라 개입할 거라는 것도 알렸다.

5마당 모두 알님이 등장했고, 각 소요 시간은 1마당 2시간, 2마당 2시간(사례 가), 3마당 2시간 30분(사례 나), 4마당 2시간 30분, 5마당 2시간 30분(사례 다)이었다. 일반적 진행 과정은 알님이 등장한 후 5~10분간의 마무리 및 나누기 이전까지 평균 10여 판*으로 진행되었다.

〈표 3〉 생명굿 진행자(알님지기)의 경력

구분 사례	자격증	직업	관련 교육 이수 경력	실시 경력
가	사회복지사 2급	심리극 전문강사	8년	5년
나	상담심리사 1급	대학 교수	18년	16년
다	신경정신과 전문의	정신과 의사	37년	31년

* 판은 전통굿에서 거리 혹은 장면을 의미한다.

이 연구를 위해 필자가 제작한 척도는 두 가지, '알님의 자가 평가지(10항목, 10점 만점)'와 '전문가 평가지(10항목, 10점 만점)'이다. '알님의 자가 평가지'는 자생력(자신감, 홀로서기), 상생력(진실한 만남, 남 탓하는 정도, 솔직성), 공생력(타인 긍정, 약자 배려, 사회문제 관심도)을 과거와 앞으로의 점수 비교를 통해 알아보았다. 그리고 '이제부터 뭔가 달라질 것 같은 느낌'과 '지금 이 순간, 자신의 생명력을 느끼는 정도'를 물었다.

'전문가 평가지'는 지기의 솔직성, 판의 적절성, 알님의 반응성, 알님에게 미친 효과, 그리고 알님이 최종적으로 느끼는 생명력 정도, 변화 정도, 마당에 대한 긍정성 정도, 터무리(관객)의 반응/감동 정도, 나눔의 정도와 최종, 생명력의 실현 정도를 평가했다.

평가에 참가한 전문가는 총 여덟 명이었고, 그 경력사항은 〈표 4〉와 같다.

〈표 4〉 평가자의 경력사항

구분 / 평가자	사이코드라마 경력	상담 경력	생명굿 경력	최종학력	자격증/직업
1	11년	8년	3년	의학사	정신과 전문의
2	18년	15년	3년	상담학 박사	상담심리사1급
3	8년	6년	6개월	상담학 석사	사회복지사2급
4	10년	4년	6개월	상담학 석사	전문상담교사1급
5	11년	12년	6개월	상담학 박사수료	상담심리사1급
6	10년	2년	6개월	의학사	정신과전문의
7	5년	3년	6개월	상담박사과정	상담 교사
8	4년	4년	6개월	학사	발도로프 교사

사례 제시

총 다섯 명의 알님 중에서 세 명의 사례를 제시했다. 나머지 두 명은 각각 특이한 경력과 특이한 상황으로 공개하기가 어려운 사례였기에 제외했다.

인적 기본사항과 굿거리

〈사례 가〉 30대 후반, 여자. 비만형 체형. 상담사. 2녀 1남의 맏딸(아버지는 중2 때 돌아가심). 결혼 4년째—3세 딸.

굿거리: (울면서) 약 일주일 전부터 아무 일도 못할 것만 같고 무기력해진다. 3년 전에도 직장에서 상사 눈치가 보이고 일이 힘들었는데, 그때 갑상선암으로 수술도 받았다.

〈사례 나〉 40대 후반 남자. 학원 강사(과학). 5년 전 이혼. 혼자 산다. 아이 없음. 3남매 중 외아들(둘째). 큰 키, 마른 체구.

굿거리: 이런 데 많이 돌아다녔다. 알님은 처음이다. 산 것 같지 않고 로봇 되겠다 싶어서. 무대 공포증도 있고, 인간관계가 안 된다. 불편하고 긴장된다. 학창시절 내내 공부만 하고 애들도 피해 다녔다. 직장도 많이 옮겨 다녔다.

〈사례 다〉 30대 중반 여자. 상담사. 언니 한 명. 부모 생존. 미혼. 집을 나와 혼자 산 지 2년째. 작은 키.

굿거리: 사람이 싫어요. 화가 나. 나를 보이면 떠날 것 같아.

회기 요약

• ( )는 알님의 행위나 인물을 표시, 〈 〉는 지기의 말 또는 의도를 표시

• 번호는 「판」의 번호.

사례 (가)

1. 10년째 대학 친구가 되어 자신에게: 넌 에너지 많고 친구들 다 아우르고, 놀고 싶어도 못 노는 애, 거절 못하고 책임감 강하고, 자기 힘든 줄 모르고 희생만 하는, 뭐든 자기 잘못으로 돌리는…….

   알님: 내 잘못 아냐. 〈무슨 뜻이야?〉 아빠가 나 때문에 죽은 게 아니라고. 엄마가 웃기게, 따로 살면서 나더러 아빠를 감시하라고 해서……. 〈뭘? 왜?〉 칼로 자살 시도를 해서……. 그래서 같이 있으라고……. 그런데 날 때렸어. 중2 때. 그래서 도망가고, 엄마에게 가서 헛소리를, 아빠가 쫓아온다고……. 한 달 즈음 후에 할머니가 가 보았는데 죽어 있어……. 난 장례 때 숨도 못 쉬고…….

2. 빈 의자 위의 아빠 만나기: 35세 아버지, 회사 그만두고 누워만 있고, 술만 마시는……. "무시하냐? 왜 째려보냐?"면서 옷 찢고 때리고…… 내가 무슨 죄야? 결혼식 때 손 못 잡아 줄 거면서 왜 낳았어?

3. 남편이 되어서: 엄마 힘들면 뭐든 다 들어주고, 제발 직장 좀 쉬라고 해도 안 쉬어. 돈 모아서 남동생 장가 보내야 한다고. 뚱뚱한 여자와 결혼한 건 어른스러워 보여서.

4. 아빠 느낌을 주는 남자를 선정해서: 남동생은 아빠 얼굴도 몰라. 왜 낳았어? 난 아빠 때문에 아무것도 못해. 왜 날 놔두고 혼자 가냐고? (큰 소리로 울면서) 아빠 없이 못 살아……. 어디 갈 때마다 항상 날 데리고 다니고. 〈술집도?〉 응, 사 달라는 것 다 사 주고……. 죽을 때만 안 데리고 가……. 나도 죽으려고 했는데, 중학교 때, 버스에 치이려고……. 안 죽어. 어떻게 하라고……. 보고 싶을 때 술 마시고, 거의 매일……. 〈자네 살은 술 살이면서 아버지에 대한 그리움으로 부푼 살이구먼. 힘든 사람들 밤낮 찾아다니는 것도…….〉 그렇네…….

5. 남자 〈아빠〉를 누이고 흰 천으로 덮고, 알님을 그 곁에 앉힌 후: 〈그럼, 아버지 따라가.〉 (두 손으로 아버지를 잡게 하자 내치며 일어선다). 싫어. 〈왜?〉 딸이 있잖아. 〈소용없어. 네 혼은 이미 중2 때 아버지에게 간 거잖아.

그런데 뭘? 딸은 알아. 네 마음이 딴 데 가 있어서 자길 사랑하지 않는다는 걸.〉 그럴까요?

6. 남자를 일으켜서 알님 허리를 뒤에서 꽉 잡도록 한다: [남자(아빠)에게] 〈가자고 하세요, 아버지.〉 나 때문 아니잖아……. 아버지, 이제 그만하자(남자: 나, 못 잊어). 가, 가라고……. 〈백만 번 방망이로 치세요.〉 (가라고 말하면서 남자 품을 빠져나와 세차게 방망이를 친다).

7. 제사: 〈이제, 작별의, 진짜 제사를 올릴까?〉 (알님이 운다). 〈진실로 보내 드릴 마음 없으면 보내지 마.〉 (통곡한다. 그동안 흰 천을 쓴 남자가 의자에 앉고 그 앞에 향과 촛대를 가져다 놓는다.) (사이) (알님이 촛불을 켜고 향을 피운다). 〈아버지도 그동안 너 때문에 저 세상으로 못 가시고 구천을 맴도셨겠다. 아버지, 딸이 진짜 보내 드리는 것 같으면 흠향하시고 억지 같으면 그냥 가 버리세요. (사이) 진짜 안 따라 갈 거야? 그럼 큰 절 두 번 올려.〉 (절을 마치고) 이제 보내 드릴게요……. 아빠, 편하게 있으세요.

8. 빈 의자(자기 자신)에게: 더 이상 거짓으로 살지 마. 이모들이 손가락질 하고 미워해도……. 널 위해 살아. 막내가 아들이라고, 다들 내가 키워야 한다고, 엄마는 널 키웠으면 됐지 하면서……. 〈그럼 직장은?〉 그만 둘래요. 〈가만 안 놔둘 텐데?〉 하는 수 없죠. 〈하고 싶은 일이 많다고 안 했나?〉 해외 자원봉사가 하고 싶었어요. 자유롭고 싶어서……. 조용한 카페라도 할 수 있다면 그것도 좋고요. 〈또 술 마시게?〉 (웃는다).

9. 나누기 소감: 일주일 전 즈음 아버지 제사였는데……. 여기는 내담자들한 테 도움 주기 위해 배우러 왔는데……. 몰랐던 나를 알게 된 것 같아요.

사례 (나)

1. 학원 원장: 〈어떤 사람들이 주로 싫은 사람인가요?〉 가식적이고 권위적 이고, 야비한 인간……. 애들은 무조건 야단치지 말래요. 돈이니까. 내가 떠들어서 혼냈는데, 소문이 나서 애들이 인사도 안하고 피해 다녀요. 엄청 스트레스 받지요.

2. 엄마와 할매: 〈또 싫은 사람은?〉 무시하거나 날 안 알아줄 때……. 소리 지르고 벽도 치고. 〈자주?〉 1년에 한두 번, 격렬하게 올라오면……. 좋은 뜻으로 말했는데 인정 안 해 주면……. 〈표현해 봐요.〉 지금은 화 안 나요.

3. 아버지: 20대에 중풍으로 돌아가셨다. 잘해 주었다. 어려서 집 나가서 초등학교 6학년 때 아파서 들어오셨다. 〈뭘 잘해 주셨는데?〉 된장찌개 먹을 때, 두부를 얹어줘……. 반신불수였는데 축구도 같이 하고, 기차여행도 하고…….

4. 막힘(저항) 깨뜨리기: 〈세 가지, 외로움, 눈물, 분노를 숨기려고 안간힘을 쓰는군요. 여기 나와서부터, 그리고 그동안 살아오면서도 그랬을 것 같네요.〉 그래요. 내 속이 드러나는 게 싫어요(눈물을 터트림). 무서워요. 〈왜? 뭐가요?〉 바보 같아 보이고, 멍청한, 계집애 같은……. 잘 보이고 싶은데…….

5. 아내 만나기: 10년 연애하고 결혼해서 3년간 살았는데……. 내가 충동적이고 가부장적이라서……. 〈권위적이고 야비해서?〉 네……. 〈왜 이혼했나?〉 내가 때려서, 날 무시하는 것 같아서……. 〈진짜 날 무시한 인간들은 따로 있잖아?〉

6. 학창 시절 자신을 왕따 시킨 아이들에 대한 분노 폭발
   ① 중학교: 자신이 이쁘장하다고 뒤에서 껴안은 아이들에게
   ② 고등학교: 외모 때문에 "개구리 왕눈이, 이티, 못생긴 계집, 촌닭"이라고 놀려댄 아이들에게
   (끝없는 분노와 방망이 때리기) 니네들 때문에……. 난 항상 칼을 숨겨가지고 다녔어…….

7. 아버지에게도 화 표현하기: 실컷 바람피우고, 딴 집 살림하다가 중풍 걸려 들어와? 넌 인간도 아냐! …… 엄마가 얼마나 고생했는데……. 할매, 누나……. 날 이뻐했는데……. 여동생도…….

8. 여동생 만나기: 중3 때, 여동생, 학교 못 다녔던, 신장염으로 사망, 날 따

르고 예뻐했는데……(울면서) 내가 때렸어, 배를. 무시했다고. 내 말 안 듣는다고……. 죽기 전 손 한 번 잡아 주고, 돌보지 못했어. 화장해서 강에 버리고……. 그 뒤 고등학교 때 귀신, 악몽에 시달리고…….

9. 밤하늘의 별들에게 소리치기: 외롭다. 별아……. 나, 여동생 닮은 여자와 결혼했는데……. 여자조차 날 무시한다고……. 강한 척만 했어. 다른 사람 마음은 모른 척……. 아, 외롭다. 〈더 크게 열 번만 소리쳐요.〉 외롭다아, 외롭다……. 〈어려서 네 명의 여자, 할매, 어머니, 누나, 누이 가운데서도 외로웠네.〉 ……(운다).

10. 터무리들이 나와서 칭찬하기: 외모며 착한 마음이며 외로움, 솔직함, 그 아픔들을 칭찬하거나 포옹으로 표현

11. 할매와 어머니에게 감정 표현하기: (분노를 폭발시키며) 할매는 내가 남자 구실을 못한다고, 절에나 들어가라고, 스님되라고……. 야, 너나 잘해……! 엄만 니가 어렵다고…… 사회 적응도 못한다고, 엄마랑 어디 섬에 가서 살자고……. 입 닥쳐…….

12. 마음에 드는 여자 만나서 연애하고 술 마시기, 노래하기

13. 나누기 소감: 용기를 얻었어요. 동기한테 맞아서 이빨 나간 적도 있었는데 화가 안 났어요. 여러분이 내 이야기에 지칠까 봐 신경 많이 쓰였는데……. 끝까지 잘 마무리되어서 감사합니다.

사례 (다)

1. 과장되고 거짓된 행위 깨뜨리기: 사람에게 화가 나요? 〈어떤 사람?〉 다. 사람들이 다 싫어요. 〈죽으려고 한 적 있어요?〉 네(흐느끼면서, 두 손으로 귀를 막고 크게 운다). 〈왜 그래? 소리가 들려?〉 비난해(비명을 지르며 소리친다). 〈언제부터?〉 어렸을 때부터. 〈병원에 간 적 있어?〉 (더 크게 소리치고 숨 넘어갈 듯이) 나에게 소리치지 말라고 해요. 〈네가 해!〉 (더 크게 괴성을 질러 댄다). 〈니가 들어주니까, 니가 외로우니까 계속 들리는 거야!〉 어떻게 알았어? 죽어 버리고 싶어. 〈실제로 행동한 적 있어?〉 없

어……. 〈뭐야, 그럼?〉

2. 엄마에게: 왜? 내가 싫어하는 건 하지 마. 내가 먹고 싶은 대로, 옷도 입고 싶은 대로 하는 게 왜 안 된대? 너무 화나. 화난다고……. 머리채 잡고, 아프다고 해도 더 세게 묶어……. 〈언니는?〉 언니는 지 마음대로 해. 앞에선 착한 척, 뒤에선 자기 하고 싶은 대로 해. 난 거짓말한 적 없는데(다시 귀를 막고 소리 지르고). 〈아예 떼를 쓰는구먼.〉

3. 들켰네! 〈무슨 소리야?〉 어려서부터, 너무 외로워서, 아닌 척, 아는 척, 있는 척, 마음 연 적 없고, 쇼만……. 〈그래서 그렇게 큰소리를 질러 댔냐?〉 미친듯이 인정받으려고……. 〈이제는 진짜 속 이야기해야 하지 않나?〉 부끄러운데, 나, 자위해. 외로워서……. 〈화는 왜 나는데?〉 날 비난하고 떠날 거잖아.

4. 5세 때 친구: 지 하고 싶은 대로만 하잖아. 그래서 너랑 안 논다고 했더니, "흥! 너랑 안 놀 거야."라며, 정말 가 버렸어.

5. 20세 때 남친: 두 살 어렸는데, 오히려 날 챙겨 주기만 바라고 바라는 게 많고, 항상 의심하고, 옆에 있길 바라고, 성관계도 싫어하고……. 애기처럼 떼쓰고……. 징징거리고…….

6. 직면: 〈그래서 여기도 관심 받으려고 나왔나? 아니면 날 골탕 먹이려고? 더 좀 솔직해지자.〉 쪽팔려……. 인생 거지같네. 그래 내가 못된 년이야. 사람 속여먹고……. 키는 작지만……. 진짜 치사하게 살았네. 거지……. 거지 같애. 〈거지는 당신보다 나아. 그렇게 업신여기지 마.〉 미안……. 들통 나면……. 사람들에게 상처나 주지…….

7. 고백: 〈여기 바닥에 누워. 그리고 하늘에 큰소리로 고백해. 사과하라고.〉 별들아. 난 가식적이야……. 인생 자체가 가식이야. 〈이년아! 사과하라니까!〉 엄마, 미안해. 언니……. 〈더 큰 소리로〉 남동생, 아빠, 남자친구, 아, 친구들, 얘들아……. 무시하고 멸시하고……. 착한 척 하면서, 약한 척 하면서……. 미안해. 미안해…….

8. 진실 표현하기

8-1(가정계): 아빠, 눈빛 보고 다가갔는데 오히려 귀찮아해. 먹고 싶은 것
　　은 혼자 몰래 먹어……. 엄마는 착하게 살아야 한다면서 남 욕해. 아빠
　　도 욕하고……. 떡볶이를 젓가락으로 먹고 싶다고 해도 꼭 포크를 갖다
　　줘……. 내가 없어. 엄마에게 기어야 하니까……. 내가 물 먹고 싶다고
　　해서 유리컵 주면……. 유리잔을 바닥에 던져 버려……. 그럼 엄만 두
　　손 들고 안 떨어지게 컵을 받으려고 왔다갔다하지…….

8-2(학교계): 항상 우울해……. 그러면 애들이 다가와서 놀자고 해. 누가
　　몇 번이나 그러다가 그냥 가면 역시 날 좋아하지 않는다 생각해…….
　　여러 번 권유해 주기를 바라지. 그런 애가 진짜 날 좋아하는 애라고 생
　　각해.

8-3(상담계): 나쁜 인간들, 말만 번지르르……. 진실 찾아보려고 왔는
　　데……. 머리 엄청 굴려……. 〈누가? 네가?〉 응, 저들이 날 사랑할까 안
　　할까…….

9. 선서: 〈손들고 모두 앞에서 맹세해. 큰소리로〉 사기 안 치겠습니다. 당
　　당하게 서고 싶습니다. 〈이곳 터무리 중에 사과할 사람 있나?〉 네, 아픈
　　척 누워 있는데 날 챙겨 준 언니, 미안해요. 내가 다가오게 했어요(어떤
　　남자에게). 친해지고 싶었는데, 아닌 척, 쌀쌀 맞게 굴었어요. 〈다시 큰
　　소리로!〉 사기 치지 말고, 사람 누르려고 하지 말고…….

10. 나누기: 창피해요. 〈이 시대에 당신처럼 창피함, 부끄러움을 아는 사람
　　이 많았으면 좋겠네요.〉

기본 진행 방식

상담에서는 상담자가 그 어떤 목적이나 의미를 가지고 내담자에게 반응하
는 것을 개입이라고 하지만, 생명굿에서는 알님지기가 알님의 굿거리와 상
황, 사건을 가지고 어떻게 판을 만드느냐가 곧 개입하는 방식이다. 예컨대,
〈사례 가〉에서 알님에 대해 더 알고자 해서 친구, 직장 동료, 남편이나 딸 혹
은 친정 식구를 첫 판에 등장시킬 수 있으나 실제로는 친구 한 명만으로 첫판

을 만든 경우다.

3대 생명력 개념과 관련된 의도된 판 만들기는 세 사례 모두에서 없었다. 왜냐하면 통상의 생명굿은 내 개인의 문제(자생력 측면)와 너(친구, 동료, 가족 등)와의 관계 문제(상생력 문제)가 중심이 되어 판이 이루어지기 때문이다. 그리고 낯선 타인이나 사회문제 혹은 생태학적 문제(공생적 측면)는 통상 특별한 경우 외에는 다루기가 쉽지 않다. 예컨대, 사회적 사건에 휘말려 있는 당사자, 개인 문제보다 더 중요한 의미가 있는 차원일 때나 개인의 잘못보다는 사회적 관습이나 통념, 제도의 잘못이 우선시될 때 등이다.

한마디로 대부분의 판이 자생력과 상생력을 동시에 드러내는 방식으로 진행되었으며, 굳이 자생력만을 알기 위한 판이라면 〈사례 가〉의 판 8(자기 만나기) 〈사례 나〉의 판 9(외롭다고 소리치기), 〈사례 다〉의 판 7(고백하기)이 되겠다.

연구 결과

자생력, 상생력, 공생력으로 본 사례 분석

사례 (가)

알님에겐 자생력이 부족했다. 한마디로 유사 생명 현상 또는 의존성으로 무리한 삶을 살아 왔다. 엄마와 남동생에 대한 상호의존적, 일방적 희생(판 3), 친구관계에서 거절하지 못하고 자기 잘못으로 돌리는(판 1) 자책성, 효녀적 고착성, 역할 완벽성, 그리고 돌아가신 아버지에 대한 과도한 탐닉성(판 4)은 거의 전체 삶을 이끌어 갈 만한 집착증을 보였다. 한마디로 결혼한, 자식 있는 엄마로서 원 가족과의 분리/독립, 홀로서기가 전혀 안 되어 있었다. 따라서 아버지와의 분리가 급선무였다. 전체 9판 중에서 판 2, 4, 5, 6이 점층적으로 아버지와 이별하면서, 판 7에서 제사의식을 통해 아버지를 정신적으로 보내드릴 수 있었다. 무엇보다도 홀로서기가 가능해지면서 자신의 다양성(아버지를 놓아드릴 수 있는 자기: 판 7)과 전통적인 효도 관념이라는 합리성을 벗어던질 수 있었다.

상생력의 관점에서 보면 알님은 판 8에서 "더 이상 거짓으로 살지 마."라고 말했다. 가족을 돌봐야 한다는 자만성, 기만성을 벗어던지는 순간이었다. 타인들의 비난에도 아랑곳하지 않고 홀로 선다는 것은 사실 참된 상생력, 너와의 삶을 진실되게 살아가는 데 필연적인 과정이다. 획일성(변화 없는 나), 탐닉성(가족, 종교, 동문회 혹은 술, 약물 등), 강박성, 완벽성 등 유사 자생력은 상생 관계에서 열등성, 이기성, 수동성, 아부성 등을 낳을 수밖에 없기 때문이다. 알님은 이제 남편과 딸에게 돌아갈 것이다. 사랑으로.

공생력의 가능성으로는 알님이 판 8에서 해외 자원봉사가 꿈이라고 말하는 점을 들 수 있다. 오래전부터 자유롭게 살아가고 싶었던 것이다. 아버지의 죽음을 받아들임으로써 정서적 안정도 되찾았다. 판 4에서 보듯 아버지와 같은 힘든 내담자들을 만나는 일(공감력) 또한 일면 긍정적으로 해석할 수 있을 것이다.

알님 자가 평가에서, 앞으로 달라질 것 같은 느낌은 9점이었다. 자생력으로서 자신감은 5점↑(과거 3 → 향후 8), 홀로서기는 6점↑(1 → 7)이었다. 상생력으로서 진실한 만남 4점↑(3 → 7), 남 탓하는 정도 5점↓(10 → 5), 솔직성은 5점↑(3 → 8), 공생력으로써 타인 긍정은 4점↑(4 → 8)이었으나, 약자 배려 1점↑(8 → 9), 사회문제 관심 정도는 2점↑(7 → 9)이었다. 마지막으로 생명력을 느끼는 정도는 7점이 상승(2 → 9)하였다.

이 결과는 전문가 평가에서 여덟 명 중 다섯 명 이상이 다섯 항목에서 9점을 준 결과와도 유사하다(알님에게 미친 효과, 전반적 변화 정도, 알님 소감의 긍정성, 나누기 공감 정도, 생명력 실천 정도). 소감문에서는 "생각했던 것보다 더 많이 저에 대해 알게 되었고…… 제가 그리 쉽게 바뀌지는 않을 테지만…… 그 자리에 나갔던 용기로 앞으로의 삶을 변화시키기 위해 노력할 것 같습니다."라고 하였다.

사례 (나)

알님은 유사 생명력에 의한 매우 힘든 삶을 살아오고 있었다. 바보처럼 안 보이고(판 4), 겉으로 강한 척(판 9)하는, 자신만의 완벽한 이론에 의한, 고착성(변화 없는)과 끊임없는 타인 비난(잦은 직장 이동: 굿거리와 판 1), 그리고 과도한 피해의식(무시당한다는 생각: 판 1, 2)은 끊임없는 자생력과 상생력의 흔들림과 불안정한 삶을 이끌게 했다. 공생력 또한 거의 자폐적일 만큼 자신의 내면이 드러나는 것을 무서워했다(판 2, 4).

판 1에서 판 3까지 원장, 엄마, 할매, 아버지 네 명의 중심인물이 등장했는데도 감정 표현이 막혀 있어서 '막힘 깨뜨리기'(판 4)를 시도하였다. 그러자 그럴 수밖에 없는 까닭이 드러나면서 처음으로 눈물을 보였다(물론 속으로 참는 눈물이었다).

판 5에서 "진짜 날 무시한 인간들은 따로 있지 않나?" 하고 물었을 때 비로소 중·고등학교 때의 사건이 드러나면서 놀랄 만한 분노와 힘을 폭발시켰다.

자생력과 상생력이 오랫동안 무시당한 데 대한 분노와 원망에 갇혀 있었다면 그 밑바닥에 흐르는 외로움(판 9)은 눈물과 함께 터져 나오면서 자신을 따랐던 불쌍한 여동생에 대한 미안한 마음을 표현하게 해 주었다. 즉, 여동생 닮은 여자와 처음으로 만나서 결혼까지 했으나, 아내는 여동생이 아니었다. 알님은 20년 이상을 사이코드라마나 집단상담 현장을 찾아 돌아다녔다고 한다(굿거리). 처음으로 용기를 내어 자신의 이야기를 하게 되었다고 고백했다. 하지만 진짜 힘든 이야기는 감추었다고도 말했다.

자가 평가에서 자신감은 3↑(4 → 7), 홀로서기 정도는 2↑(5 → 7)로 나타났고, 반면 과거 탓하는 정도는 1↑(4 → 5)이었다. 과거 탓하는 정도가 오히려 상승한 이유는 그동안 억압해 왔던 원망을 모두 드러냈기 때문에 당연한 결과라고 보인다.

상생력에서 진실한 만남 정도 2↑(2 → 4), 솔직함 정도도 2↑(2 → 4) 수준이었고 공생력은 변화가 없는 2점이었다. 전문가 평가에서, 지기와 알님의 솔직한 만남, 그리고 알님에게 미친 판의 영향, 두 항목에서 다섯 명이 9점으로 평가했다.

그는 소감문에서 자신이 무너지지 않도록 안간힘 썼고, 자신의 있는 그대로의 모습도 괜찮다는 생각이 든다고 하였다.

사례 (다)

사례 (다)는 한마디로 자생력은 극도의 의존 욕구로, 상생력은 과도한 기만성으로 왜곡된 알님이었다. 굿거리 자체가 사람이 싫고, 화가 나고, 나를 보이면 떠날 것 같다는 것이다. 그래서 처음 판부터 과장되고 거짓된 몸짓을 보이기 시작했다. 이때 중요한 것은 지기의 진실한 마음가짐이다. 감정적인 반응이 아니라 알님이 진실로 왜 그런 행동을 하는지 알고자 하는 마음이다. 그래서 하나둘 모순된 내용을 수집하였다. 예컨대, 환청이 어려서부터 있다고 했는데 평생 병원 한 번 간 적이 없고, 자살사고를 끝없이 해 왔다면서도 자살시도는 한 적이 없고, 울며 소리치는 행위가 마치 어린아이 떼쓰는 행위처럼 보이는데도 지기의 말에 하나하나 반응한 점 등이다.

판 1에서는 알님의 모든 말과 행위에 지지적이고 긍정적인 반응을 보냈다. 판 2에서는 "아예 떼를 쓰는구나."고 객관화시켰다. 판 3에서 "들컸네." 하면서도 여전히 빗나가는 말을 하였다(지기가 속마음, 비밀을 이야기하도록 했는데 자위 행위한다는 말로 비켜갔다). 마지막 판 6에서는 직면하도록 하였다. "나, 지기를 골탕 먹이려고? 관심 끌려고?" 라고 말하자 "쪽팔려." 하면서 자신을 비난하는 말을 계속해서 늘어놓았다.

판 7에서 일단 그동안 속였던 사람 모두에게 사과하도록 하였다. 큰소리로, 더 큰소리로. 목에서 피가 나오도록.

판 8에서는 그렇게 살아온 연유를 알고자 했으나 엄마, 아빠, 언니의 위선적 삶 이외에는 더 깊이 들어가지 못했다. 예컨대, 그들에게 사랑받고 싶었던 순간들, 그리고 그것이 내쳐진 순간들이 더 깊게 드러나야 했다.

일단 더 이상 사기를 안 친다는 선서를 하고(판 9) 나누기에서 창피한 느낌을 다독여 주었지만 과연 그런 기만성에서 벗어날 수 있을까 걱정되는 알님이었다.

그러나 자가 평가에서 자신감 3↑(3 → 6), 홀로서기 4↑(3 → 7)로 자생력
은 비교적 올라간 편이었다. 상생력도 진실한 만남 5↑(1 → 6), 탓하는 정도
4↓(10 → 6), 솔직한 정도 3↑(5 → 8)로 증가하였다. 공생력 또한 7↑(긍정성),
5↑(배려심), 3↑(사회 관심)으로 상승했으나 이는 알님의 특성상 과장된 측면
이 있을 것으로 여겨진다. 결과적으로 앞으로 달라질 것 같은 느낌은 7점, 생
명력 느낌은 5↑(3 → 8)이었다.

소감문에서 알님은 자신을 더욱 솔직하게 밝혔다. 마지막 나누기에서 터
무리 중에 사과할 사람이 두 명 더 있었는데 현장에서는 생각이 안 났다고 했
다. 두 명 모두 자신이 속으로 무시했고 다음에 만나면 사과하겠다고 말했다.
마지막 글은 "나는 온통 사랑과 관심 받는 거에 빠져서 내가 없었다."였다. 그
리고 "지기가 대충 하고 치웠을 수도 있는데 포기하지 않고 끝까지 해 줘서
고맙다."고 말했다.

전문가들은 5항목에서 모두 10점을 주었다. 지기와 알님의 솔직한 만남(6명),
적절한 판 만들기(7명), 알님의 긍정적 반응(5명), 변화 정도(5명), 그리고 생
명력 상승(5명)이 그것이다.

사례 분석 결과 표

사례	가(34세, 여)	나(46세, 남)	다(35세, 여)
유사 생명력 현상 (굿거리 및 현 상태)	1. 직장에서 역할 피로와 무기력감 2. 친정에 대한 과도한 책임감 (어머니와 동생들)—몸이 아파도 쉬지 못함 3. 인간에 대한 의무감(거절 못하고 자기희생적, 자기 탓) 4. 과도한, 아버지에 대한 죄책감 그리고 원망/그리움(잦은 술 마시기—몸의 비대증) 5. 조기어른(조숙증): 어른스러워 결혼한 남편	1. 인간관계 회피: 긴장, 불안, 공포 2. 감정의 통제: 잘 보이려는 마음 3. 잦은 분노 표현(비의도적) ① 할머니, 어머니, 전 아내 등 ② 무시당했다고 느끼는 상황 → 그로 인한 사람들과의 마찰 → 잦은 직장 이동 4. 적응실패라는 놀림 5. 삶에 지친 상태(산 것 같지 않은 삶)	1. 인간관계 속임수: 무시하고 이기려 하고 거기서 우월감 느끼고 자신을 약자화 → 타인 관심 유도 2. 나를 보이면 떠나갈 것 같음 → 가식적 태도, 과장된 몸짓: 떼쓰고, 의심하고, 돌봐주길 바라는 마음. 3. 외적 위선/부조리에 대해선 내적인 분노(표현 못하는) 키우기

그럴 수 밖에 없었던 까닭	1. 아버지의 죽음(중2 때): 강한 애착/사랑(자살 시도)-원망과 죄책감(폭력 시 도망, 죽지 못한 것)-외로움(혼자 남겨진)-아버지의 죽음 불인정 2. 어머니의 어려움 해결사/어머니 위한 삶-동생을 아들처럼 돌봄(이모들: 어머니 안 위하고 결혼한다고 비난)→자신의 꿈 포기	1. 아버지의 부재/할매, 어머니, 누나, 여동생만 있는 환경→외로움, 여성성 발달 2. 아이들 피해다니며 왕따/소외(촌닭, 왕눈이, 기집애, 성적인 놀림 등) 3. 오직 무시 안 당하려고 하는 삶. 자신을 잃지 않으려는 안간힘 4. 유일하게 자신을 좋아했던 여동생의 죽음 → 그와 비슷한 여자와 결혼: 슬픔과 눈물이 많은 나	1. 아버지, 어머니, 언니의 이중성, 거짓말, 타인 비난, 사랑 부재 2. 어머니에 의한 완벽한 통제: 내 뜻대로 한 게 하나도 없다. 3. 어려서부터 거짓말, 어머니, 언니 속이는 맛을 알게 됨(인간 혐오, 자기 혐오) 4. 외로움: 마음 연 적이 없다. 아닌 척/강한 척 5. 타인에 의한 인정 욕구
생명굿을 통한 생명력 회복 과정	1. 아버지에 대한 원망, 죄책감 등 표현 → 정신적 이별 의식(제사 지내기): **홀로서기(자생력)** 2. 자신의 과도한, 가식적 삶 이해 과정 → 친정에 대한 책임감 벗어나기 → 자신의 가정, 딸에게 충실하기: **적절한 책임의식(상생력)** 3. 자신 몸 돌보기/직장 쉬기: 몰랐던 자기 **깨우침** 4. 미래의 꿈 이야기: 사회를 위한 봉사 활동-**공생력 회복**	1. 안전한, 비난 위험 없는 상황에서 외로움, 눈물, 분노 표현을 극대화함(**솔직한 표현**) 2. 아버지 바람 피우고 집 나간 것, 할머니, 어머니의 무시하는 태도에 대한 분노/원망 표현 3. 자신을 긍정하기: 자신만이 옳다는 생각 철회하기(**홀로서기**) 4. 여성과의 긍정적 관계 실험: 만나서 술 마시기/노래하기(**긍정성/능동성**)(**상생력**)	1. 거짓 인정하고 고백하기: "쪽팔려, 거지같애, 못된 년, 치사해, 삶이 거짓, 골탕먹이고 상처 주고"(**솔직성**) 2. 머리 엄청 굴리는 나 지우기 3. 어머니에 대한 기대 벗어나기(**홀로서기**) 4. 그동안 속였던 사람들에게 큰 소리로 용서 구하기(**상생력**) 5. 선서하기: 사기 안 치겠습니다. 6. 터무리(관객)와 1박 2일 있는 동안 사과해야 될 두 명에게 사과하기(**공생력**)
아쉬웠던 점	• 앞으로 일어나게 될 상황에 대한 대처가 미흡했다(보기). 어머니, 남동생에 대한 미안함, 경제적 어려움 • 진정한 자생력과 자유로움의 어려움에 대한 이해	• 숨겨진 긍정적 측면을 찾아내서 부각시키지 못한 것 • 더 많은 따뜻한 지지와 격려가 없었다는 점	• 소감문에는 진짜 사과하고 싶은 사람은 따로 두 명 있었다고 썼다. • 수치감을 더 확인하고 그 감정마저 해소할 수 있게 도와야 했다. • 쉽게 과거로 되돌아갈 위험성에 대한 예견이 부족했다.

논의

연구의 의의와 시사점

비록 기초적 수준이지만 인간 생명 현상을 세 개의 생명력으로 나누고, 그것을 각각 세 개의 보조 개념으로 나누어 그 각각을 또한 세 개씩, 총 27개 하위 범주로 개념화한 것은 의미 있는 시도였다. 무엇보다도 앞으로 생명굿 연구를 위한 디딤돌로서 의의가 크다고 보겠다. 물론 각 개념들에 대한 정의, 범위, 의미, 용도, 효용성 등 천착해야 할 일도 산더미 같고, 특히 반대되는 개념인 유사 생명 현상의 개념도 그 하나하나가 깊은 연구가 필요함도 사실이다. 예컨대, '기만성'의 경우 무얼 숨기느냐(텅 빈 것, 가짜, 진짜 등), 어느 정도를 가리느냐(전부, 반, 약간 등), 그 목적이며 그럴 수밖에 없는 까닭은 어떤 경우인가? 그 결과며 효과 또는 이득은? 실로 광범위한 연구가 필요하다.

생명력의 3단계 현상적 개념은 무의식적, 역동적 개념이 아니다. 그것은 실제로 누구나 보고 느끼고 알 수 있는 실천적 삶의 개념이다. 누구나 그것을 바탕으로 인간을 이해하고 자신을 반성해 볼 수 있는 유의미한 기준이다. 특히, 오늘날 많은 사회적 문제를 여전히 개인 혹은 가정 환경이나 심리 문제로 되돌리는 현대 심리학의 전통에 저항해서 공생력이 탄생했다고 볼 수 있다. 낯선 타자에 대한 관심과 배려, 사회문제와 제도에 대한 적극적 자세, 나아가서 자연에 대한 긍정적 수용의 태도까지 아울러 그것은 보다 생생한, 보다 생명력 있는 인간을 그려 볼 수 있게 되었다.

이 글의 의의는 생명굿에 대한 최초의 객관적 사례 논문이라는 점이다. 아직은 걸음마 단계지만 최소한 앞으로 생명굿이 지향하는 바를 보다 구체적으로 제시했다는 점에서도 그 의미가 크다. 인간, 자연을 포함해서 모든 생명은 하나의 끊임없는 흐름이며 만남이고 변화다. 생명굿 또한 정체된 한순간의, 한 인간의 과거/역사의 추적이 아니라 지금 이 순간의 나와 너, 우리의 보다 능동적인 상호 흐름 간의 마찰이며 충돌이고 변화다. 그리고 그 기본이, 추상적인 생명/생명력이 아니라, 자생력, 상생력, 공생력이라는 실천적 개념이라는 사실이 확실해졌다. 그러한 힘들이 어떻게 서로가 얽히고설키면서 하나의 생명체를 지탱해 나가는지, 어렴풋하나마 그 어떤 하나의 윤곽을 그려 볼 수 있었다. 마지막으로, 생명력이 지향하는 바 당연한 결과로서, 나와 너를 넘어서서 낯선 타자며 사회적 배려에 대한 공생력 개념을 소개함으로써 개인 중심의 상담학 영역을 크게 확장시키고 자기중심적 사고에 매몰되어 가는 현시대에 보다 유의미한 삶의 의미를 제시했다는 데 의의가 있다고 본다.

연구의 제한점 및 추후 연구에 대한 제언

생명력의 객관화가 결코 쉬운 일은 아니었다. 앞으로 보다 명료한 개념 규정과 더불어 「알님 자가 평가지」와 「전문가 평가지」도 더 세분화하여 연구하고 이에 대한 신뢰도와 타당도 검증이 필요할 것이다. 생명력에서 공생력의 측정은 실제 시간의 부족뿐만 아니라 생명굿 진행상 삶굿의 요소가 지금보다도 더 강화되지 않는 한 자생력과 상생력에 묻혀 버릴 위험이 크다. 삶굿에 대한 보다 적극적인 노력과 연구가 필요하다.

홀로서기의 방해 요인은 주로 어린 시절의 가정환경으로 보이지만 그것은 겉으로 보이는 시각일 뿐이다. 알님이 그리한 조긴을 닷하는 것을 넘어서서 홀로서기 위해서는 부모 자체의 위선, 무관심, 애정 결핍 등의 문제가 그 당시 사회상과 연계되어 그렇게 될 수밖에 없었던 연유를 밝혀 나가는 연구도 필요하다.

상생력, 왜 많은 인간이 사람과 사람의 참된 만남이 무엇인지 배운 적이 없을까? 왜 자신을 감추고 속이고 타인까지 기만하는 껍질의 삶을 살아가고 있을까? 단순한 심리 역동만으로는 설명하기 어려운, 마치 전염병이나 유행병과도 같은 사회적 현상으로서의 꾸밈병, 척병, 기만증에 대한 연구도 아울러 필요하다.

논문 및 저서

번호	연도	제목	발행처	권	비고
1	1982	정신분열증의 예후예측 변인에 관한 연구	한국신경정신의학회지-정신과전문의논문		
2	1986	사이코드라마 기법의 임상적 응용	한국임상예술학회지	2	
③	1988	창조성(1)	한국임상예술학회지	4	
④	1990	창조성(2) 대뇌반구 기능을 중심으로	한국임상예술학회지	6	
5	1992	사이코드라마의 에센스	한국임상예술학회지	8	
⑥	1997	자발성의 시각에서 바라본 정신치료	범석학술논문집(창간호우수논문상수상)		
7	1998	사이코드라마의 세 가지 주제	한국사이코드라마학회지	1	
8	1999	사이코드라마의 정의	한국사이코드라마학회지	2	
9	1999	사이코드라마의 변화 요인	한국사이코드라마학회지	2	
⑩	2000	무의식과 사이코드라마	한국사이코드라마학회지	3	
⑪	2000	Psychodrama and Culture	한국사이코드라마학회지-1999.9. 일본도쿄 4차 환태평양 국제집단정신치료학회 발표		
12	2001	사이코드라마와 신론	한국사이코드라마학회지	4	
⑬	2002	이미지, 상상력, 사이코드라마	한국사이코드라마학회지	5	
⑭	2005	사이코드라마의 과정이론-만남, 생성, 변화, 창조개념	한국사이코드라마학회지	8	
⑮	2005	Ritualistic Psychodrama	미국학회발표-60차 ASGPP		
16	2006	치유적 사이코드라마 모델	한국사이코드라마학회지	9	
⑰	2007	굿, 제의적 사이코드라마	한국사이코드라마학회지	10(1)	
⑱	2007	예술적 사이코드라마	한국사이코드라마학회지	10(3)	
⑲	2010	탈언어적 사이코드라마의 가능성	한국사이코드라마학회지	10(2)	
20	2012	비사이코드라마적 현상들	한국사이코드라마학회지		
21	1996. 6. 8.	사이코드라마번역 논문집(1)	한국사이코드라마연구회		감수

22	1996. 8. 1.	사이코드라마번역 논문집(2)	한국사이코드라마연구회		감수
23	1997. 6. 20.	사이코드라마의 토대-A. 브레트너 저	중앙문화사		번역
24	1998. 5. 29.	사이코드라마의 요점-F. 캘러먼 저	한국사이코드라마연구회		번역, 감수
25	1999. 1. 4.	젤카 모레노 강의 및 사례집	한국사이코드라마연구회		감수
26	1999. 1. 15.	사회극을 통한 우리의 만남	학지사		감수
27	2001. 7. 16.	임상적 사회측정학의 탐구-앤헤일 저	한국사이코드라마연구회		감수
28	2003. 3. 8.	사이코드라마 이론과 실제	학지사-2005년 대한 신경정신의학회 학술상 수상		
29	2010	사이코드라마 이론과 실제 2판	학지사		저서
30	2016	생명굿 사례 연구	상담학연구, 한국상담학회	1	논문
31	2016	희곡집『위기의 여자들』	심지		저서
32	2018	희곡집『연이 불타는 계절』	심지		저서

저서

- 생명굿에 도움되는 논문들(○표)
- 기타 사이코드라마 논문들

〈생명굿 논문집: 제1권, 2015년, 생명굿연구원 발행〉

1. 생명굿과 니체의 주요 사상과의 연관성에 관한 사유: 김남석
2. 연극 양식으로 인간과 시대를 치유하고자 꿈꿨던 4인의 선구자에 대한 연구-모레노, 아르또, 보알, 최헌진-: 원성원
3. 생명굿의 지기와 전통의 만신: 김상희
4. 생명굿 알님의 신화적 의미-엘리아데 신화론과 바리데기 신화: 박혜성

참고문헌

강신주(2011). 철학과 철학. 서울: 그린비.

강은교(2002). 시간은 주머니에 은빛별 하나 넣고 다녔다. 서울: 문학사상.

강은교(2016). 내 인생에 힘이 되어 준 시. 서울: 북카라반.

국사편찬위원회(2011). 무속, 신과 인간을 잇다. 서울: 정인문화.

권덕하(2002). 소설의 대화이론. 서울: 소명.

김광일(1994). 한국의 문화정신의학. 신경정신의학, 33(50).

김덕목(2014). 실천윤리적 측면에서 분석해 본 무속. 서울: 민속원.

김덕목(2017). 유교 의례와 무속의례의 친연성. 서울: 민속원.

김순금(2003). 힌두교의 수도. 수도와 정신치료. 대구: 한국정신치료학회.

김재형(2018). 동학의 천지마음. 서울: 모시는 사람들.

김정현(1995). 니체의 몸철학. 서울: 지성의 샘.

류정아(2003). 축제 인류학. 서울: 살림.

박맹수(2014). 생명의 눈으로 본 동학. 서울: 모시는 사람들.

박성관(2010). 종의 기원, 생명의 다양성과 인간소멸의 자연학. 서울: 그린비.

박용숙(2012). 샤먼제국. 서울: 소동.

박일영(2013). 클라크의 샤머니즘 연구. 서울: 민속원.

샤머니즘 사상연구회(2017). 샤머니즘과 타종교의 융합과 갈등. 서울: 민속원.

신지영(2009). 내재성이란 무엇인가. 서울: 그린비.

신혜경(2009). 대중문화의 기만 혹은 해방. 경기: 김영사.

안경전(2013). 환단고기. 경기: 상생출판.

양종승(2013). 샤머니즘의 사상. 서울: 민속원.

양종승(2014). 샤머니즘의 윤리사상과 상징. 서울: 민속원.

양종승(2017). 칠성신앙과 삼신 신앙의 관계성. 서울: 민속원.

오병무(2000). 무속과 한국사상의 체계. 전북: 전북대인문과학연구소.

유동식(1992). 한국 무교의 역사와 구조. 서울: 연세대학교출판부.

윤사순(1997). 동학의 유학적 성격. 대구: 영남대학교출판부.

이기동(2003). 유교의 수도, 수도와 정신치료. 대구: 한국정신치료학회.

이기백(1966). 무현신앙, 한국사 신론. 서울: 일조각.

이기상(2010). 글로벌 생명학. 서울: 자음과모음.

이기인(2016). 꿈속에서 물소리 아프지 마라. 서울: 아카이브.

이덕형 외 역(2001). 프랑수아 라블레의 작품과 민중 문화(바흐친, 1987). 서울: 아카넷.

이득재(2003). 바흐친 읽기. 서울: 문화과학사.

이부영(2012). 정신요법의 과거와 미래. 서울의대 정신의학, 10(2).

이정모(2018). 저도 과학은 어렵습니다만. 서울: 바틀비.

임재해(1994). 한국 민속과 오늘의 문화. 서울: 지식산업사.

장석주(2015). 대추 한 알. 서울: 유리그림.

정화열(1999). 몸의 정치. 박현모 역. 서울: 민음사.

조정호(2017). 한국의 무속사상. 서울: 민속원.

조흥윤(1990). 한국의 무. 서울: 정음사.

주강현(1992). 굿의 사회사. 서울: 웅진.

최민자(2005). 동학사상과 신문명. 서울: 모시는 사람들.

최원형(2010). 21세기 지식인 지도. 서울: 한겨레신문.

최재천(2017). 개미에게 배우는 지혜. 서울: 리잼.

최준식(2009). 한국인을 춤추게 하라. 경기: 사계절.

최준식(2012). 무교. 서울: 모시는 사람들.

최헌진(2013). 생명굿. 대전: 생명굿연구원.

황주영(2005). 물질과 기억. 서울: 그린비.

황필호(1980). 종교철학 개론. 서울: 종로서적.

황필호(2002). 한국 무교의 특성과 문제점. 서울: 집문당.

Agamben, G. , & Badiou, A. et al. (2010). 민주주의는 죽었는가: 새로운 논쟁을 위하여. 김상운 외 역. 서울: 난장.

Bachelard, G. (1952). 이미지와 상징. 이재실 역. 서울: 삼성.

Bachelard, G. (1972). 공기와 꿈. 정영란 역. 서울: 민음사.

Bakhtin, M. (2006). 말의 미학. 김희숙 역. 서울: 길.

Bakhtin, M. M. (1998). 새로운 프로이트. 송기한 역. 서울: 예문.

Bergson, H. (1989). 웃음. 김진성 역. 서울: 종로서적.

Bergson, H. (2005). 창조적 진화. 황수영 역. 서울: 아카넷.

Boorstein, S. (1997). 자아초월 정신치료. 정성덕 외 엮음. 서울: 하나의학사.

Borgue, R. (1995). 들뢰즈와 가타리. 이정우 역. 서울: 새길.

Barsky, R. (1999). 촘스키, 끝없는 도전. 장영준 역. 서울: 그린비.

Chomsky, N. (2013). 비밀, 거짓말 그리고 민주주의. 서울: 시대의 창.

Colebrook, C. (2004). 질 들뢰즈. 백민정 역. 서울: 태학사.

Dawkins, R. (1976). 이기적 유전자. 홍영남 역. 서울: 을유.

Deleuze, G. (1995). 앙띠오이디푸스. 최명관 역. 서울: 민음사.

Deleuze, G. (2002). 시네마. 유진상 역. 서울: 시각과 언어.

Deleuze, G. (2003). 스피노자, 표현의 문제. 이진경 외 역. 경기: 인간 사랑.

Deleuze, G. (2007). 들뢰즈의 니체. 박찬국 역. 서울: 철학과 현실사.

Dyson, S. (2010). 생명의 기원. 뉴튼. 서울: 계몽사.

Eagleton, T. (1997). 바흐친과 문학이론. 여홍상 역. 서울: 문학과지성사.

Ferry, L. (1986). 68사상과 현대 프랑스 철학. 구교찬 외 역. 경기: 인간사랑.

Frings, M. S. (2003). 막스 셸러의 철학의 이해. 금교영 역. 경기: 한국학술정보.

Grotowski, J. (1975). 가난한 연극. 고승길 역. 서울: 교보.

Guattari, F. (1992). 카오스모제. 윤수종 역. 서울: 동문선.

Hasse, U, & Large, W. (2008). 브랑쇼 침묵에 다가가기. 최영석 역. 서울: 엘피.

Heart, M. (2004). 들뢰즈 사상의 진화. 김상운 외 역. 서울: 갈무리.

Lakoff, G., & Johnson, M. (1987). 마음속의 몸. 노양진 역. 서울: 철학과 현실.

Lakoff, G., & Johnson, M. (2002). 몸의 철학. 임지용 외 역. 서울: 박이정.

Light, E. (1980). 정신분석 비평. 권택영 역. 서울: 문예출판사.

Lovelock, J. (2009). 생태사상. 김윤성 역. 서울: 개마고원.

Maslow, A. H. (1968). 인간의 동기와 성격. 조대봉 역. 서울: 교육과학사.

Maturana, H. (2011). 철학과 철학. 강신주 지음. 서울: 그린비.

Morson, G. S. (2006). 바흐친의 산문학. 오문석 외 역. 서울: 책세상.

Negri, A. (2008). 다중. 윤수종 역. 서울: 세창미디어.

Neitsche, F. (1881). 서광. 김대경 역. 서울: 청하.

Pollard, A. (1978). 풍자. 안락헌 역. 서울: 서울대학교출판부.

Reichman, J. (1985). 미셸 푸코. 철학의 자유. 심세광 역. 경기: 인간사랑.

Sandel, M. (2018). 정의란 무엇인가. 김명철 역. 서울: 와이즈베리.

Tonelli, F. (2001). 잔혹성의 미학. 박형섭 역. 서울: 현대신서.

Vaneigem, R. (2006). 일상생활의 혁명. 주형일 역. 서울: 시울.

찾아보기

인 명

저자 소개

최헌진(Cho Hun Jin)
서울의대 졸업, 신경정신과 전문의
사이코드라마 전문가(TEP)
을지의대 정신과 주임교수
한국 신경정신의학회 대전충남지부학회장
대전시 의사회 부회장
한국임상예술학회 감사, 부회장
한국사이코드라마 초대학회장, 명예회장
명지대학교 예술치료대학원 겸임교수
연세대학교 신학대학원, 한양대학교 사범대학원,
서울여자대학교 예술대학원, 평택대학교 상담대학원 등 출강
미국 사이코드라마학회 펠로우
최헌진 신경정신과 원장
현 최헌진의 생명굿 연구원 원장

참된 자신을 찾아 나서는 치유적 굿 마당

생명굿(Saeng Mung Gut)

2020년 1월 15일 1판 1쇄 인쇄
2020년 1월 20일 1판 1쇄 발행

지은이 • 최헌진
펴낸이 • 김진환
펴낸곳 • ㈜**학지사**

　　　　04031 서울특별시 마포구 양화로 15길 20 마인드월드빌딩
대표전화 • 02-330-5114　　팩스 • 02-324-2345
등록번호 • 제313-2006-000265호

홈페이지 • http://www.hakjisa.co.kr
페이스북 • https://www.facebook.com/hakjisa

ISBN 978-89-997-2013-0　93180

정가 29,000원

저자와의 협약으로 인지는 생략합니다.
파본은 구입처에서 교환해 드립니다.

이 도서의 국립중앙도서관 출판시도서목록(CIP)은 서지정보유통지
원시스템 홈페이지(http://seoji.nl.go.kr)와 국가자료공동목록시스템
(http://www.nl.go.kr/kolisnet)에서 이용하실 수 있습니다.
(CIP 제어번호: CIP2019052015)

출판 · 교육 · 미디어기업 **학지사**

간호보건의학출판 **학지사메디컬** www.hakjisamd.co.kr
심리검사연구소 **인싸이트** www.inpsyt.co.kr
학술논문서비스 **뉴논문** www.newnonmun.com
원격교육연수원 **카운피아** www.counpia.com